I0592115

Affonso de Castro

As possessões portuguezas na Oceania

Affonso de Castro

As possessões portuguezas na Oceania

ISBN/EAN: 9783337291020

Printed in Europe, USA, Canada, Australia, Japan

Cover: Foto ©Andreas Hilbeck / pixelio.de

More available books at **www.hansebooks.com**

AS POSSESSÕES

PORTUGUEZAS

NA OCEANIA

POR

AFFONSO DE CASTRO

MEMBRO DA SOCIEDADE DE SCIENCIAS E ARTES DE BATAVIA,
DEPUTADO DA NAÇÃO,
OFFICIAL DO EXERCITO PORTUGUEZ
E EX-GOVERNADOR DE TIMOR

LISBOA

IMPRENSA NACIONAL

1867

INDICE

Parte II

Documentos

PREFACIO

De todas as nossas possessões a menos conhecida é sem duvida alguma a de Timor. Pouco ou nada se ha escripto sobre aquella colonia, e se consultarmos os archivos do ministerio da marinha ficaremos na mesma ignorancia. Os archivos de Goa fornecem alguns esclarecimentos, mas ainda assim, a julgar pelo que tenho visto escripto em presença d'aquelles documentos, parece-me poder dizer, que por entre uma ou outra verdade se introduziu muita falsidade.

Os chronistas não adiantam mais sobre o assumpto, e mesclando de milagres suas narrativas, falseiam a historia, não podendo portanto dar-se fé aos factos por elles narrados.

Em vista d'esta falta de conhecimentos pareceu-me que qualquer trabalho consciencioso sobre aquella possessão seria bem acolhido.

Com este convencimento animei-me a escrever o livro, que dou á estampa, sobre as nossas possessões na Oceania.

Conheço que é empreza arrojada, mas o fim que tenho em vista fortalece-me, dando-me animo para tentar tarefa tão superior, sem duvida, ás minhas forças.

Sem livros que possa consultar, mas apenas alguma chronica, e falto de documentos, terei de apresentar simples conjecturas em vez de fieis narrativas, e recorrerei á tradição para o conhecimento de factos que os archivos deviam ministrar-me.

Da tradição omittirei porém tudo o que a minha rasão rejeita como fabuloso, procurando discriminar o verdadeiro do falso, e ás chronicas metterei o escalpello da critica, aproveitando d'ellas o que me parecer verosimil, e o que pelo conhecimento que tenho do paiz julgar veridico.

Dividirei o livro em duas partes, a primeira puramente historica, a segunda economica e politica.

Na primeira acompanharei os nossos missionarios na ardua tarefa de conversão d'aquellas gentilidades, e seguirei os governadores na sua administração, que se reduz quasi a sustentarem lutas contra os indigenas, e a disputarem aos hollandezes o territorio, que nos invadiam, e de que se apossavam induzindo os naturaes a rebellarem-se contra nós.

Para comprovar alguns dos factos que narro, apresentarei os documentos, que pude obter, não fazendo o mesmo a respeito de todas as occorrencias dos primeiros tempos, porque não existem documentos comprovativos, limitando-me a indicar os auctores que me serviram de guia.

Offerece pouca variedade de successos a historia de Timor, e necessariamente têem de ser similhantes as narrativas de factos identicos. Será por isso esta parte do livro enfadonha.

Na segunda parte tratarei da descripção physica da ilha, das suas producções e população, da constituição dos reinos em que o paiz se divide, da maneira por que taes reinos se governam, dos usos e costumes dos habitantes, e da agricultura, industria, e commercio. Mostrarei qual o mechanismo da nossa administração colonial, e farei detido exame do orçamento da receita e do da despeza.

Tratarei da colonisação, mostrando a parte que Portugal tomou n'esta grande obra, e proporei o systema de culturas que entendo deve ser adoptado relativamente a Timor.

Juntarei a esta parte a traducção do relatorio sobre o systema de culturas do governador geral das Indias Neerlandezas Van den Bosch, para conhecimento dos leitores, e para que se saiba que a este systema deve Java a prosperidade de que gosa.

A empreza é, como se vê, arrojada, mas o convencimento de que o meu trabalho terá alguma utilidade, dá-me forças para tenta-lo; e contando com a benevolencia do publico para desculpar omissões, incorrecções de linguagem, frouxidão de estylo e muitos outros defeitos, nutro a esperança de que escriptor de mais engenho aperfeiçoará o que apenas deixo esboçado.

Lisboa, outubro de 1864.

Affonso de Castro.

INTRODUCÇÃO

Do nosso grande imperio do oriente, da famosa herança que nos legaram os Castros e Albuquerques, das vastas conquistas que a terrivel espada dos nossos guerreiros, ou a inspirada palavra dos nossos missionarios nos traçaram no oriente, não nos resta hoje senão a pequena porção de territorio inserida no imperio anglo-indiano, chamado Goa, um canto de uma peninsula no imperio do Meio, chamado Macau, e uma parte da ilha de Timor, como que encravada nos extensos dominios hollandezes na Malasia.

Exalta-se a imaginação, tornâmo-nos orgulhosos quando pensâmos nas grandezas passadas!

Caimos em abatimento, quando meditâmos no pouco que ora somos! De Ormuz ás portas da China estendia-se o nosso poder, e não satisfeitos com tão vasto imperio, intentámos o descobrimento de novos paizes e assenhoreámo-nos de muitas das ilhas dos archipelagos da Malasia!

Gemiam todos aquelles mares debaixo do peso dos nossos galeões, e a bandeira das quinas tremulava ufana em tão remotas paragens! Mas por muito robustos que fossem os braços da nação portugueza eram pequenos para abranger tão vasta conquista, e segura-la contra poderosos rivaes.

O esforço que fizeramos havia sido sobrehumano, e bem depressa, fatigados, deixámos escapar das mãos o sceptro dos mares e com elle perdemos o dominio na terra.

Emquanto tivemos de lutar com os povos asiaticos favoreceu-nos a victoria; mas desde que aos esforços dos indios e malaios se juntou o esforço dos nossos rivaes na Europa, succumbimos, e não podia deixar de ser.

Contra aquelles favorecia-nos a superioridade do armamento, a força da disciplina, uma civilisação mais adiantada, e não menos o ardor da fé, combatendo por Deus para substituir a verdade da sua doutrina aos erros de Brahma, de Buda e de Mahomet. Mas quando se nos oppoz um inimigo que nos era igual em armamento, em disciplina e em civilisação, e a quem não pretendiamos converter á nossa religião, desappareceram as vantagens da nossa parte, e tivemos de succumbir á força do numero, não sem tingir de sangue inimigo todo o oriente.

Na terra e no mar a luta foi longa, tenaz e horrivel, e se, mais avisados, houvessemos concentrado nossas forças em pontos habilmente escolhidos, sem querer disputar tão vasto e mal seguro edificio, talvez que o nosso dominio no oriente fosse ainda hoje importante.

De Ormuz a Malaca e de Malaca ás Molucas sustentámos luta de gigantes, e se não foram as desgraças que a esse tempo opprimiam a patria, não seríamos tão cedo esbulhados do que com tanto valor haviamos sabido conquistar.

As cousas da Africa, que tinham sido descuradas pelas do oriente, chamaram de novo a attenção do monarcha portuguez, e todo o nosso esforço para ali se dirigiu com grave detrimento do imperio das Indias. Um rei mancebo resolveu a jornada de Africa, e em Alcacer Quibir perdemos o rei e a flor da cavallaria, e perda foi que arrastou a da nossa independencia.

Sujeitos á Hespanha, vimos levantar-se contra nós os inimigos d'aquella grande e altiva potencia, e enfraquecidos tivemos de sustentar a luta contra os hollandezes, que desde esta epocha nos perseguiram por toda a parte.

Disputavam-nos o exclusivo do commercio nos mares do oriente, e portanto temerosa e horrivel devia ser a contenda; poisque nenhum dos combatentes podia transigir, devendo a luta acabar pelo desapparecimento de um dos contendores.

Um conjuncto de circumstancias desgraçadas decidiu a nossa derrota, e os inimigos ficaram senhores do campo.

A primeira potencia maritima d'aquellas eras desceu em breve a occupar logar mui secundario, e se não fôra o imperio que haviamos fundado na America desappareceriamos inteiramente da scena politica.

No oriente eclipsou-se o astro portuguez, ficando em presença os nossos rivaes, que em luta encarniçada disputaram entre si a posse d'aquelle precioso thesouro.

Mas no meio d'estas lutas terriveis, e apesar das conquistas que dois poderosos estados faziam, conservámos nós um canto de terra na costa de Malabar, outro ás portas da China, e parte de uma ilha na Malasia.

E n'esta posse, que quasi não nos foi disputada, auxiliou-nos sem duvida a Providencia, que em seus altos designios resolveu conservar n'aquellas paragens os portuguezes, não só para mostrar ás gerações vindouras que até ali se havia estendido o nosso braço, como para que taes pontos servissem de ninho aos nossos missionarios para d'ali voarem á conquista das almas para Deus.

E com effeito esbulhados do dominio temporal, conservámos através dos seculos o dominio espiritual sobre grande parte dos povos que outr'ora sujeitámos.

Governam os inglezes nas Indias, mas n'aquelles vastos paizes sujeitos á sua dominação, os nossos prelados são reconhecidos como auctoridades espirituaes e obedecidos por aquelles povos. Facto extraordinario, que mostra o poder da religião que professâmos, e a vantagem que levàmos aos inglezes na obra da conversão dos infieis.

A religião toda abstracta professada por uma grande parte da Gran-Bretanha poderá fazer proselytos entre povos civilisados e meditativos, como são os do norte da Europa, mas nunca propagará entre povos sensuaes e dotados de ardente imaginação como os do oriente.

Querem estes uma religião que os deslumbre pelas pompas do culto e que os sujeite pelo principio de auctoridade, e a religião catholica romana mais que nenhuma outra está n'este caso.

Uma festa religiosa em templo catholico só por si fará mais proselytos no oriente, do que todas as predicas dos mais habeis ministros protestantes.

A religião sem pompas de culto, nas Indias, não é

religião, mas será uma doutrina philosophica, boa para ser abraçada por um ou outro oriental instruido.

E se o mahometismo sem pompas de culto tem feito tantos milhões de proselytos n'aquellas paragens, é porque o mahometismo exalta a imaginação com o seu paraizo, é porque é uma religião toda sensual, e não condemna como a severa religião christã nem a polygamia, nem o concubinato, a que aquelles povos por habitos e por natureza tão inclinados são.

Como iamos dizendo, o vasto imperio fundado por Affonso de Albuquerque foi pois retalhado e dividido entre a Hollanda e a Gran-Bretanha, que nos deixaram reduzidos ao pequeno territorio de Goa, a que pomposamente se ficou chamando Estados da India, á cidade de Macau, cuja soberania ainda hoje nos não reconhece o imperador da China, e ás possessões de Timor, onde somos suzeranos, e onde poderiamos ser soberanos absolutos, se acaso se tivesse curado d'aquella joia da corôa portugueza, quasi que desconhecida dos nossos estadistas.

Do pouco de que ficámos senhores poderiamos porém ter tirado vantagens reaes, se empregassemos adequados meios e não tivessemos legislado ás cegas para aquelles paizes tão differentes de Portugal, e que demandam especialissima legislação, apropriada ao ser social dos povos, a seus usos e costumes.

Mas não só não se curou de fazer estudo profundo sobre taes paizes para lhes dar a constituição politica e leis regulamentares em harmonia com o seu estado, senão que não se lhes applicaram meios pecuniarios para desenvolver os seus recursos; e assim as colonias, em vez de serem uteis á metropole, são-lhe encargo, e trazem-lhe muitos embaraços.

As de Africa tiveram uma apparente prosperidade, devida ao trafico dos negros, acabado o qual patentearam a miseria que o oiro dos negreiros encobria.

As das Indias, onde o trafico quasi que não era conhecido, nem apparente prosperidade tiveram nunca, e se não custavam á metropole as sommas que mais tarde lhe custaram, era isso devido, por um lado á mal entendida economia em retribuir certos serviços, ao desamparo em que se deixavam os melhoramentos publicos, á rapacidade do fisco, e por outro lado ao commercio que sustentavamos com as Indias, e que estava monopolisado nas mãos do governo, auferindo assim lucros com que satisfaziamos parte das despezas.

Mas de todas as colonias nenhuma tão desamparada como Timor, e por isso nenhuma tão miseravel, e que menos se resinta da dominação de uma potencia civilisada.

Timor, que tem os dois elementos essenciaes para a sua prosperidade—fertilidade de solo e bastante população—acha-se na maior miseria.

A industria reduz-se ao fabrico de mal tecidos pannos de algodão, com que os indigenas se cobrem, e ao fabrico de toscas panellas de barro. O commercio reduz-se á permutação dos poucos productos do paiz, taes como cera, sandalo, café, milho, cavallos e bufalos por tecidos de algodão, armas, polvora, bebidas espirituosas, manilhas e facas. A agricultura reduz-se ao cultivo do milho, do arroz, do café, do trigo, e das batatas e poucos mais generos, seguindo-se os primitivos processos no grangeio d'estes productos.

O povo vive pois na miseria, tyrannisado pelos reis, datós, tumungões e officiaes, que tambem não conhecem a abundancia e o bem estar; e aquella ilha que poderia ser de grande vantagem para Portugal, e que pela posição geographica nos está indicando a sua importancia, serve-lhe só de pesado encargo, absorvendo não poucos capitaes e as vidas de alguns portuguezes que para ali vão.

Tres seculos de dominação não têem nem creado industrias, nem desenvolvido o commercio e a agricultura, nem civilisado o povo, nem firmado a nossa soberania. Parece que a civilisação nunca ali penetrou, e se hoje abandonassemos a ilha poucos vestigios ficariam do nosso dominio.

Os reinos regem-se pelo que se chama *estylos,* e a nossa suave legislação é ali desconhecida. Quem rouba uma cabeça de gado soffre ainda a pena capital; o prisioneiro de guerra é feito escravo; o assassino póde remir a pena dando aos parentes do morto uma pessoa que o substitua na familia, juntando a isto certa somma; o suspeito de *sanguice* (feitiçaria) é irremissivelmente empalado, ou morto ás pauladas, toda a sua familia reduzida á escravidão, e os seus haveres confiscados em proveito do rei e do accusador. E a auctoridade superior portugueza, sem força para fazer respeitar as suas determinações, tem de ser indifferente a estes horrores, e de sanccionar pelo silencio taes estylos de sangue, para não ser desobedecida, quando tente reprimir tamanhas crueldades.

Um ou outro governador, querendo adoçar os costumes d'aquelle povo prohibia a applicação da pena capital; mas eram infructiferas taes tentativas, principalmente nos reinos que estavam fóra da acção do governo.

E fóra d'ella existiam quasi todos até que, no anno

de 1860, o governador creou os districtos, á testa dos quaes devia ser collocado um official militar, que tinha de dirigir-se pelo regulamento então publicado. Mas por falta de pessoal habilitado e de força para sustentar a auctoridade do commandante, aquella medida administrativa não póde ter inteira execução. Muitos reinos continuaram na independencia, em que se achavam, seguindo os seus estylos, e o povo de Timor, que poderiamos ter iniciado na civilisação, continua seguindo os seus ferozes instinctos, e no estado de barbarie em que se achava nos primeiros tempos da occupação.

N'essa epocha vemos Timor inteiramente entregue á congregação de S. Domingos. São os frades que põem e dispõem, que fazem accordos com os regulos, que lhes movem guerra, ou com elles tratam da paz, que lhes impõem os encargos com que hão de contribuir para as despezas do estabelecimento, em uma palavra são os frades os senhores do grupo de ilhas de Timor e Solor.

O vigario visitador é o capitão, o juiz, o administrador, é tudo; e o que admira é que o governo dos frades não se enraizasse profundamente em Timor, e que a congregação não pozesse em pratica todos os meios para conservar no seu dominio aquelle paiz, como a companhia de Jesus o havia feito no Paraguay.

É que os fins da ordem de S. Domingos eram differentes dos da companhia de Jesus.

Até 1701 não ha nas possessões da Malasia governador nomeado pelo rei, ou pelo seu delegado no oriente. E aindaque Fr. João dos Santos na *Ethiopia oriental* nos diga: «N'esta fortaleza (de Solor) tinham os padres um capitão posto de sua mão, o qual é provido por el-rei, pelo muito crescimento em que foi esta capitania».

o superior da missão é verdadeiramente o governador, e o geral da ordem de S. Domingos é quem nomeia o vigario superior para Timor.

Descobertas aquellas ilhas no começo do seculo XVI foram durante quasi dois seculos governadas pelos religiosos, se governo se póde chamar a auctoridade que elles exerciam.

Estabelecendo-se primeiramente em Solor pequeno, cujo rei catechisaram, conseguiram os missionarios levantar ali uma igreja. Passaram depois a Larantuka, e catechisando o rei levantaram aqui outra igreja, e construiram uma fortaleza, ou trancqueira, que mais tarde guarneceram de artilheria, que lhes foi dada pelo governador de Malaca. Solidamente estabelecidos em Larantuka aquelles religiosos, sem meios pecuniarios, sem tropa, quasi sem armamentos e sem navios de guerra, atreveram-se á conquista de todas aquellas ilhas do grupo de Solor, e abrasados de santo zélo pela religião passaram á ilha de Timor.

Um pequeno barco, um parau, sáe de Larantuka tripulado por indigenas, e arrojando-se aos mares põe a próa em Timor. Sentado á pôpa vereis um homem magro e pallido pelas macerações do claustro, tendo por unica armadura a negra sotaina, e em vez de espada a cruz, symbolo da redempção, com que vae remir centenares de almas. Mas quem é este homem, que só e inerme demanda aquellas praias inhospitas habitadas por um povo rude e selvagem, desconfiado e feroz?

Quem é elle que não teme nem o furor da vaga prestes a engulir o pequeno baixel, nem a envenenada zagaia d'aquella multidão, que com medonho alarido o espera na praia?

Quem é elle?! É um missionario, que ardendo em viva fé vae conquistar almas para Deus e uma joia para a coroa do seu rei! É Fr. Antonio Taveiro, que abre o caminho aos companheiros de Fr. Antonio da Cruz, que n'aquella ilha fizeram tantas conversões e que fundaram o nosso imperio em Timor, ponto que pela sua posição geographica entre a China e a Australia tem mui grande importancia.

Os dominicanos introduziram-se pois no archipelago de Solor e Timor, e com tamanho ardor se entregaram á sua tarefa, que no anno de 1599 tinham já, segundo diz Fr. João dos Santos na *Ethiopia oriental*, um collegio de meninos em Larantuka, no qual se ensinava a ler, escrever, contar e latim, e haviam fundado dezoito igrejas, resultados estes que custaram a vida a alguns missionarios, entre outros a Fr. Antonio Pestana, Fr. Simão das Montanhas, Fr. Francisco Calassa, Fr. João Tavares e Fr. Belchior, os quaes pereceram ás mãos dos gentios, colhendo assim a palma do martyrio.

Era a obra dos missionarios religiosa e politica. Ao passo que os animava o ardor da fé, incendia-os o patriotismo, e fundando a missão, fundavam um estabelecimento colonial. Rei catechisado, rei vassallo, ligado a Portugal por uma especie de tratado pelo qual se obrigava a pagar certa quantia em generos á auctoridade superior portugueza e a soccorre-la com certo numero de homens em caso de guerra.

É provavel que os padres reduzissem a escripto aquelles contratos e os fizessem firmar pelos reis; mas infelizmente não se encontra um só d'aquelles documentos, cuja existencia nos é forçoso suppor para d'elles derivarmos as obrigações, em que se constituiram os

reis de Timor, uma das quaes era o pagamento do tributo a que se chamava e chama *finta*.

A finta era n'aquelles tempos, e o foi até os primeiros
governadores, um imposto que produzia avultada somma; pois montava a mais de dezeseis mil rupias, valor proximamente de quatorze mil picos de mantimentos
e de sandalo com que os reinos contribuiam para as despezas do estabelecimento. Abolido aquelle tributo pelo
governador Moniz de Macedo, e substituido por um imposto de capitação, de pardau por habitante, que nunca
se cobrou, foi a finta outra vez decretada, e diminuindo
successivamente acha-se hoje reduzida á insignificante
quantia de duas mil rupias proximamente.

E esta insignificante quantia é difficilmente cobrada,
como o prova a divida de cerca de sessenta mil rupias
para com a fazenda publica. É a finta origem de graves
difficuldades e de grande descontentamento entre aquelle
povo pelos vexames a que a repartição de similhante
tributo dá logar, como veremos quando tratarmos d'este
objecto mais particularmente.

Com a finta sustentavam os padres o estabelecimento
por elles fundado, e com ella pagavam aos soldados indigenas, que angariavam, e aos capitães que commanda-
vam as expedições emprehendidas pelo vigario superior,
o qual não obstante ser homem de paz e ministro de
Deus não deixava de sustentar renhida luta com os chefes indigenas, que ou atacavam os nossos vassallos, ou
pretendiam subtrahir-se á nossa dominação.

Durante o governo dos padres a guerra foi quasi incessante, ora com os naturaes, que contra os portuguezes se rebellavam, ora com os hollandezes que pretendiam esbulhar-nos do que possuiamos. A batalha seguia-

se á catechese, e vemos-n'aquelles tempos de paixões energicas um padre commandar as forças na peleja e mostrar na guerra tanto valor, quanta era na paz a sua humildade e fervor religioso.

A tarefa dos religiosos foi pois introduzir o catholicismo entre aquelle povo gentilico, e estabelecer a dominação portugueza nas ilhas de Solor e Timor. E se não a estabeleram solidamente, deixaram comtudo as cousas em estado que os governadores não tiveram novas conquistas que fazer, mas só conservar o que os padres haviam conquistado.

Porém sem força regular e composta de elementos estranhos ao paiz, a nossa dominação não póde consolidar-se; e apesar da luta incessante, que tanto os religiosos como os governadores ali sustentaram, a nossa dominação em Timor tem sido mais nominal que real, e em vez de sermos soberanos não temos sido senão mal respeitados suzeranos.

Depois, o estabelecimento hollandez em Timor, trazia-nos graves difficuldades e impedia-nos de firmar a nossa obra. Quando o chefe indigena não estava contente com o nosso governo, ou temia castigo, pedia ou arvorava bandeira hollandeza, e dizia-se vassallo d'aquella nação; e se o governo portuguez reclamava, não era attendido pelo residente de Cupang, a quem succedia o mesmo, quando fazia identicas reclamações ao governador portuguez.

D'este modo, e por vezes quasi desapossados da ilha, como aconteceu em 1732, decorreram os annos até nossos dias, em que, encontrámos Timor quasi no mesmo estado em que se achava n'aquellas remotas eras. Hoje como então ha reinos que de modo algum nos obe decem. e outros que apenas consentem uma sombra de dominação.

Soberania portugueza póde dizer-se que não existe na ilha de Timor, senão em Dilly, Batugadé e Manatuto. Nos reinos somos apenas suzeranos, e aquella colonia que poderia ser tão util á metropole. serve-lhe unicamente de encargo. carecendo de um avultado subsidio, com que se vae amparando aquelle desconjuntado edificio.

Ao passo que as colonias hollandezes adquirem um subido grau de prosperidade, Timor jaz na mais horrivel miseria, e a dominação portugueza, que conta trezentos annos, não tem podido introduzir a civilisação n'aquelle povo. nem ha dado incremento ao commercio. creando industrias e desenvolvendo a agricultura.

Um tal facto prova exuberantemente que o systema seguido por nós tem sido errado, tornando-se urgente substitui-lo por outro que dê proficuos resultados.

É nosso desejo, não ousaremos dizer esperança, contribuir para tão necessaria substituição com as noticias e considerações economicas, que damos n'este livro, e que foram colhidas e estudadas nos logares a que elle se refere.

Escrever e publicar a obra, que vae ler-se, pareceu-nos ultimo dever nosso como governador que fomos de Timor.

PARTE I

CAPITULO I

Entre todos os grandes homens, que por extraordinarios feitos praticados no oriente honraram e engrandeceram a patria, destaca o vulto gigante de Affonso de Albuquerque. Era vasto o seu genio, indomito o seu valor. Todos os seus commettimentos foram audazes, de immenso alcance os seus projectos, e se de outros meios dispozesse aquelle homem notavel, o seu nome figuraria a par do dos grandes conquistadores que encheram o mundo da fama de suas proezas.

Curta foi a carreira de Affonso de Albuquerque; mas que de feitos grandiosos n'esse curto espaço!! Partindo de Portugal em 1506 fallecia em Goa aos 16 de dezembro de 1515, e n'estes poucos annos havia fundado o vasto imperio portuguez do oriente! Senhor do mar Vermelho pela posse de Socotorá, pensa assenhorear-se do golfo persico, e resolve a conquista de Ormuz, que não resiste ao esforço de tão grande capitão, apesar da muita artilheria que defendia a cidade.

Obrigado a abandonar Ormuz pela impericia e fraqueza de alguns de seus capitães, dirige-se Affonso de Albuquerque sobre o Malabar, e arrebata Goa aos musulmanos, fundando ali a capital do imperio, de que acabava de ser nomeado vice-rei, e que com difficuldade lhe fôra entregue por D. Francisco de Almeida, que exercia aquelle cargo.

Affonso de Albuquerque, lançando o terror entre os inimigos, subjugando uns pela força de armas, e attrahindo outros pela sua habil politica, é o verdadeiro fundador do imperio portuguez no Indostão; e mal vê segura a sua obra vôa a novas conquistas. A soberba Malaca não resiste ao impeto d'aquelle valoroso capitão, e a 25 de julho de 1511 cae em poder dos portuguezes.

Mas para Affonso de Albuquerque não é Malaca o limite de nossas conquistas. Maiores são suas ambições. Terra desconhecida que as vigias dos mastros dos seus galeões assignalem, será conquistada. Á espada de Albuquerque nada resiste, e se o desgosto, pela ingratidão com que lhe pagam tão notaveis serviços, não lhe minasse a existencia, fazendo desapparecer da scena do mundo aquelle varão illustre, quem sabe até onde estenderia o imperio portuguez no oriente?!

Conquistada a soberba Malaca, decide Affonso de Albuquerque assenhorear-se das ilhas das especiarias, conhecidas pelo nome de Maluco, e para aquella empreza destina tres galeões, sendo capitão mór d'elles Antonio de Abreu, um dos mais esforçados capitães[1].

Na viagem de Malaca para as Molucas fizeram os tres galeões a sua derrota pelo estreito de Sabão ao longo da ilha de Sumatra, avistaram as ilhas de Palimbão, Lusuparão, e d'ahi

---

[1] *Tratado dos descobrimentos antigos e modernos*, por Duarte Galvão.

metteram a prôa á formosa Java, d'onde correndo a leste e
passando entre Java e Madura navegaram para Bali, Sumbawa
e Solor[1], passando naturalmente pelo estreito de Larantuka,
onde é provavel reconhecessem o porto de Solor, e n'elle
dessem fundo para se refazerem de aguada. Eram de caracter
pacifico os naturaes da terra, e longe de fugirem dos nossos
navegadores, ou de os hostilisarem, com elles estabeleceram
trato; e assim ficaria sendo aquelle porto escala para os navios
que de Malaca ou da India se dirigiam ás Molucas.

N'aquelles tempos de fé viva e de crença ardente não era
tanto o interesse commercial que nos levava a emprehender
longinqua navegação, e a conquistar paizes alem-mar, como
o interesse pela religião que a isso nos movia. Alargar a fé,
converter pagãos ao christianismo, aindaque fosse preciso
alagar a terra de sangue, eis o nosso grande empenho, eis a
alta missão dos nossos monarchas.

Assim, nenhum dos galeões portuguezes, que n'aquelles
tempos sulcavam os mares, deixava de conduzir missionarios
verdadeiramente animados do santo zèlo pela religião, e apenas os galeões aportavam em terra desconhecida, estabeleciam
logo aquelles missionarios trato com os naturaes, e insinuando-se no seu animo procuravam converte-los ao christianismo.
E era tal o apostolado d'aquelles santos varões, e tão viva a
fé que os animava, que os actos por elles praticados mais nos
parecem inventos de chronistas, do que successos reaes que
alguns auctores d'aquellas chronicas presencearam. Nós que
vivemos em uma epocha de descrença geral, e de indifferentismo religioso, e que nos sentimos, com pezar, contaminados
d'este mal, a custo acreditámos os prodigios operados pela fé,

---

[1] *Tratado dos descobrimentos antigos e modernos*, por Duarte
Galvão.

e mal comprehendemos a obra dos missionarios, incansaveis obreiros, que affrontando todos os perigos, vencendo todas as difficuldades domavam o animo feroz de povos selvagens, e convertendo-os ao christianismo os guiavam só pela força da palavra.

Os galeões que se dirigiam ás Molucas conduziam certamente d'estes missionarios, os quaes pela sua mansidão e amenidade de trato attrahiram os naturaes de Solor e com elles abriram relações, e é de crer que insinuando-se no animo do chefe, ou senhor da terra, fossem por elle agasalhados durante o tempo em que ali se demorassem esperando a volta dos galeões. Mas n'esse tempo trabalharam os missionarios no espirito d'aquellas gentes procurando arranca-las ás trevas do feitichismo, e inicia-los nos mysterios da nossa santa religião, havendo-se por tal modo que no anno 1557 chamavam as christandades de Solor a attenção de D. Fr. Jorge de Santa Luzia, bispo de Malaca[1].

Tendo este prelado chegado á sua diocese, que abrangia Solor, e informado do estado das cousas d'esta ilha mandou Fr. Antonio da Cruz acudir áquellas christandades, e com elle partiram alguns religiosos da ordem de S. Domingos, á qual coubera em quinhão aquella missão[2], que se diz fundada pelos dominicos, quando não podiam ser senão franciscanos os primeiros prégadores do Evangelho em Solor.

Se Fr. Jorge de Santa Luzia mandava acudir ás christanda-

[1] *Relações summarias de alguns serviços prestados a Deus*, etc., por Fr. Antonio da Encarnação.

[2] «Pertencem os districtos das christandades d'elles (povos de Solor), desde o tempo do primeiro bispo de Malaca, D. Fr. Jorge de Santa Luzia, da mesma ordem, & de santa memoria, filho do real convento de Nossa Senhora da misericordia de Aveiro».— *Relações summarias*, etc., por Fr. Antonio da Encarnação.

des de Solor, é porque a semente do christianismo ali tinha
sido lançada e ali fructificava; é porque a verdade do Evangelho ali tinha penetrado, é porque ali tinha sido prégada a
doutrina do Crucificado. Mas quem arroteára aquelle campo
inculto? Quem desbravára aquelle mato? Quem foram os obreiros d'aquella santa obra? Não podiam ser outros senão os religiosos que navegavam nos galeões que da India ou Malaca
se dirigiam ás Molucas, aquelles que acompanharam Affonso de Albuquerque e com elle foram a Malaca, e com Antonio
de Abreu ás Molucas; e como estes eram da ordem dos franciscanos, é provavel que estes e não os dominicos fossem os
fundadores da igreja de Solor[1].

Mas esta questão, que seria importante no tempo das ordens
monasticas, nenhum interesse tem hoje; poisque a nós pouco
nos importa que fossem os franciscanos ou os dominicanos os
que primeiro estabeleceram trato com os naturaes de Solor e
entre elles fizeram as primeiras conversões.

---

1 •§ 895.º Conquistou esta cidade de Goa no anno de 1510 Affonso
de Albuquerque... Levou comsigo Franciscanos, que lhe servirão de
grande utilidade n'esta empreza.

•§ 896.º Finalmente (com isto diremos muyto), até ao anno 1542 em
que começarão a entrar na India religiosos de outras ordens, o peso·
da prégação evangelica, a conversão dos infieis, etc., esteve sobre os
hombros da sua caridade. . .

•§ 1022.º Os nossos padres portuguezes andavão por muytas partes e tinhão bê que fazer : assistirão na conquista de Malaca e lá tornavão quando lhes era possivel.

•§ 1066.º Por outras muytas Ilhas e Reynos espalhavão os nossos
Frades o grão Evangelico, com mais ou menos utilidade, em rasão da
terra em que a lançavão, especialmente nas de Solor (aonde falleceu o
veneravel padre Fr. Francisco das Chagas, como deixamos escritto), Timor, Pao, Pera, Darse, Japara, na famosa Ilha de Borneo, na do Amboino, Celebes, Moro e outras.• *Historia seraphica*, parte 3.ª, cap. 7.º

A nós interessa-nos o facto, que é de uma alta importancia. É differente a posse que deriva da conquista da que deriva da conversão; e os laços que prendem um povo subjugado pela força ao povo vencedor, são differentes d'aquelles que prendem um povo catechisado á nação dos seus catechistas. O modo de governar um não póde ser o mesmo que o de governar o outro; e aindaque os dois systemas tendam ao mesmo fim, a civilisação, os meios deverão ser diversos.

A compressão, que em um caso poderá ser uma necessidade, no outro será uma inutilidade e uma deslealdade.

Como dissemos, foi Fr. Antonio da Cruz mandado á Solor, onde elle e seus companheiros continuaram com infatigavel zélo a obra de seus predecessores, alargando os dominios da fé por novas conversões, operadas á custa de mil fadigas e innumeros perigos. E de tal modo augmentavam aquellas christandades, que, não só chamavam a attenção do poder ecclesiastico, senão tambem a do civil, ordenando os vice-reis da India por varias provisões, que se soccorressem de meios pecuniarios os missionarios que se empregavam na conversão das gentilidades das ilhas do archipelago de Solor [1].

O estabelecimento dos christãos em Solor despertára porém o ciume dos javanezes e makassares, que traficavam

---

[1] *Summaria relação do que obraram os religiosos da ordem dos prégadores*, etc. A $\frac{2}{47}$ (manuscripto inedito da bibliotheca publica) fol. 336.—Alvará do vice-rei D. Luiz de Athaide de 3 de abril de 1577, fazendo mercé de 50 xerafins por cada anno que os religiosos residirem em Solor.—O vice-rei D. Duarte de Menezes, por alvará de 18 de março de 1586, manda dar 42:3000 réis a cada religioso que assistir nas ilhas de Solor, fazendo novas igrejas. — O governador Manuel de Sousa Coutinho, por provisão de 5 de setembro de 1590, manda dar 2 tangas por dia a cada religioso que for para Timor e Solor emquanto estiverem em Malaca, e 20 cruzados para matalotagem, e 100 por anno para ajuda de botica e mesinhas.

n'aquellas ilhas, e como a miudo hostilisassem os padres, intentaram estes levantar fortaleza que os pozesse ao abrigo de taes ataques, pedindo ao mesmo tempo providencias ao vice-rei da India.

Parecia chimera a construcção de uma fortaleza em um paiz em que faltavam todos os meios para similhante obra ; mas não desanimaram os padres, e mettendo mãos á empreza levantaram em Solor uma fortaleza de pedra e cal com cinco baluartes, tendo dentro a sua igreja, tambem de pedra e cal, casa para o capitão, dormitorio para os padres, e uma outra casa para seminario[1].

Prompta a fortaleza sustentaram-n'a por alguns annos os religiosos á custa de esmolas, pondo n'ella capitão de sua mão, até que em 1586 o governo da India tomou conta d'ella, nomeando-lhe capitão, Antonio Viegas, e ordenando ao feitor de Malaca que enviasse para Solor tres berços e um falcão, como consta da provisão do vice-rei D. Duarte de Menezes de

---

[1] Assi os padres de Solor, por mais que o intento da fortaleza parece chymera, em mettendo as mãos sagradas na obra (até a paviola quãdo se offerecia) në levãdo mão d'ella, sahirão com ella, & a chymera, se lhes tornou fortaleza de fé... Sahio emfim a fortaleza de Solor muito fermosa & forte cõ sinco baluartes, tres da banda do mar, & dois da banda da terra : de baluarte a baluarte onze braças de muro tambë mui forte, & grosso, quasi de quatro braças de altura cõ seu parapeito, & couraça posta em sitio forte, ingreme, aprasivel, sadio, de bõs ares, & boas agoas, muitos poços junto da fortaleza, dentro d'ella um poço fermoso de muito boa agoa, boa horta fora dos muros... Em bũ lanço da fortaleza o dormitorio dos padres, em outro o capitão, em outro o seminario, outro livre. No vão da fortaleza hũa mui fermosa igreja da Senhora toda de pedra & cal, & telha com suas capellas fermosas de mui ricos retabulos, & ornamentos ... Relação de Fr. M. Rangel, cap. 3.°, fol. 27.— *Relação summaria*, etc., de Fr. Antonio da Encarnação.

18 de abril de 1586. E já antes d'este soccorro se havia mandado para Solor em 1575, a pedido dos religiosos, uma galeota artilhada, com seu capitão e vinte soldados, a fim de impedir os roubos e assolações que os corsarios ali faziam[1].

Acudiam a Solor os habitantes das ilhas circumvizinhas a commerciar, e entre estes appareceram os da ilha de Timor, que offereciam pau sandalo em troca de objectos da nossa industria. O pau sandalo levado á China começou a ser ali muito procurado, o que lhe augmentou o valor, a ponto de dar 200 por cento de lucro, segundo diz Fr. Miguel Rangel na sua *Relação summaria*, escripto por vezes citado, e d'este modo o commercio com os naturaes de Timor tomou grande desenvolvimento.

Era grande o desejo que tinham os nossos missionarios de se introduzirem em Timor, que os naturaes da ilha diziam ser extensissima e mui povoada; era grande o desejo, porque se lhes afigurava que a semente do Evangelho devia dar ali abundantissima colheita. Mas o receio de abordar aquella ter-

---

[1] «Muito padecerão os religiosos n'esta christandade não só em seus principios mas ainda depois de estar fundada, e já com raizes bastantes. Porque os mouros que vivem n'estas ilhas e tambem os de Java, Rey de Tolóe olandezes a quiserão impedir, armando-se muitas vezes contra os religiosos para os matarem e a todos os christãos, como fizerão alguns e diremos adiante em seu logar contra os primeiros inemigos. Levantou o padre Fr. Antonio da Cruz prelado e ministro primeiro d'estas christandades, uma fortaleza de pedra e cal na ilha de Solor para sua defeza e dos mais christãos, a qual muito tempo sustentarão os religiosos á sua custa, pondo de sua mão capitão e pagando soldados. Athé que pareceu aos Vice-Reys d'este Estado lançar mão d'ella e conservala á sua custa pello muito que convinha ao bem d'aquella christandade haver esta fortaleza...» — *Summaria relação do que obraram os religiosos da ordem dos prégadores;* manuscripto inedito da bibliotheca publica. A $\frac{3}{17}$

ra, onde se suppunha que a morte era certa, continha os missionarios, que esperavam ensejo favoravel para tentarem aquella empreza.

Constava que o sultão Cachil de Ternate havia invadido Timor, sujeitando a maior parte da ilha ao seu dominio, e receiavam os missionarios não poderem entrar nos estados de um monarcha implacavel inimigo dos portuguezes e com os quaes sustentava renhida luta, que só terminou pela morte do sultão.

Mas este receio não deteve por muito tempo os incansaveis religiosos. Não influem os terrores da morte na alma do missionario de verdadeira vocação. Animado de fé ardente arrosta o perigo com animo sereno, e imitando o divino Mestre pede a Deus perdão para os seus algozes! Só, e tendo por unica arma o symbolo da redempção, vereis o missionario aportar em terra inhospita, embrenhar-se no bosque sem temor das feras que podem devora-lo, dirigir-se ao povoado, surprehender e espantar pela sua coragem os ferozes habitantes, oppor a mansidão á braveza d'elles, soffrer resignado os motejos e os insultos, affrontar impavido a morte que lhe preparam, e orar com fervor emquanto a zagaia é acerada para melhor o traspassar! Vê-lo-heis com sua presença toda pacifica desvanecer as suspeitas d'aquelle povo desconfiado, ganhar os animos, fazer-se escutar, conquistar aquelles rijos corações, ser acolhido como amigo: e em pouco aquelles que se preparavam para dar-lhe a morte, ajoelhados repetirão com o missionario; «Creio em Deus Padre Todo Poderoso»![1]

[1] ... «Assim navegou até o dia seguinte, em que vendo terra se chegarão e saltarão n'ella. Era a povoação de Batepute (Atapupo?) no reyno de Amarasse, da ilha de Timor. Entrou o padre com huma cruz na mão; seguia-o o moço com o que pertencia ao ministerio santo.

• Foy espectaculo novo para aquella Gentilidade, verem um homem em traje nunca visto, na mão tal insignia, sahindo do mar em huma

E este valor admiro-o mais do que o do soldado, que animado pela luta, cego de colera, embriagado pelo cheiro do
sangue, exaltado pela vingança, á vista de dois exercitos, se
lança no meio dos inimigos e faz prodigios de valor. Aquelle,
o missionario, sabe que morrerá ignorado de todos; este, o
soldado, sabe que vencedor, terá mil vozes para proclamarem
os seus feitos, e se morrer, terá mil braços para o vingar.

Alguns missionarios, vencendo os terrores que as noticias de
Timor tinham causado, aventuraram-se a visitar aquella ilha;
mas reflectindo que o demasiado zêlo pela religião poderia
comprometter a empreza, não trataram de catechisar os naturaes com quem se avistaram, limitando-se a colher informações e a abrir trato com aquelle povo. Assim, possuiam já os
portuguezes um importante estabelecimento em Solor, quando mal conheciam Timor, e tão grandes eram os progressos
do christianismo n'aquella ilha e circumvizinhas, quanto eram
insignificantes em Timor, onde Fr. Antonio Taveiro apenas
havia feito algumas conversões, segundo diz Fr. Gaspar da
Cruz no seu livro da China, citado por Fr. João dos Santos na
Ethiopia oriental. Alem d'aquelle missionario nenhum outro
havia ali penetrado.

A importancia de Solor excitou porém o ciume dos malaios,
makassares e balinezes, que commerciavam n'aquellas ilhas, e
que se julgavam prejudicados com a construcção da fortaleza
que lhes servia de freio; e para destruir o nosso estabelecimento trataram com alguns regulos de Solor e com os hollan-

embarcação tão pequena. Correrão chamados da novidade. Levão-no ao
Rey, que primeiro com espanto, depois com alvoroço, lhe dou attenção,
ouvindo que lhe dizia quem era, e logo lhe pedia alviçaras de lhes trazer
a casa a verdadeira luz de que necessitavão as suas cegueiras».—*Historia de S. Domingos*, por Fr. Lucas de Santa Catharina, parte 4.ª, cap. 4.º,
liv. 4.ª, pag. 669.

dezes, da tomada de Larantuka. Aproveitaram estes com avidez o ensejo que se lhes offerecia para nos expulsar do paiz, que cubiçavam, e aprestando uma armada com ella vieram sobre Larantuka, em occasião em que a maior parte dos nossos tinha ido a Timor commerciar em sandalo.

Appareceram com effeito no porto cinco navios hollandezes e depois sete, e ao mesmo tempo muito gentio pela banda da terra cercou a fortaleza, que estava desprovida de tudo e de nenhum modo preparada para similhante ataque. Mas de tal modo se defenderam os poucos que a guarneciam, que só depois de tres mezes de assedio ella se rendeu [1].

Não conservaram por muito tempo os hollandezes em seu poder a fortaleza, da qual nenhum proveito tiravam, mas antes com ella faziam muitos gastos pela má administração dos seus officiaes, e passado pouco tempo a abandonaram. Deviam os nossos aproveitar a occasião para a retomar, mas não o fez assim o capitão Antonio de Sá, que não curou de a occupar, deixando introduzir n'ella segunda vez aos hollandezes,

---

[1] «Não podendo os arrenegados, & Mouros de Solor levar em paciencia terem por vizinha entre si fortaleza de christãos, & de nossa santa fé, que os reprimia, & dominava (porque posto que hũa vez a entrarão á traição, & de sobresalto, logo no mesmo dia forão lançados d'ella) valerão-se dos ollandezes dando-lhe esse alvitre de os ajudarem a toma-la em tempo que menos lhe custasse, quando a gente que a podia defender fosse ida fora, segundo seu costume, a fazer suas armações de sandalo a Timor. Comprirão-no assi os traidores, & chegando as naos ollandezas, que primeiro forão cinco, depois sete, todos assi juntos herejes, mouros, & arrenegados, poserão cerco por mar & terra á fortaleza, que nem gente nem armas tinha para se defender, nem taes inimigos esperava, & ainda assi a tiverão de cerco mais de tres mezes, & se lhe deo a partido.»—*Relações summarias*, etc., de Fr. Antonio da Encarnação, relação de Fr. Miguel Rangel. cap. 1.º, fol. 28.

pelo que o governador da India, Fernão de Albuquerque, mandou ir a Goa aquelle capitão para dar conta do seu proceder [1].

Não estiveram muito tempo os hollandezes fóra da fortaleza de Solor, a qual, inteiramente abandonada, foi segunda vez occupada por elles, e ali se conservaram muitos annos, largando-a a final, ou porque lhes não conviesse, ou porque receiassem os ataques dos nossos.

Sabidos em Malaca estes successos foi mandado acudir ás christandades de Solor o padre Fr. Miguel Rangel, na qualidade de commissario visitador, como pessoa que reunia todas as circumstancias para bem desempenhar aquella ardua missão. Havia este padre tomado parte na famosa batalha em que o governador de Malaca, Nuno Alvares Botelho, tinha vencido o rei Achim; e quem em Malaca dera provas de tanto vigor bem escolhido era para reparar os males que soffria o nosso estabelecimento de Solor, em consequencia da guerra que nos moviam, não só os inimigos da fé, mas os hollandezes, que,

---

[1] «Não foi nunca bem aos ollandezes com a fortaleza de Solor nem tiverão d'ella o proveito que procurão, & poderão tirar, se Deos lho permittira, antes disem que lhes fazia notaveis gastos, ajudados da infidelidade dos ministros, & assi com poucos annos d'ella a largarão a primeira vez. Mas como o interesse não engana hũa só vez, & juntamente o posto excelente da fortaleza, lhes servia de casa de saude, & recreação para os seus, que por ali passão para Timor, ou vinhão de la, tornarão a ella segunda vez para a não largarẽ. O que sabendo, & sentindo o governador da India Fernão de Albuquerque, por se terẽ logo ido os nossos christãos meter na fortaleza, tanto que os inimigos a deixarão da primeira vez, passou hũa provisão a Larantuca, onde então residia cõ gente que da fortaleza viera, o capitão Antonio de Sa despachado com ella, pello qual lhe mandava logo se fosse a Goa a dar conta porque se não fora meter na fortaleza, antes que o inimigo voltasse a ella.» — *Relações summarias*, etc., de Fr. Antonio da Encarnação, cap. 3.º, fol. 29.

segundo se dizia em Malaca, haviam arrazado a fortaleza de Solor.

Pediu o padre Fr. Miguel Rangel alguma artilheria ao governador de Malaca, que de bom grado lh'a cedeu, e com este auxilio partiu para Larantuka, onde chegou a 12 de abril de 1630, com mais doze religiosos, que de Malaca o acompanharam.

Um dos primeiros cuidados do commissario visitador foi reparar a fortaleza, que tinha apenas um baluarte arrazado, e não todos, como constava em Malaca, e concluida aquella obra tratou Fr. Miguel de propagar na ilha de Timor a doutrina de Christo, para o que mandou para ali o habil Fr. Antonio de S. Jacinto, chegado ultimamente de Malaca. Partiu com effeito o padre Fr. Antonio de S. Jacinto de Larantuka, e dirigindo-se a Timor, aportou no reino de Mena.

A rainha d'este reino fez ao missionario mui favoravel acolhimento, mas foram baldados todos os esforços para a fazer abraçar a religião christã. A reluctancia da rainha tornava escassissima a colheita, e outro que não fosse o padre Fr. Antonio de S. Jacinto haveria desanimado.

São os povos de Timor extremamente aferrados a seus usos e costumes, e como todos os povos primitivos sempre desconfiados. Receiando a todo o instante pela sua independencia, crêem que a religião prégada por estrangeiros não é senão um meio de que elles se servem para os subjugar. Agrada-lhes, é verdade, aquella pompa do culto catholico, impressiona-os, captiva-lhes os sentidos, e abraçariam de boa vontade aquella religião se não desconfiassem o não ser esta senão um ardil. E para vencer tal desconfiança, para desvanecer taes suspeitas só os chefes naturaes d'aquelles insulares têem poder.

Assim, se a rainha de Mena recebesse o baptismo, todo o povo seguiria o exemplo; mas recusando a rainha abraçar a religião christã, poucos se atreviam a escutar o padre Fr. Antonio de S. Jacinto.

Emquanto este religioso lutava no reino de Mena com tamanhas difficuldades, conseguia Fr. Christovão Rangel catechisar o rei de Silavão, que recebeu o baptismo, tomando o nome de D. Christovão, o que facilitou a conversão de toda a familia real, e em seguida a de quasi todo o povo. E de Silavão a luz do Evangelho vae irradiar-se por toda a parte, pois não tardará muito que os reinos vizinhos corram a abraçar a religião de paz e amor que os nossos missionarios prégam áquellas gentes.

A abundancia da colheita que Fr. Christovão fazia, excitou contra elle, ao que parece, o odio dos malaios que traficavam n'aquellas paragens, e que receiavam os progressos do christianismo. Querendo pois atalhar o que julgavam um mal, resolveram tirar a vida a Fr. Christovão, propinando-lhe veneno, de que não pereceu por se lhe acudir a tempo com a triaga. Quer alguem ver n'esta tentativa de envenenamento, não o crime de alguns malaios, como é provavel, mas sim a luta dos mouros estabelecidos em Timor contra os christãos, luta que, quanto a nós, nunca ali houve, porque nunca existiram em Timor aldeias de mouros.

A invasão mahometana da Malasia não chegou a Timor, não obstante dizer-se que o sultão de Ternate Cachil Aeiro subjugára esta ilha, onde cremos que elle não teve nunca verdadeiro dominio. A invasão d'este sultão limitou-se aos costumados saltos de piratas nas costas de Timor, poisque, para invadir e submetter toda, ou mesmo grande parte da ilha, seriam precisas forças de que o sultão não dispunha de certo, apesar de ser grande o seu poder, que se estendia até Bornéo. Mas quando mesmo dispozesse de taes forças, de que modo as faria transportar a Timor, que tantos dias de

viagem dista de Ternate? Que numero de paraus não seria
necessario para conduzir a Timor os muitos mil homens necessarios para subjugarem a ilha? não os tinha o sultão, e a impossibilidade da expedição é pois manifesta.

A invasão limitar-se-ia portanto a incursões de papúas ou
outros piratas, nos reinos de leste, e como alguns d'estes
piratas fossem subditos do sultão de Ternate, d'ahi viria o dizer-se que Timor fôra por elle subjugada.

Se o sultão não firmou o seu poder em Timor, os mouros
que se diz ali estabelecidos não podiam ser senão malaios
ou makassares que commerciavam na ilha, e que n'ella não
estavam fixados formando aldeias.

Que Timor fosse visitada por malaios, makassares, buguinezes, balinezes e outros insulares é certo, e que estes fossem,
senão todos ao menos uma grande parte, mahometanos, não
ha duvida; que alguns d'elles prolongassem a sua estada na
ilha, e mesmo ali estivessem estabelecidos, não o contestare-
mos; mas d'isto á existencia de aldeias de mouros e á influencia que elles exerciam nos reinos vae grande differença[1].

Não se encontra em Timor o menor vestigio de aldeias de
mouros, e nos differentes dialectos que se fallam na ilha não
ha, que nós saibamos, palavra alguma de origem arabe, como
tambem não nos consta que o povo tenha a mais pequena idéa
da religião mahometana. Ora não é crivel que tendo existido
em Timor aldeias de mouros, estes não tivessem feito propa-
ganda, como aconteceu nas outras ilhas.

Em Timor a religião toda sensual de Mahomet devia capti-

---

[1] «... o que os mouros soffrião muyto mal, & fazião muyta guerra aos padres, & desembarcando em as prayas destas ilhas, salteavão
as povoações, & as igrejas, & roubavão, & matavão quantos podião, &
tornavão a fugir para a sua terra.»—*Ethiopia oriental,* por Fr. João
dos Santos. liv. 2.º, pag. 30.

var aquelles povos, dotados de exaltada imaginação, e forço-
samente faria progressos. Um povo gentilico está sempre disposto a abraçar qualquer religião.

Mas se existiram aldeias de mouros, como desappareceram
os mahometanos de Timor? Pois não havia a religião do propheta de transmittir-se de paes a filhos, e travar luta com o
christianismo? Parece que sim, e d'essa luta não temos noticia.
Os nossos missionarios, ao que parece, não tiveram de combater contra o fanatismo mussulmano, oppondo o Evangelho ao
alkorão; mas sim de prégar a verdade das santas escripturas a
um povo primitivo, que não tinha idéas claras da divindade e
que desconhecia o seu poder e attributos; povo estranho a
toda e qualquer religião, e portanto ávido de satisfazer esta
necessidade da nossa alma, o crer, e este desejo de conhecer
a causa primaria de todas as cousas. E fortuna foi esta para
os nossos missionarios, que fizeram abundante colheita e fundaram um estabelecimento colonial, quando alcançariam apenas a palma do martyrio, se aquelle povo fosse sectario da
religião de Mahomet. Apesar d'isto alguns d'aquelles missionarios, cuja obra foi grandiosa, sacrificaram a vida ao serviço
de Deus.

Não podemos seguir passo a passo os missionarios na sua
santa empreza da conversão dos povos dos differentes reinos,
onde as cousas se passavam de um modo similhante ao acontecido no reino de Silavão. O religioso avistava-se com o rei,
insinuava-se no seu animo, era gasalhado, fazia-se escutar, co-
meçava a catechisar, e em breve o rei, ou convencido das su-
blimes verdades da nossa religião, por curiosidade, ou porque lhe agradassem as pompas do culto que o missionario lhe
descrevia, manifestava o desejo de receber o baptismo; e os
principaes do reino imitavam o exemplo que o povo seguia.
Após isto celebrava-se o accordo de paz e amisade, e o rei

constituia-se vassallo da corôa de Portugal, obrigando-se a certos encargos em troca da protecção dos portuguezes contra os
ataques dos reis vizinhos [1].

Assim ao passo que se estreitavam os vinculos religiosos se
atavam os vinculos politicos, e pela catechese fundámos uma
colonia, que pela conquista nos custaria rios de sangue. Á palavra e não á espada devemos a posse de Timor, onde os missionarios e não os soldados desempenharam o principal papel, affrontando a braveza de um povo selvagem, e trazendo-o
submisso ao nosso dominio, que não era repellido, mesmo
quando o imperio portuguez no oriente desabava, e contra nós
se revoltavam indios e malaios.

Acabando de ver como os portuguezes se introduziram
em Timor, e ali deram começo ao estabelecimento que hoje
possuimos n'aquella ilha, mostremos agora qual o estado em
que se achava aquelle povo quando os primeiros missionarios
o visitaram.

A ilha de Timor era n'aquella epocha habitada por um povo barbaro, sem duvida, mas já na terceira estação da marcha
da humanidade. Nem caçador, nem pastor era já, mas sim
agricola. O homem tinha abandonado os bosques, a vida errante e nomada, e havia-se fixado nas terras cultivaveis. A tri-
bu tinha-se transformado em aldeia, e a aldeia havia estabelecido relações com outras vizinhas formando estado. Pequenos e miseraveis estados, mas com todos os elementos que
constituem nação.

Timor era pois habitada por um povo quasi na infancia,

[1] «Passou com essa resolução ao reyno de Amarasse (Fr. Christovão Rangel) em humas serras vizinhas. Avistou-se com o rey, conven-
ceu-o, cathequisou-o; e finalmente o baptisou com toda a sua casa, e
muito povo ao exemplo d'ella.»—*Historia de S. Domingos*, por Fr. Lucas de Santa Catharina, liv. 4.º, cap. 5.º, pag. 672

3

mas constituido já em pequenas republicas, e estas com um governo organisado e regido, senão por leis escriptas, ao menos por usos e tradição, ou pelo que ali se chama *estylos,* que é o *adat* dos malaios.

Cada uma d'estas pequenas nações era governada por um *Leoray,* a que os portuguezes depois chamaram rei, porque a terminação d'aquella palavra se assimilha a esta. O reino compunha-se, como ainda hoje, de muitas aldeias, algumas das quaes téem entre si certas relações, constituindo taes grupos, o que se chama *Suco,* á testa do qual existe um *Dató* que se diz senhor da terra. As aldeias são governadas por *Tumungões,* ou *Datós* menos poderosos.

Muitos reinos possuiam ainda o que se chama *Jurisdicções,* que são como colonias encravadas n'outros reinos, e cuja existencia é de certo devida á emigração, por qualquer causa motivada, de gente do reino a que taes jurisdicções pertencem.

O poder e preponderancia que téem os *Datós* sobre o povo, o facto de serem elles os senhores da terra, leva-nos a crer que Timor se dividira nos primeiros tempos, não em reinos mas em *Sucos,* os quaes seriam governados pelos *Datós* independentemente uns dos outros. Alguns d'estes *Datós* subjugaram os *Sucos* proximos, e reunindo-os debaixo do seu mando formariam reino, cujo chefe se chamou *Leoray.* A posse dos *Sucos* conquistados seria porém disputada pelos antigos chefes, e para terminar a luta se accordaria na fórma de governo seguido ainda hoje, isto é, em uma especie de monarchia, em que o rei governa com os seus pares, os *Datós,* os quaes elegem rei segundo a ordem de successão, o que torna aquellas monarchias electivas e hereditarias. A eleição deve recair no filho mais velho do rei defunto, e se este é inhabil, no immediato, e assim successivamente seguindo a linha directa até total extincção, pertencendo n'este caso o reino ao tenente coronel, chefe de ordem immediatamente inferior ao rei, e na falta do tenente coronel ao sargento mór.

Entre os reis timores parece terem apparecido alguns mais audazes e ambiciosos, que tentaram submetter ao seu poder os reinos vizinhos, poisque o Leoray de Behale e o Senobay eram considerados como imperadores, que alguns reinos respeitavam como taes e a quem outros pagavam um pequeno tributo. Este pagamento é com effeito um acto de grande significação, e leva-nos a crer que o Behale e o Senobay submetteram ao seu poder aquelles reinos, sem comtudo conservarem a conquista, pois afóra o tributo nenhuns outros laços prendiam taes reinos ao Behale e Senobay, os quaes provavelmente não fizeram mais do que incursões ou *razias* nas terras vizinhas.

O Leoray dizia-se senhor de metade da ilha, que fica a oeste, e a que se dava o nome de Survião, o Behale da metade que fica a leste, e a que se chamava Bellos, denominações que ainda hoje se continuam, pertencendo quasi toda a provincia de Survião aos hollandezes, e toda a dos Bellos aos portuguezes.

Nenhuns vestigios de civilisação encontraram os primeiros missionarios em Timor. O povo estava na infancia, limitando-se a industria ao fabrico de pannos de algodão com que se cobriam, e o commercio á permutação de cera e sandalo por certos productos da industria estrangeira levados ali pelos makassares e javanezes, que frequentavam aquella ilha.

O ferro era conhecido dos timores quando nós nos introduzimos entre elles, não que na ilha haja este minerio, mas porque ali seria levado pelos makassares. O que é facto é que o timor usava em suas guerras da espada, da zagaia e da frecha de ponta de ferro.

Em tão atrazadas condições como aquellas que deixámos apontadas, a miseria do povo devia ser grande. Indolente e

preguiçoso e dado a guerrear, e n'isto se parece com o de Solor, do qual Fr. Christovão Rangel, que bem o conhecia, diz:
«Toda sua vida, & emprego he guerras, armas, vaidades, fidalguias, ir á cassa, recrearse, a todo o mais irem algũs (poucos)
ganhar algum quartel a Timor», não curava de certo da agricultura e, apesar da riqueza do solo, a colheita do arroz e do
milho era muitas vezes escassissima e a fome dizimava a população.

N'este estado, que riquezas poderiam ser as dos reinos de
Timor para que os chronistas nos digam que o rei de Toló le-
vára suas galés carregadas do rico despojo de Timor, quando invadiu a ilha? Miseravel despojo devia ser o que aquelle
rei colheu da expedição, da qual passámos a occupar-nos.

CAPITULO II

O vasto edificio levantado no oriente por Affonso de Albuquerque desmoronava-se, sem que o esforço de um ou outro
capitão, sem que o valor nunca desmentido dos nossos soldados podesse ampara-lo.

Perdida a nossa independencia, e fazendo Portugal parte da
monarchia hespanhola, levantou-se contra nós a nação que Carlos V dominára com jugo de ferro, a qual tendo quebrado as
algemas, procurava vingar nos seus antigos dominadores as
affrontas que padecéra. A Hollanda, considerando as colonias
portuguezas como parte da monarchia dos Filippes, arrojá-
ra-se contra ellas, e em luta pertinaz tentava esbulhar-nos da
posse d'aquelles paizes. Atacando-nos em toda a parte, a pouco
e pouco nos foi arrebatando o melhor das nossas conquistas, que não podiamos defender, e que a Hespanha de todo
abandonára.

Era insaciavel a ambição da Hollanda! Não, que o zêlo rel.-

gioso a levasse a emprehender a conquista de longinquas terras para propagar a fé, mas porque o animava o interesse mercantil, unico mobil da sua politica n'aquellas eras, e uma das
causas da guerra que nos movia.

Sendo nós senhores dos mares das Indias e pretendendo o
exclusivo do commercio, como primeiros descobridores, deviamos necessariamente ver-nos a braços com a companhia de
mercadores hollandezes que pretendia o mesmo exclusivo. A
nossa união á Hespanha não foi pois senão o pretexto, que
serviu para cohonestar a guerra que a Hollanda nos moveu.
Emquanto os portuguezes fossem senhores dos mares do
oriente, a companhia hollandeza nada podia fazer, e è claro
que, guiada pelo interesse mercantil, havia de procurar por
todos os modos aniquilar os seus rivaes. E assim foi.

A luta foi temerosa. Desde o Malabar ás portas da China, e
d'ali á Malasia se pelejou sem descanso. Vencidos na India,
vimos retalhar o imperio portuguez, que tão florescente fôra,
e em seguida caía Malaca em poder dos nossos rivaes.

Malaca, onde dominámos por mais de um seculo, atacada
com decidida energia pela Hollanda, caiu perante numerosas
forças em janeiro de 1640. Mais que todos fatal foi aquelle
golpe aos portuguezes! As quinas tão respeitadas e temidas
outr'ora perderam o seu prestigio, e o braço portuguez, que
para o malaio fôra o braço invencivel, pareceu então fraco e
inerme, e da nossa debilidade aproveitaram aquelles povos,
sacudindo o jugo que os esforçados companheiros de Albuquerque lhes impozeram. A quéda de Malaca echoou por todo
o oriente. e os povos que até ali se humilhavam ante nós, julgaram chegada a hora da nossa total ruina e da sua vingança [1].

----

[1] «Perdida Malaca em Janeiro de 1640, ficaram todos os Reys do
Sultão destemidos e afoutos contra o nome Portuguez, que não houve
algum que deixasse de levantar a mão fazendo ostentação de a mos-

Um dos potentados da Malasia que primeiro nos acommetteu foi o rei de Toló, tio do Sumbaco, imperador de Makassar. Homem altivo, soberbo, ingrato e turbulento, não lhe soffria o animo que os vencidos em Malaca imperassem como senhores em paizes que ficavam ao alcance do seu braço [1]; e tendo resolvido a nossa expulsão da Malasia, aprestou uma frota, que Fr. Lucas de Santa Catharina, na *Historia de S. Domingos*, diz ser de 150 galés, e que nós diremos de um grande numero de paraus, porque outros navios não construem aquelles insulares, e embarcando-se n'ella com uma multidão de guerreiros, dirigiu-se a Larantuka.

Sendo esta povoação a capital do nosso estabelecimento na Malasia, o golpe dado sobre Larantuka devia decidir do dominio portuguez n'aquellas paragens, e por isso o rei de Toló a escolhêra para alvo dos seus ataques. Julgando apossar-se d'ella sem à menor resistencia, chegado ao porto mandou intimar a auctoridade portugueza para que fosse a bordo tratar com elle [2].

Era então vigario superior em Larantuka o padre Fr. Antonio de S. Jacinto e capitão mór da gente de terra Francisco

---

trar já solta e a provar vingada. » —*Historia de S. Domingos,* liv. 4.º, cap. 5.º, pag. 672.

[1] «Era n'este tempo Rey de Toló hum tio do Sumbaco, Emperador do Macassá, já defunto (mas hum dos que mais se esmeraram na fidelidade com o Estado); seu nome Carriliquio, de pensamentos altivos, soberbos, e ambiciosos, ingrato, desagradecido, e assim esquecido da fidelidade, como grande propagador da seita de Mafamede. » —*Historia de S. Domingos,* liv. 4.º, cap. 5.º, pag. 672.

[2] «Este (rei de Toló) vendo-se sem o freyo de Malaca, e enfraquecida a mão Portugueza, ajuntou logo huma Armada de 150 galés, em que elle mesmo se embarcou, com seis para sete mil homens, e no mesmo mez de janeiro aportou em Larantuka... » —*Historia de S. Domingos,* liv. 4.º, cap. 5.º, pag. 672.

Fernandes, os quaes ordenando aos habitantes de Larantuka que se retirassem ás montanhas com os seus haveres, responderam ao rei de Toló, que com elle nada tinham a tratar.

Exasperado com esta resposta, que não esperava, ordenou o rei o desembarque, o qual se effectuou sem a menor resistencia. A povoação foi entrada e incendiada, e as imagens encontradas na igreja desacatadas, o que visto por Fr. Manuel da Resurreição, que com os nossos estava n'uma montanha proxima, não lhe soffreu o animo presencear impassivel aquelle espectaculo, e instando com os soldados a que acommettessem o inimigo, promettendo-lhes o favor do céu, conseguiu leva-los ao combate [1].

Era innumeravel a multidão dos makassares, e poucos os portuguezes; mas ao capitão Francisco Fernandes, que estes commandava, não o apavora o numero, e inflammando seus guerreiros, caiu com furioso impeto sobre os inimigos, que descuidados estavam. O repentino do ataque e a furia do acommettimento aterrou os makassares, que não tiveram forças senão para fugir. Com precipitação embarcaram, e não se julgando seguros no porto, levantaram ferro e navegaram sobre Timor [2].

Chegada a frota á altura d'esta ilha, dividiu-se em duas, destinando-se uma ás costas do norte e outra ás costas do sul ou contra-costa. Sendo estas frotas compostas de barcos que

---

[1] *Summaria relação do que obraram os religiosos,* etc.; manuscripto da bibliotheca publica, A 5/37.

[2] «Lança-se ao inemigo (cego e engolfado na preza, e na ira) o Capitão Francisco Fernandes (que sem o saberem o seu valor, o seu braço, e os seus brios, contava agora 130 annos) e animando os poucos Soldados, com que se achava, dá sobre os sacrilegos com tanta braveza, que os faz voltar costas correndo para as Galés sem concerto.» — *Historia de S. Domingos,* liv. 4.º, cap. 5.º, pag. 673.

demandavam pouca agua, e podendo portanto navegar á vista
de terra, com facilidade effectuavam desembarques, e onde
havia surgidouro ahi davam fundo. Como o raio caia aquelle
gentio sobre as povoações timores, que saqueiava e reduzia a
cinzas, e se encontrava habitantes ou os passava á espada ou
os escravisava.

Parece que os timores apavorados não offereceram a menor
resistencia, embrenhando-se nos matos e fugindo ao inimigo,
que devastou o litoral durante tres mezes. Não podendo porém
o rei de Toló perder de vista os seus paraus, e não querendo
aventurar-se no interior de um paiz desconhecido, tratou de
entender-se com alguns dos reis de Timor, na esperança de
os avassallar, tirando assim mais valiosos resultados da expedição do que o miseravel despojo havido nas povoações
saqueadas.

Com effeito um dos maiores potentados, o Behale, acredi-
tou ou fingiu acreditar que o rei de Toló não tinha o proposito de submetter os povos de Timor ao seu poder, mas sim
liberta-los do jugo portuguez, e defende-los contra quaesquer
aggressões; e para prova de que tinha confiança no rei makassar aceitou d'elle um turbante encarnado, constituindo-se
assim vassallo d'aquelle rei, e abjurando o christianismo para
se fazer mahometano.

Seguiram o exemplo do Behale alguns outros reis, tornando-se vassallos do makassar, e como signal de vassallagem lhe
enviaram logo o tributo que elle lhes impoz. Mas nem todos
aquelles a quem o Behale se dirigira foram promptos em acceder, e entre outros o rei de Sorvião, de Manubão, a rainha
de Mena e o rei de Lifão estavam perplexos sem saber que
partido tomar; porém não tardou muito que o de Sorvião, ou
por mais atemorisado ou por desaffecto aos portuguezes se
não lançasse abertamente nos braços do rei de Toló. o

qual, ajustadas as cousas com o Behale, partiu para Makassar. Ali foi recebido com muitas festas pelos seus triumphos, que a pouco se reduziam, e passados oito dias fallecia, envenenado por sua primeira mulher, a qual temendo se descobrissem as relações amorosas que havia tido com um dos seus familiares durante a ausencia do rei, lhe propinára violento veneno.

Tendo o padre Fr. Antonio de S. Jacinto noticia do que se passava em Timor, tratou de acudir-lhe com soccorros, e esquipando uma embarcação, n'ella se dirigiu a Timor com dois religiosos e oitenta mosqueteiros. Desembarcando em Mena achou a povoação da praia destruida e abandonada, e informando-se da sorte da rainha d'aquelle reino, soube que ella se tinha retirado com todo o seu povo ás terras altas, para onde logo se dirigiu Fr. Antonio de S. Jacinto com as forças que o acompanhavam. Depois de uma marcha trabalhosissima por caminhos escabrosos encontrou a rainha de Mena, que recebeu os portuguezes com alvoroço e grande alegria[1].

Era dextro o padre Fr. Antonio de S. Jacinto,. e tirando partido das circumstancias, soube convencer a rainha da má fé do Behale, e do desinteresse dos christãos, que vinham de tão longe a soccorre-la, quando se achava foragida. Confiada nas palavras do padre resolveu a rainha voltar á povoação da praia com as duas mil pessoas que a acompanhavam. Seguiu-a Fr. Antonio de S. Jacinto com os mosqueteiros, não cessando de fazer-lhe ver o erro em que estava praticando o feitichismo, e os ineffaveis prazeres que a esperavam se abraçasse a religião

---

[1] « Achou finalmente a Raynha, que o recebeu com alvoroço de quem muitos annos o conhecera, e tratara, e agasalhos de quem se via buscada, quando perseguida. »—*Historia de S. Domingos*, liv. 4.°, cap. 5.°, pag. 675.

christã. E o que podem as circumstancias! O que Fr. Antonio de S. Jacinto não conseguiu durante os treze annos que residiu em Mena, conseguiu-o n'esta occasião em poucos dias [1]!

A rainha de Mena, abrasada em viva fé e illuminada pela luz divina, pediu o baptismo, o que igualmente fizeram os principaes do reino e o povo. Foi o dia de S. João de 1641 o destinado para aquella festa edificante, e n'este dia o reino de Mena, onde a semente do Evangelho tinha encontrado terreno tão ingrato, e onde agora o encontrava tão fertil, abandonou o feitichismo e entrou no gremio da igreja catholica [2]!

Não descansava Fr. Antonio de S. Jacinto na sua louvavel tarefa, e mal implantára o christianismo no reino de Mena, ei-lo navegando para Lifão, cujo rei o recebeu com alvoroço, e lhe pediu o baptismo. O exemplo da rainha de Mena era poderoso, como se vê, e as incursões do rei de Toló, longe de prejudicarem o christianismo, concorreram para os seus progressos, porque fizeram conhecer aos timores a necessidade de protecção estrangeira contra novas incursões, protecção que os portuguezes davam aos povos que abraçavam a religião christã.

Em poucas praticas catechisou o padre Fr. Antonio de S. Jacinto o povo de Lifão, pois dizem-nos as chronicas, que o baptismo do rei, rainha viuva, sua familia, principaes do reino e grande multidão de povo se fizera em o dia 1.º de julho de

---

[1] «Era dextro o padre Fr. Antonio no emprego de saber lucrar almas, achou occasião de combater aquella de tanta importancia e consequencia, dilatou-se com ella na practica...» —*Historia de S. Domingos*, liv. 4.°, cap. 5.°, pag. 674.

[2] «Ás ultimas vozes da Raynha se seguiram as do Povo, que a escutava, gritando todos, que só a Ley de Christo queriam abraçar. Não houve dilação, começaram a cathequisar, e instruir sem perdoar a deligencia, logrando-se a coroa d'ella em dia de S. João Bautista (que foy por junho de 1641) em que solemnemente se celebrou o bautismo da

1641, dando-se o nome de Pedro ao principe herdeiro. Ora acabámos de ver que o baptismo da rainha de Mena se effectuára no dia de S. João d'aquelle mesmo anno, que depois do baptismo partíra para Lifáo o padre Fr. Antonio de S. Jacinto, devendo portanto concluir-se, attenta a distancia, que elle não podia achar-se n'este reino senão no dia 25 ou 26. Ministrando-se o baptismo ao rei de Lifáo no 1.º de julho [1], houve apenas cinco dias para a conversão de tão grande numero de gentios, o que é quasi inacreditavel, suppondo que as conversões eram verdadeiras e que os adultos só recebiam o baptismo quando seriamente iniciados nos preceitos da religião; mas é isso do que duvidámos.

Hoje, e talvez então, o gentio depois de baptisado é tão ignorante da sublimidade da nossa religião, como d'antes o era. Faz-se christão, como se faria mouro. A pompa do culto o seduz, e não o illumina a fé; agrada-lhe a vestimenta do padre; deleita-o o canto religioso; mas não comprehende o que ha de symbolico no santo sacrificio, nem o seu entendimento chega a perceber a belleza dos preceitos do christianismo. O ser christão para o habitante de Timor significa o chamar-se José ou João, em vez de Turo ou Tete, e *tomar* mulher á face dos altares em vez de a *tomar* segundo os seus *estylos*. O ser christão significa para o timor o ser subdito de Sua Magestade

Raynha e do Princepe herdeiro do Reyno, a que o padre Fr. Antonio de S. Jacinto poz o nome de D. João, que lhe offereceu o dia, offerecendo elle ao sagrado Precursor (como primeira Ministro, que deu com aquelle acto o conhecimento de Christo) as venturosas primicias d'aquelle reino. • — *Historia de S. Domingos*, liv. 4.º, cap. 5.º, pag. 675.

[1] «Não se esqueciam os Padres da grande importancia, que tinham entre mãos; começaram a cathequisar a Casa Real e o Povo (de Lifáo) por alguns dias, e em 1 de julho do mesmo anno de 1641 se fez a função do Bautismo. • — *Historia de S. Domingos*, liv. 4.º, cap. 5.º, pag. 677.

o Rei de Portugal; e é este o ponto importante para a politica.

Considerando pois as cousas, despidos de preconceitos, as conversões em Timor aproveitavam mais á politica do que á religião. Portugal adquiria subditos, mas a igreja quasi não augmentava o numero de fieis, poisque a maior parte dos conversos eram christãos só de nome. Não obstante, é preciso confessar, que a obra dos missionarios foi digna de todo o louvor, e bastava que entre tantos milhares de conversões uma só fosse verdadeira, para que os trabalhos dos religiosos valessem muito aos olhos de Deus.

Não é pois o numero de conversões que nos exalta, que sabemos o que ellas são e o que valem; mas applaudimos a obra dos missionarios, como obra puramente religiosa, quando pensâmos que entre todos aquelles neophytos indifferentes algum haveria que; ardendo em fé, pedia o baptismo para purificar-se dos erros passados!

Achando-se ainda em Lifáo o padre Fr. Antonio de S. Jacinto, recebeu ali os emissarios do rei de Manubão que lhe pedia o baptismo, ao que elle não pôde acceder por dever partir para Larantuka, onde sua presença se tornava necessaria. Mas para entreter as boas disposições em que estava o rei de Manubão mandou o padre áquelle rei um presente de que foram portadores o portuguez João Sanches da Fonseca e quatro christãos indigenas, promettendo-lhe ir a Manubão, logoque voltasse de Larantuka.

Chegado ali tratou o padre Fr. Antonio de S. Jacinto de esquipar duas embarcações, nas quaes fez embarcar, com destino a Timor, abundancia de mantimento e cinco religiosos, Fr. Bento Serrão e Fr. Manuel da Resurreição para Mena, Fr. Pedro de S. José e Fr. Alvaro de Tavora para Lifáo, e Fr. Jacinto de S. Domingos para Manubão, a fim de guiarem as christandades dos dois primeiros reinos, e de converte-. rem o povo do ultimo.

A obra dos missionarios em Timor promettia os maiores resultados, mas os obreiros eram poucos para tamanha empreza, e isto mesmo fez saber o padre Fr. Antonio de S. Jacinto ao vigario geral de todo o Oriente, cujo era Fr. Manuel da Cruz. Não tardou aquelle zeloso vigario em acudir com prompto remedio ao mal que se lhe assignalava, e vinte religiosos partiram de Goa para Timor. Espalhados n'esta ilha e inflammados n'aquelle santo zêlo que distinguia os missionarios d'então operaram innumeras conversões, trazendo ao gremio da igreja catholica a maior parte dos reinos de Timor.

Vinte religiosos mandava n'aquella epocha o vigario geral á Malasia para converter aquellas gentilidades; hoje não acha o arcebispo primaz tres padres que vão missionar em Timor! Que differentes correm os tempos! E hoje offerecem-se não pequenas vantagens aos padres para os convidar ás missões, e apesar d'isso não se encontram. D'antes não faltavam missionarios, movidos pelo zêlo religioso ou pela obediencia a seus superiores! Educados n'aquella austera disciplina do claustro, não sabiam eximir-se a converter infieis em paizes inhospitos, logoque o geral da ordem lh'o determinava.

Hoje o clero secular vae missionar, se lhe convem, se d'ahi aufere proventos, que de contrario não ha move-lo, e pouco lhe importa que as colonias jazam ao desamparo, que os christãos abandonados voltem ás praticas do feitichismo, que esqueçam os preceitos que os antigos missionarios ali prégaram, affrontando a morte e soffrendo mil privações!

Parece, em vista dos factos, que no nosso clero se extinguiu a vocação de missionario, considerando-se o sacerdocio como carreira publica, como modo de vida. Tão grande mal carece de remedio.

Os conventos de frades proviam largamente as missões nas colonias, e foram uma instituição de immensa utilidade. Depois veiu o abuso perverter a instituição, e acabou-se com ella, talvez precipitadamente, o que não discutimos agora; mas em vez de se crear desde logo o estabelecimento, que substituisse as ordens monasticas para o provimento das missões, nada se fez, e as necessidades espirituaes das colonias foram descuradas. É tempo de se olhar para tão importante objecto, creando collegios de missões, onde se formem os futuros parochos das igrejas das colonias, onde se eduquem convenientemente os mancebos, que cheios de zêlo imitarão os antigos missionarios no ardor do trabalho, na abnegação, no valor e no desinteresse. Fóra d'aquelles collegios poderá encontrar-se um ou outro sacerdote, que o seu zêlo leve ás missões longinquas, mas não poderá o clero prover as colonias de parochos e missionarios.

Como dissemos, tinha Fr. Antonio de S. Jacinto enviado a Timor cinco religiosos para curar d'aquellas christandades, mas sendo infructifera a sua palavra para rebater as aggressões do Behale e rei de Sorvião, que hostilisavam os reinos vassallos de Portugal, e machinavam a nossa ruina, tentando levantar varios reinos contra nós, organisou Fr. Antonio de S. Jacinto uma expedição, a qual, commandada pelo capitão mór do mar Ambrozio Dias, se dirigiu a Timor. Compunha-se a expedição de tres paraus, onde embarcaram cento e cincoenta mosqueteiros, naturaes de Larantuka, os quaes tendo desembarcado no reino de Mena, ali se lhes reuniu a gente de guerra d'este reino, a de Lifão e Manubão que veiu em nosso auxilio.

Julgando-se o capitão mór assás forte para descarregar o golpe sobre o rei de Sorvião, que era o mais vizinho, poz-se em marcha para aquelle reino. Não lhe disputou a entrada o

inimigo, que retirado a serranias escabrosas se julgava seguro
contra todo o ataque. Foram os nossos assolando o paiz, incendiando aldeias e talando campos, o que sabido pelo povo
de Sorvião, e temendo ser reduzido pela fome no logar a que
se havia refugiado, constrangeu o rei a pedir a paz, que foi
aceita, com a condição de vir o rei em pessoa entregar ao capitão mór o turbante que havia recebido do rei de Toló, como
signal de alliança [1].

Concluida a paz com o rei de Sorvião, que tomou o baptismo e veiu a ser um dos nossos mais fieis vassallos, voltou o
capitão mór a Larantuka, onde pouco depois aportava Fr.
Lucas da Cruz, nomeado visitador e commissario geral das
christandades na Malasia.

Informado o commissario do estado em que se achavam as
cousas em Timor, dos preparativos que fazia o Behale para
atacar os reinos nossos vassallos, e da agitação em que viviam
os povos de Timor pelos ameaços d'aquelle potentado, resolveu convocar a conselho as auctoridades de Larantuka, bem
como os religiosos, a fim de decidir-se o que conviria fazer.

Reunido o conselho e tratado o negocio, resolveu-se acudir promptamente com mão armada aos reis vassallos de Timor, para que o partido do Behale não engrossasse pela adhesão, que não deixariam de prestar-lhe aquelles reis que mais
temiam as iras d'aquelle potentado.

Tomada esta decisão, apromptaram-se logo quatro embarcações, nas quaes se embarcou o visitador com alguns religio-

[1] «...mandou sem detença praticar as pazes com o nosso Capitão,
offerecendo sogeição, e amizade, o que se lhe acceitou, sendo huma
das condições, que viesse pessoalmente entregar a touca, que já tinha
acceito em penhor, e contrato de introduzir a seita de Mafamede em
seu Reyno; o que se executou logo...» — *Historia de S. Domingos*,
parte 4.ª, cap. 6.º, pag. 680.

sos, e o capitão mór Francisco Fernandes com uns noventa
mosqueteiros, e fazendo-se de véla para Timor aportaram ao
reino de Mena[1]. D'ali despachou o visitador dois religiosos
para os reinos de Sorvião e Batimão, pedindo a estes o auxilio de suas forças, que foram immediatamente enviadas. Engrossado assim o arraial, passou a Batimão, cujo rei o visitador baptisou, e reunidas as forças de Mena, Sorvião, Batimão e Amanence com os mosqueteiros, ordenou o capitão mór
a marcha sobre o Behale, que confiado no seu muito poder
esperava o nosso arraial na fronteira do reino.

As forças de que dispunha o capitão mór, aindaque inferiores em numero ás do inimigo, tinham sobre ellas decidida vantagem pelo armamento dos mosqueteiros. As armas de fogo
eram ainda desconhecidas dos timores, e emquanto elles não
abandonaram a frecha e zagaia pela espingarda, a victoria de-
clarou-se sempre pelo nosso lado. Mas desde que nós permit-
timos, de certo imprudentemente, que a polvora e armas
entrassem em Timor como qualquer outra mercadoria, as vantagens da nossa parte desappareceram, e o resultado da luta
com os indigenas nem sempre foi favoravel aos nossos arraiaes.

Esperava o Behale, como iamos dizendo, as nossas forças
na fronteira do reino, onde se travou a peleja, que pouco durou, como vamos ver. Acercou-se o capitão mór do inimigo,

[1] « Aprestaram-se quatro embarcações, duas que armaram os Religiosos, huma o Capitão-mór, outra o Povo, e repartindo-se por ellas
noventa Mosqueteiros, e o Vezitador com mais trez Religiosos, Fr. Antonio Cabral, Fr. Bento Serrão, e Fr. Pedro Manso, exhortando o Vezitador a todos, propondo-lhes a empreza, como toda do serviço de
Deos, socego d'aquellas Christandades novas, e reputação das armas
Portuguezas, deram á vela em 26 de mayo do mesmo anno de
1641...»—*Historia de S. Domingos*, liv. 4.º, cap. 6.º, pag. 682.

Nota do auctor—Devo haver erro de data, poisque os successos
anteriores narrados pelo chronista passaram-se em junho de 1641

e soltou o grito *S. Thiago.* Romperam os mosqueteiros o fogo
e atroou os ares com o seu grito de guerra o gentio que compunha o nosso arraial. Assombrado pelo estampido das armas
de fogo, apavorado pelas coqueadas (grito de guerra) e moles-
tado pelos projectis, o arraial contrario, sem esperar segunda
descarga, dispersou, acolhendo-se uns em escabrosas serranias, e outros escondendo-se nas brenhas [1].

Avançaram os nossos, reduzindo a cinzas todas as aldeias
por onde passaram, e entrando sem resistencia a povoação
principal do reino, ali se detiveram para depois proseguir no
ataque. Não o esperou o Behale, e como fosse quasi impossivel alcança-lo nas asperas serranias onde se acolhêra, resolveu
o padre visitador incendiar a povoação e retirar, poisque o
castigo estava dado, e o soberbo Behale atemorisado e hu-
milhado [2].

Attendidas as necessidades temporaes tratou o vigario visitador das espirituaes mandando os religiosos que o acompanhavam para differentes reinos, com o fim de continuarem
a catechese, ministrarem os sacramentos aos conversos e
levantarem igrejas, onde os povos tinham abraçado o christianismo.

Tomadas estas providencias fez o padre visitador embar-

---

[1] «Chegados ás fronteiras do Vejalle, que esperava a batalha com
mayor poder, conflado e soberbo, deu o Capitão *Santiago,* e envestiram
os nossos com tanta valentia, e ardimento, que cahindo muitos dos inemigos ao primeiro effeito da mosquetaria, voltou costas o Vejalle, e
passando com muitos hum rio, se embrenhou no mato.» — *Historia
de S. Domingos,* liv. 4.º, cap. 6.º, pag. 682.

[2] «Assim foram sem resistencia alguma, sentindo as hostilidades
de ferro, e fogo as Povoaçoens, até a Corte, em que descançou o Exercito aquella noite, não lhe faltando abundancia pera a meza, com
que cresceo a alegria da victoria.» — *Historia de S. Domingos,* liv.
4.º, cap. 6.º, pag. 682.

car o capitão mór com os seus mosqueteiros para Larantuka, onde chegaram com feliz viagem e onde foram recebidos com alvoroço e com todas as demonstrações de regosijo pelos triumphos que acabavam de alcançar.

A fama dos nossos feitos echoando por toda a ilha fizera temido o braço christão, e não só sustentou por muito tempo na obediencia os reinos já avassallados, senão que fez com que muitos outros pedissem paz e amisade e se convertessem ao christianismo, tornando-se vassallos da corôa portugueza.

Um dos reis que primeiro solicitou a nossa protecção foi o de Tiripirim; mas quando o padre visitador se preparava para ir áquelle reino começar a catechese, recebeu noticia de haver chegado a Larantuka Fr. Antonio de S. Jacinto, nomeado commissario das christandades de Timor e Solor. Devendo Fr. Lucas entregar-lhe o governo espiritual dos povos d'estas ilhas partiu logo para Larantuka, onde se demorou até o anno de 1664, em que foi nomeado vigario geral da congregação de S. Domingos.

CAPITULO III

Os hollandezes apossam-se de Cupang — Promovem guerras dos naturaes de Timor contra os portuguezes — Os hollandezes com o rei de Camenasse invadem o territorio dos nossos vassallos — Derrota
dos hollandezes e morte do seu chefe e do rei de Camenasse.

Na epocha de que nos occupâmos, os principios que dirigiam a politica das nações nem sempre eram os do direito,
o qual muitas vezes se sacrificava ás conveniencias. As noções
do justo e do injusto pareciam confundir-se, e o direito publico, afastando-se do direito natural, que lhe serve de base,
longe de ser o codigo por todas as nações respeitado como
a suprema lei, era apenas invocado quando favorecia os interesses da nação, que para elle appellava. A força decidia quasi
todas as questões, e a espada regulava o que hoje de ordinario regula o direito.

A Hollanda movêra-nos guerra, porque Portugal fazia parte
da Hespanha, e achando-se aquella nação em luta com esta,
por força de circumstancias nos deviamos envolver na contenda. Embora o motivo occulto da aggressão fosse outro,
aquelle cohonestava o ataque.

Mas proclamada a nossa independencia em 1640, parecia
que as hostilidades deviam cessar. Não aconteceu porém as-

sim, e a luta de Portugal com os Paizes Baixos nos mares das Indias prolongou-se a despeito da paz que reinava entre as duas nações na Europa.

A fortaleza, que os hollandezes tinham em Solor, foi desamparada por não lhes convir para os fins que se propunham, e quando menos esperavamos uma aggressão da potencia com que nos achavamos em paz, é então que os hollandezes se dirigem a Timor, se entendem com o rei de Cupang, e se apossam da fortaleza que ali começaramos a levantar [1].

Estabelecidos em Timor trataram de alargar a sua influencia á custa da de Portugal, e de assentar o seu dominio sobre as ruinas do nosso. Receiando porém atacar-nos com forças exclusivamente hollandezas, ou com gente malaia, porquanto os timores veriam talvez n'essa aggressão um ataque á sua independencia, resolveram mover contra nós os indigenas, para o que entabolaram negociações com os reis que lhes pareceram menos affectos aos portuguezes. Um dos que mais prompto acharam para nos hostilisar foi o rei de Amavy, que, seduzido por presentes, promelteu entregar aos hollandezes as cabeças de todos aquelles que compunham a pequena força de mosqueteiros, que então se achava em Timor, commandada pelo capitão Mathias Fernandes.

Concertado o plano, reuniu aquelle rei a sua gente de guerra, que junta á de seus parentes formou numeroso arraial com que procurou os portuguezes. Avisados estes da marcha do inimigo e de seus intentos, retiraram-se a um sitio quasi inaccessivel, onde se julgaram seguros; mas cercados, e receiando

---

[1] «Com estas esperanças tomarão com violencia huma Fortaleza que em Cupão estava principiada, e feita Praça de armas, romperão guerra com a gente de Larantuca, que resedia na Ilha, convencidos que terião á sua devoção todos os Mouros d'ella.»—*Historia de S. Domingos,* liv. 4.º, cap. 8.º, pag. 687.

succumbir á fome, tomaram a desesperada resolução de abrir caminho por entre os seus contrarios.

Caindo pois de subito sobre o arraial inimigo, lançaram n'elle o terror, e poderam assim operar a retirada, não deixando comtudo de ser constantemente perseguidos até ao reino de Amanense, onde foram acolhidos pelo rei. De Amanense passaram a Senobay, ficando n'aquelle reino o padre Fr. Jordão de S. Domingos[1].

Mal succedida a empreza de D. Sebastião rei de Amavy, tratou o hollandez de ganhar o rei de Amanense, induzindo-o a que lhe entregasse o padre Fr. Jordão. Desleal e traiçoeiro era aquelle rei, e com facilidade subscreveu ao que d'elle se exigia, a troco de alguns presentes. Avisado porém o padre do que se urdia passou ao reino de Senobay.

Sabidas estas cousas pelos religiosos que n'este reino se achavam, decidiram reunir arraial para castigar o rei de Amanense, e juntas as forças, como não houvesse capitão para as

---

[1] «Tentarão logo alguns Reys Timores para a liga, em que só veyo D. Sebastião Rey de Amauy, ou por faltar na terra o Vigario da Christandade, ou por lhe cegarem a razão as negaças do interesse, e prometteo, que entregaria as cabeças dos nossos, que serião cincoenta mosqueteiros, e seu capitão, que então era Mathias Fernandes, natural de Larantuca. Para esta facção ajuntou com presteza toda sua gente e alguma estranha, de que formou hum Exercito de vinte mil homens com que buscou, e lançou hum cordão aos cincoenta, que avisados do que se passava se tinhão acastellado em huma eminencia, sitio defensavel, mas faltos de mantimentos, os reduzio brevemente a sede e a fome, a tomar a desesperação por resgate, discorrendo, que ainda entregando-se, tinhão certa a morte, e sahindo em hum corpo, disparando os mosquetes, e logo com a espada no punho, romperão os inimigos, fazendo n'elles hum instantaneo, e incrivel estrago, sem que de todos se perdesse hum unico.» — *Historia de S. Domingos*, liv. 4.°, cap. 8.°, pag. 687.

commandar, por se ter ausentado Mathias Fernandes, tratou-se de o escolher. Difficil escolha era aquella, porque todos se escolhiam a si proprios! e n'estas circumstancias, lembrou-se alguem de nomear capitão o padre Fr. Jordão de S. Domingos. Mal escolhido parecia para dirigir os homens na furia do combate, quem como Fr. Jordão havia sido educado no remanso do claustro, e quasi de joelhos pediu que o escusassem d'aquelle serviço, tão contrario a seus habitos e á sua missão n'este mundo[1]; mas não cederam os que o nomearam, e o padre teve de aceitar o commando.

Poz-se o arraial em marcha sobre Amanense, cujo rei pediu perdão, que não foi concedido, porque os nossos julgavam certa a victoria; mas no primeiro acampamento tão descuidados foram, que os inimigos se approximaram sem ser presentidos, e grande mortandade haveriam feito, se Matheus da Costa, capitão de um troço de gente, não houvera, com poucos dos seus, sustentado o combate até á chegada do nosso arraial, que dando com impeto sobre o inimigo, o obrigou a fugir cheio de terror[2].

Mal succedidos os hollandezes na sua tentativa para nos expulsar da ilha de Timor pelo levantamento dos reinos d'ella, recorreram a Batavia, onde a esse tempo tinham já lançado as bases do grande poder com que mais tarde assoberbaram a Malasia. Sabido dos nossos que de Batavia se esperavam importantes soccorros, recorreram a Larantuka pedindo auxilio; mas escasseavam ali os meios e o vigario só pôde mandar o capitão Balthazar Gonçalves, homem de valor, mas entrado em annos, com o padre Fr. Francisco da Conceição e alguns mosqueteiros em soccorro dos defensores de Timor.

[1] *Historia de S. Domingos*, liv. 4.º, cap. 8.º, pag. 688 e seguintes.
[2] Ibidem.

Reunidas as nossas forças apenas se contávam cem mosqueteiros, os quaes seriam bastantes para vencer o gentio armado de frexa e zagaia, mas que não o eram de certo para sustentar a luta contra os hollandezes vindos de Batavia, e como
nós armados de espingarda.

Com as diminutas forças que tinhamos, era impossivel tomar a offensiva, e por isso resolvemos recolher-nos a um ponto
no coração da ilha, onde n'uma guerra anterior o inimigo
havia levantado algumas imperfeitas obras de defeza. Ali se
estabeleceram os nossos, mas não se julgaram ainda seguros,
tão receiosos estavam do poderoso arraial reunido em Cupang, e de certo teriam abandonado Timor, se não fossem as
rasões e as instancias do padre Fr. Francisco [1].

Seis mezes se conservaram ali os portuguezes, sustentan-
do-se nos ultimos tempos do mantimento, que colhiam nos
reinos rebellados, onde faziam incursões.

Tardando o inimigo em acommette-los pareceu aos nossos
conveniente destacar os capitães Matheus da Costa e Antonio
Ornay com sessenta mosqueteiros, para castigarem um dos
reinos rebellados, evitar que o arraial inimigo fosse engrossado, e recolher algum mantimento, de que muito se carecia.
Mas antes que os dois capitães fossem de volta ao acampamento avançou o arraial hollandez e travou com o nosso a
peleja. Eram poucos os portuguezes, e apesar do estrago que
a mosquetaria fazia nos contrarios, seriam com certeza vencidos, se o capitão hollandez houvera realisado o seu plano, que
era cerca-los. Conhecido porém o intuito, retiraram-se os nossos a melhor posição, d'onde poderam communicar com os
dois capitães Costa e Ornay, que perto estavam; mas operado
este movimento sobreveiu a noite, pondo termo á luta. Apro-

---

[1] *Historia de S. Domingos*, liv. 4.º, cap. 8.º, pag. 689.

veitaram os nossos aquella tregua para combinar com os dois capitães um ataque ao romper d'alva, e com effeito aos primeiros alvores da madrugada avançaram sobre o acampamento hollandez, acommettendo-o com furioso impeto por todos os lados. Renhida foi a luta, na qual obrou prodigios de valor o capitão hollandez, que a final caiu morto com um grande numero dos seus compatriotas, assim como o rei de Amanense [1], o que decidiu a victoria em nosso favor. O innumeravel gentio de que se compunha o arraial, e que serviria antes de embaraço do que de auxilio aos hollandezes, fugiu espavorido ao primeiro choque, e assim se desfez aquella tormenta, que ameaçára aniquilar a dominação portugueza em Timor.

O mal succedido da empreza não fez desanimar os hollandezes, que recorrendo a Batavia se prepararam para de novo nos aggredir.

Não confiando porém os portuguezes em que a victoria que acabavam de alcançar lhes desse segura paz, trataram de prevenir-se contra novos ataques, pedindo soccorros a Larantuka. Era então vigario superior d'esta igreja Fr. Manuel da Conceição, o qual conseguiu fazer apromptar uma expedição, que, sob o commando do capitão mór Francisco Carneiro, dirigiu a Timor, para onde o mesmo vigario partiu em seguida com Fr. João do Rosario a fim de dirigir as operações, o que não succedeu por ter fallecido poucos dias depois da sua chegada áquella ilha, sem que por isso fossem nem de leve alterados os avisados planos que elle havia concertado.

O rei de Amarace, D. Agostinho, era o mais ameaçado da invasão hollandeza pela sua fidelidade aos portuguezes, e para o soccorrer decidiu-se enviar áquelle reino o cabo João Serrão da Cunha com alguns mosqueteiros. Mui preciso era o soc-

---

[1] *Historia de S. Domingos,* liv. 4.°, cap. 8.°, pag. 690.

corro, poisque o arraial hollandez estava em marcha de Cupang sobre Amarace, onde chegou em miseravel estado, e
mais prestes a ser desbaratado do que a subjugar o paiz, em
consequencia do penoso caminho por onde traiçoeiros guias
o conduziram.

O rei de Amarace com a sua gente e os mosqueteiros, que
o vigario lhe enviára, escolheu sitio, onde podesse combater
com vantagem contra a multidão, que o acommettia, e ali esperou o inimigo.

Arremetteu este com o posto, mas varrido pela mosquetaria, teve de retirar para renovar no outro dia o ataque. A retirada dos timores é fugida, e mal o commandante hollandez
deu ordem de retroceder, todo o arraial debandou, o que visto
pelos nossos, sairam do posto, e tomando a offensiva fizeram
horrivel estrago entre os inimigos [1].

Destroçado o arraial hollandez, retiraram-se as reliquias
d'elle a um logar defensavel, no interior da ilha, onde pretendiam levantar fortaleza, que dominasse uma boa parte do
paiz. De prompto não poderam os nossos atacar ahi os hollandezes, não só por não terem reunidas forças sufficientes,
poisque depois da victoria o nosso arraial dispersára; mas
porque faltava o capitão Francisco Carneiro de Sequeira, que
havia fallecido.

Dirigiu-se a Larantuka Fr. João do Rosario a pedir capitão
mór, e d'ahi foi mandado a Timor, n'esta qualidade, Simão
Luiz, homem de experiencia e valor, o qual reunindo o arraial logoque chegou a esta ilha, com elle marchou sobre o
inimigo, que na sua forte posição se julgava seguro contra o
ataque dos nossos. Perdeu-o porém a muita confiança. Atacado pelo lado que elle julgava inaccessivel, foi surprehendido

---

[1] *Historia de S. Domingos*, liv. 4.°, cap. 8.°, pag. 692.

e teve de render-se, caindo prisioneiros cerca de quarenta hollandezes [1].

Não desanimaram os inimigos com estes revezes, que largamente eram compensados pelas victorias alcançadas n'outras paragens.

Ceilão, Malaca e as Molucas tinham caido em poder dos hollandezes, que occupados em fundar o vasto imperio que hoje possuem nas Indias orientaes, não empregavam energicos meios para nos expulsar de Timor, onde tinhamos sabido conquistar a affeição dos naturaes, que ali nos sustentavam.

Comtudo, depois das derrotas que mencionámos, tentaram ainda os hollandezes apoderar-se de Larantuka, e com esse intento aprestaram uma armada de vinte e seis vélas, que surgiu n'aquelle porto em junho de 1660. Não havia forças em Larantuka para resistir a tamanho poder, e abandonando a povoação retiraram-se os habitantes ás serranias, emquanto os religiosos expunham o sacramento e faziam novenas, invocando o auxilio de Deus.

Não foi elle surdo ás supplicas dos seus servos, poisque a armada pouco depois de fundeada, levantava ferro e se fazia ao largo, sem que se soubesse o motivo d'aquella retirada, podendo conjecturar-se que o fim dos hollandezes não fôra senão reconhecer o porto para tentarem n'outra occasião o desembarque.

Com effeito, pouco depois surgiram doze navios no porto de

[1] «Fallecido o Capitão-mór Francisco Carneiro de Sequeira depois da derrota dos hollandezes em Amarace, veio por Capitão Simão Luiz acompanhado do padre Fr. João do Rosario, e sabendo-se que o hollandez se fortificava no centro da ilha, contra elle marchou o Capitão, e trepando as escabrozas montanhas destroçou o gentio, matando 1800 e fazendo capitular 40 hollandezes, que ficarão prizioneiros.» — *Historia de S. Domingos*, liv. 4.º, cap. 9.º, pag. 693.

Larantuka, onde não havia seis homens capazes de pegar em armas para defender a fortaleza; e apesar de o saberem os hollandezes pelas informações dos mouros, de novo retiraram sem tentarem o desembarque [1]. Esta segunda retirada, que seria o resultado da desconfiança que noticias contradictorias deviam fazer nascer no espirito do commandante da expedição, é attribuida pelos chronistas ao medo, que dos hollandezes se apoderou vendo massas de infanteria e esquadrões de cavallaria formados na praia, e animados pela presença de uma mulher com um menino ao collo [2], fazendo assim os piedosos padres intervir o céu nas lutas que os miseros mortaes travam na terra.

Saindo do porto de Larantuka navegou a armada para Timor, onde devia effectuar um desembarque de accordo com alguns dos reis d'aquella ilha, mas descoberta a traição, tiveram os hollandezes de desistir do seu intento.

O tratado de paz entre Portugal e a Hollanda de 6 de agosto de 1661 veiu, senão harmonisar as duas nações no archipelago de Solor e Timor, pelo menos pôr termo á guerra aberta que a Hollanda nos fazia a despeito do tratado de 1645, e os portuguezes poderam á sombra d'aquelle tratado segurar as bases da sua dominação em Timor.

Assim, para maior garantia do que se concordára na Europa com referencia ás Indias orientaes, parece que se celebrára um accordo entre a companhia hollandeza e o governo portuguez de Timor e Solor, pelo qual aquella companhia reconhecia a soberania de Portugal n'estas ilhas, exceptuando Cupang e Laboyona, de que os hollandezes guardavam a posse, devendo como compensação pôr duas escunas armadas á ordem do go-

---

[1] *Historia de S. Domingos*, liv. 4.º, cap. 9.º, pag. 694.
[2] Ibidem, pag. 690 a 695.

verno portuguez para o serviço de guarda-costas. Não se encontra porém nos archivos nem o original, nem a copia d'este accordo, que parece ter existido, porque a elle se referem varios governadores em documentos officiaes, e porque d'elle reza a tradição.

Mas que existisse, ou não, o certo é que pouco tempo vigorou, como tambem a paz assignada com a Hollanda não obstou a que a companhia hollandeza das Indias orientaes não alargasse a sua influencia em Timor, estendendo a sua dominação muito alem dos limites de Cupang, em que estava encerrada ao assignar-se aquelle tratado de paz. A luta aberta que as duas potencias sustentavam cessára, mas surgiram então as contestações entre as duas auctoridades de Timor. E se a companhia hollandeza não punha já as suas forças em campo contra nós, punha desgraçadamente em pratica todos os meios astuciosos para se apossar dos reinos que nos reconheciam como suzeranos. E a avidez dos reis de Timor, a sua inconstancia, o seu espirito de isenção, o seu genio turbulento serviam admiravelmente a companhia hollandeza nos·seus indesculpaveis intentos.

A troco de dadivas e presentes obteve a companhia contratos de paz e amisade com varios reis da ilha, e d'esses contratos com homens boçaes, que não sabiam a que se obrigavam, fizeram mais tarde os hollandezes derivar suppostos direitos á soberania d'esses reinos.

Á guerra franca e leal que a Hollanda nos fazia succedeu pois uma guerra desleal, e o que pelas armas não tinha sabido conquistar, conquistou-o então pela astucia de suas auctoridades em Timor, as quaes insinuando-se no animo de alguns dos reis, ganhando outros por presentes, e atemorisando a todos, conseguiram desliga-los de Portugal e avassalla-los á Hollanda. E tão debil era o braço portuguez em Timor, e tão desamparado se via o nosso governo ali, que, sem meios para obstar ás tentativas d'aquella potencia, assistia quasi indifferente ao desmembramento da colonia.

Goa, que devia curar com desvelo da possessão de Timor, e ter aproveitado a paz para transportar para ali forças que fizessem respeitar o que possuimos n'aquella ilha, limitavase a mandar-lhe alguns missionarios, e mais tarde, para prova da solicitude com que curava de Timor, enviou-lhe de annos a annos um governador com a pomposa qualificação de capitão geral, algumas barricas de polvora, algumas peças de artilheria e um ou outro soldado. Assim tambem, podendo nós ser hoje senhores de toda a ilha de Timor, possuimos apenas metade, e devendo governar os reinos como soberanos, somos simplesmente suzeranos.

E aquella colonia, que pela sua posição geographica, pela riqueza do solo e pela densidade da sua população devia ter merecido todos os cuidados dos governos superiores, e achar-se hoje no mesmo grau de prosperidade que as colonias hollandezas, não tem dado um passo nas vias do progresso, e os povos do interior da ilha téem presentemente a mesma rudeza, os mesmos habitos ferozes que tinham, quando pela primeira vez foram visitados pelos nossos missionarios.

Tres seculos de dominação não téem pois produzido os resultados que era de esperar, e a luz da civilisação apenas bruxoleia, onde devéra espalhar vivos clarões. Nem a industria, nem o commercio, nem a agricultura téem tido desenvolvimento, e emquanto muitas das ilhas da Malasia prosperam admiravelmente nas habeis mãos dos hollandezes, Timor nas mãos dos portuguezes vegeta na mais horrivel miseria, e nem cremos que sáia d'este estado, emquanto não alterarmos o nosso regimen colonial, e emquanto não tentarmos introduzir em Timor systema identico áquelle que fez de Java a perola da Oceania.

CAPITULO IV

A séde do governo portuguez na Malasia durante os primeiros tempos do nosso estabelecimento n'aquellas paragens, era Larantuka, logar defensavel e bem escolhido para capital da colonia. Ali residiam as auctoridades superiores, e d'ali partiam os soccorros para os differentes pontos onde se carecia d'elles. Introduzindo-nos em Timor, não seguimos porém o que a prudencia aconselhava, pois não escolhemos logar appropriado, onde nos fizessemos fortes, onde concentrassemos os nossos meios de acção, onde nos podessemos defender com vantagem contra os ataques internos e externos, e d'onde podessemos dominar o paiz.

Não se curou do estabelecimento de uma praça forte como as conveniencias politicas aconselhavam, e apenas em Cupang se havia começado uma fortaleza, que os hollandezes nos tomaram sem grande difficuldade [1].

[1] *Memorias para a historia ecclesiastica de Goa e missões da Asia*, manuscripo inedito da bibliotheca publica, fol. $\frac{14}{117}$.

4

Os soccorros, que partiam de Larantuka, dirigiam-se de ordinario ao reino de Mena, e a ninguem tinha lembrado escolher n'aquelle reino posição conveniente para ali fazer uma praça forte.

Só depois da paz com a Hollanda, á qual as condições ajustadas com a companhia das Indias orientaes garantiam a soberania de Cupang, resolveram os portuguezes procurar em Timor azado logar para n'elle se fortificarem. Pareceu conveniente o sitio de Lifão por ser bom surgidouro para navios, ter boa agua, não ser insalubre, e cercarem-no altas montanhas, que tornavam o accesso difficilimo aos inimigos.

Escolhido o sitio, para ali se transportaram os poucos portuguezes que se achavam em Timor e os naturaes de Larantuka que os acompanhavam, e dando-se pressa ás obras de defeza, levantaram-se terraplenos, a que se chamou baluartes, e cercou-se o logar de estacada e muralha de pedra solta, ao abrigo da qual os nossos se julgaram seguros contra qualquer aggressão. Assestaram-se nos baluartes algumas bôcas de fogo que vieram de Larantuka, e assim se completou a segurança do logar, a que se chamou praça de Lifão, e que foi a capital da possessão até fins do seculo xviii, em que o governador a abandonou, como a seu tempo diremos.

Vimos no capitulo antecedente como se haviam descurado os negocios de Timor; mas se as necessidades temporaes não eram attendidas, não succedia o mesmo ás espirituaes. Frequentemente chegavam a esta ilha religiosos que se destinavam a converter o gentio e a dirigir as christandades, e entre os que n'este tempo ali appareceram foi um d'elles Fr. Duarte Travassos, nomeado governador do bispado de Malaca, cuja séde depois da tomada d'esta cidade em 1641 se tinha mudado para Larantuka.

Achava-se este ecclesiastico em Lifáo durante o anno de 1670, na occasião em que o rei veiu a fallecer, e sendo avisado de que os Datós estavam praticando as ceremonias gentilicas, que nos actos funebres aquelles povos costumam praticar, não lhe soffreu o animo tolera-lo, e dirigindo-se em seguida á povoação, acompanhado de alguns portuguezes, pretendeu impedir as ceremonias.

Chegado ali reprehendeu asperamente os Datós, ameaçando-os com as correcções espirituaes e temporaes. Imprudente foi o padre n'este seu proceder, porque não se desarreigam facilmente os habitos, aindaque viciosos, de um povo, e não se consegue com o baptismo fazer abandonar aos rudes e ignorantes timores certas praticas gentilicas por elles seguidas antes de serem christãos. Eram mui rapidas as conversões para que se podesse crer na sinceridade d'ellas, e os padres, que tão faceis se mostravam em ministrar o baptismo aos adultos, deviam ser por consequencia menos austeros em estigmatisar usos, que, sem irem de encontro aos principaes fundamentos da nossa religião, não são comtudo n'ella admittidos.

Era Fr. Duarte dotado de caracter energico e irascivel, e vendo que nada podiam as exhortações e admoestações, quiz constranger o povo a que desse sepultura ao cadaver do rei, segundo o rito christão; oppozeram-se a isso os Datós, e excitando o povo lançaram-se sobre o padre, e mataram-o ás zagaiadas.

Sabido em Lifáo o tragico fim de Fr. Duarte, que como pae era estimado pelos moradores da praça, tratou logo o capitão mór Fernão Martins de Pontes de reunir os seus mosqueteiros, e com elles marchou sobre a povoação, onde os rebeldes esperavam os nossos, decididos a resistir-lhes. Não olhou o capitão mór ao numero dos inimigos, que muitos eram, e or-

denando o ataque, com tal impeto deu sobre elles, que a povoação foi precipitadamente desamparada [1].

Depois d'este successo correram bonançosos alguns annos,
aproveitando os missionarios aquella tranquillidade para inteiramente se darem á conversão dos infieis. A provincia dos
Bellos tinha sido pouco explorada pelos religiosos, poisque nos
reinos de leste mal tinha penetrado a luz do Evangelho; mas
d'essa tarefa se occuparam então, e affrontando muitos perigos plantaram a cruz em quasi todos os reinos do leste, entre
os quaes se conta o de Vemasse, que por estes annos tinha já
a sua igreja.

Era vigario da de Ade Fr. Gaspar Evangelista, religioso
exemplar, que não podendo soffrer que um makassar residente n'aquelle reino tivesse em sua companhia muitas mulheres, o prendeu, restituindo-lhe a liberdade passados poucos dias, crendo que ao brando castigo se seguiria a emenda.
Não perdoou o vingativo makassar ao padre o tratamento que
acabava de lhe dar, e mal se viu em liberdade tratou de satisfazer a séde de vingança que o devorava, entrando furtiva-
mente, alta noite, em casa do padre, e assassinando-o a golpes de cris [2].

Se o governador do bispado tinha sido imprudente em
querer oppor-se ás ceremonias gentilicas por occasião do
enterro do rei de Lifáo, peior avisado andou ainda o padre
Fr. Gaspar querendo impedir a polygamia a um makassar,
sectario da religião mahometana, embora se dissesse christão.
Mas desculpemos aquellas imprudencias, porque não signifi-
cavam senão o zêlo religioso, e provavam bem a austeridade
d'aquelles dois virtuosos missionarios, que no serviço de Deus
colheram a palma do martyrio.

[1] *Historia de S. Domingos*, liv. 4.ª, cap. 15.º, pag. 714.
[2] Ibidem, pag. 715.

Os successos de Timor, as vantagens por nós alcançadas sobre os hollandezes n'esta ilha, e os progressos que a religião christã ali fazia, chamaram a final a attenção do governo portuguez das Indias. Não tendo já a lutar com os hollandezes, porque a guerra cessára, e não podendo disputar-lhes os paizes que os tratados lhes garantiam, conheceu aquelle governo a importancia de Timor, de que até ali não curára, e para que a colonia não continuasse a ser administrada pelos frades, como realmente era[1], foi Antonio Coelho Guerreiro provido no cargo de governador de Timor e Solor.

Aconteceu isto pelos fins do seculo xvii, poisque em 1701 já o governador se achava de posse d'aquelle governo, e só então os negocios espirituaes foram verdadeiramente separados dos temporaes. Até então a possessão de Timor era por assim dizer governada pelo padre superior da missão, que catechisava os infieis, administrava os sacramentos, fazia a guerra ou a paz como entendia, e commandava mesmo as forças na peleja, se o animo lh'o pedia. E que ha n'isto para admirar, se a conquista de Timor foi obra dos religiosos? Foram elles que primeiro ali aportaram, e elles constituiram o governo. Quando o poder temporal mandou lá o seu delegado, encontrou já os povos ligados a Portugal por contratos, avassallados e adstrictos a certas obrigações. E o que nos espanta é que em Timor se não reproduzissem os factos acontecidos no Paraguay, onde a companhia de Jesus, pondo em pratica o socia-

[1] «He sempre relegioso de authoridade (o vigario superior) a quem todos tem muito respeito particularmente os naturaes e o capitão-mor que n'estas ilhas assiste o qual não costuma obrar cousa algũa pertencente ao seu commũ, e daquellas christandades sem seu parecer, e dos mais relegiosos que se achão presentes, por assim lhe ser encomendado pello governo da India....» *Memorias para a historia ecclesiastica de Goa e missões da Asia*, manuscripto inedito da bibliotheca publica, fol. 335.ª)

lismo e dominando o povo, disputou o governo d'aquelle paiz a duas poderosas nações.

Antonio Coelho Guerreiro tomou posse do governo, e achando o paiz em socego empenhou-se em o manter n'este estado. Uma das medidas que tomou, pouco depois de haver chegado a Timor, e que lhe pareceu opportuna para assegurar a tranquillidade, foi igualar todos os reis da ilha em poder, tornando-os immediatamente dependentes da auctoridade superior portugueza, com o que acabou com a supremacia de alguns, que se arrogavam auctoridade sobre outros.

A medida do governador foi politica, porque poz termo ás grandes influencias indigenas, perigosas para os portuguezes, influencias umas que acharam já estabelecidas, como era a do Senobay e Beale, e outras que crearam para trazer alguns dos chefes ao seu partido, como o rei de Okussi, a quem os portuguezes conferiram a patente de tenente general.

Ao governador Guerreiro succedeu o governador Paschoal de Mesquita Pimentel, que parece ter atravessado os tres annos do seu governo sem successos notaveis, e o mesmo aconteceu aos governadores D. Manuel de Souto Maior, Manuel Faria de Almeida e Jacob de Moraes Sarmento.

Mas nos ultimos tempos do governador Jacob notava-se certa agitação nos reinos, que parecia precursora da tormenta que se formava.

Os hollandezes, apesar de estarem em paz com Portugal, não cessavam, comtudo, de animar contra nós os naturaes da ilha. A soberba companhia das Indias, cuja politica era só o interesse, a custo tolerava o dominio portuguez em Timor, e tentava todos os meios para d'ali nos expulsar. Não podendo porém hostilisar-nos abertamente, tratava de ganhar os reis de Timor com dadivas, para os indispor contra nós.

E facil era consegui-lo, que á desconfiança natural a todos os povos no estado de barbarie, juntam estes a inconstancia e grande repugnancia por tudo que os constranja nos
habitos e na indolencia, e assim os governadores tiveram de
submetter pelas armas muita rebeldia fomentada pelos hollandezes, rebeldias de pouca importancia em comparação da
que contra nós urdíra o chefe da casa de Camenace.

Esta casa tinha n'esta epocha por chefe um homem altivo e
ambicioso, ao qual repugnava obedecer a estranhos. Tratou
de entender-se com os reis vizinhos sobre o modo de expulsar
de Timor os portuguezes, e achando n'aquelles reis disposições iguaes ás suas, ajustou com elles o dia, em que deviam
reunir-se em Camenace, para tratar do levantamento.

Tendo-se passado palavra a todos os reis, em que os auctores da revolta confiavam, no dia aprazado compareceram
em Camenace muitos da provincia dos Bellos, e quasi todos os da de Sorvião, e concorreram igualmente os Datu-luly
e Ray-lulys. Reunidos os conjurados e depois de sacrificarem
aos idolos alguns christãos capturados, um dos Ray-lulys ma-
tou um cão preto e branco, a que se chama *levo,* e arrancan-
do-lhe as entranhas consultou o oraculo para saber qual o exito
da empreza. Pareceu que não seria favoravel. Recorreu-se então ás entranhas dos frangos, que ratificaram o prognostico das
do *levo,* e decidiram por conseguinte os conjurados adiar o
levantamento para occasião mais propicia. Querendo porém
ficar ligados por pactos indissoluveis resolveram fazer o juramento de sangue, e para este effeito, ferindo-se todos no peito
esquerdo, recolheram n'um vaso o sangue que gotejava das
feridas, e misturando-o com aguardente e polvora, passaram
o vaso de mão em mão, libando ao exterminio dos brancos [1].

---

[1] *Instrucções do conde de Sarzedas ao governador de Timor,* § 13.º

Depois d'esta scena repugnante e selvagem seguiu-se o brutal banquete, em que os conjurados, de cócaras em volta da fogueira, comeram a mal tisnada carne de bufalo e de cavallo, e findo o banquete, que é natural durasse dias consecutivos como é uso entre aquelle povo, cada qual se retirou ao seu reino, esperando favoravel ensejo para executar o diabolico plano, que acabava de ser ajustado.

Não tardou a occasião, e desgraçadamente foi dada por quem devéra pelo seu procedimento exemplar e pela palavra cimentar as alianças dos naturaes com os portuguezes fortificando-as, e unindo-os pela amizade, quando as malquerenças os separassem.

A superior auctoridade ecclesiastica, cuja missão devia ser toda de paz e amor, cujos cuidados deviam ser todos encaminhados a conquistar almas para Deus, que indifferente ás cousas da terra só devia curar das do céu, foi a propria que por sua condemnavel ambição promoveu entre os portuguezes a desordem, enfraquecendo o governo, e facilitando assim aos naturaes a occasião de executarem o diabolico plano ajustado em Camenace, como vamos ver no seguinte capitulo.

CAPITULO V

Francisco de Mello e Castro succedeu no governo a Jacob de Moraes Sarmento. De caracter frouxo e animo timorato, o governador era improprio para o cargo que se lhe confiára. Para acalmar a agitação que se notava nos reinos, para conter na obediencia povos inclinados á revolta, carecia-se de um homem de animo forte, de tacto e prudencia, de espirito desassombrado e de resolução prompta, e o novo governador era a negação de todas estas qualidades.

Chegado a Timor e assustado com a inquietação dos reinos, entregou-se nos braços do bispo de Malaca, D. Fr. Manuel de Santo Antonio, para que este o auxiliasse. Era o bispo homem ambicioso, inquieto, turbulento e mais inclinado a occupar-se das temporalidades do que a curar dos negocios espirituaes, e sorrindo-lhe a idéa de dirigir a politica, valendo-se da ascendencia que havia tomado sobre o governador, começou a ingerir-se na administração da colonia[1].

[1] *Instrucções do conde de Sarzedas*, § 7.º

Tarde conheceu Mello e Castro o erro em que caíra, entregando-se nas mãos do bispo, e para remediar o mal tratou de arredar de si o ambicioso prelado. Offendido, porém, o altivo padre, poz em pratica todos os meios que a sua malvadez lhe suggeria para vingar o que julgava affronta, e propalando falsos boatos, conseguiu que os moradores de Lifáo, entre os quaes tinha influencia, recusassem obedecer ás ordens do governador. Assustou-se este, e temendo uma revolta geral, metteu-se a bordo de um navio e partiu para Goa, desamparando vergonhosamente o governo[1]. O prelado havia conseguido o seu fim, e mal o governador saíu do porto, apossou-se logo do poder.

Acudiu Goa a este desgraçado estado de cousas, nomeando novo governador, Antonio de Albuquerque Coelho, o qual chegado a Timor, desapossou o bispo, tomando conta da direcção dos negocios.

Pretendeu ainda Fr. Manuel de Santo Antonio ingerir-se na administração, mas não lh'o soffreu o governador, homem de rijo caracter e de firme vontade. Severo no cumprimento dos seus deveres, e rigoroso para com as faltas de seus subordinados, não devia ser bemquisto dos moradores de Lifáo, costumados ao desleixo e relaxação, e não foi difficil ao bispo indispo-los contra o governador, conseguindo ao mesmo tempo, por suas intrigas, que alguns dos reis de Sorvião lhe negassem obediencia.

Não se acobardou Albuquerque, e longe de imitar o exemplo do antecessor tratou de conjurar a tormenta.

Corria o anno de 1722, e julgando varios reinos a occasião opportuna para realisarem os planos concertados em 1719, declararam-se em rebellião contra o governo portuguez. Foi o rei de Luca o primeiro a romper hostilidades, atacando com o seu gentio o capitão mór Joaquim de Matos, que com um

troço de moradores de Lifáo havia ido a Cailaco cobrar
fintas[1].

Camenace, como cabeça da rebellião, poz-se logo em campo
seguido de Lamakito, e mais doze reinos vizinhos, e esta gente, havendo ás mãos os padres Manuel Rodrigues e Manuel
Vieira, barbaramente os assassinou. As igrejas dos reinos revoltados foram queimadas, ultrajadas as imagens e profana-
dos os vasos sagrados[2].

Prolongou-se este estado de desordem e de inquietação,
por muito tempo, apesar dos esforços do governador, o qual
póde ainda assim conservar fieis os moradores de Lifáo e alguns reinos vassallos até 1725, em que chegando a Larantuka novo governador, Antonio Moniz de Macedo, as cousas
tomaram outro aspecto.

O tenente general rei de Okussi, Francisco Ornay, porque lhe fosse mais vantajoso o dominio portuguez, do que o
da casa de Camenace, ou por inimisade com ella ou por qualquer outro motivo, mal soube da chegada do novo governador, dirigiu-se logo a Larantuka para ambos se entenderem.

Da conferencia que os dois tiveram resultou prometter o
governador perdão aos rebeldes, uma vez que largassem as
armas e jurassem obediencia, encarregando-se Francisco Ornay de lhes fazer aceitar estas condições. N'este intuito partiu
o rei de Okussi para Timor, e procurando os reis revoltosos
da provincia de Sorvião levou-os a deporem as armas[3].

Camenace e seus alliados da provincia dos Bellos, attrahidos
por presentes e pela affabilidade do governador, seguiram o
exemplo dos de Sorvião, apresentando-se na praça a prestarem o juramento de preito e vassallagem, e offerecendo-se

[1] *Instrucções do conde de Sarzedas ao governador Victorino*, § 54.º
[2] Ibidem.
[3] Ibidem, § 55.º

elles mesmos para combater os reinos que persistiam na rebellião.

Esta maneira de tratar os rebeldes, perdoando-lhes o crime, e galardoando alguns dos chefes, serviu de incentivo a novos levantamentos, pois não se passou muito tempo sem que um temeroso incendio lavrasse em toda a ilha, pondo em perigo a nossa dominação.

Dos reinos que persistiam na rebellião era Cailaco o mais poderoso, e para que este não arrastasse outros que se conservavam fieis, forçoso era constrange-lo á obediencia por meio das armas. Para este fim reuniu o governador, no correr do anno de 1726, um arraial, que com os mosqueteiros de Lifáo á sua frente marchou sobre aquelle reino, e o assolou. Refugiaram-se os rebeldes n'um logar quasi inaccessivel chamado a Pedra de Cailaco, onde se julgavam seguros dos assaltos do nosso arraial, poisque nas obras de defeza d'aquelle ponto haviam trabalhado muitos reinos durante cincoenta annos; porém acommettidos com vigor e aterrados pela presença de Bento Dias, capitão de Cutubaka, que com um troço de gente havia penetrado na povoação, sairam d'ella, e foi entrada, saqueada e reduzida a cinzas [1].

Com a tomada de Cailaco não cessaram porém as desordens e inquietações. Se um reino se submettia, outro sacudia o jugo; se um nos dava auxilio, outro desertava o nosso partido; se um era constrangido pelas armas a aceitar a nossa dominação, outro batia os nossos alliados e assaltava as suas terras, e n'estas desgraçadas circumstancias decorreram annos até se approximar o termo do governo de Moniz de Macedo. Então cansado o governador da luta constante em que se víra envolvido, e não se julgando com forças para a continuar, teve

---

[1] *Instrucções do conde de Sarzedas ao governador Victorino*, §§ 56.° e 57.°

a infeliz idèa de querer acalmar a agitação da colonia, servindo-se de estratagemas indignos de uma auctoridade, e que
comprometteram altamente o novo governador.

Não ignorava Moniz de Macedo que Francisco Ornay nutria
a ambição de substituir o governo portuguez, sujeitando os
reinos á sua auctoridade, e foi com este ambicioso desejo
d'aquelle regulo que o governador espéculou para cortar as difficuldades. Avisando todos os reis para comparecerem na praça, communicou particularmente a Francisco Ornay, que
achando-se velho, cansado, sem forças para continuar no pesado cargo que exercia, tomára a resolução de lhe entregar o
governo, para o que Francisco Ornay devia sem tardança
apresentar-se na praça. Acudiu prompto ao chamamento o
tenente general, pensando com rasão que sem custo e trabalho
empolgaria o poder que tanto appetecia. Mas chegado a Lifão il-
ludiu-o o governador com promessas e evasivas até o dia em
que Pedro de Mello desembarcou, e lançando então a mascara
declarou ao tenente general que não podia entregar-lhe o governo, e que quanto á abolição de fintas, corvéa, gastos, etc.,
que promettéra, lhe dessem os reis procuração para os representar em Goa perante o vice-rei e obter d'este a abolição
d'aquelles encargos. (Doc. C.)

Tratadas assim as cousas, entregou Moniz de Macedo o governo a Pedro de Mello, a quem fez notar, como grande fortuna, a presença de tantos reis ao acto de posse, cousa nunca
acontecida em Timor. Passados poucos dias partiu para Goa.

Ignorava o novo governador os ajustes e promessas do seu
imprudente antecessor, e não sabendo que este havia alliviado
os reis da finta, corvéa, gastos e serpinão, e achando-se sem
meios, ordenou a cobrança d'aquelle imposto.

Ponderaram os reis ao governador, que havendo sido dispensados d'aquelles encargos por Moniz de Macedo, como re-

presentanto do rei, não viam rasão para que novamente se lhes exigissem, e que se este os havia alliviado por julga-los sobrecarregados, não era justo que o novo governador os onerasse.

Só então soube Pedro de Mello a imprudencia e tibieza do seu antecessor, e não querendo imitar proceder tão timido ordenou a cobrança das fintas, declarando nullas as promessas que se haviam feito. Partiram os officiaes para executarem as ordens do governador, as quaes apenas foram obedecidas n'um ou n'outro reino, recusando muitos dar entrada nas povoações áquelles officiaes, e declarando-se outros desde logo em revolta.

Era Pedro de Mello homem de caracter aspero, e a desobediencia dos reis devia exaspera-lo. Desejaria sem duvida reprimir pela força aquelle attentado; porém achando-se desprovido de meios para a luta, entendeu que lhe era licito fazer pela astucia e deslealdade o que não podia pelas armas ou pela habilidade. Assim, dissimulando a ira, em que estava incendido, conseguiu chamar á praça os credulos reis de Viqueque, de Allas, de Samoro e de Claco, e logoque elles se lhe apresentaram, dando largas ao resentimento, mandou-os agarrar por cafres e metter a ferros. Não satisfeito ainda com aquelle duro tratamento ordenou, que os reis fossem sustentados a meia ração para lhes augmentar o padecimento. (Doc. C.)

Não resistiramros de Viqueque e Allas, os quaes sucumbiram na prisão, sobrevivendo o de Samoro e Claco, que o successor de Pedro de Mello, Barreto da Gama, poz em liberdade mal chegou a Timor, facto que muito concorreu para a pacificação da colonia.

A prisão traiçoeira e affrontosa dos quatro reis, longe de intimidar os mais, como o governador esperava, determinou uma sublevação geral, de que era chefe Francisco Fernandes Varella, o qual com outros cabeças a dirigia do presidio de Dilly, onde se reuniu o grosso das forças. O incendio lavrou rapido, pois logo no começo cairam em poder dos rebeldes, á excepção de Lifão e Manatuto, todos os presidios portugueses, que nas anteriores rebelliões haviam sido respeitados, e áquelles dois pontos os rebeldes pozeram cerco.

Acudiu o governador a Manatuto como o mais ameaçado, e pela sua muita coragem pôde sustenta-lo por espaço de oitenta e cinco dias contra um arraial, que Barreto da Gama calcula na força de 15:000 homens. Nada podia porém o valor de Pedro de Mello contra a fome que havia muitos dias ameaçava os defensores de Manatuto, os quaes ultimamente se alimentavam de folhas seccas e farinha de ossos de cavallo, e n'estas tristes circumstancias resolveu o governador deixar o presidio, e incendia-lo[1]. Havia já embarcado o material de guerra e parte da guarnição, e dava ordem de atear o incendio, quando recebeu uma carta de Pedro Barreto da Gama, communicando-lhe achar-se provido no cargo de governador, haver chegado a Lifão em 25 de março d'aquelle anno 1731, e estar-se apromptando para soccorrer os defensores de Manatuto, aos quaes enviava mantimentos. Com estas noticias e o soccorro de viveres cobrou novo animo o governador, e desembarcando o material de guerra e a guarnição, tornou a occupar o presidio, esperando a chegada do successor, o qual não se fez esperar muito.

Chegou, como dissemos, Barreto da Gama a Lifão no dia 25 de março, e informado do estado das cousas, viu desde logo, que não lhe era possivel subjugar a revolta por meio das armas, porque a colonia estava desprovida de forças. Valen-

---

[1] *Instrucções do conde de Sarzedas*, § 58.º

do-se então da astucia para triumphar, mal tomou o mando ordenou que os reis de Claco e de Samoro fossem postos em liberdade, ganhando assim a confiança dos reis revoltados e abrindo-lhes a porta ao arrependimento. (Doc. C.) Esta medida de habil politica foi não obstante censurada pelos moradores de Lifáo, e excitou não poucos murmurios contra o governador, aos quaes elle não deu ouvidos proseguindo inhabalavel no seu systema.

O presidio de Batugadé havia sido occupado pelos rebeldes, e como Barreto da Gama não tivesse forças para d'ali os expulsar, tratou de ganhar o commandante d'elles, Lourenço da Costa, attrahindo-o ao partido real á força de presentes, de promessas e de intrigas contra os outros chefes revoltosos, entre os quaes existiam rivalidades, que o governador habilmente soube explorar.

Ordenadas assim as primeiras cousas, partiu para Manatuto, só, e levando por unica guarda a sua espada e bastão de commando, e navegando n'um pequeno escaler em mares muitas vezes agitados, pôde com muito trabalho, no fim de oito dias, aportar a Manatuto. Achava-se n'este presidio o padre Fr. Manuel do Pilar, sacerdote virtuoso e mui respeitado pelos indigenas, e julgando o governador, que elle seria competente para entender-se com os revoltosos ácerca da pacificação, mandou-o a Dilly tratar com o capitão mór Francisco Fernandes Varella.

São difficilimas e demoradas as negociações com timores, em consequencia da desconfiança de que estes insulares são dotados; e como o padre não podesse desde logo ajustar as condições da paz, e a presença do governador se tornasse necessaria em Lifáo, deixou o presidio de Manatuto e partiu para aquella praça.

Na viagem para ali passou em frente de Batugadé, e vendo

que o presidio estava mal guarnecido, tomou a temeraria resolução de desembarcar, confiando que a sua presença entre os-rebeldes os perturbaria, e que longe de attentarem contra elle obedeceriam. E com effeito assim foi. Desembarcou o governador, e antes de entrar o presidio enviou um emissario a Lourenço da Costa, com quem tinha aberto negociações logoque chegou a Lifão, participando-lhe que estava ali o representante do rei de Portugal, e que esperava que o presidio lhe fosse entregue. Respondeu Lourenço da Costa que se lhe mostrassem a patente do governador, entregaria Batugadé. Não esperou mais Barreto da Gama, e dirigindo-se ao presidio fez ler a patente, recebendo em seguida o juramento de vassallagem de Lourenço da Costa, o qual com quatrocentos homens occupava aquelle ponto.

A submissão d'este chefe, que o governador galardoou e presenteou, decidiu varios reinos a enviar emissarios para o ajuste de paz, promettendo largar as armas e prestar juramento de vassallagem sem outra condição mais que a de gosarem de amnistia. Foram estes reinos, Balibó, Cová, Lida, Cutubaba, Cailaco, Lamaqueque, Fialara, Tafacay e Maere, cujos reis foram perdoados, presenteados e dispensados de vir n'aquella occasião prestar vassallagem.

Os negocios tomavam decididamente um aspecto favoravel ao governo, devido á habilidade do governador, o qual deixando Batugadé entregue a Lourenço da Costa, partiu para Lifão, a fim de expedir para Goa o navio de vias. Mas pouco tempo se demorou Barreto da Gama em Lifão, voltando logo a Batugadé por temer que Lourenço da Costa, ou se arrependesse do passo que havia dado, ou fosse esmagado pelas forças dos rebeldes, que perto se achavam. Com effeito quando o governador chegou a Batugadé estava o presidio ameaçado por numeroso arraial, e Lourenço da Costa desanimado e pres-

5

tes a render-se. Animou-o Barreto da Gama com a esperança de soccorro, que breve chegou, e que era composto de quatro companhias de moradores, que de Lifáo haviam sido mandadas em auxilio de Batugadé.

Cobrou então valor a guarnição do presidio, e fazendo uma sortida com tal impeto deu sobre o inimigo, que o desbaratou causando-lhe grande perda de gente, perda que o governador exagera sem duvida no seu relatorio de 15 de dezembro de 1734, em que diz: «Cobrando novo alento e valor, com resolução ultima vehementemente deram nos invasores de improviso, que perderam cinco mil no irado e sanguinolento choque, que lhe sobreveiu, ficando por então a victoria em disputa por uma e outra parte, e em socego a tal fronteira na retirada d'elles ao seu acampamento».

O capitão mór Francisco Fernandes Varella, mal teve noticia da victoria dos nossos, destacou logo D. Mathias da Costa, chefe da casa de Camenace, em auxilio dos vencidos com uma força, que o governador Barreto da Gama calcula em dois mil homens. Com este soccorro ficavam os revoltosos em circumstancias de novamente atacarem o presidio, e talvez toma-lo, o que collocava os portuguezes em situação tão critica e arriscada, que o governador julgou ser aquelle momento o mais terrivel da luta, dizendo que lhe fôra preciso para sair das difficuldades recorrer a todos os meios de astucia, fingimento e intriga. E com effeito, enviando emissarios ao campo inimigo, com tal arte se houveram, que convenceram o rei de Camenace de que seus companheiros pretendiam tirar-lhe a vida para dar o reino a um seu parente, mas que precisando do braço d'elle rei de Camenace, na presente luta, tinham adiado a realisação do seu diabolico plano para quando ella findasse.

Estas intrigas, acompanhadas de presentes e promessas de perdão e honrarias, moveram o animo do rei, o qual desligan-

do se dos rebeldes se tornou seu inimigo declarado, e recolhendo-se a seu reino enviou d'ali emissarios ao governador,
pedindo perdão, que foi logo concedido, com a condição de
se apresentar o rei com os seus sequazes de Balibó, Saniri,
Laqueo, Fatumean, Hermera, Lamakito, Lalatae, Raimean,
Turis-Maeta, Rotto e Baluto (Bibiluto?).

A adhesão do rei de Camenace com todos os reinos, que o
seguiam fez mudar inteiramente a face dos negocios, e para
premiar o grande serviço que aquelle rei acabava de fazer,
nomeou-o o governador tenente general, ordenando-lhe ao
mesmo tempo que reunisse a sua gente de guerra e marchasse sobre Dilly, para onde o governador se dirigia por mar.
Obedeceu o rei de Camenace, pondo-se em marcha ao mesmo
tempo em que o governador saía de Lifáo com um pequeno
numero de paráos, que conduziam as poucas forças de que
póde dispor.

Chegado ao porto de Dilly, mandou a terra emissarios intimar o capitão mór Varella a que depozesse as armas. Achavam-se os revoltosos inteiramente desanimados depois da deserção do rei de Camenace e promptos para subscrever a todas as duras condições, que o governador lhes impoz, pedindo
unicamente que lhes não tirassem a vida.

Feito o accordo, depozeram os rebeldes as armas, para em
breve tornarem a levanta-las, pois passado pouco tempo, tendo fallecido o capitão mór Francisco Fernandes Varella, jul-
garam-se desligados das condições a que se tinham obrigado,
e de novo se revoltaram.

A este tempo achava-se o governador doente e cansado de
tanta fadiga, e quando mais precisava descanso, foi então que
se viu obrigado a pôr-se outra vez em campo, a fim de subjugar novas rebelliões. Não era porém Barreto da Gama homem
que recuasse em presença de qualquer difficuldade, quando

se tratava do cumprimento do seu dever e da honra do seu paiz, e ordenando ao rei de Camenace, já recolhido a seu reino, que reunisse outra vez a gente de guerra, com esta e com outras forças marchou sobre os reinos rebeldes, que assolou durante dois annos, reduzindo a cinzas quantas povoações encontrou, e devastando Elimano, Fatupró, Baimeta, Vaibolo, Vemorim, Fatulasso, Vemace, Simace, Bailo, varias jurisdições de Lucanequeque, Laleia, Faturó e Sarau. (Doc. C.)

A tão rijos golpes não resistiram os rebeldes, os quaes uns após outros se submetteram, ficando assim o paiz pacificado. Mas se Barreto da Gama não fosse homem de tão prompta resolução, de tão grande tacto e prudencia, e tão destro em manejar os negocios, Manatuto e Lifáo teriam succumbido, e o dominio portuguez em Timor haveria talvez sido substituido pelo da casa de Camenace para em breve passar d'aquellas mãos selvagens ás mãos habilissimas dos hollandezes, que não cessavam de nos promover dificuldades.

A revolta, que Barreto da Gama com grande habilidade soube subjugar, tinha por causa principal o desejo de independencia, que nutrem os reis de Timor, e da qual elles abdicaram umas vezes seduzidos por presentes, outras catechisados pelos padres, e quasi sempre por necessidade de protecção e de arbitro nas suas continuadas guerras. Mas que esta fosse a principal causa, outras houve que revoltaram o povo, taes como violencias praticadas pelos officiaes da Praça, e imposição de fintas, que as forças do paiz não comportavam. Quem conhece a população indigena da capital da Possessão, sabe bem que um official de moradores (irregulares), encarregado de qualquer serviço do governo apenas transpõe os limites da Praça, torna-se logo altivo, arrogante, exigente e atrevido, e fallando em nome do governador, que compromette, e julgando-se superior a todas as auctoridades dos reinos, promove desobediencias, quando devéra evita-las pela sua moderação.

As violencias de que os reis se queixavam poderiam pois ser causa de revolta.

A cobrança de fintas, sempre difficilima, seria tambem um dos motivos para a rebellião, poisque não obstante receber o thesouro insignificantes quantias provenientes d'aquelle imposto, são os povos vexados para satisfazer aos chefes, os quaes fazem a imposição a seu bello prazer.

Não havendo nos reinos auctoridades portuguezas, são as auctoridades indigenas encarregadas de fazer a distribuição do tributo e cobra-lo para o entregar no thesouro, e d'aqui provém o mal. Fixadas as quantias com que cada reino deve contribuir, fixação aquella que data dos differentes contratos de paz que com os reinos se fizeram, e ordenada a cobrança, faz o rei a seu talante a distribuição pelos *Sucos*, tendo cuidado de pedir muito mais do que o governo exige. Os chefes de *Suco* praticam o mesmo com os *Datós*, os quaes fazendo a distribuição pelas familias não se esquecem de calcular a grossa quantia, que julgam pertencer-lhes, como senhores da terra.

D'este modo o povo paga muito e o thesouro recebe pouco, e quando contra a finta se levantam clamores, lança-se todo o mal á conta do governo e não dos chefes indigenas, aos quaes pelos *estylos* timores é devida a *canceira*, *gastos* e uma infinidade de propinas. Mas parece que sendo os chefes indigenas interessados na cobrança, o tributo deveria ser pago com toda a regularidade, e não acontece assim. Indifferentes a tudo, nem mesmo o interesse proprio é capaz de mover estes povos, dos quaes já Fr. Miguel Rangel nas *Relações summarias* de Fr. Antonio da Incarnação, dizia com perfeito conhecimento, o seguinte: «Somente a gente entre todas estas cousas,

foi ser tão preguiçosa, & mal considerado (tambem os christãos) que como se não nacessem para trabalhar, como as demais gentes do mundo, ally nem trabalhar querem, nẽ cultivar
terras (excepto os que pello alto dos montes vivem, a que
chamão Gunos, que he o nome dos montes), nem pescar, nem
servir, nem buscar vida, & este he o trabalho todo dos que
vivem em Solor falta de serviço, para o que se ha mister
gente de fóra, porque a da terra, nem aproveitar se sabe,
nem enriquecer, nem lograr, nem querer o que tem. Toda a
sua vida, & emprego he guerras, armas, vaidades, fidalguias,
ir á cassa, recrear-se, e todo o mais, irem algũs (poucos) ganhar algũ quartel a Timor[1]».

Um povo com estas qualidades devia necessariamente reagir
contra o pagamento da finta, que directamente o lesava ; e este tributo, que até ao tempo do governador Moniz de Macedo
produzia cerca de dezeseis mil pardaus (doc. F.) successivamente reduzido, acha-se hoje fixado na quantia de cerca
de duas mil rupias. E nas circumstancias em que se achava o
povo de Timor, e nas em que hoje se acha, impossivel seria
arrancar-lhe aquella somma pelo imposto directo, sendo nossa
opinião, bem assentada, que só por meios indirectos se poderão augmentar as receitas d'aquella malfadada provincia
de Timor.

[1] *Relações summarias.* cap. 2.°, fol 24.

CAPITULO VI

Depois de pacificado o paiz correram bonançosos os annos até 1734, em que Antonio Moniz de Macedo, segunda vez provido no cargo de governador, chegou a Timor. (Doc. D.)

Achava-se Macedo compromettido com os reis no negocio das fintas, e prestes acudiram elles a reclamar o cumprimento da palavra dada, exigindo a reducção do tributo com que diziam estar sobrecarregados, e que comtudo não pagavam havia muito tempo. Alguma rasão tinham com effeito os reis para reclamar contra aquelle tributo, que parece ter sido lançado ao acaso nos primeiros tempos da occupação, pois não se havia tomado para base nem a riqueza agricola, nem a população dos reinos, alguns dos quaes não podiam satisfazer o encargo, que se lhes havia lançado, sem se privarem do estrictamente necessario para a sua subsistencia. (Doc. C e D.)

Por uma nota encontrada entre alguns documentos que podémos consultar, e que foi extrahida do archivo de Timor no

tempo, em que ali existiam as peças officiaes das primeiras
epochas do nosso estabelecimento, consta que vinte cabeças
de finta, que abrangiam mais de vinte reinos, pagavam em
mantimento ou em generos ao governo o valor de 14:341 pardaus, somma esta talvez superior ás forças tributaveis do paiz,
que então se achava muito mais miseravel do que hoje.

O governador Macedo, vendo provavelmente a impossibilidade que tinham os reinos de pagar aquella somma, fez com os
chefes um accordo, que julgámos não ter tido inteira execução

Consistia o accordo em abolir a finta, substituindo-a por
um tributo de capitação, calculado n'um pardau timor por cabeça, tanto do sexo masculino como do feminino. (Doc. A.)

Aindaque se não possa defender a capitação pela desigualdade com que pesa sobre os contribuintes, achâmo-la comtudo
preferivel ao tributo lançado a esmo com que se oneravam os
reinos que pediam a nossa protecção, ou que eram forçados á
vassallagem.

Possuimos copia de um termo, ou portaria mandando tomar
juramento ao rei e Datós de Maere, de como se comprometiam
a declarar com exactidão o numero de pessoas que tinha o reino; e aquelle documento elucida-nos sobre a maneira por que
se executava o accordo, que desde o começo foi illudido pelos
reis, os quaes prestavam juramento de não haverem occulta-
do gente, quando é manifesto que a occultavam.

Por mais pequeno que fosse o reino de Maere, que hoje
não gosa de autonomia, não podia ter apenas cento e oitenta e cinco pessoas, como declararam os chefes. Qualquer
povoação timor tem este numero de habitantes; e o que fazia
o reino de Maere naturalmente o faziam todos os outros, e seria esta a rasão por que mais tarde os governadores aboliram
a capitação, substituindo-a pela finta reduzida.

Não tardou muito que o tributo com o antigo nome de finta

fosse fixado em quatro mil picos de mantimento, a titulo de gasto para a guarnição de Lifáo, e este mesmo insignificante tributo successivamente reduzido acha-se hoje fixado em duas mil rupias proximamente.

Na nossa opinião teria havido vantagem em conservar o tributo imposto por Moniz de Macedo, a capitação, embora os chefes não declarassem com exactidão o numero de vizinhos, poisque com o tempo acostumar-se-iam áquelle tributo, e quando mais tarde o governo exercesse acção nos reinos, poderia então exigir o pagamento effectivo pelo numero real dos habitantes, numero que os chefes não dariam de todo exacto, mas que se approximaria da verdade.

Que a abolição das fintas fosse a contento dos reis, ou que Moniz de Macedo, cansado das lutas que sustentára no seu primeiro governo, no segundo visse indifferente muitá desobediencia, e deixasse os reinos entregues ao poder arbitrario e despotico dos seus chefes, sem se importar com o estado de desordem do paiz, o facto é que aquelle governador atravessou o seu segundo governo sem ter de sustentar guerras, e nenhum successo notavel digno de menção veiu ao nosso conhecimento ou pela tradição ou por documentos escriptos.

A Moniz de Macedo succedeu um governo interino composto do tenente general João Ornay e padre Fr. Jacinto da Conceição, que pouco depois foi succedido por Manuel Doutel de Figueiredo Sarmento, o qual menos feliz do que o seu antecessor viu invadido o territorio portuguez pelos arraiaes do Senobay, dirigidos pelas auctoridades hollandezas de Cupang [1].

O chamado imperador de Senobay, tendo tido desintelligencias com o rei de Okussi, poz o seu gentio em campo, e auxiliado por seus parentes e amigos assolou o territorio de Okussi.

[1] *Instrucções do conde de Sarzedas.* § 64.º

Repelliu este reino a aggressão, e proseguindo na guerra entrou as terras de Senobay, levando o inimigo de montanha em montanha até faze-lo acolher a Cupang, cujo reino devastou.

Considerou o residente de Cupang como aggressão do governo portuguez o que não era senão guerra entre timores, e reforçando o arraial de Senobay com gentio da ilha de Rotte e Sabo, e tomando a direcção d'estas forças, invadiu o nosso territorio, sujeitando uma parte dos reinos de Sorvião ao dominio hollandez.

Protestou logo o governador contra este acto, protesto que foi desattendido pelo residente, o qual não contente com sujeitar os reinos de Sorvião á sua auctoridade pretendeu attrahir ao seu partido alguns outros da provincia dos Bellos.

Julgando-se senhor unico da ilha passava licenças a barcos makassares para commerciarem em todos os portos d'ella, e fazia cruzar embarcações para aprisionarem os paráos cujos anokodas (patrões) commerciavam sem sua licença [1].

Sem força para expulsar os hollandezes dos reinos por elles usurpados, e tomando as providencias necessarias para segurar em nossa obediencia a provincia de Bellos, Manuel Doutel terminou os tres annos do seu governo, passando este a ser exercido por D. Sebastião de Azevedo e Brito, contra o qual os portuguezes se rebellaram tirando ao governo da possessão a força, que era necessaria para repellir as aggressões estranhas.

Tomou D. Sebastião posse do governo em 1742, e governou, com os dissabores inherentes áquelle espinhoso cargo, mas sem successos notaveis, até 1744. Achava-se n'este anno em Timor o padre Fr. Jacinto da Conceição, da ordem de S. Domingos, homem de caracter traiçoeiro, de ambição desmedida.

---

[1] *Instrucções do conde de Sarzedas, § 65.º*

não recuando diante de qualquer meio para chegar ao seu fim. Sorrindo-lhe a idéa de assenhorear-se do governo, para o qual julgava ser nomeado nas vias de successão, tratou de urdir contra o governador uma trama, da qual resultasse o ser deposto.

Era o frade dextro em ruins manejos, e adulterando uns factos, e inventando outros, propalando calumnias, e agitando os moradores de Lifáo, conseguiu revolta-los contra o governador, que foi deposto do cargo, e remettido preso para Goa como flagello da provincia [1].

Feito isto, apossou-se o ambicioso frade das vias de successão, nas quaes julgava ser o primeiro nomeado. Mas qual não foi o seu desgosto vendo que o era o bispo de Malaca D. Fr. Geraldo de S. José, que então residia em Timor?! Não podia Fr. Jacinto usurpar o logar do bispo, porque seria desmascarar os seus criminosos intentos; mas se não usurpou o logar, poz em pratica todos os meios para satisfazer o seu damnado designio.

Não era o frade homem que recuasse diante de um crime, e aindaque não nos restam provas de que elle o commettêra, temos comtudo fundadas conjecturas de que fôra o auctor da morte do bispo, succedida poucos dias depois de abertas as vias de successão [2].

Realisára-se o sonho de ambição do frade, pois pela morte do bispo ficou á testa do governo, tendo por companheiro Vicente Ferreira de Carvalho, que em malvadez não ficava áquem de Fr. Jacinto.

Violento e perseguidor, despotico e desconfiado o governo do frade tão insupportavel se tornou, que os habitan-

[1] *Instrucções do conde de Sarzedas,* § 7.°

[2] Ibidem. § 70.°

tes de Lifão, conjurados contra elle, prenderam-no; constando
pela tradição que o seu companheiro de governo Vicente Ferreira de Carvalho o assassinára, cravando-lhe um diamante de
canhão no ouvido [1].

Sabido em Goa o estado das cousas de Timor, tratou o vice-
rei de mandar para ali novo governador, Manuel Correia
de Lacerda, o qual tomando posse em 1746 governou até
1749, em que falleceu, sem que durante aquelles tres annos occorressem successos notaveis, que mereçam mencionar-se.

Eram morosas as communicações n'aquella epocha, pois
tendo fallecido o governador Correia de Lacerda em 1749, só
em 1751 tomava posse do governo de Timor Manuel Doutel
de Figueiredo Sarmento. Em desgraçado estado veiu este governador encontrar o paiz, que já governára! A provincia de
Sorvião sujeita aos hollandezes, o grande reino de Motahel dividido em dois partidos, e recusando-se ao pagamento de fintas, os reinos de leste inteiramente independentes do governo
da possessão, e os restantes da provincia dos Bellos prestan-
do obediencia mais que duvidosa e ameaçando levantar-se contra nós [2].

Tratou o governador de amparar aquelle mal seguro edificio, e com effeito de 1751 a 1756, em que governou o paiz,
não teve que sustentar guerras para manter a nossa dominação.

Figueiredo Sarmento largou as redeas do governo em
1756, e aindaque não tenhamos documento, que nos diga qual
o governo que lhe succedeu, devemos crer que foi um governo interino, poisque o governador nomeado Dionysio Gonçalves Rebello Galvão só em 1759 tomou posse do cargo.

[1] *Instrucções do conde de Sarzedas*, § 70.ª
[2] Ibidem. § 66.ª

Ignorámos pois quem fossem os membros do governo durante aquelles tres annos, sabendo apenas que Vicente Ferreira de Carvalho era um d'elles, devendo ser os outros um chefe timor e um official da tropa, segundo o uso. Parece que este governo procedèra com tal desacerto e tão inhabilmente se houve, que na Praça occorreram serias desordens, desorganisando-se o governo, e entrando em Lifão gentio de differentes reinos, para apoiar um chefe e supplantar outro. E como alguns d'aquelles reinos fossem subditos da Hollanda, d'aqui viria naturalmente o dizer-se que por surpreza caíra a Praça em poder dos hollandezes, que ahi foram introduzidos por Vicente Ferreira de Carvalho, um dos membros do governo interino.

Pouco tempo porém esteve Lifão em poder d'aquellas forças, poisque Francisco Ornay, tenente general da ilha, mal soube do acontecido, reuniu o seu gentio, e com elle marchou sobre Lifão, que foi entrada, não se dando quartel aos vencidos.

A este tempo chegava a Timor o novo governador Dionysio Gonçalves Rebello Galvão, a quem Francisco Ornay entregou Lifão como ao representante do legitimo senhor d'aquella Praça.

Não temos documentos que nos digam como as cousas se passaram n'esta epocha em Lifão, nem se foram, ou não reinos vassallos de Hollanda, que ali entraram, mas que não foram os hollandezes que tomaram a Praça, póde crer-se.

Se, como se diz, fossem os hollandezes que, havendo-se collocado á testa das forças invasoras, tomassem a capital da possessão portugueza, as consequencias deviam ser outras. Resolvidos a commetter aquelle attentado contra o direito publico, é provavel que se preparassem para guardar a conquista, que devia decidir da nossa dominação em Timor, e não entraria ali tão facilmente Francisco Ornay.

Lifáo era quasi exclusivamente habitada (como é hoje Dilly) pelos moradores, especie de milicia de um certo modo organisada para defeza da Praça, e não é crivel que esta milicia aceitasse de bom grado a dominação estrangeira.. Se não podesse resistir por ser surprehendida, devia pelo menos retirar-se, e não passaria despercebida a fuga de tão grande numero de familias, que de certo iriam constituir povoação em outra parte.

Quanto a nós a supposta tomada de Lifáo pelos hollandezes não passou da entrada ali de forças dos reinos, e se entre elles havia alguns dos de Sorvião avassallados á Hollanda, como é de crer, d'aqui se originaria a noticia de haver a Praça sido tomada pelos hollandezes, como já dissemos.

E não nos admira que taes noticias se espalhassem então, poisque nos nossos dias, em 1861, por occasião da revolta de Lacló, constou em Batugadé, que os rebeldes haviam entrado em Dilly, e incendiado a povoação, quando elles mal se acercaram da capital.

Tudo nos leva portanto a crer, que os hollandezes nunca se apossaram de Lifáo, e que nada mais houve senão uma desordem em que o governo mudou de mãos; e este facto considerado como rebeldia por Francisco Ornay, decidiu-o a marchar com o seu gentio sobre Lifáo, expulsando d'ali os rebeldes, e conservando-se senhor da Praça até chegar novo governador, a quem a entregou. O facto de ser feita a entrega por Francisco Ornay, está-nos dizendo que não havia na possessão governo regularmente constituido.

Dionysio Galvão tomou com effeito posse em 1759, e empenhando-se em tranquillisar o paiz, conseguiu que as cousas corressem regularmente durante os seis annos que governára a possessão.

Nem levantamentos temerosos se deram durante aquelle

periodo, nem invasões do nosso territorio pelos hollandezes; mas apenas pequenas guerras de reinos com reinos, questões entre os chefes das fronteiras, desobediencias dos indigenas, e enfraquecimento do nosso poder, que era esse o estado normal n'aquellas epochas.

Corria o anno de 1705, quando, sem que saibamos os motivos, Francisco Ornay e Antonio da Costa, chefes de Okussi, Quintino da Conceição e Lourenço de Mello, propinaram veneno ao governador Dionysio Galvão, em consequencia do que falleceu em novembro d'aquelle anno [1].

Na falta absoluta de documentos, ignorâmos o que moveu aquelles homens a attentar contra a vida do governador, e quasi não acreditâmos, que fosse ambição politica que a isso os levasse, pois, fallecido o governador, tomaram conta do governo os individuos nomeados nas vias de successão, sem que Francisco Ornay tentasse apossar-se do cargo que lhe pertencia, como um dos nomeados, e de que fôra excluido pelo padre Fr. Antonio Boaventura, e pelo tenente general, capitão mór da provincia dos Bellos, José Rodrigues Pereira, que com elle deviam formar o governo [2].

O crime pois, quanto a nós, não teve origem na politica, não foi a ambição que moveu o braço, mas talvez a vingança de alguma affronta particular. Qual ella fosse, não o sabemos, e pouco importa isso.

O que é certo é, que tendo fallecido o governador foram abertas as vias de successão, nas quaes eram nomeados para succeder no governo o padre Fr. Antonio de S. Boaventura, o tenente general capitão mór dos Bellos, José Rodrigues Pereira, e Francisco Ornay. Não se achava este na Praça, pois

---

[1] *Instrucções do conde de Sarzedas*, § 67.º
[2] Idem.

mal ajustou o plano criminoso com os seus companheiros, retirou-se para o seu reino chamando immediatamente o povo ás armas.

Mas Francisco Ornay não ficou tranquillo em Okussi, e pondo as suas hordas em marcha, acercou-se da Praça, e assediou-a, tentando mil estratagemas para se assenhorear d'ella. (Doc. E¹.)

Embaraçosa e lamentavel era a situação dos governadores interinos, e deploravel o estado, em que se achava a nossa suzerania em Timor. De todos os reinos, que pelo acto de vassallagem eram obrigados a auxiliar-nos com seus contingentes de guerra, apenas o reino de Manatuto enviou um pequeno soccorro de gente e munições de bôca. Todos os outros haviam quebrado os laços que a nós os uniam, e estavam, senão em revolta manifesta, pelo menos inteiramente indifferentes ao que se passava.

Os missionarios, que se achavam dispersos pelo interior, temendo morrer ás mãos d'aquelles mesmos que haviam catechisado e ora se afastavam completamente da moral christã, recolheram-se a Lifão. Abandonadas assim as igrejas, foram logo profanadas e escarnecidas as imagens, e o rei de Samoro D. Bernardo Sarmento Tavares, levando mais longe o desacato, revestiu-se elle proprio das vestes sacerdotaes, e cantou a alleluia na igreja do seu reino².

N'este tão grande apuro recorreram os governadores interinos a Goa e Macau, expondo as tristes circumstancias em que se achavam, e pedindo com urgencia o necessario auxilio.

Expediu o senado de Macau o navio *Santa Catharina*, capitaneado por José Pedro Tavares, com soccorros a Timor, mas

¹ *Instrucções do conde de Sarzedas*, § 67.º
² Ibidem § 68.º

o capitão, cujo principal fim era commerciar, tocando em Sa-
marang e em outros portos de Java, e offerecendo-se-lhe ali
boa occasião de negociar com lucro, tal demora teve n'aquelles portos, que a monção favoravel passou, e o navio teve de
arribar a Macau, por não poder seguir viagem [1].

A este tempo acudia Goa com o costumado remedio a Timor nomeando Antonio José Telles de Menezes para o cargo
de governador; e mandando como soccorro vinte e tres homens, instava com o senado de Macau para, com urgencia,
auxiliar Timor com alguma força [2]. Inutil recommendação
aquella, poisque o senado de Macau não dispunha de força,
nem para defeza da cidade quanto mais para a enviar á Occa-
nia.

Assim o unico auxilio que recebeu Timor foi o governador nomeado, e vinte e tres homens, dos quaes doze foram
passados á espada pelos revoltosos apenas ali chegaram, e dois
pereceram á mingua de medicamentos. Triste sorte a de Timor!
Que a nossa dominação perigasse, que os poucos portuguezes
residentes n'aquella ilha estivessem a ponto de ser assassinados, que um vasto e populoso paiz fosse arrancado á corôa
portugueza, que importava isso? Timor estava longe, e os gemidos de afflicção da colonia não eram escutados nem na India
nem em Portugal!

Aportou com effeito a Lifão em 14 de maio de 1768 o governador Antonio José Telles de Menezes, tomando d'ahi a dias
posse do governo, que lhe foi entregue pelo governo interino
composto dos individuos já mencionados.

Era deploravel o estado da colonia quando o governador tomou posse d'ella! Pequenissima guarnição para defender a

[1] *Instrucções do conde de Sarzedas*, § 69.
[2] Ibidem, § 70.

Praça; a maior parte dos reinos em rebellião; os hollande-zes instigando os chefes a proseguirem na revolta; os cofres publicos exhaustos; dois annos de divida aos empregados e offciaes, e estes quasi nús e descalços; mantimentos em arma-zens nenhuns, e munições de guerra mui poucas; eis a pintura que o governador faz do estado em que encontrou Timor, em officio dirigido ao rei aos 16 de maio de 1768.

Em Larantuka, onde o governador primeiro aportou, viu elle qual devia ser a animosidade que animava os reis contra o suave dominio portuguez. Depois de tomar ali posse do go-verno, segundo o antigo costume, e contra o aviso do padre S. Boaventura, teve que recolher-se precipitadamente a bordo com receio de alguma traição. Constando-lhe que o rei de La-rantuka aprestava uma expedição para soccorrer Francisco Ornay, ordenou o governador aos officiaes da fortaleza que não abandonassem o seu posto, e como elles assim o fizessem, prendeu-os o rei e pretendeu fazer o mesmo aos missionarios, que ali se achavam, os quaes tiveram de fugir para escapar á perseguição.

Não podendo colhe-los o rei apossou-se do que possuiam, e mandando-lhe o governador perguntar qual a causa de similhante procedimento, respondeu « que na sua terra gover-nava elle», resposta insolente, que indicava o que deveria acon-tecer em Timor, onde residia o principal sublevado.

Esperava Francisco Ornay ser instado para depor as ar-mas, e presenteado e galardoado pelo governador em paga da submissão por elle jurada no termo de 13 de junho de 1767, esquecendo-se que tendo deixado de cumprir as condições d'aquelle termo merecia castigo e não premio.

O termo que, por nos parecer curioso, transcrevemos, é como se segue:

« 1.º Que se obrigavão, como com effeito se obrigarão a

darem a devida e verdadeira execução a todas as ordens des-
pedidas pelos governadores d'estas Ilhas como Lugar-Tenente
de El-Rey Nosso Senhor que só assim serão conhecidos tidos
e havidos por verdadeiros e leaes vassalos da serenissima corôa de Portugal.

«2.º Que se obrigavão e prometião de nunca mais admitti-
rem barcos nenhuns olandezes no Ocussy, e em nenhum porto
desde o dito Ocussy athe Folgarita e os que actualmente se
achão tantos Barcos com a gente assistente na terra da dita
nação olandeza o farião despejar em termo de quinze dias.

«3.º E que se obrigavão mais a receberem o seu Tenente
General, quando desta praça para fora fôçe, e só a elle obede-
cerião pela parte que tocava de sua antiguidade da provincia
de Sorvião.

«4.º E que se obrigavão mais debaixo de juramento nẽ publicamente, nem debaixo de capa peleijarem nem darem ajuda
a qual quer que contra a Praça, Prezidio, Tranqueira do partido real, quizerem contender.

«5.º E que se obrigavão mais, nem per si ñem por outros
mandarem, nem hirem cathequizar reino, sucos e povoações
do partido real para seguirem o seu partido, e por este se
sojeitavam de agora para sempre faltando a qualquer condição
assima declarada a não gozarem do perdão real nem do seguro do Tenente General e ficariam tidos e havidos, conhecidos e tratados como rebeldes e levantados do real partido por
dezobedientes traidores e malfeitores, e para certeza do assima
prometido se assinarão os ditos officiaes todos, Tenente Coronel João da Conceição e Francisco Pires se assinarão por parte
de Francisco Ornay pella commissão que delle para isso tinhão
em fé do que se fez este termo aos treze de junho de 1767.»
(Seguem-se as assignaturas de varios chefes, que põem o seu
signal por não saberem escrever.)

Francisco Ornay não cumpriu as condições d'este accordo, e em vez de depor as armas continuou as hostilidades, apertando o sitio da Praça, que esteve a ponto de tomar.

Tinham passado alguns dias depois da chegada do governador, e Francisco Ornay, vendo que não se lhe propunha a paz e que não se soltavam alguns rebeldes que haviam caido nas mãos dos nossos, avançou com os seus arraiaes, e a 15 de junho de 1768 atacou a Praça.

Diz o governador, em officio do mesmo mez, que era formidavel o poder de Ornay, e que o ataque durou tres dias e tres noites consecutivas, sendo repellido a final pela diminutissima guarnição, que se portou com todo o valor.

O mal succedido da tentativa de Ornay não o fez porém desanimar, e vendo que à força não poderia assenhorear-se da Praça, tentou reduzi-la pela fome.

Era Lifão abastecida só por mar, poisque por terra estavam interceptadas as communicações com os reinos fieis, e se o rebelde conseguisse cortar a communicação maritima, quasi certa se tornava a quéda da Praça. Com este fim reuniu Francisco Ornay um grande numero de *beiros* em um ponto proximo a Lifão, e espreitando a passagem das pequenas embarcações que para ali se dirigiam abordava-as e aprisionava-as.

D'este modo ficou Lifão incommunicavel, e para não ser reduzida pela fome, tomou o governador a resolução desesperada de a abandonar, como vamos ver no seguinte capitulo.

CAPITULO VII

No deploravel estado, que acabámos de descrever, se conservaram as cousas em Timor até o anno de 1769, em que o governador tomou a desesperada resolução de abandonar a Praça por não poder prolongar por mais tempo a defeza.

Não contava Lifão n'aquella epocha senão mil e duzentas pessoas de ambos os sexos e de todas as idades, e d'estas não havia mais de vinte portuguezes capazes de pegar em armas. Com esta diminuta força não era possivel tentar uma sortida sobre o innumero gentio que formava o assedio, e com os moradores (irregulares indigenas) não podia contar-se para taes golpes de mão, pois são os timores incapazes de combater em campo aberto. Defendendo-se com valor por trás de uma tranqueira (trincheira), são de grande timidez no ataque a peito descoberto, e raras vezes o timor se arroja ao assalto de uma povoação como o soldado europeu. O timor ataca sempre em guerrilha, tirando partido de todas as defezas naturaes, como arvores, pregas do terreno, rochedos e matos, onde se esconde para fazer fogo contra as povoações; e se o inimigo não as desampara, jamais serão tomadas á viva força. Porém apenas as sentir sem defeza, ver-se-ha então o timor correr como o gamo, cair como o raio dentro d'ellas, saquea-las, e reduzi-las a cinzas!

Com forças taes, a que faltava a disciplina que obriga os fracos a não abandonar os fortes, o governador nada podia tentar de decisivo, e não foi pequeno o seu merito em conservar aquella sombra de dominação portugueza até o anno de 1769. Mas então, apertando os rebeldes o assedio, e ameaçando a fome constranger os defensores de Lifáo a humilhante capitulação, decidiu-se o governador, como já dissemos, a abandonar a capital, aproveitando a estada de dois navios de Macau no porto para embarcar n'elles a gente e artilheria.

Com effeito fazendo embarcar todos os habitantes de Lifáo, a artilheria, e munições de bôca e de guerra nos dois navios *S. Vicente* e *Santa Rosa* e em alguns paráos e beiros, que pôde haver, largou fogo ás casas da povoação na noite de 11 de agosto de 1769, e na madrugada seguinte fez-se de véla na direcção de leste. (Doc. D.)

Deplorando nós as circumstancias que determinaram aquelle acto desesperado, que necessariamente devia rebaixar-nos aos olhos dos indigenas, não podemos deixar de confessar, que o abandono de Lifáo foi vantajoso ao futuro da colonia.

Era o porto de Lifáo aberto a todos os ventos, e improprio para attrahir ali a navegação. E este motivo só era bastante para estabelecer a capital em outro porto. Achava-se Lifáo quasi no centro da provincia de Sorvião, que toda ou quasi toda havia passado ao dominio hollandez, e portanto não convinha aquelle logar para séde do governo portuguez, que devia achar-se cérca dos povos dos Bellos, unicos que então nos prestavam vassallagem.

E aindaque a dominação hollandeza n'aquella epocha se não estendesse a todos os reinos, hoje vassallos da Hollanda, comtudo já as cousas se preparavam para o estado presente; e se nos conservassemos em Lifão, achar-nos-iamos dentro em pouco cercados pelos reinos sujeitos ao dominio hollandez, e privados da communicação livre com os reinos nossos vassallos, restando-nos só a communicação por mar, quasi impossivel em monção contraria.

O abandono de Lifão era pois uma necessidade, mas seria para desejar que rasões de administração e economia, e não apertos de guerra o houvessem determinado.

Na manhã de 12 de agosto de 1769 navegavam para Batugadé dois navios de commercio de Macau e alguns paráos ebeiros, conduzindo os unicos sustentaculos da soberania portugueza na Malasia! Aquelles mares, onde imperámos como senhores, que fizemos gemer debaixo do peso dos nossos galeões, viam agora a soberba bandeira das quinas tremulando, como envergonhada, á pôpa de dois navios mercantes, conduzindo fugitivos os poucos descendentes dos conquistadores do oriente! E a um dos portos d'aquella costa, que os nossos antepassados tinham olhado quasi com desdem, iamos nós pedir agora abrigo contra as hordas de rebeldes, que outr'ora submissos invocavam a nossa protecção!

Deu fundo a pequena frota em Batugadé, que o governador abasteceu de gente, mantimento, e artilheria, e demorando-se algum tempo ali, navegou para leste, dando fundo em Dilly a 10 de outubro do mesmo anno [1].

Incerto estava ainda o governador do logar que escolheria para transportar para lá os seus penates; mas, observando a posição de Dilly, deu-lhe a preferencia, pondo de parte a idéa de ir estabelecer-se em Vemasse, como alguem indicava.

---

[1] *Instrucções do conde de Sarzedas.* § 71.

Dilly offerecia com effeito vantagens que nenhum outro logar possuia. Á parte a insalubridade, a que n'aquelle tempo
pouco se attendia, tinha aquella paragem porto seguro, defen-
dido do mar pelos bancos de coral em que se quebra a vaga que
vem do largo, e abrigado dos fortes ventos de leste e oeste pelas duas pontas de Fatucama a leste e de Tibar a oeste. Situada
n'uma vasta planicie, não faltava espaço para a cultura do
arroz necessario á população, e cercada pelo sul de um terreno
pantanoso através do qual as aguas das nascentes abrem lei-
tos para se escoarem, formando como fossos aquaticos, estava
a povoação defendida por aquelle lado contra os ataques dos
indigenas, defeza, que os habitantes de Dilly haviam augmentado, fazendo uma estacada, que fechava Dilly pelo sul, leste
e oeste. Pelo norte era defendida pelo mar. (Doc. D.)

Entendeu pois o governador que era a situação que lhe
convinha para estabelecer a capital da possessão, e não eram
passados muitos dias, quando já a maior parte dos reis da
provincia dos Bellos vinham prestar preito e homenagem
nas mãos do governador. (Doc. D.) Assim a dominação portugueza, se não solidamente estabelecida em Timor, achava-se, comtudo, reconhecida por toda a provincia dos Bellos, e os povos d'esta provincia mostravam-se satisfeitos e
contentes por terem entre si o governador, a que chamam
pae.

Governou Antonio José Telles de Menezes por largo tempo,
sem que occorressem successos notaveis e dignos de menção,
succedendo-lhe no governo Caetano de Lemos Telles de Menezes.

Corria o anno de 1776, quando contra este governador se
urdiu em Dilly uma conspiração para o depor e prender. o
que sabido por elle, mandou abrir devassa, ficando culpados
como auctores, Raymundo da Costa, o sargento mór de mora-

dores de Lifão Alberto da Costa, e o capitão José da Costa, portuguez.

Era o governador homem violento, despotico e precipitado, qualidades que lhe teriam sem duvida attrahido a animadversão geral, e que levariam os tres individuos citados á tentativa criminosa de rebellião, pelo que foram julgados e sentenciados pelo governador, e enforcados no largo de Dilly junto ao mar [1].

Tão inaudito procedimento, tal excessiva e horrivel arbitrariedade não podia ser por muito tempo ignorada do governo de Goa, o qual, tendo d'ella conhecimento, tratou de castigar o governador, nomeando-lhe para successor Francisco de Brito Correia, e ordenando a sua prisão.

Para evitar a repetição de similhantes abusos recommendou-se positivamente em 25 de abril de 1779 aos governadores de Timor que se abstivessem de mandar executar os criminosos sem ordens superiores [2].

Julgado na relação de Goa o governador Caetano de Lemos foi condemnado a degredo para Moçambique, aonde morreu.

Em desgraçado estado encontrou Lourenço de Brito Correia a possessão que vinha governar, e e mofficio de 15 de junho de 1779 dizia ao vice-rei da India, «que, quando tomára posse do cargo encontrára quasi todo o paiz levantado contra o governo portuguez». Foi seu primeiro cuidado pacificar os reinos, e por tal modo se houve, que, sem recorrer á força, conseguiu fazer entrar os reis na obediencia, e em 1781 achava-se quasi toda a possessão tranquilla, menos o reino de Luca, onde graves desordens tinham occorrido [3].

Existia por este tempo n'aquelle reino um indigena de

---

[1] *Instrucções do conde de Sarzedas*, § 74.º
[2] Ibidem.
[3] Ibidem, § 75.

consideração, que era tido entre o povo como propheta, e que não passava de um maniaco. Usando de mil ridiculos estratagemas conseguiu que o povo acreditasse, que elle era invulneravel, e que na guerra, que devia fazer-se aos estrangeiros, as almas dos timores defunctos viriam auxiliar os vivos para sacudirem o jugo. Com estas e outras fallas captou os animos d'aquellas gentes rudes, ignorantes e supersticiosas; e vendo-se chefe de um bando, dirigiu-se ao reino de Viqueque para ali engrossar o seu partido, começando as hostilidades contra o governo portuguez.

Commandava o reino de Viqueque, como delegado do governador, o official Luiz Antonio Pereira, o qual sabendo da marcha dos revoltosos de Luca, tratou de se oppor aos progressos da rebellião. Dirigindo-se para esse fim a casa do coronel rei de Viqueque, fez-lhe ver que o chefe do levantamento não era mais do que um louco, e que tão criminosa tentativa nunca podia ser bem succedida; acrescentando que em vez de escutar o recado do impostor, devia o rei reunir a sua gente de guerra e marchar a castigar os rebeldes. Concordou o rei na rasão do conselho, e reunindo o seu gentio entregou-o áquelle official, que o conduziu sem demora ao encontro do inimigo.

Achava-se este postado na margem de uma ribeira, representando mui extravagante aspecto pela maneira por que os chefes estavam vestidos, qual com uma cazula, qual com uma alva, qual com uma sobrepelliz, ou outros paramentos roubados nas igrejas! Fiados na assistencia das almas dos defunctos, e crendo o seu chefe invulneravel, começaram a saltar e fazer ridiculas gesticulações diante das forças de Viqueque, as quaes, empregando bem seus tiros, tal confusão e desordem lançaram entre o inimigo, que este precipitadamente fugiu. (Doc. J.)

Com isto não terminou porém a rebellião, poisque o rei de Luca lhe dava força; mas tendo por este tempo fallecido aquelle rei, e succedendo-lhe o filho, menos inclinado á revolta, tomaram as cousas mais favoravel aspecto.

Foi mandado a Luca um respeitavel missionario para tratar de socegar os animos, mas longe de ser escutado pelos amotinados, foi por elles preso e levado á presença do novo rei D. Thomás do Amaral, a fim de que este ordenasse o genero de morte que se lhe devia dar.

Não consentiu porém o rei n'aquelle attentado, e mandando pôr em liberdade o missionario, conseguiu tranquillisar o povo.

A desordem de Luca tinha-se estendido a outros reinos vizinhos, e n'este estado de agitação se conservaram por muito tempo, até que foram reduzidos á obediencia pela destruição das suas povoações.

D'esta guerra resultou separar-se de Luca a jurisdicção de Vinilale, constituindo-se em reino, facto que frequentes vezes se dá em Timor, nascendo d'aqui grande confusão, e uma serie de questões intermináveis ácerca do dominio, que os chefes se arrogam já sobre terrenos, já sobre as familias que os habitam.

Occupado com os cuidados d'esta guerra, chamada dos doidos, completou o seu governo Lourenço de Brito Correia, ao qual succedeu José Anselmo de Almeida Soares, em 1782. Continuou elle empregando os mesmos esforços que o seu antecessor para pacificar o paiz, mas sem melhor exito, pois, quando em 1785 se retirou, ainda aquella desastrosa guerra não tinha terminado.

João Baptista Vieira Godinho succedeu em 1785 a José Anselmo de Almeida Soares, e, mais feliz do que os seus antecessores, conseguiu terminar completamente a guerra chamada dos doidos. Habil em manejar os negocios de publica governação póde attrahir a Dilly o rei de Luca D. Thomás do Amaral, fazendo-o prestar juramento de vassallagem; e parecendo-lhe que aquelle rei pela influencia que tinha entre os indigenas poderia fazer-nos bons serviços, tratou de o ligar ao partido real, satisfazendo-lhe a vaidade com a patente, que lhe conferiu, de tenente general conservador da provincia dos Bellos.

Não foi ingrato o rei D. Thomás, antes reconhecido a estes favores, pois emquanto viveu não só se conservou fiel vassallo, mas desempenhou commissões importantes do governo portuguez.

Por esta mesma epocha rebellou-se o Senobay contra os hollandezes, e tanta confusão existia ácerca dos direitos que assistiam ás duas nações, que dominavam em Timor, tão incertos eram os limites que separavam as duas possessões, e tão pouco se respeitava de uma e outra parte o direito publico, que o governador Godinho julgou praticar um acto mui louvavel e de boa politica soccorrendo com munições o dito Senobay, como se vê do seu officio de 15 de dezembro de 1788. Gostosos aceitaram o soccorro os reis de Sorvião compromettidos no levantamento, e para mostrar quanto eram gratos ao favor recebido propozeram ao governador reconhecer como suzerano o governo portuguez[1].

Aceitou Godinho a proposta, e dispunha-se a tomar aquelles reinos debaixo da protecção de Portugal, quando recebeu ordem de Goa para ir exercer o commando do batalhão de artilheria d'aquelle estado[2].

Não cumpriu o governador a ordem, e em vez de entregar o governo aos interinos, como se lhe ordenava, con-

[1] *Instrucções do conde de Sarzedas*, § 76.
[2] Ibidem.

servou-se no logar até á chegada do seu successor, e tendo-lhe o major Granate, um dos nomeados para o governo interino, exigido o cumprimento das ordens de Goa, mandou-o prender para castigar a sua impaciencia.

No officio de 15 de dezembro de 1788, datado de Macau, explica o governador, qual a rasão por que não entregou o governo. Diz elle: «O anno passado recebi ordem do general d'este estado para entregar o governo das ilhas de Timor e Solor a successores nomeados, e recolher-me a Goa para exercitar o posto de coronel de artilheria de que Sua Magestade me havia feito mercê; mas achando-se a corveta de viagem d'aquelle anno tão podre que apenas com muito risco pôde chegar a Batavia (onde ficou arribada para concertar da quilha a borda), e não me apresentando os ditos successores carta de guia que me desobrigasse do juramento de homenagem que havia dado por aquelle governo, pareceu-me não dever entregar-lh'o, e me conservei n'elle até 16 de janeiro proximo passado, em que chegou a Timor o meu successor Feliciano Antonio Nogueira».

Perdeu Timor com a exoneração de Godinho um excellente governador. Activo e intelligente, probo e severo, no pouco tempo que Godinho governou a provincia introduziu n'ella melhoramentos em todos os ramos da administração. Conhecendo a necessidade de manter a nossa soberania com forças regulares propoz um plano de organisação militar a que não se deu seguimento. (Doc. GG.)

Succedeu a Godinho, no anno de 1788, o governador Feleciano Antonio Nogueira Lisboa, o qual procedeu tão inhabilmente, que poz a colonia em conflagração, pretendendo os povos depol-o, o que deu causa a mandar o governo de Goa tirar-lhe residencia, e fazel-o recolher preso áquelle estado [1].

---

[1] *Instrucções do conde de Sarzedas*, § 77.

Exercia n'este tempo o cargo de governador do bispado o padre Francisco Luiz da Cunha, e em consequencia de desavenças que teve com o governador retirou-se a Manatuto, onde á força de intrigas e calumnias agitou aquelle povo, tornando-se imminente uma rebellião [1]. Informado o governador tratou de atalhar o mal fazendo recolher a Dilly o desordeiro padre. Desobedeceu este, dizendo não reconhecer no governador auctoridade para lhe fixar residencia no bispado que elle governava. Mas não se limitando á resistencia passiva, unica que podia oppor a um acto exorbitante, tratou, ao que parece, de levantar os povos contra a legitima auctoridade, e excitando Manatuto, que elle dominava pelas mulheres, com grande numero das quaes vivia em mancebia, fez que este reino se declarasse em rebellião.

Lacló seguiu em massa o exemplo, e Laleia, Viqueque, Samoro grande, Barique, Cairuhi e outros reinos, onde havia missionarios, enviaram os seus contingentes aos rebeldes a titulo de soccorrer a Deus. (Doc. II.)

D'este modo achou-se o padre em circumstancias não só de resistir ao governador, mas de tentar um golpe de mão sobre a Praça, como parece fôra o seu intento, pois comprova-se por documentos que o governador teve na sua mão, que o padre pretendeu induzir o chefe do arraial de Sorvião a ligar-se com os reinos dos Bellos para juntos sacudirem o jugo da Praça, isto é, o dominio portuguez.

Não tinha o governador forças regulares, nem na Praça as havia mesmo irregulares para subjugar a rebellião, e não contando com a fidelidade dos reinos da provincia dos Bellos, pediu á de Sorvião os seus contingentes, parecendo-lhe que pela rivalidade, que sempre existira entre as duas provincias,

[1] *Instrucções do conde de Sarzedas,* § 77.º

a gente de Sorvião seria mais propria para combater a revolta que rebentára em Manatuto do que a dos Bellos.

Dirigiu-se para isso ao tenente general Pedro Ornay, rei de Okussi, que a troco de valiosos presentes decidíra vir em auxilio do governo, apresentando-se na Praça com o gentio de Sorvião, que o governador Lisboa calcula em 3:500 homens, aos quaes se reuniram depois mais 1:000 homens de outros reinos. Manbara, apesar de se achar independente do nosso governo, havia trinta annos, enviou tambem o seu contingente, e bem assim os reinos de Motahel, Liquiçá, Cutubaba, Batugadé e jurisdicções chamadas Calades. Todas estas forças com mais 150 homens tirados das companhias da Praça, tendo por cabo de arraial D. Thomás Ornay, dirigiram-se a Manatuto. (Doc. II.)

Ao mesmo tempo outro arraial commandado pelo rei de Luca, que o governador avalia, de certo exageradamente, assim como o precedente, em 4:000 homens, chegava a Vemasse e recebia ordem para atacar Manatuto.

Alem d'estas forças diz o governador no seu officio de 10 de novembro de 1789, que reunira em Dilly vinte e quatro barcos com 500 homens a bordo, e esta expedição foi destinada a apoiar os movimentos do arraial, e a bloquear Manatuto. Aindaque o governador chame a esta reunião de barcos uma armada, é preciso que saibamos que os barcos não podiam ser senão beiros e corcóras, que apenas servem para transportar pequeno numero de homens e ligeira carga, e sendo mesmo vinte e quatro não podiam conter 500 homens, nem hostilisar o presidio, ficando assim a *armada* reduzida a uma reunião de beiros.

O arraial de Luca conservou-se inactivo em Vemasse, apesar das ordens do governador; mas o de Ornay, ou mais destemido ou mais apressado em recolher a seus lares, não pôde

conter-se, e na manhã do 1.º de novembro de 1789 acercou-
se dos postos de Manatuto, evitando, segundo devemos presumir, o reino de Lacló, para o que talvez seguisse o caminho
do Subão, e rompeu o fogo.

Segundo a participação do governador, contra a exageração do qual devemos prevenir-nos, foi o assalto impetuoso,
tomando o nosso arraial todos os postos, entrando na povoação, incendiando-a, e passando à espada 60 pessoas. Defen-
deu-se o inimigo com bravura, animado pelas mulheres,
grande parte das quaes eram concubinas do padre, que armado em guerreiro disparou muito tiro de artilheria sobre o
nosso arraial, que suspendeu o combate por falta de polvora,
recolhendo ao seu acampamento. Admira-se o governador da
actividade do fogo pelo consumo de oito barris de polvora que
tinha distribuido, sem se lembrar que oito barris, que devemos suppor de vinte e cinco arrateis cada um, não davam
senão mui poucas cargas para cada homem do arraial, se este, como o governador affirma, se compunha de 4:500 homens. (Doc. II.)

Suspendeu-se como dissemos o combate, depois de se haver entrado na povoação e tel-a incendiado, guardando-se tre-
guas forçadas até á chegada das munições que se pediram.

Aqui pomos em duvida o que assevera o governador. Segundo a tradição, que se conserva em Manatuto, parece que
com effeito o nosso arraial, ou parte d'elle, seguindo o caminho
do Subão, emquanto a outra punha em cheque Lacló, caiu sobre os postos de Manatuto e poz em fuga os seus defensores, e
continuando na perseguição foi travar luta renhida proximo á
povoação, nas varzeas. Depois de alguma refrega, parece que
os nossos se retiraram, talvez por falta de polvora, e não podia ser de outro modo, porque se houvessem entrado a povoação e a tivessem incendiado, a guerra teria terminado.

O unico fim de toda a guerra em Timor é *escalar* a povoação principal: conseguido isto termina a contenda. O povo vencido deixa a povoação, e não trata de continuar a guerra, mas sim de refugiar-se nos matos ou em casa de seus parentes, e mal tem noticia do perdão, reune pouco a pouco, levanta barracas, não no mesmo local da povoação *escalada,* mas em logar proximo; e dentro em pouco o reino vencido volve ao seu anterior estado. A guerra em Timor, é na verdade, como em toda a parte, um flagello, mas é pouco destruidora, porque pouco acha que destruir.

Esperava o arraial para continuar a luta receber a polvora, e logoque ella chegou, preparava-se para dar novo assalto a Manatuto, onde diz o governador «2:000 rebeldes seriam passados á espada», quando o rei de Luca se apresentou á frente das forças, pedindo uma tregua de vinte e quatro horas.

Foi concedida. O rei de Luca dirigiu-se então ao presidio, conferenciou com os reis e chefes, e saiu conduzindo preso o padre governador e um minorista seu secretario, os quaes entregou a D. Cosme Rodrigues Pereira, tenente coronel commandante das companhias da Praça. (Doc. II.)

O rei de Luca evitando o ataque foi alem das instrucções do governador, que pretendia castigar Manatuto e Lacló pelas armas; porém servindo-se das forças, que os reis lhe forneciam, e não tendo outras, aceitou o facto. Assim constrangido, teve de conceder aos rebeldes de Manatuto e Lacló o perdão que o rei de Luca lhes promettéra.

Instou o governador para que os cabos do arraial trouxessem presos para a Praça os dois culpados, Boaventura Doutel de Figueiredo e Francisco Antonio Soares Doutel, mas não se prestou a isso o rei de Luca; e querendo o cabo Ornay conservar o seu arraial em frente de Lacló até que se effectuasse aquella prisão, não o pôde conseguir

No dia 9 de novembro entrou o arraial na Praça conduzindo os principaes de Lacló, que prestaram juramento de obediencia por parte d'aquelle reino, e o padre e seu secretario, os quaes foram recolhidos na communidade de S. Domingos com sentinellas à vista, instaurando-se-lhes logo um monstruoso processo, que foi remettido à relação de Goa, onde os réus foram julgados.

Parecia que com a aniquilação da revolta e prisão do padre renasceria a tranquillidade; mas não aconteceu assim. Successivamente se levantaram os reinos, pretendendo depor o governador, que mais tratava de satisfazer as suas paixões, do que resolver os negocios da governação publica.

Este estado de agitação e de revolta, em que se achava a provincia é porém attribuido pelo governador ao rei de Luca, o qual trabalhava na conspiração urdida de ha muito por um padre Fr. Joaquim de Jesus Maria José, e por José Carvalho, de Macau, o qual por intrigas havia conseguido que o governador Godinho o nomeasse regente de Lacluta. Mas fosse por que fosse o estado da provincia era com effeito assustador, e se continuasse a ser governada por Nogueira Lisboa, corriamos risco de perdel-a.

Recolhido que foi o arraial de Ornay, ordenou o governador ao rei de Luca, de quem estava descontente pelo seu desleal procedimento, que se retirasse para o seu reino.

Não obedeceu, e o governador, teve de sair da Praça com 500 homens, para o castigar. Chegado a Lacló, onde por sua ordem D. Gaspar e D. Duarte, que presumimos serem principaes do reino de Vemasse, se lhe reuniram com mais de 500 homens, em vez de proseguir a marcha, fez alto, abrindo correspondencia com o rei de Luca, na qual se nos afigura, que a dignidade do governo portuguez teve de padecer. As respostas do rei ora altivas, ora evasivas, determinaram a final o governador a demittil-o, do que em carta particular o avisou, para ver se elle se arrependia e implorava perdão. Não respondeu, e o governador ordenou então ao rei de Lacló, que se dirigisse com o arraial a Manatuto, e intimasse o rei de Luca para que entregasse o padre Fr. Lucas.

A carta que taes propostas continha foi recebida pelo rei e seus parciaes com grande algazarra, e taes vaias soffreu o rei de Lacló, que o seu arraial indignado rompeu o fogo contra os rebeldes, que levou de vencida até á fortaleza, onde se acolheram. O rei de Lacló, que desejava porém poupar o seu antigo alliado, mandou então, contra a opinião de todos os officiaes, suspender o fogo, e recolheu ao acampamento.

O governador, ou porque receiasse alguma traição, ou porque não tivesse a necessaria energia para proseguir a campanha, no dia immediato fez a sua retirada para a Praça, onde entrou no fim de novembro do mesmo anno 1787.

O rei de Luca, vendo-se com poucas forças pela retirada de varios contingentes, julgou prudente recolher-se ao seu reino, d'onde abriu nova correspondencia com o governador, que lhe concedeu o perdão, tratando-o como amigo, segundo se vê da seguinte carta, que transcrevemos por curiosa, inferindo-se do seu conteúdo, que muitas das accusações feitas ao padre governador do bispado eram falsas:

« Ill.ᵐᵒ Sr. D. Thomás do Amaral. Lembra-me mais advertir a v. s.ᵃ, que um dos grandes serviços que póde fazer a Sua Magestade é fazer que os reis que assignaram o protesto para a minha deposição, façam agora um requerimento, pedindo perdão e dizendo que foram induzidos pelo padre, governador do bispado para se sublevarem, e offerecerem-se no mesmo requerimento para que, obtido o perdão, pagarão as fintas reaes, e darão os auxiliares etc. Sou de v. s.ᵃ o mais verdadeiro amigo, Nogueira Lisboa. »

N'esta agitação continuada e n'estas intrigas miseraveis se passou o tempo até março de 1790, em que chegou a Dilly Joaquim Xavier de Moraes Sarmento, provido no cargo de governador pelo vice-rei da India, ao qual chegára a noticia do deploravel estado de Timor.

Tomou Sarmento posse do cargo no dia 16 de março d'aquelle anno, e n'esse dia á face dos altares foi-lhe entregue pelo seu antecessor o padre Francisco Luiz da Cunha, governador do bispado, preso desde novembro de 1789 e a ferros quasi todo aquelle tempo [1].

Trazia o governador ordem para fazer conduzir preso para Goa o seu antecessor, e tirar-lhe residencia, da qual se veiu a conhecer, que o causador da guerra que se attribuia ao governador do bispado, não fòra outro senão o proprio ex-governador.

Partiu Nogueira Lisboa para os Estados da India a bordo do mesmo navio que conduzíra Sarmento; mas em Batavia onde o navio aportou teve meio de se evadir, ignorando-se o seu destino [2].

[1] *Instrucções do conde Sarzedas*, § 77.º
[2] Ibidem.

CAPITULO VIII

A nossa politica em Timor foi sempre de expedientes e de transacção com os indigenas. Sem força para sustentarmos a nossa soberania, temos constantemente recorrido aos naturaes para constranger á obediencia os que contra nós se rebellam; mas os indigenas só por si são improprios para aquella tarefa, e por isso quando o castigo devia ser prompto e severo para exemplo, apparece o perdão, que salvando a situação presente prepara novas complicações futuras. D'este modo as rebelliões em Timor téem sido successivas, podendo dizer-se que a revolta é ali o estado normal e a tranquillidade o excepcional.

Francisco Ornay, como vimos, tinha-nos movido crua guerra, a ponto de nos fazer abandonar Lifão, e como entre a nova capital e aquelle rebelde houvesse grande distancia, e não fossem de receiar os seus ataques, não se curou mais de Okussi, conservando-se por muitos annos aquelle reino inteiramente independente.

Quando porém Vieira Godinho foi nomeado governador de Timor, lembrou-se o governo de Goa de trazer Okussi outra vez á nossa obediencia, e o novo governador foi encarregado de entregar a Pedro Ornay, successor do rebelde, a patente de tenente general [1].

Ensoberbecido com aquella prova de consideração estava pois Pedro Ornay mui disposto a nosso favor, e essa disposição soube habilmente aproveita-la o novo governador Joaquim Xavier de Moraes Sarmento, para conseguir que o rei prestasse juramento de vassallagem.

Com effeito, auxiliado por Fr. Carlos, vigario de Okussi, conseguiu o governador, que Ornay com seu cunhado rei de Ambeno viessem a Dilly prestar homenagem. Com boas maneiras e alguns presentes facilmente captou o governador os animos d'aquelles reis, que para mostrarem sua gratidão se offereceram para ir com o seu gentio atacar o reino de Manbara, o qual havia muitos annos se achava independente do governo portuguez. Occasionára esta separação, segundo se diz, o haver um governador vendido ao capitão de um navio de Macau, como escravos, os auxiliares que Manbara mandava para o serviço da Praça de Dilly. Mas que fosse este, ou outro o motivo, o que é facto é que Manbara se havia revoltado e se conservava independente.

Querendo o governador trazer aquelle reino á obediencia, aproveitou o offerecimento dos reis de Okussi e Ambeno, e formando um arraial o dirigiu sobre Manbara. A empreza teve mau exito, ou porque as operações não fossem bem conduzidas, ou porque houvesse traição da parte de alguns cabos, ou por fraqueza dos que compunham o arraial; o certo é que este foi roto e acossado pelo gentio do reino de Manbara, que

---

[1] *Instrucções do conde de Sarzedas*, § 76.º

desde então arvorou bandeira hollandeza, e se collocou sob a protecção d'esta potencia. (Doc. J.)

O governador Sarmento encontrou quasi todos os reinos dos Bellos levantados quando chegou a Timor; porém mais feliz nas tentativas pacificas para captar estes reinos, do que o fôra na guerra emprehendida contra Manbara, conseguiu acalmar as desordens e domar a rebellião. E tudo obteve pelos meios brandos, abstendo-se de medidas repressivas, que poderiam sim incutir terror, mas que nos fariam perder a amisade dos naturaes, de que tanto carecemos, aonde não temos força para manter a nossa soberania.

Foi por todos respeitado e estimado o governador Sarmento, cuja reconducção pediram em 1791 os reis, e dattós, officiaes militares, de justiça e fazenda de Praça e presidios e habitantes de Dilly [1].

Governando Moraes Sarmento succedeu em Dilly um desastre, cujas consequencias hoje lamentâmos.

No 1.º de junho de 1790 manifestou-se um incendio na casa dos governadores, e não havendo na povoação meios alguns de soccorro, nem sendo possivel atalhar o fogo em casas de madeira cobertas de palha secca, d'ali se communicou á secretaria, casas da fazenda e armazens de mantimentos e munições, devorando tudo. Salvaram-se os dinheiros publicos e os do cofre do giro, não acontecendo o mesmo ao archivo do governo, perda immensa para a historia da possessão, da qual pouco se sabe, especialmente com relação a epochas remotas» [2].

Tendo fallado no *cofre do giro*, será conveniente explicar o que este cofre era. Vendo o governador Godinho, que em

---

[1] *Instrucções do conde de Sarzedas*, § 78.º

[2] Ibidem, § 79.º

Timor era grandissima a falta de numerario, e que o pouco que havia nas mãos de alguns commerciantes ou funccionarios publicos, era emprestado com usura enorme, lembrou-se de instituir uma especie de banco de emprestimo, e fundar uma empreza commercial.

Pediu e obteve ordem de Goa para que o senado de Macau enviasse para Timor uma certa somma, responsabilisando-se o governo da possessão pelo pagamento de juros e amortisação do capital. Foi com effeito enviada a somma, e dentro de poucos annos estava amortisada a divida, poisque o pagamento era feito em sandalo pelo preço, que este genero tinha na China, o qual sendo muito superior ao que tinha em Timor, a differença constituia o lucro do cofre de giro ou banco; achando-se por esta fórma dentro em pouco com a divida paga, e um fundo proprio, que continuou a empregar em transacções para a China.

A má administração, a baixa do preço do sandalo, e as despezas que o governo de Timor mais tarde teve de fazer com o batalhão defensor e familias que o acompanharam, promoveram a ruina d'aquelle estabelecimento, que em 1820 já não existia.

Joaquim Xavier de Moraes Sarmento governou até 1794, procedendo com tal habilidade no governo, que durante o seu tempo não occorreram nos reinos desordens, que obrigassem a auctoridade a empregar a força para os sujeitar. Parece ter sido este governador homem prudente e de tacto, não deixando má reputação no paiz, mas ao contrario a de um administrador sisudo e intelligente.

Succedeu-lhe em 1794 João Baptista Varquaim, que teve de occupar-se mais dos negocios externos, do que dos internos. Encontrando o paiz tranquillo, á excepção do reino de Manbara e do Senobay, que os hollandezes soccorriam com polvora e armas, o que lhes dava sobre os outros reinos decidida vantagem, não tratou de os reduzir á obediencia, poisque não nos hostilisando, era imprudente mover-lhes guerra, da qual poderiamos sair mal.

Os acontecimentos estrepitosos que n'aquella epocha se succediam na Europa retumbavam no extremo Oriente, e ali se sentiam os seus effeitos [1].

A Hollanda ligada á republica franceza via-se esbulhada pelos inglezes das suas colonias das Molucas, e estes successos deviam sem duvida preoccupar o governador de Timor, que temia ser atacado pelos hollandezes e francezes, por isso que o porto de Dilly servia de refugio aos navios inglezes que ali se abasteciam de viveres. Para se prevenir contra qualquer aggressão levantou o governador um forte n'uma das montanhas, que cercam Dilly, forte a que não chegou a acolher-se, porque os receios que havia [2] foram infundados. Nunca a nossa possessão foi atacada pelos hollandezes, continuando no maior furor da luta as suas embarcações a commerciar no porto de Dilly.

Succedeu a Varquaim em 1800 o governador José Joaquim de Sousa, que nenhuns vestigios deixou de sua administração, podendo conjecturar-se que se não introduziu melhoramentos na possessão, tambem nada fez que excitasse o descontentamento. Governou Joaquim de Sousa quatro annos, durante os quaes teve necessariamente de lutar com immensas difficuldades pelo abandono em que os governos superiores, occupados com os grandes acontecimentos da Europa e transformação de nacionalidades, deviam deixar Timor.

Sem força, sem meios e sem pessoal habilitado, que podia

---

[1] *Instrucções do conde de Sarzedas*, § 79.°
[2] Ibidem.

fazer um governador, por mais habil que fosse? Nada. O amparar aquelle desconjuntado edificio era já muito. E foi naturalmente o que fez José Joaquim de Sousa, o qual no anno de 1800
fazia, em officio, ao vice-rei uma descripção da Praça de Dilly,
que com pouca differença se podia applicar ao estado em que
se acha actualmente, mostrando-se assim o pouco que temos
curado das cousas de Timor. Dizia elle: «A praça é um terreno cercado de palapas, que é uma especie da nossa pita, nos
angulos tem seus baluartes de barro, que sempre estão a cair;
dentro d'este cerco da parte do mar está a tranqueira, cujas muralhas são de pedra solta bruta posta uma sobre a outra:
a face que cáe para o mar tem dois muros da mesma qualidade, distante um do outro, entre elles um entulho de terra e
pedra, e é onde estão as peças muito velhas e de differentes
calibres.[1]» Era este o estado da chamada Praça em 1800, e é
quasi o mesmo na epocha actual, e nem os governadores com
os meios de que têem disposto poderiam transformar aquella
obra informe em praça forte e aquella tranqueira em fortaleza
regular, poisque sem operarios, sem meios e sem o necessario material é impossivel levantar uma fortaleza e artilha-la
convenientemente. Achavam-se pejados de artilheria os arse-
naes do reino, assim como o de Goa, e em Timor ainda ha
pouco existiam peças em bateria, com as quaes era perigoso
salvar.

Felizmente aquelle abandono vae cessando, e um dia virá em
que os poderes publicos accordarão do lethargo, em que têem
jazido, comprehendendo a final que só pela prosperidade dos
nossos dominios de alem-mar poderemos occupar entre as
nações um logar de alguma importancia.

A José Joaquim de Sousa succedeu no governo João Vi-

---

[1] *Instrucções do conde de Sarzedas*, § 80.º

cente Soares de Veiga. Durante os tres annos da sua administração nenhuns successos notaveis occorreram a não ser as desordens de Vemasse, que terminaram pela prisão e exilio de D. Thomás de Freitas, filho natural do rei, e que disputava a successão ao legitimo herdeiro [1].

Em 1807 tomou posse do cargo de governador de Timor Antonio de Mendonça Côrte Real. Achavam-se os cofres completamente exhaustos, e a unica fonte de receita, a alfandega, de todo paralysada, em consequencia dos aprisionamentos que os inglezes faziam de todos os navios, que navegavam com bandeira hollandeza, quer fossem de cabotagem, ou de alto mar, da metropole, ou das colonias. E como se aquelle motivo não fosse já bastante para paralysar o commercio, uma das medidas do governador acabou de o aniquilar. Marcando o preço do sandalo, dificultou as transacções sobre aquelle genero, e afugentou de Dilly os poucos commerciantes que inda ahi concorriam [2].

O governador Côrte Real era pouco habil para o cargo que exercia. Sem força com que fizesse respeitar a sua auctoridade, cercado de numerosa população, para conter a qual não dispunha de meia duzia de soldados europeus, lidando com um povo rude e brutal, desconfiado e turbulento, sobre o qual as familias principaes têem grande influencia, parece que todas estas circumstancias lhe deviam aconselhar a prudencia e indicar-lhe qual o caminho a seguir. Governar com brandura, captar os animos dos reis, alimentar as suas rivalidades para se impor como arbitro, ser cauteloso e não adoptar medidas repressivas senão em caso extremo, conquistar o amor dos povos, eis a norma da nossa politica, da

[1] *Instrucções do conde de Sarzedas*, § 81.º
[2] Ibidem. § 82.º

qual se afastou inteiramente aquelle governador, como vamos ver.

Parece que o rei de Vinilale D. Christovão Guterres não cumprira como devêra as ordens do governador, para pôr termo ás contestações que tinha com outros reis vizinhos. Exasperou-se o governador com este acto de menos prompta obediencia, e quiz proceder; mas temendo lançar-se n'uma guerra, dissimulou, e teve modo de attrahir á praça o incauto rei. Apresentou-se D. Christovão ao governador, que lhe fez benigno acolhimento, convidando-o a jantar. Gostoso aceitou o crédulo rei o convite, mas qual não devia ser o seu espanto, quando findo o jantar se viu victima da mais negra perfidia?!

Ao levantar-se da mesa mandou-o o governador metter a ferros na cadeia, onde gemeu per espaço de tres annos, que tantos durou o seu governo[1].

Succedeu a este governador, Antonio Botelho Homem Bernardes Pessoa, homem prudente e cordato, mostrando pelas providencias tomadas nos poucos mezes que governou o paiz que era habil nos negocios de administração.

Encontrando preso D. Christovão Guterres, mandou devassar da sua prisão, e tendo o rei saido culpado n'um monstruoso processo, o remetteu preso para Goa, onde julgado na relação foi absolvido, por não se encontrar motivo de culpa, mas antes de louvor pela fidelidade de que sempre dera provas[2].

Tendo o governador Bernardes Pessoa tomado posse em 14 de abril de 1810, poucos mezes depois, em 2 de junho, falleceu victima das febres endemicas, succedendo-lhe no gover-

---

[1] *Instrucções do conde de Sarzedas*, § 82.°
[2] Ibidem.

no um conselho composto do padre governador do bispado, Fr. José de Annunciação, do coronel, rei de Motahel, D. Gregorio Rodrigues Pereira, e do tenente coronel da guarnição, Joaquim Antonio Velloso.

Teve principio no tempo d'este governo interino uma rebellião do reino de Lacluta, similhante á que em Luca produziu a guerra dos doidos, e da qual foi auctor uma velha indigena chamada D. Maria, que passava entre os timores por adivinha.

Vociferando contra o dominio portuguez, prophetisando a sua ruina, e a expulsão de todos os brancos, promettendo aos que a escutavam certa a victoria, pôde levar o povo de Lacluta á revolta.

Reuniu logo D. Gregorio Rodrigues o seu arraial de Motahel, e juntando-se-lhe os contingentes dos reinos vizinhos marchou sobre Lacluta, que assolou, aprisionando muitos dos revoltosos, que foram reduzidos á escravidão, e vendidos em hasta publica, segundo os usos do povo timor.

O governo interino do rei de Motahel, D. Gregorio Rodrigues Pereira, ficou em memoria pelos actos de rigor e barbaridade por elle praticados, e nem outra cousa era de esperar de um rei timor, rude, ignorante e quasi selvagem. E espanta-nos como se confiavam os destinos de uma das nossas possessões a homens taes. Que os reis de Timor mereçam toda a consideração ao governo da colonia, e que por seu intermedio nós governemos os povos d'aquella ilha, comprehende-se, e ó isso de habil politica; mas que no estado de rudeza, em que se acha aquelle povo, entreguemos o governo a chefes indigenas, parece-nos um erro, e até um perigo.

Segundo nos contou testemunha ocular, parece que em occasião, em que o padre superior se achava em Manatuto e o tenente coronel da guarnição fóra da Praça, e portanto o rei de Motahel senhor unico do governo, se praticára um desvio de fundos em proveito do escrivão de fazenda e escrivão da alfandega. Soube do facto o rei de Motahel, e mal recebeu a noticia, saiu de sua casa em Motahel e de perna nua, pé descalço e mascando betel, dirigiu-se á tranqueira (fortaleza).

Chegado ali mandou formar as companhias de tropa, tirar duas bôcas de fogo para o largo, e chamando os dois culpados á sua presença, amarrou-os ás peças, e mandou-os chibatar até que um d'elles falleceu, ficando o outro moribundo.

O facto prova uma grande probidade da parte do rei e um notavel escrupulo em zelar os dinheiros publicos, mas não se póde admittir tal arbitrariedade e proceder tão brutal na possessão de um paiz civilisado.

E tão desamparado estava Timor, e tão sem relações com a metropole ou Goa, que o facto parece ter passado despercebido dos governos superiores, não se alludindo sequer a elle nas instrucções de 1811, que tamanha copia de factos apresentam.

Corria o anno de 1812, quando chegou a Dilly, Victorino Freire da Cunha Gusmão, provido no cargo de governador, e munido de largas instrucções dadas pelo vice-rei da India, conde de Sarzedas, as quaes nos parecem dignas de serem meditadas por quem vae governar a possessão de Timor. Tomou Victorino posse do governo em 7 de março, e achando muitos reinos, senão em revolta declarada contra o governo, pelo menos desligados da vassallagem, que nos deviam, tratou de ir pessoalmente visitar muitos d'elles, a fim de por meios pacificos os trazer á obediencia.

Conseguiu com effeito que alguns dos reis que, por assim dizer, se achavam dissidentes, viessem á Praça prestar homenagem, mas não aconteceu o mesmo com o reino de Cailaco, que desde a visita d'aquelle governador se tornou inteiramente independente do governo portuguez. Achando-se Victorino em Cailaco, segundo nos contou testemunha ocular, e demorando-se o rei em apresentar os carregadores para a bagagem, mandou-o chamar. Não veiu o rei, mas sim o Rayluly (rei sacerdote), a quem o governador asperamente reprehendeu. Assustado o Rayluly fugiu espavorido, o que exasperou mais o governador, ordenando que o prendessem.

Infelizmente o official que correu sobre o fugitivo era homem imprudente, e tirando da espada feriu o Rayluly em um braço. Foi o bastante para malquistar contra nós aquelle reino. Depois d'essa affronta Cailaco separou-se, conservando-se independente até 1800, em que, pelos esforços do major Duarte Leão Cabreira, de novo veiu o rei de Cailaco prestar homenagem nas mãos do governador.

Durante o governo de Victorino vieram a Dilly prestar homenagem alguns reis das ilhas do grupo de Solor, e foi nomeado coronel-rei de Larantuka, D. Lourenço Dias Vieira Godinho, dando-se depois áquelle reino um commandante official militar, Alvaro Caetano Moniz Barreto, o qual, tendo prestado valiosos serviços, lá falleceu.

Sem outros successos notaveis correram os annos até 1815, em que o governador Victorino deixou o governo de Timor para o entregar em 27 de maio d'aquelle anno a José Pinto Alcoforado e Sousa.

Era este official homem de larga intelligencia, dotado de espirito reformador, audaz nos seus commettimentos, e cheio de confiança no resultado das emprezas que meditava.

Com effeito, entrado de posse do governo tratou desde logo de applicar todos os seus cuidados ao desenvolvimento da agricultura, crendo, e bem, que d'ella dependia a prosperidade de Timor. Á custa do seu cabedal conseguiu promover a cultura da canna, montar uma fabrica de aguardente, e introduzir a cultura do café, que infelizmente pequenissimo desenvolvimento adquiriu.

Projectou ainda aquelle governador desenvolver a cultura do algodão, cultura já conhecida dos indigenas, poisque os pannos com que se cobrem são tecidos com o algodão do paiz; mas infelizmente a morte arrebatou o governador no meio dos seus planos de melhoramentos.

Imbuido de falsas idéas economicas, adoptou Pinto Alcoforado uma medida prejudicial ao commercio, com o que fez diminuir consideravelmente a receita da alfandega e que teve mais tarde de ser annullada.

Querendo favorecer a nascente industria da distillação de aguardente, prohibiu a importação da estrangeira, estancando assim uma das fontes de receita sem conseguir dar o necessario desenvolvimento á industria nascente.

Corria o anno de 1816 quando José Pinto Alcoforado foi surprehendido pela revolta de alguns reinos do poente, os quaes sem motivo formaram numeroso arraial, que entrou no presidio de Batugadé e d'elle se assenhoriou. (Doc. I.)

Era commandado este ponto por José Antonio Tavares, natural de Goa, o qual temendo o poder dos inimigos, por não ter força para resistir-lhes abandonou o presidio, salvando-se a bordo de um navio balieiro, no qual embarcou a pouca força irregular, que se conservou fiel, armas, munições, e mais effeitos, saindo do porto com destino a Dilly. O vento e as correntes não lhe permittindo porém o tomar este porto, teve de arribar a Cupang, capital da possessão hollandeza, d'onde officiou ao governador Pinto Alcoforado, participando-lhe o occorrido.

Apenas o commandante Tavares abandonou o presidio, apossaram-se d'elle os revoltosos, praticando por esta occasião o que em identicas circumstancias costumavam praticar.

A igreja foi profanada, e as imagens feitas pedaços e escarnecidas. Os habitantes do presidio, que não estavam de accordo
com os revoltosos, abandonaram precipitadamente as suas casas, fugindo para os matos, onde se esconderam.

Sabidos pelo governador estes desastrosos successos, e
temendo que Okussi e Ambeno se lançassem na revolta,
enviou logo para ali o official maior da secretaria Francisco
Alves, amigo dos reis d'aquelles povos, para os captar, trazen-
do-os ao partido real. Á força de presentes e promessas conseguiu com effeito aquelle official desligar os dois reis do partido dos rebeldes, contra os quaes juraram mandar poderoso
arraial passados dois mezes.

Bastou esta noticia, que depressa se espalhou, para pertur-
bar os revoltosos, que contavam com o apoio de Okussi.

Não ficára o governador inactivo esperando o resultado da
missão de Francisco Alves, mas valendo-se de todos os meios
tratou de lançar a desordem entre os chefes rebeldes, e para
isso lhe foi grande auxilio o rei de Motahel. Por intrigas d'este
lavrou a desconfiança entre aquelles chefes, alguns dos quaes
voltaram armas contra os que persistiam na revolta, que tinha ainda então importancia por n'ella figurarem como principaes cabeças o Vehale e rei de Cailaco, dois dos maiores
potentados da ilha.

Contra estes empregou o governador todos os seus esforços, tendo habilidade de accender a guerra entre Suai e o
Vehale, que retirou de Batugadé para acudir ao seu reino,
devastado pelas forças de Suai. Contra Cailaco poz-se em
campo D. Felix do Amaral, rei de Luca, e conseguiu sub-
mette-lo. D'este modo a rebellião foi vencida, obtendo os reinos revoltosos o perdão que imploraram, e que lhe foi concedido por necessidade, poisque o governador não tinha forças para os castigar. (Doc. I.)

Submettidos assim os rebeldes, ordenou o governador a occupação de Batugadé, para o que foi ainda chamado o official maior Francisco Alves, o qual tratou de reparar alguns dos estragos que ali tinham causado os revoltosos; e para melhor segurar o presidio contra alguma traição dos proprios moradores, guarneceu-o com uma companhia de sessenta homens tirados dos contingentes dos reinos fieis e de alguns moradores da Praça, dando o commando d'elles a D. João Manuel Rodrigues Pereira, sobrinho do rei de Motahel.

Conservou-se o paiz tranquillo depois d'estes acontecimentos, podendo o governador entregar-se aos melhoramentos publicos; mas quando tinha quasi sanados os males, que causára a rebellião dos reinos do poente, surgiram então gravissimas difficuldades com o governo hollandez.

Occupavamos desde os primeiros tempos do nosso estabelecimento em Timor um porto a oeste de Batugadé, chamado Atapupo, onde alguns chins se estabeleceram pela facilidade que tinham de commerciar com os reinos do interior, pouco explorados pelos habitantes de Dilly, e por não existir alfandega n'aquelle porto.

Querendo acabar com o favor, que Atapupo e alguns outros portos gosavam em detrimento dos interesses da fazenda, estabeleceu o governador Varquaim uma delegação aduaneira em Atapupo. Não agradou aos chins aquella medida, e trataram de se lhe oppor sem comtudo desmascarar os seus planos, que adiaram para occasião favoravel.

A revolta dos reinos do poente, de que acabámos de fallar, offerecia-lh'a; mas n'aquella epocha ainda os inglezes não haviam entregado Cupang aos hollandezes, e por isso os chins tiveram de adiar a execução do seu traiçoeiro plano, que era introduzir os hollandezes em Atapupo.

Corria o anno de 1818 e governava a possessão hollandeza

em Timor o residente Hazart, que parecia haver herdado todos os odios da antiga companhia das Indias aos portuguezes.

Tomando posse de Cupang, que os inglezes occupavam e com ella e supposto dominio dos reinos de Sorvião, que haviam fugido ao nosso protectorado, tratava de alargar a dominação e a influencia hollandeza á custa da portugueza, e como não existissem tratados que definissem com exactidão os limites das duas potencias, não perdia occasião de chamar ao protectorado da Hollanda os reis vassallos de Portugal. Oppunha-se o direito publico áquellas absorções; mas não era Hazart homem que recuasse em presença de um attentado contra o direito, e assim vê-lo-hemos fazer tratados illusorios com os reis nossos vassallos, entre outros com o de Ambeno, pelos quaes a auctoridade hollandeza assegurava protecção áquelles reis. E o que é notavel, é que este tratado fosse invocado pelo residente de Cupang em 1860, para salvar o rei de Ambeno do castigo de que estava ameaçado, e que se verificaria, apesar das pretensões d'aquelle residente, contra as quaes o governador de Timor protestou.

Os chins de Atapupo tinham pois no residente Hazart o homem de que careciam, e de accordo com o rei de Fialara fizeram-lhe saber que este povo desejava a bandeira hollandeza. Não esperava senão um pretexto o residente, e mettendo-se logo a bordo de um brigue de guerra, com alguma tropa, navegou para Atapupo. Ali deu fundo, desembarcou a tropa, arreiou a bandeira portugueza arvorando em seu logar a hollandeza, e parece que maltratára os irregulares indigenas, que faziam a guarda d'aquelle porto [1].

[1] O Diario da navegação do capitão Freycinet ao longo da costa de Timor, em 1818, a bordo da Urania — diz o seguinte:

«Octobre, 29 — Nous passons la rade de Lifaut; le village a un aspect enchanteur. Nous distinguions le 28 l'établissement portugais de

Avisado o governador do acontecido, não procedeu talvez
como o caso pedia, que era levantar os reinos vassallos, e
cair sobre Atapupo restituindo o reino de Fialara ao nosso
dominio, empregando a força para vingar a affronta que acaba-
vamos de soffrer.

A tão inaudito attentado não foi porém o governador indifferente, e officiou ao residente de Cupang, fazendo-lhe ver a
injustiça do seu procedimento, e pedindo satisfação da affronta e a restituição de Atapupo.

Não respondeu o residente, juntando assim ao attentado
a affronta do silencio. Appellou então o governador de Timor
para o governador geral das Indias neerlandezas, que, mais
cortez que o seu subordinado, respondeu: «Que mandava o
barão de Amarengen, seu ajudante de campo, a Timor, a fim
de se informar do caso e dar as satisfações devidas».

Chegou com effeito aquelle official a Cupang, mas em vez
de destituir o residente, conservou-o no logar, porque Hazart
o convenceu de que a tomada violenta de Atapupo não fôra invasão de territorio estrangeiro, senão a recuperação do que

Atapoupou, voisin de Batugadé, et fumes fort surpris d'y voir flotter le
pavillon hollandais.»

Mais abaixo descreve o modo como o residente Hazart se apossou
d'aquelle porto, devendo notar-se que ha um erro de data, pois foi
em 1818 e não em 1813 que aquelle facto succedeu.

«Le 20 avril 1813 trente soldats descendus sur le rivage enleverent
au son des tambours le pavillon portugais, qu'ils remplacerent par les
couleurs hollandaises. Quelques soldats métis, qu'avaient fait mine d'op-
poser de la resistence furent rudement fustigués. Aussitôt que le gouverneur portugais apprit cet attentat inoui contre le droit des gens, il
envoya un officier à Atapoupou pour se plaindre; ne voulant pas
rompre la paix, qui existait alors entre le Portugal et la Hollande, le
gouverneur de Dilly crut devoir s'adresser directement à la régence
de Batavia.»

pertencia á Hollanda antes da occupação ingleza, e que esta nação nos havia indevidamente entregado. No entanto pareceu ao barão que devia ir a Dilly dar satisfação do modo brutal por que a recuperação se havia effectuado, e no dia 23 de janeiro de 1819 se avistou com o governador, tendo com elle uma larga conferencia em que nada se decidiu. Continuou Alcoforado a reclamar perante o governo das Indias neerlandezas a restituição de Atapupo; mas vendo que nada conseguia, cessou de dirigir-se áquella auctoridade, esperando o resultado do que se accordasse entre o governador de Java e o vice-rei da India, ao qual havia communicado o que se passára.

Entre os dois governadores trocaram-se alguns officios, appellando a final cada um para o seu respectivo governo.

Mas não contente o vice-rei da India, conde de Rio Pardo, com as explicações do governador geral hollandez, e convencido da justiça de nossa causa e da brutalidade do residente de Cupang, organisou em Goa um batalhão, que denominou *defensor de Timor*, e para ali o fez partir, dando instrucções ao governador para empregar a força contra os hollandezes, se elles se oppozesssem á recuperação de Atapupo pelos portuguezes, seus legitimos senhores.

A este tempo tinham porém os hollandezes obtido da côrte do Rio de Janeiro o que desejavam, e a 10 de novembro de 1820, era expedido ao governador de Timor o aviso regio d'este teor: « Sua Magestade El-Rei Nosso Senhor ordena que vocemecê nem na questão dos negocios em geral, nem ácerca de limites territoriaes altere nada que possa occasionar a mais leve perturbação da boa intelligencia que desde ha muito se observa entre as auctoridades portuguezas e hollandezas ». D'este modo terminou a questão de Atapupo, de que os hollandezes ficaram de posse, allegando mais tarde o direito que tinham áquelle porto, e do qual não quizeram ceder de modo algum.

O governador Pinto Alcoforado havia fallecido quando chegou a Timor o batalhão defensor, e se aquelle governador fosse vivo cremos que os hollandezes não ficariam senhores tranquillos de Atapupo. Era Pinto Alcoforado homem para executar á risca as instrucções do conde de Rio Pardo, o qual ordenava a expulsão violenta dos hollandezes, caso elles não quizessem entregar-nos Atapupo.

Notavel contraste entre a attitude do vice rei da India e o governo da côrte! Aquelle pretendia repellir a força pela força, pugnava pelo nosso direito, sustentava a nossa dignidade, e cheio de indignação respondia à affronta ordenando o levantamento dos reinos vassallos contra os usurpadores do nosso territorio! Este, indifferente à affronta recebida, sem brios para a vingar, não zelando a honra nacional e temendo que a auctoridade de Timor repellisse uma injusta aggressão, ordenava-lhe que cruzasse os braços, desmentindo os factos por todos sabidos, allegando amisades que nunca existiram e boa intelligencia que nunca houve!

Ignorava o conde de Rio Pardo a existencia do aviso que transcrevemos, e tinha feito sair de Goa uma fragata e um brigue conduzindo o batalhão defensor para Timor; mas em Macau, onde se dirigiram primeiro aquelles navios e onde se reunira uma conferencia para deliberar sobre as cousas de Timor, illudiram as ordens do vice-rei por temerem lançar-se em luta contra a Hollanda, protestando o achar-se a questão de Atapupo affecta ás duas côrtes de Portugal e Hollanda.

Convencido o residente de Cupang da indifferença com que Portugal se via esbulhar dos territorios a que tinha direito, continuou no caminho encetado, e seduzindo os chefes da ilha de Pantar conseguiu substituir ali a bandeira hollandeza pela portugueza. Protestou energicamente o governador contra aquelle attentado perante o residente, que nem sequer respondeu.

Cheio de desgostos causados pelas difficuldades externas, e não menos pelas contrariedades que lhes suscitaram os seus compatriotas, adoeceu o governador Pinto Alcoforado, vindo a fallecer em 13 de novembro de 1819.

CAPITULO IX

Fallecido o governador José Pinto Alcoforado e Sousa foram abertas as vias de successão. Dos tres individuos n'ellas mencionados, só existia o ouvidor Antonio Caetano Diniz, o qual, tomando as redeas do governo, mandou proceder á eleição dos dois membros restantes para formar o conselho. Foram eleitos o brigadeiro rei de Motabel D. Gregorio Rodrigues Pereira e o padre Bartholomeu Pereira, vigario de Dilly. Poucos mezes depois da eleição fallecia o rei de Motabel com mais de setenta annos de idade, e muitos de valiosos serviços ao governo portuguez.

Os dois membros do governo dirigiram os negocios, sem que occorressem notaveis successos até 13 de março de 1821, em que tomou posse do cargo de governador Manuel Joaquim de Matos Goes, nomeado pela côrte do Rio de Janeiro e portador do aviso de que fallámos acima.

Pouco tempo depois de haver tomado posse do logar, teve o governador de reprimir uma rebellião promovida pelo offi-

cial commandante do presidio de Batugadé. Era este official
o celebre Tavares, que havia fugido para Cupang, e que se
julgava *collado* no commando do presidio, e como se lhe
mandasse successor, o major Bernardino Xavier, provido
n'aquelle commando pelo vice-rei da India, recusou-se a fazer
a entrega, dizendo que só a faria, se n'isso concordassem os
reis do poente, aos quaes estava confiada a guarda do presidio.

Reuniram-se com effeito os reis de Cová, Cutubaba e Balibó, e decidiram dirigir ao governador uma representação
contra a exoneração do commandante Tavares, allegando fri-
volos pretextos, e dizendo que deixariam de defender o presidio, caso fosse atacado, se não se attendesse á sua representação. Não podia o governador tolerar similhante procedimento
da parte dos reis, sem abdicar na mão d'elles o governo da
possessão, e para castigar a ousadia fez embarcar o novo
commandante com um destacamento do batalhão defensor,
ordenando-lhe que se apoderasse do presidio.

Chegou o destacamento a Batugadé, mas oppozeram-se ao
seu desembarque os moradores, sendo forçado o novo commandante a voltar a Dilly. A desobediencia carecia de prompto castigo, e deu-se pressa o governador em reprimi-la para
que não tomasse maiores proporções.

Achando-se no porto de Dilly o navio *Conceição* de Macau,
aproveitou-se d'elle o governador para conduzir a Batugadé
algumas companhias do batalhão defensor, que com outras
forças irregulares, commandadas pelo major José Pereira de
Azevedo, deviam entrar ali á viva força. Chegou com effeito a
expedição ao seu destino, e desembarcando perto do presidio
marchou sobre este, entrando-o sem resistencia. O commandante Tavares mal avistou a força, fugiu, disparando um tiro
de canhão, talvez para dar signal aos contigentes dos reinos,

que se dizia estarem promptos para atacar, mas que não appareceram. Os moradores certos de que obtinham perdão pelo crime a que haviam sido arrastados por Fr. Bartholomeu Pereira, membro do governo interino, e que fôra mandado a Batugadé para pacificar os animos, recolheram-se a suas casas, e assim terminou uma rebellião que poderia ter gravissimas consequencias.

Depois d'estes successos parece terem-se conservado tranquillos os reinos vassallos, pois não consta ter sido preciso, para os constranger á obediencia, recorrer á força. Esta tranquillidade era provavelmente devida á presença do batalhão defensor, primeira força regular que teve Timor, composta de officiaes e soldados estranhos ao paiz.

Guerras de povoação contra povoação, de reino contra reino, houve de certo; mas terminariam sempre com a publicação de bandos, como tantas vezes acontece em Timor, onde tão frequentes são estas guerras, que chegam a ser vistas com certa indifferença pelo governo, o qual só toma medidas para lhes pôr termo, quando alguma das partes contendoras appella para o governador, e ainda assim este só intervem com a força, quando se desobedece ao bando de paz.

E nem taes guerras cessarão de todo, senão quando o povo adquirir uma certa civilisação, quando deixar seus costumes barbaros, e quando a auctoridade fizer sentir pelos seus delegados a sua acção sobre todos os pontos do territorio. Mas para que assim seja, carece-se de uma boa força regular estranha ao paiz, á sombra da qual se deverá organisar a força indigena.

Onze annos durou a administração do governador Goes, durante os quaes pouco se fez digno de louvor. Favorecendo-o as circumstancias, em vez de as aproveitar para introduzir certos melhoramentos em Timor, continuando assim a obra do esclarecido governador Alcoforado, não tratou aquelle governador senão de satisfazer seus vicios, e de amontoar cabedal, de que não se aproveitou, pois surprehendeu-o a morte na vespera da chegada do seu successor.

O governo de Goes é assignalado pela immoralidade e devassidão que aquelle homem sensual auctorisava com o seu comportamento. Os negocios publicos foram inteiramente descurados, empregando-se o governador unica e exclusivamente em satisfazer os vicios da embriaguez, do jogo e da concupiscencia.

Os velhos do seu tempo contam ainda hoje, que ás onze horas da manhã ninguem podia já tratar negocios com o governador, porque áquella hora estava embriagado. As tardes e noites passava-as á mesa do jogo, e para em tudo aviltar a auctoridade parece que tinha adoptado a cabaia e calção largo, em vez do vestuario que usa o europeu.

Actos escandalosos de concupiscencia contam-se muitos, que por decencia nos abstemos de narrar, e que comtudo dariam idéa da devassidão a que tinham chegado as cousas.

O exemplo da auctoridade era seguido pelos empregados, que parece haviam perdido todos os brios e toda a honestidade.

A devassidão, a que o governador se entregava, longe porém de lhe merecer acres censuras do governo superior, parece que lhe valeram a nomeação de governador de Macau, para onde devia partir se não houvera fallecido.

No dia 15 de abril de 1832 prestaram-se as honras funebres ao governador Goes, e quando a fortaleza disparava a salva funeraria, entrava pela barra o navio de Macau, conduzindo a seu bordo D. Miguel da Silveira e Lorena, nomeado governador de Timor pelo governo do usurpador, do qual Lorena era fanatico defensor.

No dia 16 tomou posse do governo, exercido desde a vespera por tres interinos, Fr. Vicente Ferrer Varella, José Antonio da Silva, commandante do batalhão, e Francisco Ignacio de Seabra, ouvidor.

Era Lorena homem de intelligencia e capaz de grandes commettimentos, mas dotado de caracter tão violento, que teria levantado contra si estranhos e naturaes do paiz, se a morte não o arrebatára tão cedo.

Poucos dias depois de tomar posse partiu para o interior a explorar o paiz. Abusando da sua robustez praticou na viagem toda a sorte de loucuras, e dando-se demasiado ao prazer das bebidas espirituosas, resultou-lhe uma febre intensa, que o obrigou a voltar quasi moribundo a Dilly, onde falleceu.

Depois de muito trabalho foram encontradas as vias de successão entre os papeis do defunto, e como n'ellas fossem indicados para succeder no governo, o padre Varella, superior de missão, o tenente coronel José Pereira de Azevedo, e o ouvidor Seabra, tomaram estes conta do poder.

É quasi sempre incerta e vacillante a marcha dos conselhos de governo, e por mais habeis que sejam os individuos que em taes circumstancias assumem a auctoridade, nunca esta póde ter toda a sua força. Nas colonias, onde a unidade no poder é principio essencial de bom governo, tem a pratica demonstrado evidentemente esta verdade.

Se ha perigos na concentração do poder, muito maiores os ha no encontro de vontades dos depositarios da auctoridade, e este encontro dá-se a miudo nos membros dos conselhos.

Assim tambem são taes occasiões escolhidas pelos discolos para levantar mão contra o poder que se julga enfraquecido.

Governava o reino de Cová, na epocha de que nos occupámos, D. Feliciano Ribeiro da Costa, o qual via com ciume o estabelecimento portuguez de Batugadé no territorio do seu reino. Que os moradores do presidio não estivessem sujeitos aos *estylos* timores, que não podesse impor-se-lhes multas e applicar-se-lhes barbaros castigos como aos habitantes dos reinos, é o que o rei de Cová não podia tolerar, e como não podesse apoderar-se dos moradores dentro do presidio, ainda que d'elles recebesse offensas, espreitava occasião em que se afastavam para lhes lançar a mão.

Foi o que então fez, apoderando-se de quatro moradores de quem se julgava offendido, mandando-os assassinar.

Não foi o governo interino indifferente áquelle attentado, e para o castigar reuniu a força de que pôde dispor, e dando o commando d'ella ao tenente coronel de moradores, depois rei de Motahel, D. Antonio da Costa Pereira, ordenou-lhe que com os contingentes dos reinos do poente, que deviam reunir-se-lhe, atacasse o reino de Cová.

Marchou com effeito a força; mas antes de começar as hostilidades tirou-se o commando d'ella ao tenente coronel D. Antonio para o dar ao tenente Duarte Leão Cabreira, mancebo destemido, mas que por sua pouca idade, e nenhum conhecimento do paiz em que residia, havia mui pouco tempo, era mal escolhido para a delicada empreza de conduzir um arraial.

Dirigiu-se o novo commandante contra a principal povoação de Cová, e tendo-se-lhe reunido o rei de Fialara com numeroso arraial, e o de Balibó e Cutubaba com pequenissimos contingentes, dispoz as cousas para o ataque na madrugada de 7 de setembro de 1832.

Assestada uma peça de pequeno calibre contra as defezas da povoação, e dado o signal do ataque, empenhou-se este, accerando-se da trincheira com todo o denodo o tenente Cabreira e alguns combatentes; mas quando se preparavam para a assaltar, ouviu-se grande vozearia e alguns tiros na rectaguarda do arraial, correndo logo a voz de *traição*. Foi aquelle'o signal da debandada. Tudo desappareceu, e a custo pôde o commandante salvar a peça desamparando o reparo, que não foi possivel conduzir.

Os defensores de Cová sairam da povoação a perseguir o nosso arraial, fazendo-lhe algum estrago; mas durou pouco a perseguição, porque o timor não persiste nem no ataque nem na defeza.

Suppoz-se que a traição fôra obra do povo de Balibó, que estava de accordo com o de Cová, mas não se procedeu a averiguações a tal respeito, que seriam infructuosas.

Não quiz o governo expor o arraial a novos revezes, e em vez de procurar vingar a derrota, ordenou a suspensão das hostilidades, tratando de submetter o rei de Cová por meios pacificos. Foram encarregados os Costas e Ornays, de Okussi, de entender-se com o chefe revoltoso, a quem se prometteu amnistia, comtantoque pagasse quinhentos pardáos de oiro, equivalentes a 4805000 réis fortes. Aceitou o rei, e d'este modo foi domada a rebellião, que o governo temia se estendesse a outros reinos, pondo em conflagração a provincia.

Desaffrontado o governo dos sustos que lhe occasionou a rebellião, pôde um de seus membros, o padre Varella, urdir o plano que ha muito meditava para se apossar do poder, excluindo os seus dois companheiros.

Conseguiu o padre attrahir ao seu partido o batalhão e os moradores, e fazendo prender por uma escolta d'estes ultimos o commandante Azevedo, promoveu-lhe um processo em que foi pronunciado pelo ouvidor, a quem igual sorte estava reservada. Com effeito pouco depois era preso e processado o ouvidor, e tanto este como o commandante Azevedo eram mandados para Goa. Nomeiou o padre para os diversos empregos creaturas suas, e levando a sua ousadia até á loucura, arvorou-se em commandante do batalhão, que indignamente se sujeitou a ser commandado por um frade.

Revoltou-se contra aquella indignidade o tenente Cabreira, pelo que foi preso e ameaçado de ser posto a ferros; conservando-se na prisão até sair de Timor com licença, que havia pedido ao vice-rei da India.

N'esta anarchia e sujeição ás loucuras de um frade esteve o paiz tranquillo; tranquillidade da indifferença que é o peior estado a que póde chegar um povo, podendo assim saborear as delicias do mando aquelle ambicioso sacerdote, que em junho de 1834 teve, mau grado seu, de entregar o governo a José Maria Marques, nomeado governador de Timor.

Era José Maria Marques homem sisudo e cordato, animado de bons desejos, e aindaque estranho á administração, capaz comtudo de introduzir a ordem e a regularidade no governo, que lhe fôra confiado, e de que tomou posse em 3 de junho de 1834.

O padre Varella devia, em conformidade das ordens do vice-rei D. Manuel de Portugal, partir para Goa no navio que conduziu o governador; mas a pouca demora d'aquelle navio fez que a partida do padre fosse adiada para a seguinte monção de 1835.

Desejos teria o padre, senão de apossar-se novamente do governo, que exercêra com escandalo, ao menos de n'elle influir; mas não era o governador homem que se deixasse dominar por elle, e teve de abster-se de infructuosas tentativas, importunando comtudo o governador com pretensões desarrasoadas.

Chegada a monção partiu o padre para Goa, onde parece que o seu irregularissimo proceder em Timor nem sequer foi censurado. Os graves successos que n'aquella epocha agitavam a India portugueza fizeram naturalmente esquecer o indigno procedimento do padre Varella.

Occupou-se José Maria Marques em reparar muitos dos damnos causados pela administração anterior, introduzindo a ordem n'aquelle cahos, e reformando os costumes pelo seu exemplo, não sem experimentar muita contrariedade da parte d'aquelles a quem a devassidão agradava e para quem a desordem em que tudo se achava era origem de lucros.

Os melhoramentos da Praça chamaram a attenção do governador, e a elles se entregou sem descanso. Era Dilly uma povoação de aspecto miseravel, edificada sem plano nem methodo, tendo em vez de ruas, veredas tortuosas, abertas por entre um espesso palmar, que sombreava inteiramente a povoação, não deixando circular livremente o ar. O terreno adjacente era baixo e alagadiço, e os caminhos que da Praça conduziam ás montanhas, atravessando aquelle terreno, eram intransitaveis em tempo de chuvas. Converter as veredas em largas e alinhadas ruas, e os caminhos sobre terreno pantanoso em boas estradas, era uma necessidade. Mas pelos meios ordinarios pouco ou nada se conseguiria, e usou então o governador de medidas expeditas, que apesar de atacarem o principio da propriedade, foram aceitas sem resistencia.

Traçadas as ruas, quer estas cortassem, ou não, propriedades particulares, pouco importava. A rua era aberta, e tão pouco valor tinham os quintaes cortados, que não nos consta que houvesse reclamações. Por esta fórma Dilly mudou de aspecto, e largas ruas cortadas em angulo recto pelas transversaes, substituiram as tortuosas veredas em que o viandante se atolava em tempos de chuvas.

Com a mesma promptidão foram construidas as duas estradas, que cortando o terreno alagadiço de norte a sul, pozeram em contacto a Praça com os bairros extremos.

A austeridade do governador, a sua energia e a maneira expedita por que procedia, grangearam-lhe porém inimisades,

9

que foram exploradas por alguns a quem o novo systema de governação desagradava. A imprudencia de um official, intimo do governador, veiu servir de pretexto ao levantamento que se projectava, e que poderia acarretar funestas consequencias, se não fosse o leal apoio prestado ao governo pelo rei de Motahel.

Existia na provincia um official superior que exercia o cargo de capitão mór da provincia dos Bellos, cargo inutil, e alem de inutil prejudicial á tranquillidade publica, quando exercido por homens turbulentos e ambiciosos, como então acontecia; pois parece que este official nutria esperanças de vir a occupar o cargo de governador, esperando ser nomeado para succeder a Lorena. Não o foi; e entendeu que o meio mais simples de satisfazer a sua ambição era levar os povos a deporem o governador, elegendo-o a elle, capitão mór, para aquelle cargo.

Começou para isso a agitar a companhia de Bidáo, e passando aos reinos do interior, ali propalou boatos desfavoraveis a José Maria Marques, incitando os chefes dos reinos ao levantamento, que pretendia justificar, dizendo que o governador havia sido nomeiado por um delegado do usurpador, e que por isso a nomeação estava nulla. Não se prestaram porém os reis aos intuitos do capitão mór, nem mesmo entendiam o que fosse governo illegitimo, não acontecendo o mesmo com relação á companhia de Bidau, que tomando por pretexto o espancamento de um nativo, se levantou contra o governo.

Parece que o governador não se achou com força para suffocar promptamente a rebellião, apesar de dispor do batalhão defensor, da companhia de moradores e da de Sica, ou porque não confiasse n'estas forças, ou por outro qualquer motivo. O certo é que Bidau levantando trincheiras e fortificando-se no seu bairro zombou da auctoridade. Recorreu o governador aos reis timores, apresentando-se logo o de Motahel, que lhe prestou sincero e leal apoio, reunindo o seu gentio e dispondo-se para atacar Bidau. Com effeito ordenadas as cousas, verificou-se o ataque, em que parece se distinguiram principalmente os guerreiros do Piço (jurisdicção de Motahel), e o bairro revoltado foi entrado sem grande resistencia, sendo muitas das suas casas reduzidas a cinzas. Os revoltosos vendo-se sós, abandonados pelos reinos que lhes tinham promettido apoio, e sabendo que o arraial de Lacló marchava contra elles, depois de se defenderem frouxamente, abandonaram o principal posto, embrenhando-se nos matos, d'onde voltaram, logoque tiveram noticia do perdão, que o governador lhes concedeu.

Assim terminou esta sublevação, que poderia ter serias consequencias, se fosse, como se receiava, auxiliada por alguns reinos.

O capitão mór foi mal succedido nos reinos cujos chefes, em vez de o attenderem, o prenderam entregando-o ao governador, o qual o mandou para Goa com um processo, em que foi condemnado como perturbador do socego publico.

Pacificado o paiz, continuou José Maria Marques a occupar-se dos melhoramentos de Dilly, onde, alem d'aquelles já apontados, construiu um bom quartel para o batalhão e uma casa para os governadores.

Nos ultimos tempos do seu governo resolveu visitar os reinos do poente, e para ali se dirigiu, sendo recebido em toda a parte com grande contentamento. Recolhia da sua digressão, satisfeito de ter remediado muita injustiça e terminado muitas contestações entre os povos dos differentes reinos visitados, quando achando-se em Boibão, e não lhe apparecendo o rei com os carregadores para a bagagem, rompeu n'um excesso, que teve graves consequencias. Aquelle acto promoveu logo um alvoroto entre o povo, que tendo-se armado mostrava disposições hostis contra o governador.

Não era sufficiente a força que o acompanhava para repellir a aggressão do povo de Boibáo, e para não provocar a luta que poderia ser-lhe fatal, ordenou a retirada para Dilly, a qual logo se effectuou, sem que fosse nem de leve incommodado na marcha.

Não obstante pareceu ao governador que não devia deixar de reprimir pela força aquella rebellião, para que a auctoridade não perdesse o prestigio de que gosa entre aquelles povos, e portanto chegado a Dilly expediu as suas ordens para a formação de um arraial contra Boibáo. Foi nomeiado commandante da força D. Filippe Ornay, de Okussi, que com o seu contingente acudiu ao chamamento do governador.

Moveu-se com effeito o arraial sobre Boibáo, e depois de pequenas escaramuças, sem resultado, dispersou, promettendo D. Filippe Ornay recomeçar a campanha na monção de leste, poisque a de oeste, em que se emprehendêra a guerra, tornava impossiveis as marchas do arraial.

Forçoso foi admittir aquella desculpa, e deixar Boibáo impune, poisque forças como aquellas de que se compunha o arraial fazem o que querem e não o que se lhes ordena.

Boibáo vendo-se desaffrontado não tentou atacar a Praça, ou hostilisar os seus moradores, quando d'ella se ausentavam, limitando-se a cortar relações com o governo, rompendo assim o pacto de vassallagem, e tornando-se independente, estado em que se conservou por muitos annos.

Não curou o rei de Boibáo de solicitar perdão, entendendo que o tempo faria esquecer o seu crime, e que em qualquer occasião que se apresentasse seria, não só perdoado, mas bem recebido.

Lutava o governador com grandes difficuldades internas,

como se vê de um officio de 12 de outubro de 1837, em que diz, que o governo *está collocado na alternativa*, ou de acudir com força armada a Timor, ou de perder a colonia, cujo estado pinta na maior miseria, quando viu surgir as difficuldades externas, que elle previa no citado officio.

Os mares da Malasia eram n'aquelle tempo infestados de piratas, e uma grande parte das pequenas ilhas da Sonda eram por elles habitadas. Tinha a marinha hollandeza emprehendido a nobre tarefa de limpar aquelles mares de taes piratas, e occupavam-se com louvavel empenho os seus cruzadores em dar-lhes caça em todas as paragens. A ilha de Flores, como outras do archipelago de Solor, servia de refugio á pirataria, acolhendo-se ali para escapar á perseguição da marinha hollandeza.

Corria o anno de 1838, e constando ao residente de Cupang, que a Larantuka se tinham acolhido os piratas, entendeu dever persegui-los n'aquelle porto, não obstante tremular ali a bandeira portugueza. N'este intuito metteu-se a bordo de um navio de guerra, e dirigindo-se a Larantuka, deu fundo no porto, atravessou, e disparou muita artilheria sobre a povoação, onde entrou em seguida com a força que o acompanhava, incendiando muitas casas, sem que encontrasse piratas.

Achava-se n'este tempo em Dilly o rei de Larantuka D. Lourenço Dias Vieira Godinho, que por ordem do governador partiu logo para o seu reino, acompanhado de um commandante militar e de um missionario, recommendando-se-lhe que se oppozesse tanto aos piratas, que ali pretendessem abrigar-se, como aos hollandezes, se outra vez quizessem invadir o territorio.

Apressou-se o governador em participar á auctoridade superior da India portugueza o occorrido; mas não consta que o governo houvesse reclamado contra o ataque ao nosso territorio feito por uma potencia com quem nos achavamos em paz.

Assim se achavam as cousas em Timor quando em 20 de janeiro de 1839 um novo governador, Frederico Leão Cabreira, aportou a Dilly. Entregou-lhe José Maria Marques o governo em 22 do mesmo mez, partindo pouco depois para a Europa, onde, deveriam seguil-o as bençãos d'aquelles povos, se não tivessem por habito adorar o sol que nasce e apedrejar o que se esconde.

CAPITULO X

O coronel Frederico Leão Cabreira tendo partido de Portugal para as Indias com o posto de capitão ajudante de ordens do governador geral, em 1827, fez ali a sua carreira, alcançando o posto de coronel. Commandava o batalhão de artilheria, e dirigia a secretaria militar, em cujo serviço dera provas de sua aptidão burocratica, quando foi nomeado governador de Timor. Homem intelligente e recto, de espirito emprenendedor, apaixonado pela agricultura, possuia qualidades proprias para bem desempenhar o cargo que vinha exercer. Alheio porém á administração, estranho aos negocios do governo, dotado de um caracter original e um pouco excentrico, devia tropeçar muitas vezes na carreira nova em que se lançára. Cheio de bonhomia, vel-o-hemos hesitar, quando deveria obrar com energia, e contemporisar, quando deveria proceder com rigor.

Alguns mezes depois de tomar posse, em agosto de 1839, sem que pelas suas medidas podesse ter excitado o descontentamento publico, urdiu-se contra elle uma conspiração, de que era alma o padre superior da missão e um official superior, Sanches, que havia acompanhado o governador. Ajustára-se prendel-o em sessão do adjunto da fazenda, abrir as vias de successão, e dar posse do governo aos individuos que n'ellas fossem indicados, e que se sabia serem os auctores da conspiração.

Teve o governador denuncia do que se tramava, e guiado pela sua bonhomia, limitou-se a tomar algumas providencias, não procedendo contra os auctores da rebellião, como era de justiça. Agitaram-se as companhias de *moradores*, ás quaes constou o que se urdia, e aquella agitação intimidando os conspiradores fez abortar o plano.

Tranquillisados os animos, continuou o governador a occupar-se dos negocios publicos, empenhando-se sobre tudo em promover o desenvolvimento da agricultura, da qual esperava a prosperidade da colonia. E não se illudia, porque sem duvida alguma da agricultura depende o futuro de Timor, é por ella que á miseria succederá a prosperidade, e crescendo consequentemente a receita, esta cobrirá as despezas. Com o desenvolvimento da agricultura desenvolver-se-ha o commercio, e este promovendo o trato, civilisará aquelle povo rude.

Mas se o governador Cabreira acertava no fim, não lhe succedia o mesmo quanto aos meios. Não se desenvolve a agricultura entre aquelles povos pelo modo por que elle pretendia fazel-o; mas sim por um conjuncto de medidas, que não delineou, e pela applicação de meios de que não dispoz.

Limitou-se o governador a aconselhar a cultura do café, e para dar o exemplo começou elle mesmo uma plantação em Malua, esperando que todos os moradores de Dilly o imitassem. Mas quando mesmo assim acontecesse, pouco se teria conseguido, porque os esforços do governador empregados só em relação a Dilly, e não a todo o paiz, não poderiam estimular a producção: os limitados jardins de Dilly nunca poderiam produzir senão insignificantes quantidades de café, o que não alterava as condições economicas da colonia.

Todo entregue aos cuidados de suas plantações, e lutando com grandes difficuldades financeiras, em parte occasionadas pela decadencia do commercio do sandalo, unico de alguma importancia em Timor, recebeu o governador no anno de 1842 a noticia de que havia sido exonerado do cargo, e nomeado para lhe succeder o tenente coronel Francisco de Mello d'Eça. Desagradou-lhe a exoneração, sem ser pedida, e contra os termos em que foi concebida representou ao soberano.

O governador nomeado, tendo-se dirigido de Goa a Macau, falleceu n'aquella cidade, e a noticia do seu fallecimento chegou a Timor juntamente com um officio do governador geral da India para o padre superior da missão, contendo as vias de successão, officio que só devia ser aberto por morte do governador nomeado. Esta circumstancia excitou a ambição do padre, ao qual parecia que tendo fallecido o tenente coronel Eça as vias de successão deviam ser abertas, embora este não houvesse tomado posse do cargo: e n'este sentido escreveu ao governador Cabreira, declarando-lhe que passava a abrir o officio.

Respondeu-lhe o governador, em officio de 17 de fevereiro de 1842, ponderando-lhe a illegalidade de similhante procedimento, e fazendo-lhe notar, que sem que um individuo munido do competente diploma se lhe apresentasse, ou sem que tivesse recebido ordem expressa, não podia entregar o governo.

Não attendeu o ambicioso e turbulento padre tão rasoaveis ponderações, e dirigindo uma circular a todas as auctoridades convocou-as para uma reunião ás dez horas da manhã do dia 18 d'aquelle mez, a fim de lhes communicar negocios importantes.

A paciencia do governador estava esgotada, e não podendo consentir taes demasias, ordenou a prisão do padre. Em seguida fez-lhe instaurar o competente processo pelo crime de perturbador do socego publico, mandando-o a bordo da corveta *Damão*, que se achava no porto, preso para Goa, onde não se deu seguimento ao negocio.

Mas não foi só o padre Filippe que hostilisou o governador e contra elle se revoltou. Os seus proprios parentes lhe promoviam difficuldades, e attentavam contra a sua auctoridade, como aconteceu com um cunhado, o qual parece ter dado serios desgostos ao governador. Achando-se preso no quartel do batalhão ali mesmo conspirava, e se dessemos credito ao que se conta, diriamos que havia pretendido praticar actos da violencia, que mereceriam castigo exemplar. O governador, que havia sido tão severo no commando do batalhão de artilheria de Goa, tornára-se extremamente bondoso, e d'essa qualidade abusavam os que mais deviam respeital-o.

Entregue aos cuidados agronomicos, e surgindo-lhe por toda a parte difficuldades, viu o governador chegar o termo do seu governo, que fôra senão assignalado por grandes melhoramentos, pelo menos fomentador da cultura do café, á qual inteiramente se dedicou Frederico Leão Cabreira na sua plantação de Malua, aonde edificára á sua custa uma casa, que cedeu juntamente com a plantação aos governadores que lhe succedessem.

Substituiu Cabreira o coronel Julião José da Silva Vieira, que tomou posse do governo em 7 de fevereiro de 1844.

O coronel Julião José da Silva Vieira havia governado Damão, d'onde fugira, quando ali foi proclamada a constituição, da qual era inimigo declarado, e refugiando-se em Bombaim, d'ali passou á Italia, acompanhando D. Miguel na sua estada n'este paiz. Em Roma teve Julião habilidade de se insinuar no animo do papa, e de obter d'elle certas honras ecclesiasticas.

Era Julião dotado de um caracter original, e muito desejoso de distincções e honrarias, e á falta das que lhe poderiam conferir os monarchas da Europa, contentava-se com as dos reis ou potentados tributarios da India ingleza. Estando em Damão teve artes de fazer-se nomear tenente general dos reaes exercitos do rei de Mendobim, e o que é mais, conseguiu que aquelle rei o nomeasse gran-cruz de uma ordem, que seria talvez instituida para aquelle fim.

Achava-se Julião na Italia quando foi amnistiado, e recolhendo ao reino, foi pouco tempo depois nomeado governador de Timor e Solor.

Tinha Julião a aptidão necessaria para o cargo que se lhe confiava, pois era intelligente, instruido, probo e recto, e não lhe faltava vigor nas occasiões; mas não só não o animava a decidida vontade de assignalar o seu governo por medidas de alcance, senão que vendo-se desprovido de todos os meios nada pôde tentar.

Sem pessoal que o auxiliasse, sem meios pecunarios para os melhoramentos publicos, sem força para fazer respeitar a auctoridade, só e abandonado no meio de um povo quasi selvagem, Julião não teve animo para arcar com tamanhas difficuldades, e em vez de procurar ao menos amparar com paliativos aquelle desconjuntado edificio, não houve medida disparatada, que não adoptasse, podendo por alguns dos actos praticados, e que passámos a referir, avaliar-se aquelle caracter excentrico e original.

Mal chegou a Timor praticou logo um acto exorbitantissimo, poisque devendo proceder-se á eleição de um deputado, e não querendo combater a candidatura do seu antecessor Cabreira, que ficára residindo em Timor, aonde tencionava emprehender uma exploração agricola, nem tão pouco deixar de proteger um seu amigo, entendeu cortar a difficuldade interpretando a seu modo um projecto de lei, que não tinha passado por todos os tramites para ter força; e em vez de mandar eleger um deputado, fez eleger tres, justificando de um modo singular a sua resolução.

Tempo depois, fallecendo o rei de Liquiçá, de que ha de lembrar-se Julião? Julgando fazer uma agradavel surpreza ao seu protector e amigo o ministro Antonio Bernardo da Costa Cabral, ordenou que se procedesse á eleição não de um rei, mas de um conde reinante, e conseguiu que aquelle povo rude elegesse conde reinante o citado ministro. A acta da eleição foi remettida ao ministerio da marinha, pensando talvez que em recompensa lhe seria enviada uma commenda!

Enganou-se porém d'esta vez; pois em portaria de 28 de novembro de 1844 se lhe respondia o seguinte:

«Que não menos surprehendeu a Sua Magestade a triste lembrança de fazer o governador de Timor um conde reinante pela povoação de Liquiçá, miseravel e indecente lembrança que nada póde justificar, poisque os povos, ou antes elle governador, não fazem condes, e menos condes reinantes. A paridade entre a Inglaterra a respeito da Irlanda e Timor é perfeitamente disparatada, e o que cumpria a elle governador era deixar em vacatura esse reino de Liquiçá, que estando apenas a uma legua de distancia de Dilly não precisa nem de rei, nem de conde reinante, achando-se este na distancia de cinco mil leguas. Sua Magestade reprova portanto a tal nomeação, e a annulla completamente.»

Grande devia ser o desgosto de Julião ao receber esta portaria concebida em termos mais asperos do que é costume em documentos d'esta ordem, cuja linguagem sempre polida censura, quando tem de o fazer, mas sem offensa do censurado.

Não deu Julião, nem deixou de dar cumprimento a esta portaria, continuando o reino de Liquiçá a ser governado pelos seus chefes naturaes, até que um d'elles se apossou da auctoridade, que exercia na ausencia do conde reinante, o qual n'esse tempo lutava no reino com terriveis adversarios, que contra elle levantavam armas, e pouco depois o derrubavam do poder.

Julião, que appetecia pelo seu caracter as delicias da paz, via apparecer cada dia novas difficuldades com as quaes era preciso lutar.

Em agosto de 1844 dois assassinatos foram commettidos em terras de Maubece. Refugiaram-se os assassinos em Cairuhi (reino), que recusou entregar os culpados ao governador, o qual querendo castigar aquella desobediencia mandou contra o reino desobediente um arraial, de que nomeou commandante ou primeiro cabo D. Antonio da Costa Pereira, rei de Motabel.

Juntas as forças, que, segundo um mappa do dito cabo, montavam a 3:444 homens, dos quaes 1:834 armados de espingardas, dirigiram-se ao reino rebellado, o qual receiando *ser escallado* (assolado) entrou em negociações, e entregou os criminosos que ali se achavam.

Este acontecimento, que nada tem de extraordinario, serviu ao governador Julião para o noticiar ao governo de Portugal nos seguintes curiosos termos:

. . . .

«O que se praticou em Timor n'esta occasião póde dizerse um facto memoravel! Transportemo-nos aos tempos heroicos... Vemos a Illiada em acção. «La Grèce, jusqu'alors divi-

sée en petites peuplades à demi-sauvages, s'élève à la dignité de société publique, par cette alliance générale dont l'Illiade a pour jamais consacré le souvenir. L'enchanteur fait de tous ces chefs, ou plutôt de ces caciques, autant de rois; et constitue la société en reunissant toutes ses forces sous le commandement suprême d'un seul monarque, roi de tous ces rois, pour le noble dessein de venger l'hospitalité violée, et un peuple outragé dans la personne d'un de ses chefs. L'Illiade est donc le vaste récit d'une action mémorable, » etc. Timor é como a Grecia antiga, dividido em pequenos reinos, com a differença que estes não precisam de nomear nos casos urgentes um rei dos reis; tem-no sempre em Portugal na pessoa de nossa augusta rainha, a sua dignidade foi offendida na pessoa de dois subditos seus, barbaramente assassinados: um despota rebelde deu asylo aos culpados, ou os incitou ao crime; toda a ilha se deu por offendida, toda a ilha correu á vingança . . . .
24 de março de 1845.=*J. J. da Silva Vieira.*»

A Illiada de Timor reduziu-se á reunião de um arraial, facto muito commum ali, e que nada tem de notavel, e a quéda de Troia reduziu-se á submissão de miseraveis aldeias, que em vez de serem defendidas por Heitores, o foram por uns quaesquer D. Fulanos, semi-selvagens, que cheios de medo e covardia se renderam antes mesmo de batalhar.

Acabava Julião de pôr em acção a Illiada, segundo diz no seu officio, quando parece que contra elle se urdiu uma conspiração, que abortou, ou por falta de audacia dos conjurados, ou porque lhes falharam os elementos, ou porque o governador por medidas de precaução a preveniu.

Segundo os officios do governador eram cabeças de conjuração, o padre Gregorio e o major Duarte Leão Cabreira, que fôra mandado a Timor para executar um projecto de melhoramentos de Dilly, por elle apresentado ao governo.

O officio do governador de 4 de junho de 1846 é concebido em termos severissimos, e a julgar por o que n'elle se diz, Cabreira era um homem perigosissimo na colonia, aonde em vez de occupar-se do serviço publico, tratava só de negociar.

O governador, para apoiar o que affirmava no seu officio, enviava por copia uma carta do commandante de Manatuto, que no nosso entender nada prova, fazendo-nos apenas suspeitar de que havia grande descontentamento entre alguns moradores da Praça.

Ainda a braços com estas difficuldades, graves acontecimentos se succederam, collocando o governador em critica situação.

No mez de maio de 1847 dois paraus buguinezes (de Celebes) vararam na praia de Sama, e ali traficavam em generos do paiz e em escravos, segundo o governador participa no seu officio de 16 de outubro de 1847. Sabido isto pelo governador, expediu logo para aquelle porto dois barcos com alguns soldados, um d'elles commandado pelo alferes Garcia, e o outro pelo alferes Rosa, fazendo partir ao mesmo tempo por terra uma força de alguns centos de irregulares para apoiarem a expedição, que levava ordem de fazer sair do porto os dois paraus, caso os não podesse aprisionar.

Navegaram os barcos para Sama, e chegados ali, desembarcou o alferes Garcia com tres soldados, para intimar o *anakoda* de um dos paraus. Ouviu este a intimação, e respondeu que não queria saber das ordens do governador. O alferes tentou prendel-o, mas a esta acção arrancou o anakoda do kris e estendeu morto o alferes. Travou-se luta entre os makassares e os soldados, dos quaes dois foram mortos, e o terceiro, ferido na face, pôde salvar-se a nado para o barco.

O alferes Rosa, que havia tomado o commando dos irregulares, em vez de cair sobre os malaios com a gente que commandava e que se achava nas proximidades, não o fez, porque os irregulares não quizeram segui-lo, e vendo-se então abandonado metteu-se n'uma lancha dos buguinezes, com a qual atracou a um dos nossos barcos, onde pôde metter os soldados mortos.

Cheio de indignação recebeu o brioso governador aquella noticia, aindaque a linguagem do seu offício de 16 de outubro de 1847 não o pareça indicar, e para não deixar impune similhante attentado, mandou immediatamente formar um arraial, nomeando primeiro cabo D. Antonio da Costa Pereira, rei de Motahel, e segundo cabo Oscar Vieira, filho e ajudante de ordens d'elle governador. Reunidos alguns contingentes aos sessenta soldados do batalhão, commandados pelo tenente Lobato, e a uma força de moradores da Praça, poz-se o arraial em marcha para Sama, onde engrossado com os contingentes dos reinos de leste e banda de fóra, dizem, se elevava a mais de tres mil homens.

Não se tinham descuidado os buguinezes, e desmanchando um dos barcos, com as tábuas d'elle e materiaes fornecidos pelo povo de Sarau, fizeram uma tranqueira, dentro da qual se metteram, esperando resistir assim ao arraial, que forte de tres mil homens, não se atreveu a assaltar aquella fraquissima trincheira defendida apenas por setenta homens.

' Em vez de atacar logo os buguinezes, estabeleceu-se o arraial a certa distancia, entretendo com os defensores da trincheira um tiroteio quasi diario por espaço de quatro mezes e meio, que tanto durou o assedio, e mais duraria, se não fôra uma peça de artilheria que obrigou os buguinezes a abandonarem o posto.

Era horrivel a situação dos sitiados. Os comestiveis iam-se

lhes acabando, as munições de guerra tambem, e a agua a custo a obtinham, sendo preciso affrontar as balas inimigas, para a haver, poisque a fonte, ou poço onde se forneciam, estava fóra da trincheira.

Exhaustos já de forças, e temendo o serem forçados a render-se á discrição, resolveram abandonar o posto, tendo-se entendido previamente com os contingentes de Faturó e Sarau, que guarneciam o flanco direito do campo. Combinado o plano, abandonaram n'uma noite a trincheira, e dirigiram-se a Sarau; mas tendo algumas sentinellas, que por acaso estavam álerta, presentido a marcha dos buguinezes, deram o alarme, e acudindo de prompto alguns piquetes, poderam ainda matar dois ou tres, escapando-se os mais.

Á noticia de que o posto havia sido abandonado acudiu todo o arraial, precipitando-se dentro da trincheira para se apossar dos armamentos e outras fazendas, que os buguinezes ali tinham deixado, e a custo pôde o tenente Oscar salvar o barco que os timores queriam queimar para aproveitar a ferragem.

Terminada assim a vergonhosa campanha de Sama dispersou o arraial, e ufanos se apresentaram em Dilly os commandantes d'elle que tão inhabilmente haviam dirigido as operações.

O governador no seu relatorio mostra-se satisfeito do desenlace, mas é de crer que a noticia da feliz retirada dos buguinezes não lhe agradasse, e para tirar vingança dos povos de Sarau, mandou formar novo arraial commandado por D. Frederico dos Reis e Cunha, tendo por ajudante general o alferes de guarnição Francisco Borges Caiado.

Reunido o arraial dirigiu-se logo sobre Sarau e suas jurisdicções, que assolou durante oito mezes, incendiando muitas aldeias, saqueando-as, e retirando-se depois de haver cobrado perto de duas mil rupias de fintas atrazadas e multas que por aquella occasião foram impostas.

Occupava-se Julião de reparar os males causados pela guerra, que felizmente terminára, quando surgem difficuldades externas, que necessariamente teve de resolver.

Era o rei de Okussi aparentado com os chefes de Ombay e Pantar, e pretendendo ter jurisdicção em alguns territorios d'aquellas ilhas, entendeu dever intervir n'uma guerra que ali se ateára.

Reclamou o residente de Cupang, já inquieto pelo juramento de vassallagem prestado ao governo portuguez em janeiro de 1845 pelo rei de Lamakanen, dependente da Hollanda; mas o governador não attendeu a reclamação, e o residente de Cupang appellou então para o governador geral em Batavia.

Não estavam definidos por tratados os limites das possessões portugueza e hollandeza na ilha de Timor, e só a posse não disputada legalisava a occupação hollandeza de uma grande parte dos reinos da ilha.

Os tratados de 1641 e 1645 tinham sido letra morta na Malasia, e tanto os residentes de Cupang, como os governadores da parte portugueza se julgavam com direito de estabelecer a sua auctoridade em territorio alheio.

Tendo-se pois suscitado aquelle conflicto entre o governador portuguez e o residente hollandez, que appellára para o governador geral das Indias neerlandezas, resolveu este mandar a Dilly um commissario, Steyn Parvé, a fim de abrir negociações com o governador, e accordarem no modo de pôr termo ás questões de limites.

Com effeito em março de 1848 chegava a Dilly mr. Parvé e entregava ao governador uma carta de mr. Rochussem, ministro d'estado e governador geral das Indias orientaes neerlandezas, datada de 20 de janeiro de 1848, na qual se convidava em termos attenciosos o governo portuguez da possessão a tratar com o commissario Parvé o negocio de Ombay e Pantar, mostrando-se a conveniencia de terminar por uma vez as questões de limites, e vir a um accordo que seria vantajoso aos dois paizes.

Não podendo o governador Julião decidir tão importante negocio, por não estar auctorisado a tratar com o estrangeiro questões de limites, respondeu ao governador geral dizendo-lhe isto mesmo; mas instado pelo commissario, e julgando fazer um serviço ao seu paiz, preparando trabalhos que esclareceriam a questão de que mais tarde teriam de occupar-se os dois governos da Europa, accedeu ao convite, nomeando uma commissão que devia discutir e conhecer do negocio. A portaria de nomeação era assim concebida:

« Havendo o governo general das possessões neerlandezas nas Indias orientaes mandado a este porto mr. D. C. Steyn Parvé, seu commissario, para tratar commigo sobre differentes artigos que contém a sua carta official de 20 de janeiro d'este anno, cuja traducção a esta acompanha, e dando a mesma carta as mais exuberantes demonstrações de que aquelle governo general está disposto para procurar por todos os meios amigaveis uma solução necessaria ácerca dos mesmos artigos, para assim de uma vez ficarem cessadas as ordinarias desintelligencias que succedem haver entre os subditos de ambas as nações, por não estarem ainda definitivamente demarcados os limites dos territorios de uma e outra nação: e desejando eu tambem mostrar que apoio muito aquelle seu passo, e que nutro puros desejos de manter da melhor maneira as boas relações de amisade e vizinhança em que estamos desde muito tempo; por todos estes motivos hei por conveniente ao S. N. e R. que uma commissão sob a minha presidencia analyse os referidos artigos com toda a sinceridade e franqueza, sendo composta dos seguintes vogaes: D. Antonio da Costa Pereira, marechal de campo; reverendo Gregorio Maria Barreto, superior da missão; Francisco Xávier Lobato de Faria, tenente coronel commandante; José Maria das Dores, tenente coronel commandante do Carquete; Manuel Joaquim Pereira, ouvidor interino; Victorino da Costa e Andrade, thesoureiro da fazenda; secretario, o secretario interino d'este governo. Zeferino Benedicto Gonçalves. A commissão trabalhará todos os dias na secretaria do governo, ainda mesmo que eu não esteja presente, e dar-me-ha parte logoque tiver concluido algum trabalho para então eu e o commissario o vermos. As auctoridades e pessoas a quem pertencer assim o tenham entendido e executem. Palacio do governo em Galvão, 28 de março de 1848.=*Vieira.*»

Installada a commissão, dirigiu-lhe o commissario hollandez uma extensa nota, na qual tratava de provar: que a soberania de Timor pertencia á Hollanda por direito de conquista feita por Appolonius Schot, por herança havida do rei de Ternate. e por vontade dos povos que com os hollandezes haviam feito tratados ou convenções em 1616, 1656, 1662, 1619, 1700. 1744, 1749 e 1750; que os portuguezes não haviam tido existencia politica em Timor e Solor antes do seculo XVII; que nem sóberania de facto nem de direito tiveram os portuguezes em Timor antes do seculo XVIII; que o tratado de paz de 1661 garantiu á Hollanda as conquistas que tinha feito, e que havendo aquella nação tomado aos portuguezes a ilha de Timor, a soberania da Hollanda sobre esta ilha era incontestavel.

Depois de estabelecido o direito vinham as concessões, e acrescentava o commissario que para aplanar difficuldades a Hollanda aceitava os factos existentes, não disputando a Portugal os reinos da ilha de Timor por esta nação occupados, e sobre esta base se abririam negociações.

Era habil mr. Steyn Parvé, e collocando a questão de um modo vantajosissimo para a Hollanda terminava a sua nota, convidando a commissão a exhibir documentos que provassem a soberania de Portugal aos territorios em litigio, dando por assentado que a Hollanda era soberana de direito em toda a ilha de Timor e archipelago de Solor. Não podia ser admittida similhante pretensão em desaccordo com os factos historicos, que o commissario a seu modo traduzia, e em desacordo com os tratados falsamente interpretrados, e n'este sentido lavrou o governador o seu protesto do teor seguinte, não se escusando comtudo de discutir com o commissario hollandez, e de provar-lhe que a soberania sobre Timor e Solor pertencia a Portugal e não á Hollanda. O protesto era assim:

« Declaração que faz o governador de Timor e Solor abaixo assignado para ser junta ao processo verbal a que se vae proceder ácerca do direito portuguez e hollandez sobre differentes territorios d'estas ilhas, em virtude do titulo I, artigo 3.º da Carta Constitucional.

«1.º O dito governador, á vista dos documentos que se acham nos archivos d'este governo, e que o digno commissario do governo hollandez mostra, não reconhece de direito outras possessões hollandezas n'estas ilhas mais do que Cupão e Laboyona, vistoque as instrucções de 1811 e uma descripção de Timor vinda officialmente de Goa, assignada pelo secretario do governo, assim o declara.

«2.º Quanto ao territorio de Atapupo e Fialara ha na secretaria d'este governo um aviso regio de 20 de novembro de 1820, que deixou suspensa a questão suscitada entre os dois governos sobre aquelle territorio em 1818; portanto todos os tratados feitos com o governo portuguez os não reconhece de direito tambem por validos.

3.º «O tratado de 1661, assignado na Haya entre o rei de Portugal D. Affonso VI e o governo hollandez não existindo nos mesmos archivos copia alguma d'elle, nem nas differentes instrucções vindas de Goa se mencionar, o não póde considerar com força de lei n'este paiz, pelas rasões acima allegadas, aindaque não duvida da sua existencia, porque foi-lhe apresentado pelo mesmo digno commissario mr. Steyn Parvé, escripto em latim e impresso na Haya em 1645.==*Julião José da Silva Vieira.*==18 de abril de 1848.»

Apresentado este protesto, abriu-se a discussão, em que se trataram todos os pontos da nota do commissario, e se refutaram um por um todos os argumentos por elle adduzidos, concordando a final os commissarios em aceitar os factos existentes, considerando portuguezes os territorios por estes occupados e hollandezes os que esta nação possuia. Como consequencia d'este accordo o governador portuguez ordenou ao rei de Okussi que não interferisse nem directa nem indirectamente nos territorios de Ombay e Pantar, os quaes ficavam considerados hollandezes até á decisão do negocio pelos governos de Portugal e Hollanda.

Esta convenção, com todos os papeis que lhe eram relativos, foi remettida ao governo, o qual longe de resolver o negocio, se limitou a trocar algumas notas com o ministro dos Paizes Baixos na côrte de Lisboa.

O governo de Julião tocava o seu termo. Pouco depois d'esta trabalhosa negociação, foi eleito deputado pela provincia, pois ainda a esse tempo a lei eleitoral não dispunha, como depois, que os governadores não possam ser eleitos pelos povos que governam, e com o mandato dos eleitores de Timor se retirou Julião em agosto de 1848, tendo entregado o governo no dia 22 do mesmo mez ao capitão tenente da armada Antonio Olavo Monteiro Torres.

Torres era um homem probo e illustrado, e poderia ter assignalado o seu governo por medidas uteis, se as circumstancias o favorecessem. Mas sem meios, sem pessoal, sem forças e inteiramente abandonado, a sua administração não deixou vestigios no paiz.

Ao tomar posse do governo encontrou Torres o paiz tranquillo, mas os cofres exhaustos, os empregados com os seus vencimentos atrazados, o povo na maior miseria, e aindaque muitos reinos não nos hostilisassem, estavam comtudo pela maior parte quasi independentes. O subsidio com que Macau devia concorrer para as despezas de Timor não se recebia havia muito tempo; e tal era o estado financeiro, que Julião, a quem se deviam tres annos dos seus ordenados, teve que pedir emprestadas a um seu amigo as sommas necessarias para fazer a viagem para a Europa.

Algum tempo depois de tomar posse quiz Torres conhecer o paiz que governava, e emprehendeu para isso uma excursão ao interior, visitando uma grande parte dos reinos vassallos, onde foi perfeitamente acolhido.

Achava-se de volta na Praça quando um morador de Dilly, aparentado no reino do Hermera, por nome Domingos Varella, assassinou dois escravos do alferes Lobato, suspeitos de *suanguice* (feitiçaria), e temendo o castigo refugiou-se n'aquelle reino.

Ordenou o governador ao rei de Hermera a entrega do criminoso. Recusou o rei, e como uma tal desobediencia fosse com rasão considerada rebeldia, chamou o governador ás armas os contingentes dos reinos vassallos, e dando o commando d'aquellas forças ao rei de Motahel, D. Antonio da Costa Pereira, ordenou-lhe que atacasse Hermera. As forças reunidas parece montavam a seis mil homens, e facil lhes foi tomar as primeiras povoações. A grande aldeia do Rei ou capital do reino porém offereceu seria resistencia, e só depois de repetidos assaltos foi entrada, saqueada e reduzida a cinzas, e d'este modo terminou a guerra. O reino de Hermera ficou desorganisado, o povo disperso e os chefes escondidos; mas passado pouco tempo reuniu-se o povo, levantou barracas e constituiu-se, sendo como d'antes um dos maiores potentados da ilha.

Tratava o governador de reparar os males da guerra, occupando-se dos melhoramentos que os poucos meios de que dispunha lhe permittiam, quando em 30 de junho de 1850 um brigue hollandez deu fundo no porto de Dilly, e o commandante dirigia ao governador um officio, pedindo-lhe explicações sobre o facto de ter o rei de Kuy arvorado bandeira portugueza, quando pela convenção celebrada entre Julião e Steyn Parvé, aquelle reino era hollandez. E como se os termos inconvenientes de que usava não fossem bastante, acrescentava que para fazer entrar o rei de Kuy na obediencia, levaria de Dilly um commissario do governo portuguez e outro do rei de Okussi.

Repelliu o governador as inconvenientes expressões que o commandante do brigue empregava na sua communicação, e respondeu, assegurando-lhe que daria as mais terminantes ordens ao rei de Okussi para que não se envolvesse mais nas questões do reino de Kuy. Satisfeito com as explicações dadas, partiu o commissario hollandez para Batavia.

Foram estes os successos mais notaveis do governo de Olavo Torres, o qual inteiramente desprovido de meios, não pôde emprehender outros melhoramentos alem de uma valla para esgotamento das aguas, e o córte de um bosque, que para os indigenas era quasi objecto de culto e para os forasteiros origem de febres.

Esta obra, na qual foram empregados parte dos arraiaes que recolhiam da campanha, e a reedificação do quartel do batalhão, occuparam os ultimos mezes do governo de Olavo Torres, que desgostoso pelo abandono em que se via, pois nem uma só portaria recebêra durante tres annos, e arruinado pelas febres endemicas, veiu a fallecer em Dilly aos 24 de março de 1851.

Pela morte do governador formou-se um conselho de governo composto do padre superior Gregorio Barreto, do rei de Motahel D. Antonio Pereira, do coronel Manuel Pereira da Costa, do commandante de moradores e do ouvidor Marianno F. Pires, o qual governou a colonia até á chegada do novo governador, o conselheiro Lopes de Lima.

CAPITULO XI

Governando Julião José da Silva Vieira suscitou-se, como vimos, no anno de 1847, uma contestação entre este governador e o residente de Cupang a proposito de certos actos praticados pelo rei de Okussi em Ombay e Pantar, actos que os hollandezes julgaram attentatorios da sua soberania n'aquellas ilhas.

Com o fim de terminar a questão e evitar futuros conflictos, a que dava logar a incerteza de limites das duas possessões na ilha de Timor e archipelago de Solor, mandou o governador geral das Indias neerlandezas, mr. Rochussen, a Timor, mr. Steyn Parvé como commissario, para abrir negociações com o governador Julião e fazer um accordo sobre tão importante assumpto.

Duvidou o governador Julião, como dissemos, tratar a questão de limites por não ter auctoridade para tanto, nem poderes para fazer ajustes diplomaticos; mas insistiu o commissario hollandez, mostrando a conveniencia de se fazer um accordo, que ficasse dependente da approvação do governo de Portugal, e que no entanto fosse respeitado pelas auctoridades das duas possessões.

Accedeu Julião, e abriu a negociação, que foi tratada em varias conferencias, nas quaes o commissario hollandez sustentou os interesses da Hollanda com não vulgar habilidade. Pretendia elle que á sua nação assistia o direito da soberania sobre muitos dos reinos, que estavam na posse pacifica de Portugal havia muitos annos, e estabelecia como principio, que não possuindo Portugal os reinos da ilha de Timor por conquista, mas sim por vontade dos povos, se estes, descontentes, se subtrahissem ao nosso dominio para passar ao de Hollanda, a posse por parte d'esta nação seria legal.

Protestou Julião contra esta doutrina, mostrando que tendo-se sujeitado os reis de Timor a Portugal, não podiam sem o consentimento dos portuguezes tornar-se subditos de outra nação, e que o subtrahir-se ao dominio era acto criminoso, que a Hollanda não podia, nem devia promover. Em discussões d'esta natureza e na exhibição de documentos por uma e outra parte a fim de provar a posse de varios reinos, occuparam-se os commissarios, resultando a final um convenio, que vigorando desde logo em Timor, ficou comtudo sujeito á approvação dos respectivos governos.

O de Portugal recebeu a convenção a que nos referimos, e limitou todo o seu proceder a ouvir sobre ella a opinião do governador de Macau, que foi de parecer que a base da negociação fosse —considerar portuguezes todos os territorios que tinham bandeira portugueza, e hollandezes os que arvorassem bandeira hollandeza.— Nada mais se fez; porém em vista da nota do ministro dos Paizes Baixos, de 31 de janeiro de 1850, em que este diplomata ponderava a conveniencia de tratar a questão de limites nas possessões de Timor, resolveu o governo nomear uma commissão, que, com outra por parte da Neerlandia, fosse a Timor, e ali tratasse aquelle grave assumpto.

Assentado isto, procurou-se um individuo para presidente da commissão, que havia de ser o commissario regio portador da credencial, e pareceu conveniente que o commissario fosse ao mesmo tempo governador de Timor. Das pessoas lembradas para aquella importante commissão julgou-se que a mais competente era sem duvida o conselheiro Lopes de Lima, official distincto da nossa marinha, que havia governado interinamente a India portugueza e o districto de Coimbra; mas apresentava-se uma difficuldade, qual era não aceitar um governo subalterno quem tinha exercido o cargo de governador geral. Esta difficuldade porém foi cortada pelo, então ministro da marinha, visconde de Castellões, que por decreto de 30 de outubro de 1850 elevou Timor á categoria de governo independente, dando ao nomeado para governar a provincia as honras, poderes e immunidades de governador geral.

Aplanada assim a difficuldade foi nomeado commissario regio para tratar a questão de limites em Timor o conselheiro Lopes de Lima, por decreto de 28 de outubro de 1850, e ao mesmo tempo encarregado do governo da provincia, para onde devia partir no brigue de guerra *Mondego*, que então commandava.

A fim de que o plenipotenciario fosse habilitado com os conhecimentos necessarios para bem tratar a questão, forneceram-se-lhe importantes documentos, que os archivos do ministerio da marinha e estrangeiros encerravam, e deram-se-lhe para se dirigir na negociação as seguintes instrucções:

«Instrucções para o conselheiro capitão de mar e guerra
José Joaquim Lopes de Lima e mais membros da commissão
creada por decreto de 28 de outubro de 1850.

«1.ª Por decreto de 28 de outubro ultimo acha-se v. s.ª de-
signado por Sua Magestade Fidelissima para, com dois outros
vogaes por v. s.ª nomeados em Timor, compor a commissão
que, por parte do governo da mesma Augusta Senhora, tem
de entender-se e tratar com uma similhante commissão nomeada por Sua Magestade o Rei dos Paizes Baixos, sobre a
demarcação dos limites no territorio de cada uma das duas
potencias no archipelago de Timor.

«2.ª Sobre a escolha dos dois individuos que v. s.ª tem de
aggregar-se para a referida commissão, o governo de Sua Magestade julga desnecessario fazer a v. s.ª qualquer recommendação, certo como está que v. s.ª n'aquella nomeação
attenderá com o maior cuidado ás qualidades e prestimo dos
mesmos individuos, e á força moral que d'ahi deve resultar
para a commissão. Limita-se pois o governo a lembrar a
v. s.ª que talvez seria conveniente que d'ella fizesse parte algum dos reis subditos ou dependentes da corôa portugueza,
e cuja influencia seja mais reconhecida.

«3.ª Para habilitar a v. s.ª e a commissão ao melhor des-
empenho de tão importante incumbencia, são com estas instrucções remettidos a v. s.ª os seguintes documentos, nos
quaes se acha plenamente desenvolvido o estado da questão
e a vantagem reciproca que os dois governos desejam conseguir com a demarcação definitiva d'aquelles limites de territorio:

«1.º O officio n.º 285 do conselheiro Amaral, governador
da provincia de Macau, Timor e Solor, datado de 25 de outubro de 1848, com os documentos que d'elle fazem parte
relativamente aos trabalhos e conferencias que já sobre o

mesmo objecto tiveram logar entre o governador de Timor Julião José da Silva Vieira e o commissario do governo geral das Indias neerlandezas mr. D. C. Steyn Parvé. (D'estes documentos fará v. s.ª restituição a esta secretaria d'estado logoque tiver á sua disposição os registos, em que devem achar-se lançados, do governo de Timor, de que v. s.ª é n'esta occasião encarregado.)

«2.º As notas a este respeito dirigidas ao governo de Sua Magestade Fidelissima pelo barão de Grovesteins, enviado extraordinario e ministro plenipotenciario de Sua Magestade o Rei dos Paizes Baixos, em datas de 31 de janeiro, 9 de junho, 16 de agosto e 20 de setembro do corrente anno.

«3.º Officio do ministerio dos negocios da marinha e ultramar ao dos negocios estrangeiros, com data de 27 de setembro d'este mesmo anno.

«4.ª Sendo a commissão nomeada pelo governo dos Paizes Baixos auctorisada tão sómente a discutir, ajustar e tratar com a commissão portugueza a mais conveniente demarcação de taes limites, ficando o accordo tomado entre as duas commissões para ser definitivamente resolvido por os dois governos, não podem os poderes que n'esta occasião são dados a v. s.ª deixar de ser limitados, ficando *ad referendum* para o governo de Sua Magestade Fidelissima qualquer estipulação em que as referidas commissões convenham.

«5.ª O governo de Sua Magestade confia do zêlo de v. s.ª e dos outros membros da commissão que um tão ponderoso e delicado objecto será considerado e tratado, tendo em vista as vantagens da provincia, e o bem entendido interesse de ambas as corôas. A commissão pois tratando de reivindicar qualquer parte do territorio que hoje se acha menos devidamente e de facto desmembrado do dominio portuguez no dito archipelago, fica auctorisada a receber ou mesmo apresentar aquellas pro-

postas de cessões e trocas de territorio que parecerem convenientes, para obter uma compensação correspondente n'outros
pontos do dominio actual do governo neerlandez, que por en-
cravados em territorio portuguez, ou d'elle muito proximos,
seja de reconhecida utilidade passarem a ser portuguezes.

«6.ª N'estes termos o governo de Sua Magestade Fidelissima deixa á commissão o estabelecer as bases d'esta importante
negociação, segundo o que em resultado das primeiras conferencias parecer opportuno.

«7.ª Mas se em ultimo caso a commissão nada mais vantajoso podér conseguir do que a fixação de limites segundo o
statu quo, ficando portuguezes ou neerlandezes os pontos que
hoje têem bandeira portugueza ou neerlandeza, será essa com
as modificações convenientes a base das mesmas negociações.

«Secretaria d'estado dos negocios da marinha e ultramar,
em 6 de novembro de 1850.== *Visconde de Castellões.*»

Munido d'estas instrucções, que o auctorisavam a concordar
na troca, cessão e delimitação de territorios em Timor e Solor,
partiu o conselheiro Lopes de Lima para aquellas ilhas a bordo do brigue *Mondego,* em 9 de novembro de 1850; e depois
de uma demorada viagem, tendo feito escala pelo Rio de Janeiro, chegou a Dilly a 23 de junho de 1851.

Encontrando investido na superior auctoridade um governo interino, n'aquelle mesmo dia, tomou o conselheiro Lopes
de Lima posse do governo da provincia, a qual se achava em
deploravel estado.

A auctoridade sem força e sem prestigio, uma grande parte
dos reinos desobedientes ou em revolta declarada, os funccionarios com um atrazo de dois annos de seus vencimentos, os
cofres exhaustos e o commercio aniquilado, eis a situação em
que o conselheiro Lopes de Lima encontrou as cousas, e que
elle se propoz remediar.

Armado de poderes extraordinarios e animado de firme vontade, Lopes de Lima começou logo as reformas, dando nova organisação a todos os serviços e introduzindo a ordem n'aquelle cahos.

Achando a auctoridade sem força, foi um dos seus primeiros cuidados fortalece-la, e querendo dar um exemplo que incutisse terror nos reinos vassallos ordenou a formação de um arraial contra Faturó e Sarau, que apesar da guerra que lhes movéra o governador Julião, se haviam conservado em rebeldia, favorecendo o commercio de escravos que se fazia em Timor.

Posto o arraial em marcha sobre aquelles reinos mandou o governador sair de Dilly o brigue de guerra *Mondego* com ordem de desembarcar forças e atacar as povoações maritimas, o que se effectuou entrando a marinhagem em algumas d'ellas, e destruindo-as.

Emquanto os arraiaes prosseguiam na campanha tratava o governador, auxiliado por dois commissarios, D. Antonio da Costa, rei de Motahel, e Benedicto Cesar da Silva, a negociação diplomatica com a commissão hollandeza, que se compunha dos —residente de Cupang, barão Ven Lynden, Goldman, antigo residente, e Ven Trojon, tenente de marinha.

Estas commissões reunidas e trocados os plenos poderes, entraram em negociações, discutindo em varias conferencias os pontos litigiosos de que démos noticia.

Renovaram-se n'esta occasião as discussões de que fallámos, e nas quaes os commissarios hollandezes sustentaram o direito que assistia á Hollanda para disputar a Portugal a soberania de Timor e Solor, soberania que diziam derivar —da herança do rei de Ternate, da conquista, e da submissão dos povos, celebrada em varios contratos feitos com os reis. —Oppunham os nossos commissarios a estes argumentos a prioridade da descoberta, a posse adquirida pelo consentimento dos povos, e o testamento do rei de Ternate, anterior áquelle que cedeu aos hollandezes as possessões de Timor—; e depois de consumirem muitas sessões n'estas discussões combinaram a final as duas partes em aceitar os factos existentes, tornando-se assim possivel um accordo, que de outro modo jamais seria possivel.

N'este sentido foi apresentado um projecto de tratado, no qual se fixavam os limites das duas possessões em Timor, reconhecendo cada uma das nações a soberania da outra nos respectivos territorios: definiam-se os limites dos encravamentos que ficavam existindo: cedia Portugal á Neerlandia as possessões de Flores, e desistia das pretensões que podia fazer valer sobre o grupo de Solor: cedia a Neerlandia a Portugal o reino de Maubara. Mas não sendo Portugal sufficientemente indemnisado em territorios compromettia-se o governo dos Paizes Baixos a dar ao governo de Timor 200:000 florins em tres prestações, a primeira de 80:000 logoque o governador geral de Batavia tivesse conhecimento do tratado, e as outras em periodos determinados; e feito o primeiro pagamento o governo de Timor entregaria á auctoridade neerlandeza os territorios cedidos, e receberia d'esta o reino de Maubara.

Assignado este tratado, no qual os commissarios hollandezes com difficuldade concordaram, por não quererem ceder Maubara, foi enviado ao governador geral das Indias neerlandezas, que não o ratificou, dizendo não ter poderes para alienar territorio. A este tempo lutava o governador Lopes de Lima com horriveis difficuldades financeiras, das quaes contava sair logoque recebesse os 80:000 florins. Mas não tendo execução o tratado, via-se o governador na mais embaraçosa situação, pois não tinha meios com que acudir ás despezas. Para cortar difficuldades, e em harmonia com o que lhe fizera saber o governador geral de Java, Lopes de Lima, que n'esta occasião foi um tanto imprudente, tomou sobre si a responsabilidade de entregar ás auctoridades hollandezas os territorios que pelo tratado eram por nós cedidos, uma vez que o governo hollandez pozesse á disposição do governo de Timor a somma de 80:000 florins.

O governador das Indias neerlandezas annuiu a esta proposta, e Lopes de Lima assignou com os commissarios hollandezes um annexo em data de 23 de novembro de 1851, pelo qual se obrigava a entregar Larantuka aos hollandezes, recebendo d'estes a somma de 80:000 florins; e no caso de que o governo portuguez não approvasse o tratado, seria restituida á Neerlandia aquella somma, e Larantuka entregue outra vez ás auctoridades portuguezas.

Assignado este annexo, e tendo-se recebido a somma indicada, foi mandado o padre Gregorio a Larantuka a bordo da corveta a vapor hollandeza *Merapy,* a fim de acalmar os animos dos larantukeiros, que se achavam agitados com a noticia de que passavam ao dominio hollandez, agitação a que o rei de Okussi não era estranho, porque se arrogava o direito de soberania n'aquella terra.

Com difficuldade pôde o padre Gregorio e um outro commissario portuguez induzir os naturaes de Larantuka a deixarem arrear a bandeira portugueza para ser substituida pela hollandeza; e era tal a repugnancia dos povos ao dominio hollandez, que se não fôra a presença do padre Gregorio teria sido preciso que os hollandezes empregassem a força para ali estabelecerem uma guarnição de tropa e começarem a fortaleza que hoje ali existe.

Consummado o facto, participou Lopes de Lima ao governo o que havia feito, esperando que este approvasse o seu comportamento, que era altamente criminoso, não que o dictassem fins menos honrosos, mas porque era exorbitante.

O § 4.º das instrucções que se haviam dado a Lopes de Lima era claro. Os poderes do plenipotenciario eram *ad referendum,* e como é que o negociador, sendo um homem de intelligencia e pratico em negocios, deu execução a um tratado que não estava approvado pela camara, nem ratificado pelo monarcha? Não se comprehende.

Mas foi este e não outro o crime de Lopes de Lima. O negociador excedeu os poderes, dando execução ao que estava convencionado; mas não tratou objecto para que não estivesse auctorisado, porquanto nas instrucções se lhe diz claramente que póde ajustar a troca ou cessão de territorio.

Foi o seu crime o exceder os poderes, mas na questão de dinheiro a honra de Lopes de Lima está immaculada.

As sommas que recebeu entraram nos cofres publicos, e foram applicadas a despezas da colonia, como se verificou pelo exame a que se procedeu nos livros da contabilidade.

Porém o facto da cessão de Larantuka e da recepção dos 80:000 florins foi adulterado, e clamou-se contra o negociador, que se disse haver vendido a possessão e ter fugido com o preço da venda. A politica serviu-se d'estas falsidades, para ferir na pessoa de Lopes de Lima, o ministro conde de Thomar, seu protector, decaido estrepitosamente do poder em presença da revolução de 1851, a qual parece haver fechado a porta ás revoltas militares do nosso paiz.

Lopes de Lima nem vendeu o territorio, nem fugiu para a America. Exorbitou, com a consciencia de que fazia um grande serviço ao paiz, e dando parte da sua exorbitancia, esperava tranquillo que lh'a approvassem.

Enganou-se porém. Em diplomacia o maior crime, que um negociador póde commetter, foi o que Lopes de Lima praticou, e por isso logoque o governo teve conhecimento dos successos de Timor, demittiu o governador, e caçou os poderes ao plenipotenciario, mandando-o recolher preso ao reino no mesmo brigue, que elle commandára.

Haveria rasão para proceder com tanto rigor? Cremos que sim. A alienação de territorio é facto gravissimo, que revolta a opinião publica, e o governo que n'aquella occasião não procedesse com rigor contra quem entregava ao estrangeiro uma parte integrante da monarchia, aindaque pequena e longinqua, seria victima das iras do povo, tão agitado então.

Sendo caçados os poderes ao plenipotenciario, nomeado novo governador para Timor, e revogado o decreto que elevára aquella possessão a governo independente, pretendeu-se annullar tudo o que se havia feito; mas surgiram então difficuldades com as quaes se entendeu dever transigir.

Julgou-se que a Hollanda reclamaria indemnisações pelas despezas da occupação e de administração de Larantuka, e receiando o nosso governo que essas sommas attingissem quantia muito elevada, não resolveu o negocio, deixando-o suspenso por alguns annos, durante os quaes se trocaram algumas notas entre os dois governos, que comtudo concordavam na conveniencia de virem a um accordo similhante ao que havia sido negociado por Lopes de Lima.

Mas aquelle expediente de não declarar nullo o que se havia feito complicou gravemente a questão, collocando mais tarde Portugal em menos vantajosas condições para tratar. E não nos parece que a difficuldade das indemnisações devesse deter o nosso governo, ao qual o conselho ultramarino consultava em 14 de fevereiro de 1854:

«1.º Que o tratado não póde ser sustentado pelo governo.

«2.º Que os 80:000 florins devem ser restituidos ao governo hollandez.

«3.º Que os hollandezes entreguem Larantuka, pagando o governo portuguez os gastos que elles houvessem feito, recebendo nós os rendimentos de Larantuka.

« 4.ª Que sejam processados todos os commissarios.»

Mas se isto não se havia feito em 1852, quando tamanhos clamores se levantaram contra os actos de Lopes de Lima, mal se poderia fazer em 1854. E não se fez, mas abriram-se novas negociações em Lisboa, sendo plenipotenciario por Portugal o visconde de Athoguia, então ministro dos negocios estrangeiros, e pelos Paizes Baixos Ven Rost, ministro residente da Hollanda em Lisboa.

D'estas negociações resultou um tratado inteiramente similhante ao que fôra negociado por Lopes de Lima, sendo assignado em 6 de outubro de 1854 pelo visconde de Athoguia, por parte de Portugal, e pelo sr. Linbourg Ven Rost, por parte da Neerlandia. Assignado o tratado foi apresentado á approvação das camaras, onde foi combatido com acrimonia pela opposição, a qual na imprensa desencadeou as suas furias contra a cessão de Larantuka.

Escreveu-se muito n'esta occasião a proposito d'aquelle canto de uma das ilhas da Malasia, que poucos escriptores conheciam, e disse-se por conseguinte muita cousa desarrasoada.

A ouvi-los dir-se-ia que Larantuka era um notavel ponto nas melhores condições commerciaes e politicas, um grande centro de população, uma forte praça de guerra, sède de um governo importante, morada de habitantes illustrados e industriosos! E não era nada d'isto. Larantuka não passava de uma miseravel aldeia com sua tranqueira em ruinas (rectangulo de muralhas de pedra solta), artilhada com meia duzia de peças velhas incapazes de fazer um tiro, e guarnecida por oito, ou dez timores esfarrapados e descalços, commandados por um alferes ou tenente, que vivia na maior miseria, e que se via obrigado a transigir com o chefe indigena para não ser por elle massacrado.

Assim Larantuka, longe de ser de utilidade para a colonia, não era senão uma vergonha, e uma causa permanente de affrontas e vexações, que infelizmente não se curava mesmo de reparar.

Em 1848 Larantuka tinha sido incendiada pelos hollandezes para castigar aquella aldeia, por haver dado abrigo aos piratas que infestavam os mares da Malasia, e por parte do nosso governo não houve reclamação contra aquelle attentado á nossa soberania. Protestou o governador da colonia, mas o protesto não foi attendido.

Ceder Larantuka, longe de ser uma vergonha para nós, como se disse, era de uma grande conveniencia.

Larantuka na ilha de Flores acha-se mui distante de Dilly, e portanto inteiramente fóra da acção da auctoridade superior portugueza, que sem força para conter os povos de Timor mal podia guarnecer Larantuka com doze soldados. Esta pequena força, em vez de servir para sustentar o nosso direito de soberania em Flores, servia ao contrario para desprestigiar o nome portuguez, e assim o chefe indigena impunha a lei ao commandante da fortaleza, que o era só no nome, em vez de a receber do commandante.

É nossa opinião que quando Larantuka não se cedesse a outra nação, deveria ser abandonada para evitar repetidas vergonhas. Onde a bandeira das quinas não podér tremular desaffrontada, onde não podér fazer-se respeitar, onde não podér proteger quem á sua sombra se acolha, não deve por estulta vaidade estar ali arvorada!

A posse de Larantuka não nos dava nem importancia politica na Malasia, nem tão pouco era de interesse commercial. A alfandega ali estabelecida rendia, termo medio, 50 rupias annuaes, quantia insignificante, que não chegava para pagar os soldados, que ali faziam guarnição; e ainda quando aquella alfandega fosse perfeitamente fiscalisada nunca poderia render sommas importantes.

A navegação pelo estreito de Larantuka estava quasi abandonada, e aquelle porto era apenas frequentado por poucos paraus makassares, que mui pequeno negocio faziam por não haver no paiz productos para exportar.

Larantuka foi pois bem cedida, mas d'aquella cessão não tirámos as vantagens que poderiamos ter havido. E o erro de Lopes de Lima não pôde ser emendado, quando mais tarde se negociou, porque os hollandezes contra todo o direito se achavam de posse de Larantuka. Logoque o tratado negociado por Lopes de Lima não foi ratificado, os actos que d'elle resultaram deviam ser nullos, e as cousas postas no antigo estado, e admira-nos que o governo portuguez não o fizesse, quando os principios de direito publico lh'o aconselhavam.

O negociador portuguez tinha poderes *ad referendum,* como vimos nas instrucções que lhe foram dadas, e portanto não podia senão ajustar a convenção, assignar o tratado e de modo algum dar-lhe execução. Dando-lh'a commettia um crime, e o governo de Portugal não estava obrigado a ratificar o tratado. «Mais si les pactes faits par les puissances subalternes contiennent des engagements qui outrepassent le pouvoir accordé à ceux qui les ont conclus en vertu de leur charge ou commission, ces pactes ne peuvent valoir qu'autant que l'État intéressé y donne sa ratification expresse ou tacite: à défaut de ratification, ils restent nuls[1].

---

[1] Ortolan, *Diplomatie de la mer*, tom 1er, pag. 98.

Nenhuma duvida póde haver em que Lopes de Lima ultra-passou os seus poderes, e não tendo o tratado sido ratificado, estava por esse facto nullo e de nenhum effeito. Larantuka devia ser-nos entregue, e os 80:000 florins com os juros restituidos á Neerlandia, sem que nos devesse deter a questão de indemnisações pelas despezas de occupação, que não podiam ser de grande importancia.

Mas o governo de Portugal estava convencido da conveniencia de vir a um accordo com a Neerlandia, e para evitar o pagamento das despezas de occupação e administração deixou os hollandezes de posse de Larantuka, e abriu as negociações a que acima nos referimos, e das quaes resultou o tratado de 6 de outubro de 1854.

Este tratado, approvado pela camara dos deputados de Portugal, foi porém rejeitado pelos Estados Geraes dos Paizes Baixos pela rasão de que não havia reciprocidade, pois garantindo-se a liberdade do culto catholico aos habitantes de Larantuka, no artigo 10.°, não se garantiu a liberdade do culto protestante aos habitantes de Maubara.

Pela carta constitucional da monarchia portugueza é garantida a liberdade de cultos a todos os cidadãos portuguezes, e a omissão que os Estados Geraes notavam no tratado estava portanto reparada pelo artigo da carta. Não havia pois motivo para rejeitar o tratado, e não foi elle senão um pretexto para dar um *cheque* no ministerio que se pretendia derrubar.

Depois d'aquella rejeição continuaram durante dois annos os governos portuguez e hollandez a trocar notas, em que mostravam a conveniencia de terminar aquella questão, para resolver a qual foi mandado como plenipotenciario da Neerlandia a Lisboa o barão de Aersen. Só então o governo portu-guez se resolveu a tratar o negocio, e o conselheiro Antonio Maria de Fontes Pereira de Mello foi nomeado plenipotencia-

rio de Portugal em 30 de março de 1857. Pouco depois fallecia o barão de Aersen, e a negociação soffria nova demora.

Passado um anno, em 1858, a Neerlandia nomeava outro
plenipotenciario, mr. H. Heldwier, para tratar a questão de
limites em Timor, e em novembro do mesmo anno reunia-se
este negociador com o conselheiro Fontes Pereira de Mello
e Affonso de Castro, que havia sido nomeado secretario da
negociação por decreto de 3 de novembro de 1858, e come-
çava-se a discussão sobre o assumpto, que parecia não offere-
cer difficuldades, se adoptassemos o tratado de 1854 com
uma pequena modificação no artigo 10.º para base da negociação.

O plenipotenciario portuguez tinha porém recebido outras
instrucções, e na primeira conferencia apresentou para base
o seguinte ponto: «Ceder a Neerlandia a Portugal a parte de
Timor, que os hollandezes occupam, recebendo em compensação as ilhas do grupo de Flores e algum outro territorio
em Africa».

Se os Paizes Baixos concordassem n'um tratado n'este sentido, seria immensa a vantagem para Portugal, e a nossa colonia da Oceania teria um grande futuro; mas a Neerlandia
não queria de modo algum ceder territorios mais que o pequeno reino de Maubara, e o plenipotenciario hollandez rejei-
tou *in limine* a proposta de Portugal.

Rejeitada aquella proposta, depois de sobre ella insistir o
nosso negociador, propoz então este a cessão de Atapupo por
parte da Neerlandia, ponto que o negociador hollandez se declarou incompetente para discutir, por não ter instrucções do
seu governo.

As conferencias foram pois adiadas até que o plenipotenciario hollandez recebesse instrucções.

Não se fizeram ellas esperar muito. Passados dias apresentava mr. Heldwier uma nota, em que o seu governo dizia que tratasse o negociador de ajustar um tratado como o de 6 de outubro de 1854 com a pequena modificação do artigo 10.º, e quanto a cessão de territorios, que a Neerlandia não cedia uma polegada de terreno mais que o reino de Maubara.

A este tempo o ministerio presidido pelo duque de Loulé, então marquez, e do qual fazia parte o então visconde de Sá da Bandeira, que se havia opposto ao tratado de 1854, caía, e era chamado ao poder o duque da Terceira com o conselheiro Fontes Pereira de Mello, o qual fôra ministro com o visconde de Athoguia, negociador do tratado de 1854.

D'este modo as difficuldades para a conclusão do tratado foram aplanadas, e em 20 de abril do seguinte anno, 1859, depois de algumas conferencias, foi assignado o tratado do teor seguinte, inteiramente similhante ao de 1854 e ao de 1851:

«Tratado de demarcação e troca de algumas possessões portuguezas e neerlandezas no archipelago de Solor e Timor.

«Artigo 1.º Os limites entre as possessões portuguezas e neerlandezas na ilha de Timor serão: ao norte as fronteiras que separam Cova de Juanilo, e ao sul as que separam Suai de Lakécune.

«Entre estes dois pontos, os limites das duas possessões são os mesmos que os dos estados limitrophes portuguezes e neerlandezes.

«Estes estados são os seguintes:

«Estados limitrophes debaixo do dominio de Portugal, Cova, Balibó, Lamakitu, Tafakay ou Takay, Tatumia, Laukeu, Dacolo, Támir u Enlalang (Enlalemg) Suai.

«Estados limitrophes debaixo do dominio da Neerlandia, — Juanilo, Silawang, Fialarang (Fialara) Lamaksonulo, Lamakanée Noitimu (Naitimo) Mandeue, Dirma, Lakécune.

«Art. 2.º A Neerlandia reconhece a soberania de Portugal

sobre todos os estados a leste dos limites por esta fórma circumscriptos, á excepção do estado neerlandez de Maucatar ou Colunine (Colunimure), que se acha encravado nos estados portuguezes de Lamakitu, de Fauterine, de Fallofait (Fallofax) e de Suai.

«Portugal reconhece a soberania da Neerlandia sobre todos os estados situados a oeste d'estes limites, á excepção da encravação de Oikoussi, que continua a ser portugueza.

«Art. 3.º A encravação de Oikoussi comprehende o estado de Ambenu em toda a parte aonde ali está arvorada a bandeira portugueza, o estado de Oikoussi propriamente dito, e o de Naimuti.

«Os limites d'esta encravação são as fronteiras entre Ambenu e Amfaong, ao oeste de Insana e Reboki (Beboki), comprehendendo Cisale a leste, e Sonnebait, comprehendendo Amakono e Tunebaba (Timebaba) ao sul.

«Art. 4.º Na ilha de Timor reconhece Portugal conseguintemente a soberania da Neerlandia sobre os estados de Amarassi, de Bibico (Traynico, Wayniko), de Buboque (Reboki), de Dirima (Dirma), de Fialara (Fialarang), de Lamacanée, de Nira (Lidak), de Juanilo, de Mena, e de Fulgarite ou Folgarita (dependencias do estado de Harneno).

«Art. 5.º A Neerlandia cede a Portugal o reino de Moubara (Maubara) e a parte de Ambenu ou Ambeno (Sutrana), que ha muitos annos tem arvorado a bandeira portugueza.

«Logoque a troca das ratificações d'este tratado, por Suas Magestades El-Rei de Portugal e El-Rei dos Paizes Baixos, se tiver verificado, o governo dos Paizes Baixos expedirá ordem á auctoridade superior das Indias neerlandezas para entregar o reino de Moubara (Maubara) á auctoridade superior portugueza de Timor Dilly.

«Art. 6.º A Neerlandia desiste de toda e qualquer pretensão

sobre a ilha de Kambing (Pulo Kambing) ao norte de Dilly, e reconhece a soberania de Portugal sobre esta ilha.

«Art. 7.º Portugal cede á Neerlandia as possessões seguintes:

«Na ilha de Flores, os estados de Larantuca, Sicca e Paga, com as suas dependencias; na ilha de Adenara, o estado de Wouré; na ilha de Solor, o estado de Pomang Kaju.

. «Portugal desiste de todas as pretensões que poderia talvez fazer valer sobre outros estados ou logares, situados nas supramencionadas ilhas, ou nas de Lomblem, de Pantar e de Ombay, quer estes estados usem da bandeira portugueza, quer da neerlandeza.

«Art. 8.º Em virtude das disposições do artigo precedente, a Neerlandia entra na posse plena e indivisivel de todas as ilhas situadas ao norte de Timor; a saber:

«As de Flores, de Adenara, de Solor, de Lomblem, de Pantar (Quantar) e de Ombay, com as pequenas ilhas adjacentes pertencentes ao archipelago de Solor.

«Art. 9.º Em compensação do que Portugal poderia perder com a troca das respectivas supramencionadas possessões o governo dos Paizes Baixos:

«1.º Dará ao governo portuguez quitação completa da somma de 80:000 florins, emprestada em 1851 ao governo das possessões portuguezas no archipelago de Timor, pelo governo das Indias neerlandezas.

«2.º Entregará alem d'isso ao governo portuguez a somma de 120:000 florins dos Paizes Baixos.

«Esta somma será paga um mez depois da troca das ratificações do presente tratado.

«Art. 10.º A liberdade dos cultos è garantida por uma e outra parte aos habitantes dos territorios trocados, em virtude do presente tratado.

«Art. 11.º O presente tratado, que será submettido á sancção do poder legislativo, na conformidade das regras prescriptas pelas leis fundamentaes em vigor nos reinos de Portugal e Paizes Baixos, será ratificado, e as ratificações serão trocadas em Lisboa dentro do praso de oito mezes a datar da sua assignatura, ou antes, se for possivel. Em fé do que os plenipotenciarios respectivos assignaram o presente tratado e o sellaram com o sêllo das suas armas. Feito em Lisboa, aos 20 de abril de 1859. = *Antonio Maria de Fontes Pereira de Mello.* (L. S.) = *M. Heldewier.* (L. S.)»

Em consequencia da dissolução da camara a que este tratado fôra apresentado e da quéda do gabinete, só em 18 de agosto de 1860 foi ratificado o tratado, e no começo do anno de 1861 mandado executar em Timor.

Não entra no nosso plano narrar os successos d'esta epocha n'aquella ilha, e só diremos de passagem que o reino de Maubara nos foi entregue pelos hollandezes antes mesmo da auctoridade portugeza haver recebido communicação de Portugal a esse respeito, desmentindo assim este proceder as duvidas, que alguem tinha quanto á lealdade dos hollandezes, e as suspeitas que havia, e ha talvez, de que elles pretendem arrebatar-nos a possessão de Timor.

E não foi sem custo que se conseguiu fazer entrar o reino de Maubara na obediencia do governo portuguez, para o que muito cooperaram os hollandezes.

Havia n'aquelle reino um partido, de que era chefe um chamado Dotalau, irmão do rei, hostil aos portuguezes, o qual machinava a sua expulsão de Maubara; e para acalmar este partido trabalharam os hollandezes, assim como para segurar aquelle reino na obediencia á corôa de Portugal empregou o governador de então todas as diligencias conseguindo que os chefes d'aquelle reino fossem a Dilly prestar juramento

de preito e homenagem ao rei de Portugal, do qual se constituiram vassallos.

A questão do tratado apartou-nos do assumpto, de que pri-
cipalmente nos propozemos tratar n'este capitulo, o governo
de Lopes de Lima, e vamos continuar.

Fallámos na guerra que elle moveu a Faturó e Sarau para
castigar a sua desobediencia, e dissemos que a guarnição do
brigue *Mondego* havia assolado algumas povoações da praia.
Vejamos agora o que diz o governador no seu officio de 30
de novembro de 1851 ao governo de Portugal, e por elle sa-
beremos o resultado que obtiveram os nossos arraiaes.

«Uma serie de triumphos tem coroado as armas portuguezas.
Dos piratas makassares, cuja derrota começou em Dalbutida-
na (no tempo do governador Julião) nem um só escapou para
levar a noticia, e o seu protector D. Matheus pagou com a cabeça a sua rebellião, e com a perda de muitos dos seus, e de
todas as suas grandes propriedades. Os reinos rebeldes de Sa-
rão e Faturó, depois de uma guerra obstinada, em que o primeiro d'elles ficou quasi todo assolado, submetteram-se e estão pagando fintas, que os barcos da praça apenas bastam para vir transportando. O nosso exercito victorioso recolhe car-
regado de cabeças e de despojos. Os nossos cruzadores téem
já apresado em Laga dois barcos contrabandistas com cargas
importantes. As leis estão em vigor, o nome portuguez torna
a ser temido. Dilly prospera em tudo. A unica falta que sentimos é a de um cirurgião.»

Em dezembro do mesmo anno a guerra de leste havia completamente terminado com vantagem nossa, pois no officio de
9 d'aquelle mez diz o governador. «Feita esta obra (o forte de
Lautem) o exercito virá a esta praça fazer a indispensavel festa barbara das cabeças, que são 92, as quaes trazem, por cada
uma das quaes terei de dar-lhes no acto da festa uma lua de

prata e dois lenços, que vem a importar em uma pataca approximadamente.»

Mas ao passo que as nossas armas triumphavam a leste, padeciam no sul um formidavel revés. Para evitar o contrabando que se fazia pelos portos do sul da ilha, julgou Lopes de Lima acertado estabelecer um posto militar no reino de Suai, e para esse fim mandou sair de Dilly um barco com munições de guerra e artilheria destinada a armar uma tranqueira, que existia na principal povoação d'aquelle reino, situada á beira-mar. No mesmo barco carregou tambem algumas fazendas da companhia commercial, que o governador organisára, a fim de serem negociadas nos reinos do sul.

Commandava o barco o mestre Setubal, que, segundo dizem, chegado a Suai, pretendeu attentar contra o pudor de uma mulher casada, facto criminoso, pelo qual o rei (Lóro) o obrigou a pagar a somma de 50 rupias. Recusou-se o mestre ao pagamento, mas ameaçado com a morte, e não tendo força para resistir, fez-se de véla para Dilly, onde participou ao governador que o haviam obrigado ao pagamento de uma multa por ter urinado diante da casa do rei. Lopes de Lima considerou a pretensão do rei como acto de rebeldia e organisou arraiaes que marcharam contra Suai e Lamakito. A povoação principal d'este reino (Capalasse) foi entrada e incendiada, cabendo as honras d'este feito a D. Joaquim Doutel, regente de Samaro, que as deixou usurpar por seu irmão D. Bernardo Doutel, rei do mesmo reino. O arraial contra Suai foi menos feliz. Travada a peleja, levaram os nossos de vencida o inimigo até á tranqueira da aldeia, e em vez de incendiarem a povoação, como é forçoso fazer-se n'aquelles paizes, deixaram-n'a incolume e retiraram a uma posição proxima, fiados nas palavras do rei, que declarára querer a paz.

Quando o nosso arraial descansava das fadigas do dia, alta

noite, foi surprehendido e completamente destroçado, perdendo muita gente, sete bandeiras e muitas caixas de guerra. Os que poderam escapar ao destroço acolheram-se aos reinos amigos, e de lá se pozeram a caminho para suas terras. O arraial dispersou, e Suai tornou-se inteiramente independente, situação na qual ainda hoje se conserva.

Os cuidados da guerra não obstavam a que Lopes de Lima se occupasse da prosperidade da colonia, trabalhando no seu futuro engrandecimento pelos meios que elle julgava os melhores, mas que na nossa opinião foram errados.

Achando o commercio completamente paralysado, quando chegou a Timor, e crendo e acertadamente que d'elle dependia o futuro da possessão, entendeu dever dar-lhe vida com a creação de uma companhia commercial privilegiada.

Não sendo porém possivel emittir as acções da companhia em Dilly, onde o capital era rarissimo, subscreveu por parte do governo com a somma de 6:000 rupias, e forçou os funccionarios a subscrever com somma igual, pagando-lhes os ordenados atrazados em acções. Restava um terço que foi subscripto por negociantes, e com o capital de 18:000 rupias (6:000$000 réis proximamente) deu Lopes de Lima começo ás transacções, esperando elevar o capital social a 100:000 rupias pela emissão de acções nas praças de Makassar, de Java e Singapura, o que não se verificou.

Deu Lopes de Lima á companhia o exclusivo do commercio, forçando assim os chinas, que traficavam no interior, a comprar as fazendas á companhia por preço mais elevado do que aquelle por que poderiam compra-las, se o commercio fosse livre. Os chinas soffreram, o paiz não lucrou e a companhia não prosperou, apesar do monopolio.

Por um errado calculo entendeu Lopes de Lima adquirir uma escuna para a companhia, a fim de fazer por conta d'esta o transporte das mercadorias. Aconteceu porém o que era de prever. A escuna foi obrigada a longas demoras no porto de Dilly por não ter carga que transportar, e durante esse tempo absorvia os lucros dos poucos fretes que fazia. A companhia despendia pois em vez de lucrar, e o que se julgava uma fonte de receita não foi senão uma causa de ruina, á qual Lopes de Lima não assistiu, porque teve de deixar o paiz mais cedo do que esperava.

Já vimos que o governo de Portugal desapprovára o proce-dimento havido em Timor pelo plenipotenciario portuguez e o demittira, mandando-lhe ordem de prisão.

As primeiras noticias que chegaram a Timor foram a da annullação do decreto que tornára o governo d'aquella ilha independente, sujeitando-o outra vez a Macau, cujo governa-dor participava ao conselheiro Lopes de Lima a sua demissão, e a proxima chegada do seu successor a bordo do *Mondego*.

Reunido o conselho de governo em consequencia d'aquellas communicações, tomou-se ali a imprudente resolução de não dar posse ao governador nomeado para substituir Lopes de Lima, o qual se conformou com aquella resolução, allegando que havendo sido nomeado governador por Sua Magestade, só por decreto real podia ser demittido e não por portaria do governador de Macau.

Tomada aquella resolução esperaram-se os acontecimen-tos, e quando em 6 de setembro o brigue de guerra *Mondego* appareceu á vista de Dilly, Lopes de Lima preparou-se para resistir ao desembarque do novo governador.

Assim, em vez de mandar a bordo o piloto para conduzir o brigue ao ancoradouro, chamou á sua presença o comman-dante do forte Carqueto, o commandante do batalhão e os das companhias de moradores, aos quaes ordenou que tives-sem a sua gente prompta para impedir o desembarque, e a

mesma ordem deu á sua guarda, cujas praças tinham patentes de officiaes. Os commandantes ouviram a ordem, e alguns
não a tomando a serio, nada fizeram. Outros porém apparen-
taram cumpri-la. Os soldados de moradores esses começaram,˙como mais avisados, a fazer retirar as familias para o
mato, aonde em breve as seguiriam.

Grande era a confusão em Dilly, e o mais inquieto e mais
fóra de si parecia o governador, que perdêra a cabeça n'aquella
solemne occasião, e que a final, reconhecendo que não tinha
elementos para resistir a um desembarque tentado pela tri-
pulação do brigue, nem fortalezas que não desabassem aos
tiros das dezoito peças que montava o *Mondego,* deu ordem
para que o piloto conduzisse o navio ao ancoradouro.

Emquanto isto se passava em terra, a bordo do brigue
aguardavam o pratico, sem saber o que occasionava tão estranha demora, e já se formavam projectos para o desembarque,
quando o piloto atracou.

Conduzido o brigue ao fundeadouro, deitou ferro, e o novo
governador D. Manuel de Saldanha da Gama, acompanhado
de um official de marinha, desembarcou com as honras do costume.

Dirigindo-se á residencia, teve com Lopes de Lima uma
larga conferencia, em que lhe deu conhecimento dos decretos
de 15 de outubro de 1851, e só então conheceu o ex-governador toda a sua desgraça, a que mal se resignou, caíndo em
profunda tristeza e completo abatimento.

A'8 de setembro entregou Lopes de Lima o governo, e dias
depois embarcava debaixo de prisão a bordo do mesmo brigue, de que fôra commandante. O *Mondego* dirigiu-se a Batavia, onde Lopes de Lima falleceu, victima de febres adquiridas
em Timor, e do desgosto que lhe minára a existencia, vendo-
se demittido e preso, quando esperava louvores e honras pe-

los actos, que julgava meritorios, e que não foram senão uma grave imprudencia, e de nenhum modo deshonrosos.

Como plenipotenciario Lopes de Lima foi imprudente e pouco habil, não obtendo sufficientes compensações pelos territorios que cedemos e pretensões de que desistimos. Como governador, tendo qualidades para mais alta missão do que a de governador de Timor, não correspondeu ao que era de esperar do seu talento e aptidão administrativa. Emprehendendo muitas reformas, introduzindo a seriedade no governo, e animado dos melhores desejos, praticou comtudo erros notaveis de administração, taes como o exclusivo de commercio dado à companhia, e a elevação dos direitos de importação e exportação, que sem augmentar a receita publica, prejudicaram altamente o commercio.

Assim Lopes de Lima, que podia ter assignalado o seu governo por medidas de grande alcance, se acaso se tivesse dado a estudar com cuidado o ser social do povo que governava, não deixou vestigios da sua administração mais do que a organisação das repartições publicas. Das victorias que os nossos arraiaes alcançaram depressa se perdeu a memoria, porquanto os reinos vencidos foram abandonados, sem se tratar sequer de os conter em respeito, ou pelo estabelecimento de algum forte em logar apropriado, ou por actos de habil politica, creando interesses rivaes entre os reinos.

Apesar de tudo, Lopes de Lima deixou de si honrada memoria no paiz, e se o seu governo não foi de iniciativa em certos ramos, desculpe-se o homem que nem tempo, nem meios teve á sua disposição para curar de medidas, que preparassem melhor porvir, adoçando costumes barbaros, e modificando o estado social de um povo rude e selvagem.

Lopes de Lima estava imbuido das falsas idéas, que vigoram em Portugal, e dedicou-se a governar o povo de Timor como se fôra um povo em condições identicas aos da Europa.

Systema deploravel que nos tem levado ao estado em que nos achámos. Emquanto outras colonias prosperam, as nossas definham, e em vez de implantarmos a civilisação entre os povos, que a valorosa espada de nossos soldados, ou a palavra inspirada dos nossos missionarios nos conquistaram, quasi só temos introduzido ali os vicios da nossa civilisação sem os confortos e as virtudes que a devem acompanhar.

DOCUMENTOS

INSTRUCÇÕES DO CONDE DE SARZEDAS

––––––

Para o capitão de mar e guerra Victorino Freire da Cunha Gusmão,
governador e capitão geral das ilhas de Solor e Timor

O decadente estado e o abandono em que se acha a ilha de
Timor me decidem a dar a v. m.^{cê} as seguintes instrucções para
por ellas se dirigir no seu governo; ellas serão um tanto cir-
cumstanciadas, não só porque assim o pede o estado actual
d'essa colonia, mas porque tendo-se queimado em junho de
1799 todos os archivos d'esta praça, é preciso que v. m.^{cê} tenha conhecimento de alguns acontecimentos e factos que n'elles existiam.

1.º

Os principaes objectos que tiveram em vista os senhores
reis de Portugal quando descobriram a navegação da India,
foram a propagação evangelica, a gloria da nação e o augmento
do commercio, a felicidade dos povos que se submetteram,
ou voluntariamente ou por força de armas ao seu suave dominio.

2.º

Estas instrucções terão portanto em vista os seguintes objectos: 1.º, o estado da religião; 2.º, o estado civil; 3.º, o estado
da real fazenda e sua administração; 4.º, o estado militar; 5.º,
o politico.

Estado da religião

3.º

No anno de 1561 foram os religiosos dominicanos os primeiros que prégaram o evangelho na ilha de Solor, aonde se transportou do convento que tinham em Malaca o padre Fr. Antonio da Cruz com outros e d'ahi passaram a Timor, sem se estabelecerem n'esta ultima ilha, até que em 1629 partiu de Mâlaca Fr. Miguel Rangel, que depois foi bispo de Cochim, com doze religiosos, e fizeram assento em Timor.

4.º

No principio do anno de 1640, quando perdemos Malaca, havia em Solor oito igrejas e em Timor vinte e duas. Sempre se conservaram n'aquella missão dez religiosos até o anno de 1754, e em 1804 ainda havia oito; hoje ha um só, se acaso ainda é vivo o padre Fr. José da Annunciação, governador do bispado. As igrejas se acham reduzidas a tres na provincia de Bellos, sendo uma a do Manatuto, reedificada pelo dito padre em 1808, o qual se queixa de que os governadores até têem tirado o azeite que a fazenda real fornecia para alumiar o Santissimo Sacramento na igreja da praça, capital de Dilly. Na provincia de Servião ha só uma igreja, que é a de Occusse, e mais duas ermidas.

5.º

Tal é o estado a que se acha reduzida a missão de Timor; na presente monção vão mais dois religiosos, o padre Fr. José de Nossa Senhora e Silva, que parte d'esta capital, e o padre Fr. João de Santa Rosa, que deve partir de Macau.

6.º

Agora passo a instruir a v. m.ᶜᵉ de alguns factos praticados pelos ecclesiasticos d'essa missão, para d'elles deduzir o seu caracter, que levados de ambição de governarem e de se enriquecerem, transtornaram a economia politica do estado e desprezaram a causa de Deus e de algumas ordens reaes a este respeito.

7.º

A interferencia que elles téem pretendido ter no governo
politico d'essa ilha, tem dado causa a bastantes e graves inconvenientes; ainda ahi deverá existir a memoria das discor-
dias que houve no anno de 1722 entre o governador Francisco de Mello e Castro e o bispo de Malaca D. Fr. Manuel
de Santo Antonio, por motivo das quaes aquelle deixou cobar-
demente o governo e se retirou para Goa, ficando governando
o mencionado bispo, que tambem teve desavenças com o governador que lhe succedeu, Antonio de Albuquerque Coelho.
Igualmente se conservará memoria dos funestissimos acontecimentos do anno 1764 [1], a que deu motivo um dos governadores interinos d'essa ilha o padre Fr. Jacinto da Conceição,
da ordem dominicana, que abrindo as vias de successão sem
as formalidades necessarias, e pretendendo estabelecer-se no
governo, tomou meios de prender e remetter a esta capital o
governador, que então era de Timor, Sebastião de Azevedo
e Brito, a quem devia succeder em primeira via o bispo
d'essas ilhas D. Fr. Geraldo de S. José, que falleceu dentro
de poucos dias, e em segunda via o mencionado Fr. Jacinto
com seus companheiros. Alem d'este facto execrando taes si-
mulações e ardis obrou o dito padre com seus companheiros,
procurando a sua ruina e dos que julgava do alheio partido,
que d'elles se seguiram algumas mortes com a de um dos governadores, de que formalisados os mais com preciso temor,
se conspiraram contra o frade, a quem prenderam, mataram e
roubaram o immenso cabedal que dizem possuia, de cujo la-
byrinto se aproveitaram os hollandezes, que entraram dentro de Lifáo. São muito modernas as desordens acontecidas
no anno de 1789 entre o governador d'esse estabelecimento
Feliciano Antonio Nogueira Lisboa, e o governador do ecclesiastico padre Francisco Luiz da Cunha, para que seja preciso
relata-las, sendo certo que a côrte attribuiu aquelles acontecimentos á conducta pouco regular do governador, e ambos
foram presos.

[1] Estes successos passaram-se nos annos de 1749 a 1751.

8.º

Essa missão de Timor pertence, como já disse, á ordem de
S. Domingos; porém estes padres se têem portado de tal maneira, que por ordem real de 25 de março de 1722 se appro-
vou que os provinciaes da denominada companhia de Jesus
das provincias de Goa, China e Japão soccorressem com os
missionarios que lhes fossem possiveis áquella missão. Por
outra de 10 de março de 1723 se recommendou empregar todos os meios para irem para aquella missão os padres da Cruz
dos Milagres, cuja recommendação se fez de novo por ordem
de 4 de março de 1726. Por outra de 26 de novembro de
1724 se recommenda a mais exacta escolha de missionarios
para aquella missão, e se determina que não os havendo bons
na ordem dominicana, vão clerigos dos que em Goa se ordenam a titulo de missões. Por ordem de 8 de outubro de 1738
se determina que se estabeleça em Timor um seminario para
educar os naturaes do paiz para serviço das missões, e este
seminario seja dirigido por clerigos ou padres da Cruz dos
Milagres, e achando-se que a religião dominicana não póde
prover a ilha dos precisos missionarios, desista da missão e
se encarregue aos (agora extinctos) jesuitas. Consta mais que
para o sobredito seminario doára o tenente general do mar,
Gaspar da Costa, duzentos ponés de sustento, que farão quatrocentos alqueires, com outras parcellas de pouca monta
que cobrava nos reinos de Bibac e Antona; e porque isto não
era bastante, demittira o dito Gaspar da Costa a favor do dito
seminario a cobrança das fintas reaes, que cobrava nos mesmos reinos, e importariam em 250$000 réis, do que o bispo de
Malaca pediu confirmação a Sua Magestade; e por provisão
de 16 de outubro de 1743 se pediu informação a este governo, concedendo-se no entanto que o dito bispo cobrasse aquellas fintas e parcellas, e jamais tornou a haver noticia até o presente, nem d'este seminario, nem d'esta doação.

9.º

Por provisão de 5 de março de 1720 se concedeu aos dominicanos o poderem administrar as fazendas das igrejas que

curavam, porém que de modo algum as tenham por arrendamento, e outras providencias (n.º 1). Presentemente na conta
que se dá d'essas missões, não só não falla n'estes bens o padre governador do bispado, mas até se queixa de absoluta
falta de subsistencia para os missionarios: v. m.^cê informará do
que achar a este respeito.

10.º

Finalmente por devassas tiradas n'essas ilhas e pelo espolio que se achou a tres missionarios religiosos de S. Domingos, consta que depois de se haver extorquido grande parte
pelos exactores d'esta diligencia, e de se terem commettido
outros descaminhos com que os particulares cuidaram de se
aproveitar do que poderam extrahir dos ditos bens, o res-
tante d'elles que se pôde vender em hasta publica, montou
ainda assim a 28:529$800 réis, que são setenta e um mil cru-
zados fortes, fazendo-se incrivel que em uma conquista tão
pobre e miseravel e tão destituida de meios tivessem ainda
assim arte tres missionarios para adquirirem n'ella a grande
somma que fica acima indicada: Deve-se mais notar que d'este espolio se compunha um cofre que servia de soccorro ás
missões, que foi muito rico em outro tempo, hoje só d'elle
existe a memoria. Os padres de S. Domingos, a quem pertencia, se queixam que os governadores de Timor o exhauriram
por via de emprestimos forçados, que d'elle haviam a seu beneficio e que jamais pagaram. Isto passa por uma verdade
incontestavel; porém tambem é incontestavelmente certo, que
o mau governo d'aquella congregação concorreu para a de-
lapidação d'aquelle cabedal, muito principalmente nos annos
do governo, ou desgoverno para melhor dizer, do seu vigario geral, o padre Fr. Joaquim Manuel de Sant'Anna, que infelizmente durou doze annos.

11.º

De todo o expedido deverá v. m.^cê tirar por consequencias
legitimas: 1.ª, que é de absoluta necessidade vigiar sobre a
conducta dos missionarios, não se compromettendo porém
em dar providencias por deliberação sua, alem d'aquellas

que obviamente, e sem serem extraordinarias, v. m.^{cê} achar convenientes, pois em todo outro qualquer caso v. m.^{cê} me deverá fazer presentes os acontecimentos, para eu lhe dirigir as precisas ordens; 2.ª, que é indispensavelmente preciso, que v. m.^{cê} conserve a melhor intelligencia com os missionarios, e muito principalmente com o actual governador do bispado, o referido Fr. José da Annunciação, que consta ser um padre exemplar, de boa conducta e estimado d'esses povos. V. m.^{cê} o deverá ouvir sobre tudo quanto for objecto de missão e missionarios.

12.º

V. m.^{cê} se deverá servir do ministerio dos mesmos missionarios, para trazer os reis e povos ao partido real, pois elles têem na sua mão os meios da religião e persuasão, os mais fortes e efficazes para este fim, como por vezes ahi se tem praticado, e v. m.^{cê} terá occasião de ver n'estas instrucções; deverá procurar todos os meios de reedificar algumas igrejas, o que se poderá conseguir dos mesmos povos, quando a fazenda real não se ache em termos de poder prover a estas despezas; mas é da primeira necessidade que ella continue a fornecer á igreja d'essa praça a insignificante despeza do azeite, e mais guizamentos que lhe forem precisos. V. m.^{cê} deverá promover em tudo o bem da religião, sendo esta uma das primeiras e mais efficazes recommendações que Sua Alteza Real o Principe Regente Nosso Senhor faz aos seus empregados publicos.

Estado civil

13.º

A administração civil d'essas ilhas está commettida a um ouvidor, que reune em si as jurisdicções civil e criminal, e que é tambem juiz da alfandega e provedor da fazenda dos defuntos e ausentes, e da appellação e aggravo para a relação do estado.

14.º

Supposto que este ouvidor não seja homem letrado, bem como o não são os ouvidores de Goa, Bardez e Salsete, Danão e Diu, e bem como o não foi em outro tempo o de Macau; comtudo tem uma carta assignada por mim, que tenho toda a legitima auctoridade para lh'a mandar passar, e usa da jurisdicção que o nosso augusto soberano pelas suas leis e regimentos lhe tem conferido e confiado, e que elle deve conservar illesa e independentemente de toda e qualquer outra auctoridade.

15.º

Aos governadores e capitães geraes de Timor não concede Sua Alteza Real a auctoridade de prenderem ou suspenderem os ministros civis ou da fazenda, nem de interferirem no que é da sua jurisdicção privativa; podem só vigiar sobre o seu comportamento, e representarem a este superior governo o que acharem a tal respeito, e portanto os factos praticados pelo predecessor de v. m.ᶜᵉ o governador Antonio de Mendonça Côrte Real, que constam da parte dada a este superior governo pelo governador, tambem fallecido, Antonio Botelho Homem Bernardes Pessoa (n.º 2) não podem deixar de ter a minha formal desapprovação. Por ella consta que o governador prendêra e mettêra em ferros ao ouvidor que estava usando da jurisdicção ordinaria; que abrira as vias de serviço que o mesmo dirigiu á presença de Sua Alteza Real, á minha e á relação do estado.

16.º

Estes factos juntos aos mais que se comprovam de partes e documentos authenticos vindos n'esta monção, pelos quaes se fazem patentes os sordidos interesses que solicitou aquelle pessimo governador por meios os mais illicitos e escandalosos, os absurdos em que se precipitou com o maior indecoro do logar que occupava, e de tudo em desserviço de Sua Alteza Real, descredito da nação, vexame e prejuizo irreparavel dos povos, cuja segurança e felicidade se lhe commetteu, eram motivos de sobejo para se proceder contra elle de uma maneira a mais exemplar, e tal como factos d'aquella natureza exigem. V. m.ᶜᵉ deverá fazer constar a esses povos vexados e opprimidos, e que dirigiram á minha presença por diversas vias as significantes expressões das suas justas e resentidas queixas, que a morte d'aquelle ex-governador acontecida na viagem para esta capital me privou de uma occasião de desaggravar as leis com o bem merecido castigo e pena em que elle tinha incorrido, e que d'aquellas prevaricações por elle commettidas, de que se póde tomar conhecimento judicial n'esta relação, se deixou direito salvo ás partes para poderem requerer pelo seu espolio a sua indemnisação.

. 17.º

Á vista do que v. m.ᶜᵉ se regulará e conduzirá com o ouvidor d'essas ilhas na maneira acima indicada, vigiando comtudo sobre a sua conducta, e assentando que ella é menos regular, me dará parte, mas se absterá de suspender ou prender o dito ouvidor, de se intrometter na sua jurisdicção privativa e de evitar que elle possa dar contas a Sua Alteza Real, ou a mim ou á relação, tudo na conformidade das quatro reaes ordens, que achará por copia debaixo do n.º 3.

Estado da fazenda e sua administração

18.º

Todo o patrimonio real que existe n'essas ilhas se limita aos direitos da alfandega, ao imposto dos vinhos e ás taxas que pagam em generos ou dinheiro os diversos reis que reconhecem e prestam sujeição a Sua Alteza Real.

19.º

Para não mendigarmos tempos mais remotos bastará saber que em o anno de 1727 a somma das fintas das duas provincias de Servião e Bellos importou em 22:000 pardaus timores (um pardau timor pesa meia oitava de oiro, e o oiro é no mesmo estado em que o tiram dos ribeiros) e com 1:000 que rendeu a alfandega e 500 a renda dos vinhos, perfaz ao todo a somma de 23:500 pardaus, como se vê do mappa n.º 4, e por elle tambem se conhece qual era n'aquelle tempo o vencimento dos soldados de Timor.

20.º

Em 1776 ainda pagavam fintas quarenta e quatro reinos (n.º 5), mas reduzidos a 3:905 pardaus em dinheiro, sem se poder formar idéa distincta do que pagavam em generos.

21.º

Do mappa n.º 6 se vê o estado da receita e despeza desde o 1.º de junho de 1794 até 31 de maio de 1795; a receita importou em 38:224 pardaus e 74 ávos, entrando n'esta a quantia de 24:530 pardaus e 66 ávos de excedente do anno preterito e das reposições e alcances, o que se deve considerar receitas extraordinarias. Entraram 67 pardaus e 30 ávos das fintas do reino de Lacló e 1:633 pardaus e 50 ávos, das condemnações de alguns outros reinos. A despeza importou em 25:277 pardaus e 46 ávos.

22.º

Pelo balanço remettido o anno passado por esse adjunto desde 22 de fevereiro de 1808 até 23 de agosto de 1810, que comprehende dois annos, tres mezes e tres dias, se mostra importar a receita em 20:767 pardaus e a despeza em 19:929 pardaus e 38 ávos. Na receita entraram 34 pardaus pela finta do reino de Tariscar, e 13:083 de emprestimo tomado ao cofre do giro, d'onde demonstrativamente se conhece o estado de abatimento e precipitação em que em cada dia se encontram as finanças d'esse estabelecimento, e que de todos os reinos que pagam fintas unicamente se cobraram n'aquelle anno 34 pardaus e 80 ávos do reino de Tariscar (n.º 7), havendo já só dezeseis reinos que pagam fintas em dinheiro e generos (n.º 8).

23.º

A fazenda real de Timor é administrada por um adjunto formalisado na conformidade da provisão da sua creação (n.º 9), e é tanta a falta de gente habil que ali se encontra, que em carta de 15 de junho de 1779 representou a este estado o governador José Anselmo Soares, que não pôde pôr na sua execução a ordem que achou para haver adjunto, por não haver pessoas que soubessem ler e escrever.

24.º

Pela junta da real fazenda do estado se expedem a esse adjunto ordens as mais positivas, com os necessarios exemplares, sobre o bom arranjo de administração e escripturação da real fazenda; v. m.^{cê} pela sua parte as deverá pôr na mais exacta e activa observancia, dando-me conta pela secretaria do estado, alem da que se deverá dar pela junta da real fazenda. As ordens por ella expedidas na presente occasião v. m.^{cê} achará por copia debaixo dos n.ºs 10, 11 e 12.

25.º

Remetto tambem uma carta (n.º 13), que esse adjunto dirigiu á junta d'esta capital em data de 5 de junho do anno passado, para que v. m.^{cê}, vendo o que n'ella representa sobre os absurdos e despotismos que os governadores seus antecessores ali têem praticado, v. m.^{cê} se abstenha de similhantes procedimentos, como espero da sua honra e zêlo, e que faça evitar todas as transgressões que podérem occorrer em prejuizo da real fazenda, fazendo que os vogaes do adjunto tenham toda a liberdade em votarem, na conformidade do que determina a provisão do real erario (n.º 12).

26.º

O cofre do giro que n'essa colonia se estabeleceu para promover o commercio e por conseguinte os interesses da alfandega e dos particulares, se acha reduzido á diminuta quantia existente de 1:824 pardaus e 91 avos, achando-se divididos pelos negociantes 9:866 pardaus e 79 avos, 36:463 pardaus e 40 avos em divida pelo cofre da real fazenda, documento n.º 14. Quando devéra este cofre achar-se augmentado, como era de esperar, se não fossem as dolorosas fraudes e má administração n'elle commettidas, chegando a tal o estado da negligencia, que só no anno de 1802, vinte e quatro depois do seu estabelecimento, se formalisou o livro da receita e despeza, occorrendo tambem que para jamais se liquidarem com exactidão as suas contas, se carregavam em receita despezas verdadeiras, como os ordenados do thesoureiro e escrivão, que sendo despezas se classificaram receitas, o ser pago o mantimento dos mesmos pela fazenda, quando o devia ser pelo cofre do giro, e finalmente as avaliações do oiro existente n'este cofre não serem do verdadeiro valor que elle tem com um quinto de prejuizo contra o mesmo cofre. Ora tudo isto faz grande alteração em um cofre, que dá fundos e recebe interesses que se multiplicam, e produz uma confusão absolutamente indecifravel no conhecimento claro e individual que deve haver do seu estado.

27.º

A rasão principal do abatimento d'este cofre, pelo que pertence á divida passiva da real fazenda, hoje considerada insoluvel, é devida a que os governadores, em contravenção de positivas ordens, téem consumido o seu capital no pagamento, que a si téem feito dos seus crescidos ordenados, não lhes importando nada mais do que embolsarem-se d'elles, seja como for, diminuindo d'esta maneira um fundo estabelecido para produzir lucros e para soccorrer esse estabelecimento.

28.º

Finalmente um incendio que houve nas casas da residencia do governador e da fazenda real consumiu todos os monumentos relativos á sua administração e mais papeis e memorias da secretaria. Este incendio e o desvio de algum dinheiro foi attribuido ao governador d'essa colonia João Baptista Varquaim, de que comtudo, procedendo-se á devassa, não resultou prova contra elle, como consta nas partes dadas pelo seu successor o governador José Joaquim de Sousa em 20 de outubro de 1800, e do ouvidor Mathias de Sousa em novembro do mesmo anno.

29.º

É certo que nação ou governo algum póde subsistir sem rendas territoriaes, nem penso que no mundo se encontre um phenomeno como este na ordem da administração e economia; verifica-se porém em Timor, onde alem das fintas, hoje insertas e extremamente reduzidas, a unica renda a que se póde dar aquelle nome, existe um governo só com o diminuto rendimento de uma alfandega precaria e fallivel.

30.º

Consta, como acima se diz, que havia uma renda chamada do vinho, o que no anno de 1727 rendêra 500 pardaus; nas contas dos annos proximos nada se acha relativamente a esta renda; v. m.^{cê} deverá informar do que achar a este respeito, bem como da utilidade que resultou ao rendimento da alfandega da expedição das ordens a ella relativas no tempo do governador José Joaquim de Sousa.

31.º

Deverá v. m.^{cê} mandar proceder a um inventario de tudo quanto existir n'essa praça e mais fortes e fortalezas pertencentes á fazenda real, dividido nas suas competentes classificações, tudo na conformidade do que se remetteu por esse adjunto no anno de 1777, unico que aqui existe, mas que deve ter soffrido muitas e notaveis alterações, não só pelo decurso do tempo, mas pelo fatal incendio já mencionado, que consta consumiu muitos petrechos e armamentos; e como é de presumir que não exista ahi o registo d'aquelle inventario, se remette por copia (n.º 15) para v. m. ^{cê} por elle se dirigir sobre todos os assumptos que n'elle se encontram, e feito elle com aquelle arranjo, discrição e exactidão, que é de esperar do zêlo com que v. m.^{cê} se emprega no real serviço, m'o remetterá.

32.º

Mandará igualmente proceder a outro mappa e conta exacta do rendimento da alfandega, remettendo por copia a pauta da mesma, e o mappa dos generos que se exportam e importam n'essa colonia, com os valores dos seus preços regulares.

33.º

Finalmente um mappa geral de todos os empregados publicos, com o dos seus competentes vencimentos, e de quanto pagam a Sua Alteza Real pelos direitos dos cargos que occupam.

Estado militar

34.º

Será escusado relatar o arranjo militar que tem havido nas ilhas de Timor, porque se póde dizer que elle nunca existiu. A segurança da soberania portugueza n'aquella ilha foi sempre defendida por alguns portuguezes e por naturaes do paiz, que os reis sujeitos e obedientes ao partido real forneciam e fornecem para guarnição e defeza da praça, etc.

35.º

É tão grande a falta que tem havido de noticias e remessas de mappas a este respeito, que nada se encontra n'esta secretaria desde remotos tempos, e só se póde colligir alguma cousa por contas avulsas que os seus governadores téem dado.

Sabemos que no anno de 1727 existiam os officiaes, soldados portuguezes e naturaes e as fortificações ou postos, chamados ahi tranqueiras, e pedras que constam do documento n.º 4. Sabemos que quando se mudou a séde do governo de Lifão para Dilly, no anno de 1769, havia dentro da praça entre pessoas grandes e menores, homens e mulheres mil e duzentos, que em 1777 existiam as fortificações constantes do documento n.º 15. E pelo que tambem consta o seu estado de defeza.

36.º

Em 1802 havia a tropa que consta no mappa documento n.º 16. E sabemos finalmente que no anno de 1810 existiam os officiaes e soldados portuguezes e naturaes, que constam do mappa junto n.º 17. Limitando-se o numero dos portuguezes a sete; este mappa é das quatro companhias que guarnecem a praça de Dilly, denominadas da guarda da fortaleza de S. Francisco e de S. Domingos.

37.º

Nos mappas, que v. m.ce remetter, deverá incluir, não só a guarnição de Dilly, mas toda a tropa d'essa ilha, e tanto de terra, como de mar, com a explicação das naturalidades, idades, annos de serviço e conducta dos seus officiaes e officiaes inferiores.

38.º

Os governadores de Timor têem dado patentes de tenentes generaes, brigadeiros, coroneis aos reis e de tenentes coroneis, sargentos móres, etc., aos datós, ou tumugões menos poderosos; isto parece que teve o seu principio no anno de 1701, em que o governador Antonio Coelho Guerreiro por motivos politicos deu patentes de coroneis e reis aos datós principaes ou reis mais poderosos de vinte povoações, e a outros datós ou tumugões menos poderosos e de menos povoações patentes de coroneis, sargentos móres, etc.

39.º

Passam tambem patentes aos officiaes que vão servir n'essa colonia, os quaes vem confirmar a Goa, e parece que aquelle governador foi o primeiro que arregimentou a tropa n'essa ilha.

40.º

V. m.ᶜᵉ deverá mandar a esta capital uma noção da ordem por que esse governo se acha auctorisado para passar estas ultimas patentes, isto é, a officiaes que d'aqui vão, e das mais ordens por que se devem esses governadores regular nas promoções militares; no entanto remetto a v. m.ᶜᵉ por copia, assignada pelo desembargador secretario do estado, os §§ 4.º e 8.º do regulamento das tropas, e os §§ 1.º, 2.º e 5.º da carta regia de 19 de fevereiro de 1807 (n.ᵒˢ 18 e 19), para que v. m.ᶜᵉ se haja de regular a respeito das promoções militares, sem se apartar de quanto ali se acha determinado na mais minima cousa da sua devida e exacta observancia; isto porém não se entende emquanto a mandar passar as patentes que se costumam aos reis e mais datós e tumugões, porque a este respeito deverá observar o costume; pois parece que estas patentes são mais uma especie de investidura que elles procuram d'esse governo, para poderem exercitar a sua jurisdicção e poder, e como um signal de vassallagem, do que uma patente militar.

41.º

V. m.^{cê} me dará uma conta circumstanciada de todas as fortalezas, fortes, etc., que existirem n'essa ilha, tanto pelo que
pertence á fortificação como aos petrechos de guerra que n'ellas existirem, um mappa já acima recommendado de todo o
existente nos armazens e depositos d'essa praça principal, de
toda a tropa tanto portugueza, como nativa, do numero do
contingente de soldados com que os diversos reis soccorrem
essa praça, quaes os que effectivamente prestam soccorro, ou
não, do numero de tropa que cada um tem nos seus respectivos reinos, parte do estado da disciplina, tanto da nossa tro-
la, como da dos regulos, e podendo ser um mappa da população da ilha com as divisões ou classificações mais circum-
stanciadas que se podérem obter; comtudo devo prevenir a
v. m.^{cê} que sobre estas e outras indagações se deve conduzir de
maneira que não causem ciume ou desconfiança aos timores,
porque n'este caso será mais prudente abrir mão por ora d'este
exame.

42.º

Pelo mappa n.º 20 ficará v. m.^{cê} no conhecimento do vencimento de cada um dos officiaes e mais empregados publicos;
reconhece-se que estes soldos são extremamente limitados; porém as actuaes circumstancias da colonia não dão logar para
por ora se poder tomar algum arbitrio a este respeito, que
comtudo é de esperar se possa arranjar para o futuro, reco-
nhecendo-se tambem infelizmente que este é um dos principaes motivos da decadencia e falta de segurança d'essa ilha,
tanto porque com tão limitados soldos jamais se acharão pessoas capazes que se destinem e façam o serviço de Timor, já
porque precisamente os que ahi existem se hão de distrahir
das suas obrigações para procurarem modos de passar, ou li-
citos ou illicitos que elles sejam.

43.º

Sobre a disciplina da tropa e o methodo que deverá seguir para que ella seja permanente n'essa praça adiante da-
rei a v. m.^{cê} as minhas instrucções.

Estado politico

44.º

A ilha de Timor é povoada de habitantes seus naturaes, com distincção de bellos e vaiquenos, oppostos entre si, constituindo por assim dizer duas provincias e duas nações. Para a parte de leste habitam os bellos a provincia denominada dos Bellos e a parte de oeste; habitam os vaiquenos a provincia chamada de Servião.

Estas duas provincias são divididas em reinos, a dos Bellos comprehende quarenta e seis de maior e menor poder, mas todos livres e independentes entre si, e terão, segundo as listas mandadas extrahir em 1722 até 1725, quarenta mil homens de armas, tres mil de espingardas e os mais de espada, rodella, zagaia e arcos e frechas.

A provincia de Servião tem dezeseis reinos, que todos reconhecem por superior ao Senobay com o titulo de imperador, o qual é rei do reino de Servião, de que a provincia tomou o nome; terá esta provincia vinte e cinco mil homens de peleja, dois mil de espingarda e os restantes de zagaias, arcos e frechas, espadas e rodella, ficando d'esta sorte toda a ilha de Timor dividida em sessenta e dois reinos, alem do reino de Cupão, que está na parte do sul na ponta da ilha, em que os hollandezes téem a sua fortaleza, que tem o mesmo nome de Cupão.

45.º

Em todos estes chamados reinos ha quatro ordens de pessoas.

A primeira da familia dos datós, tumugões, chefes das grandes e pequenas povoações de cada reino.

Todos usam de dom, foram independentes até o anno de 1701, aindaque uns reconheciam pelo maior dos reis o Suray de Riquitta, rei de Luca e senhor da ilha estabelecida na parte oriental da provincia dos Bellos, e outros ao Suray de Uzalle, casa estrangeira estabelecida na parte occidental da mesma provincia; reconheciam tambem a casa de Camanace.

46.º

N'aquelle anno o governador e capitão geral Antonio Coelho Guerreiro destruiu a mesma independencia arregimentando-os, dando a patente de coronel rei ao dató mais poderoso, e de tenentes coroneis, sargentos móres e capitães a outros datós e tumugões menos poderosos.

47.º

A segunda é a ordem do povo, que são soldados, uns dos regimentos do partido real e outros das companhias, com que os diversos reinos soccorrem a praça, logoque o coronel e rei lh'o ordena, para o que sempre precede conselho do rei, datós, tumugões e velhos do povo.

48.º

A terceira é dos forasteiros, que de outros reinos e ilhas se téem estabelecido n'aquelle, considerada isenta de toda a pensão do povo, e obrigada á defeza do reino, unindo-se aos capitães chamados de auxiliares ou de forasteiros.

49.º

A quarta é dos escravos, que são medicos e cirurgiões natos do paiz pelos conhecimentos das virtudes das drogas naturaes. Os escravos passam para a terceira ordem, logoque se libertam ou para qualquer das ordens, segundo a ellas pertence o seu senhor, no unico caso de se extinguir a linha d'este, porque então o representa o escravo mais velho, a que chamam pae da casa, mas quando o senhor pertence á primeira, precisa-se approvação do povo, que sempre a concede, mas d'esta regra se exceptua a substituição do coronel rei, porque n'este caso se procede a nova eleição em pessoa da primeira ordem, nomeada pelos datós, tumugões e velhos do povo, e no emtanto o pae da casa governa a economia.

50.º

Os escravos são os prisioneiros feitos na guerra e suas familias, os roubadores a beneficio dos roubados ou se

compram nas ilhas vizinhas ou os que por não terem com
que pagar as multas que em pena de crimes se lhes impõem por bandos que elles transgrediram. Os de culpa capital são ás vezes perdoados pelo rei, mas sempre vendidos
para fóra da ilha ou a portuguezes.

51.º

Todo o serviço se faz com escravos, porque os que o não são
não servem a pessoa alguma, só ao vigario ou commandante
portuguez do reino.

52.º

Em toda a ilha se produz sandalo, cera, algodão, tabaco,
gamote, bicho do mar, caury, arroz, milho grosso, feijão,
mungo, tamarinho, canella grossa, côco, gengibre, açafrão, pimenta longa e sal.

Pelo que pertence ás producções particulares de alguns dos
reinos e ás fortificações que n'elles existiam no anno de 1726
(as que existiam no anno de 1777 são as que constam do
documento n.º 15) são as seguintes, principiando pela parte
de leste. Os reinos de Sarau e Mattarufa, de Faturó, Bibiluto
e Vimasse tem uma serra de tambaque; Viqueque produz
enxofre; Laga, Manatuto tem um forte com artilheria e guarnição; Lacluta, Layloa téem oiro e enxofre: Luca, Lacló, Lo-
cury Ayfoam e Somóro produzem oiro; Calacódo oiro e tam
baque; Lacloddott, Alay constituem a fronteira de Barçolá
com uma tranqueira guarnecida: Titulur Mouves produzem
oiro; Mutael existe n'elle o porto de Dilly, hoje presentemente
capital do governo portuguez; Lequiçá, Manufai produz oiro;
Lityluly, Sanir, Codaco, Maubara, Lamquero, Fatuburo, Doi-
bau, Nassudily, Girivat, Cutubaba e Balibó, onde existe o porto
de Batugadé fortificado com tranqueiras em que ha artilheria
e presidio; Lamacana, Moguery, Boraramia, Aratassava, La-
miao, Ficlara, Cóva, Suailamanaça, Tulufar, Tamião, Doculó,
Luqueo Tafaquy e Juvanilho taes são os quarenta e seis reinos
de que se compõe a provincia dos Bellos, sendo os ultimos
que se nomeiam os que constituem a fronteira da provincia
de Servião, composta dos seguintes: **Drima, Aynana, Ascam-**

beloe, **Vaale Amanato, Mena, Amanecy, Vaibico, Ocany, Servião, Mossy,** que produzem oiro e cobre vermelho; **Amaluno**
onde está a praça de Lifáo; **Vaigame. Sacunaba** que dá oiro,
Amanobau que dá oiro, **Amarasse, Amassuax.** O ultimo da
ponta da ilha para a parte de oeste que forma a enseada de
Bababo com **Cupão,** que pertence aos hollandezes, produz
prata.

53.º

No anno de 1719 fizeram a maior parte dos coroneis e reis
da provincia dos **Bellos** conselho, para extinguirem o nome
christão e de todo o governo portuguez, a que uns assistiram
por si, outros por terceiras pessoas em seu nome, concorrendo muito para aquella deliberação a fermentação dos de Servião, e fizeram aquelle conselho e pacto mais terrivel e formidavel com as ridiculas superstições com que o firmaram,
as quaes eu não omitto para dar a v. m.^{cd} uma idéa do caracter
dos timores, de que absolutamente deve ser instruido. Mataram um cachorro branco e preto, a que chamam na sua lingua
lévo; guardaram-lhe o sangue, e ferindo-se todos os que entraram no pacto, no peito esquerdo por suas antiguidades,
tirando d'elle sangue, que misturaram com o do cão morto
em signal demonstrativo da expulsão e morte dos brancos e
da dos larantuqueiros de Servião, o qual a respeito d'estes
deveria ter logar em tempo conveniente, aproveitando-se de
presente da sua ajuda que tinham implorado. Beberam todos
d'este sangue misturado, temperando primeiro n'elle uma espada que se conserva na casa de Lamanace, jurando sobre ella
fidelidade áquella casa, e que se defenderiam mutuamente até
morrer. Mataram bufalos e fizeram sacrificios, matando christãos, e outros ritos diabolicos do seu uso.

54.º

No tempo do governador Antonio de Albuquerque Coelho
ratificaram aquelle pacto e com um successo feliz para elles
do reino de **Luca,** e de outros o pretenderam pôr logo em effeito, para o que se foram preparando com o favor que tinham
dos cabos da provincia de **Servião,** e seria facil de obterem

execução do seu designio no tempo d'aquelle governador, por terem saido de sua obediencia todos os cabos e provincia de Servião, e os moradores de Lifão e da provincia dos Bellos pouco contentes; tudo devido ao demasiado rigor e falta da prudencia do mesmo governador Antonio de Albuquerque Coelho. Principiaram com effeito as hostilidades da parte dos conjurados, perseguindo com grande corpo de gente o capitão mór do campo Joaquim de Matos, que ia por ordem d'aquelle governador cobrar as reaes fintas pelos reinos de Lurutova, passando até Ayluco, não obstante a opposição dos rebeldes. Levantaram-se os de Lamanace, como cabeça, e os de Lama-quito e mais doze reinos vizinhos até o de Litifo, com muitos outros que o seguiam. Commetteram estrondosamente as mortes dos padres Manuel Rodrigues e Manuel Vieira, quei-mando a igreja, cortando a cruz, ultrajando os vasos sagra-dos e fazendo outras muitas horrorosas barbaridades.

55.°

A revolução ia tomando corpo e fazendo-se quasi geral, tempo em que tendo opportunamente chegado a Larantuca Antonio Luiz Macedo, provido no governo d'essas ilhas, aonde tendo-se conciliado com o tenente general Francisco Hornay, um dos principaes reis, e por via d'elle os outros reis e povos d'aquella provincia, dando-lhe juramento de obediencia nas suas mãos, elle lhes deu seguro e perdão na conformidade das ordens que lhe tinham dado os governadores interinos da India. Poucos dias depois vieram render obediencia os reis restantes e povos da provincia de Servião ao dito governador perante o retrato de Sua Magestade, com que se abstiveram os inimigos que estavam conluiados com os de Lamanace, e conciliados com honras, voltaram as suas armas a favor do partido real.

56.°

No primeiro anno do seu governo expediu um exercito ás ordens do capitão mór Gonçalo de Magalhães de Menezes so-bre os reinos de Culadrez, que foram entrados e reduzidos á obediencia. No anno seguinte, que foi o de 1726, mandou outro exercito sobre o de Lailuco, que formando um grande exercito intentavam talar a provincia e trazer á sua devoção os que se achavam retirados dos seus ajustes. Foram desbaratados pelo capitão e cabo de Cutubaba Bento Dias, postos em retirada, deixando nas nossas mãos cento e quarenta cavallos. O seu corpo era perto de quatro mil homens, e o do capitão Bento Dias só de cento e tres espingardas.

57.º

Passou o capitão mór do campo, Joaquim de Matos, sobre a famosa Pedra de Cailaco (fortaleza de Cailaco), que foi entrada a poder de muito fogo, e escaladas sessenta e duas tranqueiras inimigas; na fortaleza d'esta Pedra haviam trabalhado mais de cincoenta annos as gentes de todos os reinos da provincia por lhe ter mostrado a experiencia ser aquelle logar o mais bem fortificado pela natureza, e aonde sempre tinham zombado de toda a força do partido real. Finalmente foi entrada e destruida, e preso D. Aleixo Lucumale, cabo e rei da dita Pedra, não obstante pelejarem os inimigos, não só com armas, mas tambem valendo-se de muitos venenos com que inficionavam os nossos. E em 13 de janeiro de 1727 deu o dito governador liberdade áquelle rei, promettendo elle trazer á sua obediencia todas as provincias que o seguiam, e pagarem as reaes fintas, e os mais reis e tumugões, datós que se achavam apartados da obediencia real.

58.º

Desde este tempo até o anno de 1731 tomaram as cousas uma figura inteiramente nova a favor dos levantados, que persistindo na sua primeira tenção, pretenderam excluir todo o governo portuguez e obedecer unicamente, na conformidade dos seus antigos ritos e costumes, aos unicos tres reis Sonobay, Comenace e Vayale, isentando-se d'esta sorte de contribuirem com as fintas reaes, pensões aos capitães dos portos, vestiarias aos missionarios, carretas e serpinões e comedorias aos forasteiros, como eram obrigados. Senhorearam-se de todos os portos, fortificações e presidios das suas provin-

cias de Servião e Bellos, excepto do de Manatuto, que ainda
póde defender o governador, que então era, do apertado assedio de quinze mil homens por espaço de oitenta e cinco
dias; e não podendo conservar-se, se resolveu a partir para
Lifão, unica reliquia que restava do dominio portuguez em
toda a ilha, achando-se reduzida a tal extremidade pela penuria de mantimentos, que os assediados se viram obrigados
a sustentarem-se de folhas de arvores, que já faltavam, e dos
ossos moidos de alguns cavallos. Promptos já a embarcarem
a artilheria, bagagem, guarnição, etc., e a largarem fogo ao
presidio, chegou uma carta do novo governador d'aquella ilha,
Pedro do Rego Barreto da Gama, que acabava de chegar a
Lifão, e soccorrendo-os com algum mantimento da sua viagem, se foi reunir em Manatuto como mais perto de Dilly,
em que residiam as principaes cabeças e motores do levantamento.

59.º

Nomeou este novo governador ao padre Fr. Manuel de Pilar, religioso auctorisado e de respeito entre os mesmos levantados, para tratar algum genero de accommodamento com
Francisco Fernandes Varella, capitão mór e tenente superior
de Servião, que se achava com toda a força regulada no presidio de Dilly; demorando-se algum tempo o arranjamento a
este respeito, partiu para Lifão o novo governador para expedir o barco de viagem para Goa, e dar parte ao governo; passando n'esta digressão pela altura do presidio de Batugadé,
examinando a pouca ou nenhuma cautela das suas guarnições,
na esperança de que sendo bem succedido, poderia ter recurso para conservar estes dominios na sujeição real, segu-
rando-se n'aquelle porto como principal até que de Goa lhe
chegassem soccorros, mandou dizer a D. Lourenço da Costa,
cabo intruso d'aquelle presidio, que lh'o entregasse, pois elle
ali estava para tomar entrega d'elle em nome de El-Rei de
Portugal, seu legitimo senhor, e para o satisfazer de toda a
queixa que o tivesse obrigado a tomar o partido dos contrarios. Desceu o cabo com toda a guarnição sem armas, protestando a sua vassallagem e pedindo-lhe mandassem ler a paten-

te do novo governador, feito o que lhe entregou o presidio de que pediu recibo, e com elle jurou fidelidade D. Antonio Hornay, rei de Fiolara e cabo do troço de toda aquella corda e fronteira.

60.º

Com este acontecimento se voltaram os rebeldes contra o arraial de D. Antonio Hornay, que o governador soccorreu com quatro companhias para entreter a entrada da provincia dos Bellos quanto tempo bastasse para sondar o animo do rei de Camanace, que diziam se achava desgostoso dos seus confederados por ter conhecido que elles o intentavam matar e sujeitarem-se a D. Matheus da Costa.

61.º

Com effeito Camanace se uniu ao partido real e rendeu obediencia no presidio de Batugadé, trazendo em abono da sua fidelidade os reis e potentados seus parciaes de todo Lorutoba, de que assignaram termo em 19 de setembro de 1731, pelo qual se obrigaram a pagar as fintas e mais pensões na fórma do costume, em attenção do que o governador o premiou com o posto de tenente general d'aquellas ilhas, cujo termo ratificaram em 21 de março de 1732 com os mais reis de Loru-çay á imitação dos de Loru-toba, offerecendo cada um dar uma pensão gratuita de vinte bufaras, vinte gantas de mantimento, trezentos homens para a defeza da praça de Lifão e a escalar o reino de Vemasse, que contumaz se achava persistente na sua rebellião a favor do dito Francisco Fernandes Varella.

62.º

Do que tendo este noticia buscou por meios de uma carta escripta em 16 de março de 1732 a paz, que depois de algumas alterações foi assignada em Manatuto em 20 de maio do mesmo anno, comprehensiva em vinte e tres artigos, que todos se reduzem á prestação da sua obediencia, ao perdão que se lhe concedeu, e a repor-se tudo no estado em que se achava antes da sua rebellião, a qual foi publicada nos povos e igrejas d'aquelles dominios; a saber: em 24 de maio em

Dilly, em 26 em Manatuto, em 29 em Vemasse, em 31 em
Luca, em 31 em Samora, em 5 em Viqueque, em 7 em Allas,
em 14 em Batugadé, a 16 em Camanace e Remião, aos 25 em
Lifáo, a 26 em Animata, e em 27 em Tulaicão.

63.º

D'esta maneira se socegou a mais formidavel das guerras
que contra o real partido tem havido em Timor, devendo-se
tudo à dexteridade de Pedro do Rego Barreto da Gama, que
soube ter arte e maneira de intrigar de tal sorte todos aquelles potentados, que as forças de uns serviam para debilitarem
as dos outros, como se vê bem claramente das contas dadas
n'aquelle tempo a este governo, e que se acham na secretaria
d'este estado.

64.º

As questões originadas pelos timores ficaram desvanecidas;
porém os hollandezes estabelecidos em Cupão suscitaram novos motivos e os favoreceram com armas e munições contra
o partido real. Fizeram que o imperador Senobay e mais alguns reis da sua provincia se levantassem contra o tenente general da ilha, Gaspar da Costa, o qual os perseguiu até Cupão, onde se refugiaram; e tomando d'isto pretexto os hollandezes mandaram vir quatrocentos homens da ilha de Rothe
e Sabo para com elles soccorrerem ao imperador e mais reis
que se achavam em Cupão, e com effeito fizeram reduzir à
sua obediencia Amarasse e os reinos fronteiros de Cupão,
deixando de responder aos protestos e cartas que pelos governadores interinos o tenente general João Hornay e o padre
Fr. Jacinto da Conceição e pelo governador Manuel Doutel
de Figueiredo Sarmento lhe foram dirigidas.

65.º

Com as guerras por isso suscitadas se fizeram senhores de
toda a provincia de Servião, a titulo de protegerem os seus
reis; têem emprehendido por meio de ameaças, presentes e
solicitações attrahirem a si os reis da provincia de Bellos; têem
estabelecido quasi um dominio universal em toda a ilha, quan-

do a sua jurisdicção se estendia á muito limitada porção de
terreno á roda de Cupão; têem emprehendido o mesmo dominio nos mares adjacentes, passando ao excesso de concede-
rem licença por escripto a todas as embarcações dos chinas,
malaios e macassares para commerciarem em todos os portos
da ilha, mandando chalupas armadas em guerra, com ordem
de embaraçarem qualquer embarcação que encontrassem sem
licença sua. Hoje porém tomaram as cousas uma face diversa.

66.º

O dominio portuguez foi reduzido por este motivo no anno
de 1751 aos termos em que o recebeu o governador Manuel
Doutel de Figueiredo Sarmento; a saber: a provincia dos Bellos em paz, excepto algum reino da cabeça da ilha; o reino de
Motael dividido e sem pagar fintas reaes, bem como os mais
reinos da dita provincia; a provincia de Servião totalmente
arruinada e perdida pelo alevantamento que fizeram os reis
d'ella, suscitados pelos hollandezes (n.º 21).

67.º

D'esta maneira no meio de continuas oscillações se espaçou
o tempo até o anno de 1766, em que combinando-se Francisco Hornay e Antonio da Costa com Quintino da Conceição e
Lourenço de Mello deram veneno ao governador Dionysio Gonçalves Galvão Rebello, que d'elle falleceu em 8 de novembro,
pondo immediatamente o cabeça dos levantados Francisco
Hornay assedio a Lifão, onde poz em grandes apertos os governadores interinos, que sairam nas vias, o padre Fr. Antonio de S. Boaventura e o tenente general, capitão mór da
provincia dos Bellos José Rodrigues Pereira e Francisco Hornay; a este ultimo não deram posse do governo pelo crime de
rebellião, em que tinha incorrido, de que se tirou devassa em
16 de março de 1766, e n'ella foi julgado e sentenciado com
os mais co-réus.

68.º

O estado em que então se achava o partido real era o mais
deploravel possivel. O reino de Manatuto foi o unico que soc-

correu a praça com gente e mantimento, e por esse motivo machinaram os outros reinos varios pretextos cavilosos para lhe fazerem guerra. Os missionarios se viram na precisão de abandonar as suas igrejas. O rei de Lacluta fez zombaria das imagens, livros e vestimentas sagradas, e o coronel e rei de Samaro, D. Bernardo Sarmento Tavares, por não ter missionarios na sua igreja, cantou n'ella a alleluia, revestido com as vestes sacerdotaes, como tudo largamente e muitas outras cousas se podem ver do manifesto feito pelos officiaes militares, fazenda e justiça, digno de ser lido (documento n.º 22).

69.º

De Macau se mandou por esta occasião soccorrer Timor pelo navio *Santa Catharina*, que voltando arribado sem ter tocado Timor se mandou tirar devassa, e n'ella saiu culpado o capitão do navio José Pedro Soares por ter tocado o porto de Samarão e outros, onde se demorou tanto tempo para vender as suas fazendas, que não pôde tocar Lifão.

70.º

Os governadores interinos que então eram da India nomearam para governador de Timor a Antonio José Telles de Menezes, e fizeram vivas recommendações ao governador e senado de Macau para soccorrerem Timor nas urgencias occorrentes.

71.º

Chegou este governador a Timor, e continuaram as questões com Francisco Hornay, que se estabeleceu em um sitio que não distava de Lifão mais que legua e meia; e tendo procurado ajuntar barcas que inquietassem a conducta de mantimentos destinados para a praça, causou incommodo com dezoito que já tinha ás suas ordens; este motivo e os outros que relata aquelle governador, quaes são de existirem só mil e duzentas pessoas entre homens, mulheres e creanças em Lifão, praça composta de trinta e seis baluartes na distancia de uma meia lua comprida de 900 toezas com seis oiteiros, alguns quasi inaccessiveis, e uns cavalleiros aos outros e emfim com sessenta e

oito peças de artilheria, ficando desguarnecidos a maior parte
dos baluartes, sem se poder sair fóra da praça sem perigo da
vida, por não possuirmos cousa alguma para o poente, e para
a parte de leste só termos o caminho do mar, e não ser a sua
barra capaz de n'ella invernarem embarcações; todos estes motivos resolveram a embarcar em o navio *S. Vicente* e *Santa Ro-*
sa, que ali chegou de Macau, e mais embarcações pequenas,
todo o parque de arlheria e todos os mais petrechos de guerra
e gente, e pondo fogo á praça em 11 de agosto d'aquelle anno,
na manhã do dia seguinte se fez á véla para Batugadé, que
reforçou com gente e doze peças de artilheria, e d'ahi partiu
para Dilly, onde fundeou em 10 de outubro do anno de 1769,
e ahi se estabeleceu, dando por preferencia áquelle logar pelas seguintes rasões:

72.º

Ter desempedido o caminho do mar e terra, livre do rebellado Hornay, por intermediarem entre elles muitas terras sujeitas a Sua Magestade e aos hollandezes, por ter ali uma boa
planicie com duas portas ao poente e ao nascente, e na distancia de uma linha curva pela parte do sul de uma porta a outra
doze baluartes, e de um a outro uma bella estacaria de paus
vivos que fructificavam e era uma excellente trincheira, tendo
de mais para o sul um fosso aquatico, que ali chamam Coilão,
onde habitam lagartos e cobras-madeiras, que o fazem impenetravel, e desagua por leste e oeste na distancia de 200 toezas,
formando uma restinga com a fronteira da praia em linha
curva, ficando o concavo para Dilly, formando a barra que tem
de 10 a 15 braças de fundo, onde existe um forte chamado
Carquete, artilhado já com cinco peças para a defeza da barra; entrada ella, ha a excellente bahia entre a praia de Dilly e
a restinga, onde podem invernar de vinte até trinta navios.

73.º

Dilly tem no meio uma cidadella, um quadrado de 40 braças de face com uma bateria de dez a quinze peças sobre o
mar, do comprimento de 70 braças. Na planicie de Dilly
para a parte do sul se produz muito sagú, e finalmente em seis

dias podem soccorrer a praça ainda os mais remotos reis dos que professam obediencia a Sua Magestade. Em Dilly vieram jurar vassallagem ao governador os quarenta e um reis que ainda restavam obedientes d'aquella provincia.

74.º

Governando Caetano de Lemos Tello de Menezes houve um levantamento contra elle, pretendendo os timores prende-lo e depo-lo, sendo o seu principal auctor Raymundo da Costa; e mandando tirar devassa, elle mesmo a sentenciou, e mandou justiçar o dito Raymundo da Costa, o sargento mór dos moradores de Lifão Alberto da Costa e o capitão José da Costa, portuguez, e mandou confiscar seus bens a beneficio da fazenda real. D'este escandaloso e absoluto procedimento se seguiu expedir-se por este superior governo ordem em 25 de abril de 1779, prohibindo aos governadores de Timor praticarem similhantes abusos, e ratificada por outra de 26 de abril de 1782, regulando-lhe o modo como se deveriam conduzir em taes occasiões.

75.º

Aquelle governador foi sentenciado na relação d'este estado, e morreu degradado em Moçambique; a este governador succedeu Lourenço de Brito Correia, que deu parte a este governo, em carta de 15 de junho de 1779, que quando tomára posse do governo, achára tudo levantado, sem prestarem a devida obediencia, e por outra de 25 de maio de 1781 que os reinos se conservavam em paz, exceptuando o de Luca.

76.º

O governador João Baptista Vieira Godinho chegou a Timor em 1785, foi a Solor, onde entregou a Pedro Hornay, senhor da provincia de Servião, a patente que levava de Goa para elle de tenente general, e com elle e com o rei de Solor D. Constantino do Rosario, seu sobrinho, fizeram um termo de obediencia a Sua Magestade, de defenderem Dilly e de soccorrerem com mantimento aquella praça; desde este tempo não se téem dado partes algumas officiaes relativamente a Solor;

v. m.ᵈᵃ informará do que tem havido a seu respeito. No tempo d'este governador fez o Senobay guerra aos hollandezes, e nós o soccorremos com munições, e vieram ao nosso partido a maior parte dos coroneis e reis. O dito governador foi rendido no anno immediato por um governo interino, para vir a Goa commandar o regimento de artilheria. Timor perdeu n'elle talvez o melhor dos seus governadores; as suas contas e providencias dadas no curto tempo do seu governo abrangeram com muita discrição todos os ramos de administração publica, e seria de desejar que elle se tivesse demorado no seu governo por mais alguns annos.

77.º

Tendo-se rebellado D. Matheus Soares, Boaventura Soares Doutel e Francisco Soares Doutel em 1789, sendo governador Feliciano Antonio Nogueira Lisboa, assenhoreando-se do presidio de Manatuto, bem como D. Matheus Soares, resultando d'ali uma completa sedição na provincia dos Bellos, intervindo, segundo a opinião do governador, o governador ecclesiastico Francisco Luiz da Cunha, a quem aquelle pretendeu prender, para cujo fim fez guerra aos reis de Manatuto e Lacló, que lh'o não quizeram entregar, e depois teve de a fazer quasi a todos os reis que o pretenderam depor do governo. Foi o resultado ser rendido por Joaquim Xavier de Moraes Sarmento, tirada a sua residencia e ser remettido preso a Goa e mais o governador ecclesiastico; aquelle por ordem d'este superior governo, fugiu no caminho tocando o navio que o conduzia em Batavia, e este preso pelo dito governador que á face dos altares o entregou ao seu successor Joaquim Xavier de Moraes Sarmento para o remetter a Goa. A conducta do governador foi inteiramente desapprovada pela côrte.

78.º

O novo governador reduziu á obediencia de Sua Magestade os paizes das duas provincias dos Bellos e Servião, e de tal maneira soube dirigir-se, que foi pedida a sua conservação n'aquelle governo por todos os officiaes militares de justiça e fazenda e por todos os reis, pelo capitão mór dos chinas e por todos os mais moradores das diversas praças, por Pedro

Hornay, senhor da provincia de Servião, etc., etc., e por diversos requerimentos dirigidos a este governo no anno de 1791.

79.º

A este governador succedeu João Baptista Varquaim; no seu tempo se achavam rebellados o Maubara e o imperador Senobay, unicos a quem os hollandezes consentiam o vender-se polvora, e por este motivo tinham alguma ascendencia sobre outros reis vassallos de Sua Magestade. Deu parte em 22 de setembro de 1796 de ter mandado construir uma fortaleza no outeiro mais proximo da praça de Dilly, a qual com ajuda dos reis obedientes se achava muito adiantada, sem despeza alguma da fazenda real, com o destino de n'ella se recolherem em caso de necessidade, a qual poderia verificar-se por se terem unido os francezes com os hollandezes. Noticiou tambem que os inglezes tinham tomado n'aquelle anno as duas ilhas de Banda e Amboino. Em o 1.º de junho de 1790 se queimou toda a casa do governador, toda a casa da fazenda, secretaria e armazens, salvando-se unicamente o dinheiro da fazenda e do giro e algum da provedoria dos defuntos e ausentes.

80.º

A este succedeu José Joaquim de Sousa, que fez a descripção da praça de Dilly em 1800, bem diversa da que fica descripta nos §§ 71.º e 72.º Ella é a seguinte: A praça é um terreno cercado de palapos, que é uma especie da nossa pita, nos angulos tem seus baluartes de barro, que sempre estão a cair, dentro d'este cerco da parte do mar está a tranqueira, cujas muralhas são de pedra solta bruta, posta uma sobre a outra; a face que cáe para o mar tem dois muros da mesma qualidade, distante um do outro, entre elles um entulho de terra e pedra e ó onde estão as peças, muito velhas e de differentes calibres. Tambem este governador relata as producções da ilha n'estes termos: A ilha tem excellentes producções, tem oiro, tambaque, cobre, enxofre, salitre, sal pedra, produz muito sandalo e bastante cera, trigo, milho, café, bom tabaco, tem muito sagú, tem arecas e muitas qualidades de fructos, como são uvas, figos, bananas de muitas qualidades, ananazes, excellentes laranjas todo o anno, romãs, atas, mamões, melancias, melões, mangas, muita qualidade de verdura, excellentes repolhos; abunda em bufalos, carneiros, porcos, cabras, tem algumas vaccas, e tambem algodão.

81.º

A este seguiu João Vicente Soares da Veiga, que nada mais fez do que remetter preso a esta capital em 1806, D. Filippe de Freitas, filho bastardo do coronel e rei de Vemasse, D. Thomás de Freitas, como prejudicial em Timor por pretensões que suscitou a respeito d'aquelle reino.

82.º

A este succedeu Antonio de Mendonça Côrte Real, que deu conta de se terem diminuido os rendimentos pela pouca extracção do sandalo, occasionada pela guerra que o Senobay poz ao reino de Okussi, e porque os inglezes, que costeiam toda a ilha para a pesca das baleias, apresavam todas as embarcações que a ella vão commerciar, hollandezas, mouras, makassares e chinas. Este governador commetteu os maiores desacatos em todos os ramos da sua administração. Entre outros, pelo que pertence ao politico, commetteu a indignidade de mandar chamar a casa da sua residencia, debaixo do pretexto de amisade, a D. Christovão Guterres, rei de Venilala, e tendo-o honrado com a salva do costume, e tendo-lhe dado de jantar, o mandou prender e pôr a ferros, onde o deteve tres annos, onde foi vexado e roubado, e tendo sido aquelle governador rendido por Antonio Botelho Homem Bernardes Pessoa, mandou devassar d'este facto, e com a devassa remetteu o dito D. Christovão Guterres a esta capital; sendo proposto em relação, foi D. Christovão absolvido pela sentença (n.º 23).

83.º

Elle volta a essa ilha e supposto que haja alguma duvida sobre a legitimidade da sua patente de coronel e rei, e se bem se considere, que algum dos outros reis vassallos de Sua Alteza Real não são da parcialidade d'este; comtudo uma vez que elle estando preso por tres annos e quasi um fóra de Timor, se conserva ainda o seu reino na administração da rainha sua mulher, parece que a illegitimidade do seu titulo e a opposição dos outros reis não é tão forte como se inculca.

84.º

V. m.^{cê} deverá fazer ver ao brigadeiro ajudante geral rei de Motahel, que dirigiu a carta unida aos autos de D. Christovão Guterre, e aos mais reis, que assignaram o papel junto à mesma devassa (n.º 24 e n.º 25), que tendo Sua Alteza Real o Principe Regente Nosso Senhor, determinado os meios de se decidirem as contendas de todos os seus vassallos, até dos proprios reis seus subditos, como em outro tempo os mesmos de Cochim e mais potentados do Indostão, estes ditos meios são aquelles pelos quaes se deveriam terminar as questões de D. Christovão Guterre e não pelos das guerras, que lhe fizeram os seus vizinhos, e muito menos por via de uma prisão vergonhosa e indigna, e de uma devassa informe, da qual nada se prova contra elle, antes uma constante fidelidade e adhesão ao partido real, ainda no tempo mais critico das sublevações d'essa ilha.

Em consequencia do que, tendo sempre o mesmo augusto senhor em vista a felicidade dos seus vassallos, não consentindo que elles jamais sejam opprimidos, e fazendo administrar a todos elles uma justiça imparcial e recta, poderão aquelles reis que se consideram com direito ás possessões que hoje administra D. Christovão, ou por elle sua mulher D. Catharina de Freitas, fazer a v. m.^{cê} as suas representações, e fazendo as mais averiguações necessarias, mandando que as partes interessadas respondam perante v. m.^{cê} e o ouvidor d'essas ilhas, formando-se de tudo um auto judicial, e tal que por elle se possa tomar um pleno conhecimento da questão, m'o remetterão para ser decidido na conformidade das reaes ordens.

O governador Antonio Botelho Homem Bernardes durou poucos mezes n'esse governo; por copias n.ºs 2, 26 e 29, v. m.^{cê} achará as partes que elle deu e que me pareceu communicar-lhe.

85.º

86.º

Dever-lhe-ha ter succedido um governo interino, na conformidade das vias de successão. Os inconvenientes que similhantes governos sempre trazem comsigo, e o estado decadente e deploravel d'essa colonia, me decidiram a escolha da pessoa de v. m.^{cê} para seu governador e capitão geral, na bem fundada esperança que terá só em vista a gloria de Sua Alteza Real, o bem do seu real serviço e felicidade d'esses povos que vae governar, devendo v. m.^{cê} ficar entendendo de quanto se acaba de referir que os habitantes d'essas ilhas são mais doceis e subordinados do que vulgarmente se acredita n'esta capital. Os seus levantamentos e insurreições téem quasi sempre sido filhos do momento. Elles não téem systema a este respeito, aliás não existiria já um só portuguez em Timor ha tantos annos que a nossa força n'aquellas ilhas é nulla, pois a pouca que existe é tirada d'elles mesmos. Os vexames, as injustiças, os roubos e os despotismos praticados n'essas ilhas é que téem occasionado aquelles levantamentos, e tanto isso se prova, que insurreições geraes de todo o estabelecimento se téem inteiramente desfeito com a simples chegada do novo governador, sem que elle tenha tido grande trabalho em combinar para aquelle fim algumas operações politicas ou militares.

87.º

Ha muitos annos que a colonia portugueza estabelecida n'essas ilhas não lembra n'esta capital de Goa, senão no momento em que é preciso nomear-lhe governador, e só para o fim de despachar um individuo que pede aquelle governo com as unicas vistas de extrahir d'elle alguns 1:000 pardaus, com que volte a Goa.

88.º

As ordens, ou nenhumas ou de nenhuma entidade, as instrucções inteiramente vulgares e geraes, os nenhuns soccorros mandados para essa colonia, são uma prova bem evidente de quanto fica ponderado, e sobre tudo a aniquilação em que cada dia se precipita esse estabelecimento é uma prova incontestavel. O seu estado de abandono tem ahi chegado a ponto, que tendo nós a soberania da ilha, isto mesmo se ignora nas mais modernas geographias. Guthrie diz, fallando de Timor, depois de descrever as suas producções: é dividido em muitas soberanias, mas os hollandezes dominam n'ella ha muito tempo, e a defendem, bem como Celebes.

89.º

Parece que se póde avançar a seguinte proposição: os timores são os melhores vassallos e os melhores christãos; são os melhores vassallos, porque reconhecem a soberania do seu legitimo soberano, quando são governados por homens que os vexam em todo o genero e qualidade de circumstancias, e sem terem forças para os manterem debaixo da sua obediencia: são os melhores christãos, porque ainda reconhecem as verdades evangelicas, sem terem pastores que os dirijam. Uma nação que reune em si estas duas qualidades, é digna do particular desvelo do nosso augusto soberano, e para o que bastaria a unica qualidade de ella estar sujeita ao seu suave dominio.

90.º

Debaixo do n." 28 v. m.ᶜᵉ achará os capitulos que por requerimento fizeram os reis, datós, etc. pelos annos de 1729. N'estes capitulos ha muitas cousas propostas por esses povos, ou seus regentes, que teria sido muito util terem-se posto em pratica, e tambem ha outras que não são admissiveis.

E portanto v. m.ᶜᵉ deverá sondar os descendentes d'aquelles que assignaram esses capitulos, para ver se elles ainda são da opinião dos seus maiores, relativamente aos capitulos 2.º, 5.º, 6.º, 7.º, 8.º, 9.º, 10.º, 11.º e 12.º; a respeito d'este porém v. m.ᶜᵉ informará sobre o preço do sandalo, que tem alterado consideravelmente desde aquelle tempo; 13.º, 14.º, 15.º, 16.º, 17.º, 18.º, 19.º e 20.º emquanto a estes não póde ter logar pelo estado decadente do commercio, porém uma vez que a agricultura se augmente pelas providencias apontadas nos capitulos 11.º, 12.º, 13.º, 14.º, de modo tal que se possa impor um tributo territorial mais analogo ao estado do paiz, e ao que se pratica em todos os que são civilisados, poderão n'este caso ser dispensados das fintas: 21.º, sobre este capitulo devo ponderar que o sandalo de Timor tem perdido muito do seu valor depois que os inglezes tomaram os dominios de Tipu-Saib, onde encontraram sandalo melhor e mais commodo pela conducção, e portanto não podem ter logar varias materias apontadas n'aquelle capitulo.

91.º

V. m.^{cê} deverá informar sobre todos estes capitulos, dando o seu parecer, e unindo por escripto o que lhe responderem os reis, coroneis, datós, tumugões e cabos d'esses povos vassallos de Sua Alteza Real.

92.º

Á vista de todo o ponderado, e que me pareceu bastante, para dar a v. m.^{cê} uma idéa do caracter dos timores, recommendo a v. m.^{cê} que os meios da docilidade e da persuasão são aquelles que deverá empregar para conservar na sua obediencia os reinos que ainda estão sujeitos, e para reduzir os outros á mesma sujeição, procurando os meios para que todos gostosamente se dêem as mãos a bem do serviço publico, e maneiras de attrahir os reis á praça, sem violencia, mas até solicitando elles isso mesmo como uma mercê.

93.º

V. m.^{cê} persuadirá a esses reis que o augusto e benefico Principe que nos governa, ha de estender sobre elles a sua protecção, tendo em vista a felicidade d'esse estabelecimento, sobre o qual se passam a tomar as mais energicas e bem ajustadas medidas.

94.º

Buscará todos os meios que lhe parecerem mais analogos para se cobrarem as fintas reaes, não só porque ellas se fazem absolutamente necessarias para a manutenção d'essa colonia, mas porque são a prova mais demonstrativa da obediencia e vassallagem d'esses reinos.

95.º

Deverá v. m.^{cê} pôr todo o cuidado em que os coroneis e reis forneçam o contingente de tropa a que são obrigados para a defeza do estabelecimento. Sendo muito conveniente que esta tropa não seja fornecida em destacamentos temporarios, mas antes permanentes no serviço real, por dois poderosos motivos: 1.º, porque devendo ella ser disciplinada ao methodo europeu pelos officiaes portuguezes que ali existem, não é conveniente que depois de disciplinados se retirem, ficando a praça reduzida a uma escola continua de recruta, e muito menos que vão disciplinar os soldados dos seus reinos que nos podem vir a ser contrarios; 2.º, porque sendo permanentes é facil converte-los com boas maneiras ao nosso partido, etc., etc., e poderão melhor adquirir um systema mais consistente no serviço militar. O que não póde ter logar sendo mudados continuamente.

96.º

Não se podendo por ora dar providencias positivas por não se achar ainda preparado o plano sobre que ellas possam fortificar, v. m.ᶜᵉ se limitará a fazer que os povos gostem do dominio do nosso augusto soberano; que se evite todo o genero de violencias, praticadas com esses habitantes; que se receba, administre e despenda a fazenda real com a mais escrupulosa attenção; sendo quanto por ora se exige de v. m.ᶜᵉ positivamente para pôr em obra.

E pelo que pertence ao que se poderá fazer ao bem d'essa colonia, v. m.ᶜᵉ me remetterá as mais exactas informações do quanto n'estas instrucções lhe tenho recommendado, para que combinando-as todas, d'ellas se possa tirar o resultado que for mais favoravel e adequado ao serviço de Sua Alteza Real e mais proprio á felicidade d'esses povos.

Deus guarde a v. m.ᶜᵉ Goa, em 28 de abril de 1811. == *Conde de Sarzedas.*==Sr. capitão de mar e guerra Victorino Freire da Cunha Gusmão, governador e capitão geral das ilhas de Solor e Timor.==*Cypriano Silverio Rodrigues Nunes.*

Está conforme com o original, excepto na orthographia e nomes de alguns reinos, que foram emendados. Residencia em Dilly, 14 de agosto de 1860. ==*Affonso de Castro*, governador de Timor.

DOCUMENTO A

Provisão do reino de Maere

Traslado em publica fórma das provisões que o governador, que foi d'estas ilhas, Antonio Moniz de Macedo, passou aos reis e coroneis da ilha de Timor da isenção das fintas reaes, que eram obrigados a pagar annualmente por terem os ditos reis contribuido com o pardau por cabeça de toda a gente que houvesse nos seus reinos, como abaixo se verá.

Antonio Moniz de Macedo, governador e capitão general d'estas ilhas de Solor e Timor, com toda a jurisdicção e alçada por Sua Magestade, que Deus guarde, e com poderes na sua real fazenda, etc.

Faço saber que havendo respeito ao assento tomado em minha presença na praça de Lifáo, pelos reis cabeças dos povos, tenente general, capitães mores e mais coroneis d'esta provincia dos Bellos, porque em remissão das fintas annuaes prometteram 1 pardau timor por cabeça de gente de todo o sexo que tivessem seus reinos, succus, povoações e jurisdicções, e porque dando a sua lista o reino de Maere da importancia da sua gente, em rasão do que trouxe outra tanta quantia em sandalo e cera que entregou a minha ordem, e porque não houvesse occultar a dita gente na consideração de poder ter o dito reino de Maere mais gente a quem houvesse de pagar, mandei por minha portaria de 10 de julho de 1737 tomar juramento aos ditos cabeças de Maere, do teor seguinte:

Como o reino de Maere tenha entregue 185 pardaus; a saber: em sandalo 143 pardaus e em cera 42, que uns e outros fazem a dita quantia de 185 pardaus, na conformidade de sua lista, e os ditos pardaus são dados em remissão de finta annual, que lhe foi distribuida em tempo do sr. D. Manuel

Sotto Maior, e sempre mal paga, alem de outras grandes desordens que por causa da dita finta se experimentavam com atrazos ao serviço de Deus e de El-Rei de Portugal, nosso senhor, causa por que tomaram os reis e coroneis, cabos maiores, cabeças dos povos d'esta provincia dos Bellos em minha presença assento, porque em remissão da finta que os reinos mal pagavam desse 1 pardau timor por cabeça de gente de todo o sexo que tivessem ao seus reinos, succos, povoações e jurisdicções, e porque os cabeças do dito reino de Maere certificam não terem mais gente do que dão por sua lista, entregaram a quantia acima expressada de 185 pardaus timores nos generos acima referidos, ao escrivão e tabellião do judicial, João de Sousa, que serve tambem de escrivão d'este presidio, dará o juramento dos Santos Evangelhos aos cabeças o cabeça do dito reino de Maere, para que jure que não tem mais gente no dito reino e jurisdicção, de que devam mais pagar em rasão do dito assento, e lhe fará saber que a todo o tempo que conste que sonegaram gente, dando-a diminuta, que do que constar esconderam, hão de pagar a importancia d'ella; e com esta circumstancia de obrigação fará termo de seus juramentos em presença do coronel tenente superior e conservador d'esta provincia e do rei e coronel cabo do troço de banda de dentro, do rei e coronel de Lamaçane e do meu ajudante general, que todos assignarão como testemunhas e fiadores do referido, e com esta solemnidade me requererão o dito cabeça ou cabeças do reino de Maere provisão da isenção da finta annual, que lhes mandarei passar em nome de Sua Magestade, segundo o poder que para isso tenho.

Batugade, 10 de julho de 1737. == *Moniz.*

Termo de juramento. — Anno do nascimento de Nosso Senhor Jesus Christo de 1737, em virtude da portaria acima do sr. governador e capitão general d'estas ilhas de Solor e Timor, Antonio Moniz de Macedo, eu tabellião ao diante nomeado, em presença do coronel tenente superior e conservador d'esta provincia, D. Lourenço da Costa, do rei coronel de Lamaçane, D. Miguel Carvalho da Silva, do ajudante

general da pessoa d'este governo, D. Pedro de Mesquita Hornay, e do tenente coronel d'este presidio, José J. Pinto, dei juramento dos Santos Evangelhos a D. Sebastião Carvalho, sargento mór do dito reino, a Pedro da Cruz, capitão da povoação do mesmo reino cabeças d'elle, em que pozeram a sua mão direita, disseram debaixo do dito juramento que não tinham mais gente no dito reino de Maere senão a que deram por sua lista ao dito sr. governador, e quando por tempo ao diante souber que elles sonegaram ou esconderam, obrigarão a pagar a quantia da dita gente sonegada e escondida em cumprimento do termo geral de todos os reis d'esta dita provincia; em fé de como assim prometteram e juraram, eu, João de Sousa, tabellião publico do judicial, e escrivão d'este porto de Batugade, fiz este termo de juramento, em que se assignaram os sobreditos cabeças do dito reino, e com os fiadores testemunhas, hoje 10 de julho da dita era acima, que o escrevi.==*João de Sousa*==Signal de D. Sebastião Carvalho, sargento mór e cabeças do dito reino==Signal de José J. Pinto==Signal de D. Miguel Carvalho da Silva==*D. Lourenço da Costa*==*D. Pedro de Mesquita Ornay.*

Hei por bem, em nome de Sua Magestade, que d'aqui em diante fiquem alliviados da dita finta annual que eram obrigados a pagar em cada anno, porém no que deverem dos atrazados, e do tempo d'estes meus tres annos se lhes não falla de presente pela pobreza e estado dos reinos, e que ficam com obrigação todos os reinos em geral d'esta provincia a contribuirem por anno com quatro mil picos de mantimento, que se ratearão entre todos, cabendo ao reino de Maere sessenta e cinco picos de mantimento, que hão de pagar em cada um anno em milho ou arroz, mais quinze homens de paz para a guarnição de Lifão, que tambem lhes coube por rateação, que serão trocados todos os annos para que d'esta sorte sirvam com gosto. Esta provisão de isenção da dita finta annual lhe mandei passar em observancia das ordens do serviço de Sua Magestade, que me são recommendadas para o bem e conservação dos povos e augmento dos reinos, e será sellada com o sêllo das armas reaes da corôa de Portugal, e registada no li-

vro da secretaria d'estas ilhas, e na de fazenda d'ella, e no livro que serve o escrivão e tabellião d'este porto para clareza do referido.

Praça de Batugade, 10 de julho de 1737. — Eu o Padre Antonio Colaço secretario d'estas ilhas a subscrevi. = *Antonio Moniz de Macedo* = *Antonio Colaço*. = Provisão que v. s.ª manda passar da isenção da finta annual para sempre ao reino de Maere, na conformidade das ordens de Sua Magestade, que Deus guarde, e assentos tomados pelos reis cabeças dos povos, cabos maiores da provincia dos Bellos, como acima se declara. — Para v. s.ª ver. — Por resolução do governador e capitão general de 10 de julho de 1737. = *Antonio José Telles de Menezes*.

DOCUMENTO B

Lista de mantimento que hão de dar os da provincia dos Bellos para os gastos da praça de Lifão, que consta de quatro mil picos, repartidos de banda de fóra e de dentro pelos reinos seguintes, principiado na era de 1733.

Da banda de dentro

Sarão, cento e setenta picos......................	170
Faturó, cento e setenta picos.....................	170
Vemasse, duzentos picos..........................	200
Lalea, cento e setenta picos	170
Cairny, trinta e cinco picos	35
Manatuto, oitenta picos	80
Laculó, Lacore, oitenta picos.....................	80
Hera, dez picos..................................	10
Motahel, cento e oitenta picos	180
Liquiçá, oitenta picos............................	80
Maubara, hoje no partido hollandez, cento e quarenta picos..	140
Dirivate, cento e quarenta picos..................	140
Atasabe, oitenta picos	80
Lameão, oitenta picos	80
Cailaco, cem picos	100
Cutubaba, oitenta picos	80
Sanary bandoleiro, cincoenta picos...............	50
Maere, sessenta e cinco picos....................	65
Lamaçane, cem picos	100
Fialara, levantado, cem picos.....................	100
Bolibó, levantado, oitenta picos	80
Cová, perdido, tomado por Fialara, dez picos.......	10
Sillavão, Juanillo, Nira, levantados, trinta picos......	30
Boibao, vinte picos	20
Heramera, vinte picos............................	20
Lanqueiro, levantado.	

15

Banda do fóra

Maturufa bandoleiro, cento e sessenta picos	160
Bibiluto, quarenta picos.	40
Viqueque, noventa picos.	90
Luca, duzentos picos	200
Dailor, Laculuta, oitenta picos	80
Samaro, cento e quarenta picos.	140
Claco, setenta picos	70
Dotte Humaclara, oitenta picos.	80
Allas, Dottolima, cem picos	100
Tituluru, cincoenta picos	50
Tirymant, duzentos picos.	200
Rameão, cento e oitenta picos.	180
Suay, Camanassa, cento e sessenta picos.	160
Fatuleti, Letululi, cento e oitenta picos	180
Somma.	4:000

Lista da gente que hão de dar os da provincia dos Bellos para a guarnição da praça de Lifão, assim da banda de dentro, como da banda de fóra, repartidos pelos reinos seguintes, principiado no anno de 1733.

Banda de dentro

Saráo	35
Faturó	35
Vemasse	30
Lalea	20
Manatuto	10
Laculó, Lacore	10
Hera, hoje deserto	2
Motahel	30
Liquiçá	20
Maubara, hoje no partido hollandez	30
Dirivate	30
Atasabe	20
Lameão	20
Cailaco	15
Catubaba	10
Sanary bandoleiro	15
Maere	15
Lamaçane	30
Fialara, levantado	20
Balibó, levantado	10
Cová, perdido, tomado por Fialara	5
Juanilho, levantado	2
Sillavão	1
Lidac	5
Lanqueiro, levantado	20
Fatuboro	20
Nusadilla	20

Banda de fóra

Maturufa bandoleiro 35
Bibiluto 5
Viqueque 10
Luca 30
Dailor, Laculuta 15
Samaro 30
Claco 20
Dotte Humaclara 15
Allas, Dattolima 30
Manufay 30
Raimeão 30
Suay, Camanaça 20
Fatulete, Letuluti 40
Rifaie 10
Boibao 5
Heramera 10

Somma 815

Antonio José Telles de Menezes.

DOCUMENTO C

Copia da conta dada a Sua Magestade, do Macau, do governo e mais dependencias de Timor em 15 de dezembro de 1734

Senhor:—Attendendo o vice-rei de Vossa Magestade, João de Saldanha da Gama, não sei se ao meu merecimento, se ao miseravel e lastimoso estado a que se achava reduzido e tinha chegado o dominio de Vossa Magestade nas ilhas de Solor e Timor, o vigor de rebelliões, que deram logar a em geral subleva-las e a consumirem-se as poucas forças que Vossa Magestade tinha n'ellas, e se conservavam em sua subsistencia, resolveu nomear-me entre tantos que benemeritamente servem n'este estado a Vossa Magestade, no posto de governador e capitão general d'aquelles reaes dominios, por fiar de mim que no exercicio d'elle continuaria em singularisar-me na distincção com que sempre servi a Vossa Magestade, e sendo a sua mente haver ainda em Timor cousa em que se podesse formar esperança para algum socego, estabelecimento n'aquelle dominio de Vossa Magestade, no fundamento de que nasceria aquella perniciosa e nunca vista conspiração da aspereza e má harmonia do governo de Pedro de Mello, que ao dito tempo se achava governando, e tambem na certeza de que tirada aquella causa cessariam os terriveis effeitos que tantos prejuizos causavam em desserviço de Vossa Magestade aos vassallos e christandades que ali sustèem o zélo de Vossa Magestade e a Providencia Divina.

Succedeu pois tanto ao contrario que, despedindo-me sem mais força que a que lhe fazia fazer do meu prestimo e seu conceito, por na tal conjunctura não ter outra de que me ajudasse, a respeito de se achar com os embaraços de Mombaça, perdição de armadas, invasão do inimigo Marata nas terras

do norte, quebras do Sidy e movimentos do Augariá, e por
alcançar ser o mal de Timor tão grande, que a não servir-lhe
de antidoto o geito, dissimulação, brandura, estratagema e
cautelas, a fim de que o modo supprisse o que faltava nas
forças, se fazia escusado mais soccorro e remedio ao que já
o não tinha, nem admittiria outra cura ; e embarcando-me com
effeito em um barco mercante em 12 de maio de 1730, passei
da côrte de Goa a esta cidade de Macau em 25 de julho da
mesma era, deixando cartas ali e aqui para se enviarem a
Vossa Magestade, em que dava conta de me achar por minha
estrella ou fadario, que parece tem implicancia no socego e
adversidade no descanso, obrigado a um governo que só o
era no nome, e o poderia ser de grande e de maior fortuna
para o meu, chegando a merecer a Deus restaurar a Vossa Magestade por especial auxilio seu uns dominios de todo per-
didos, que a nenhum outro adjutorio humano permittiam duração.

Continuei a derrota em outro barco, tambem mercantil,
em 5 de janeiro de 1731 para Batavia, e d'ali para Timor, onde, chegando em 25 de março no dia da resurreição do Re-
demptor e Auctor de todas as cousas, que, sendo acaso para
os de pouca fé, não deixou de servir de confusão áquelles
barbaros, e a mim de especial mysterio, quando, salvando o
instante da memoria d'elle, fui presentido e certificado da praça de Lifão, que unica existia debaixo do real mando de Vossa
Magestade, apressando-se nos desmaios da lastima, e nunca
bem sentida perdição para que corria, quando, falta de tudo
e sobeja de constancia, fóra da maneira de todas as mais a que
se lhe tinha seguido a desgraça de trocarem a suave sujeição
deVossa Magestade e lei do mesmo Deus pelo jugo larantuqueiro e liberdade dos seus ritos e antigos costumes, como
foram as fortificações, presidios e mais reductos das duas
provincias de Servião e Bellos, pertença de Larantuca, e dependencias de Solor, Tulaição, Animata, Amamicó, Amaraça,
Oucussi, Batugadè, Dilly, Faturó e fronteiras de Suay e Bar-
solo, alem da immensidade dos reinos que mostram as bandeiras dos mappas que com esta offereço a Vossa Magestade,

em testemunho de ter servido como verdadeiro e legitimo
vassallo, como mais abaixo e em logar competente farei certo,
em ordem a que dando-se a real grandeza de Vossa Magestade por bem servida, tenha eu com honra o bem fundado
desvanecimento de dar tambem por bem empregado o meu
trabalho, vendo acreditado o desvelo, dispendio que fiz, e ap-
pliquei ao bom serviço que desejei fazer a Vossa Magestade
n'aquellas ilhas, hoje tanto da real corôa de Vossa Magestade
quanto desmembrados d'ella, antes da restauração em que
agora se vêem pela entrega que fiz d'ellas ao meu successor,
Antonio Moniz de Macedo, depois de ter sido a primeira causa
de tanta desordem que a minha fortuna e o meu braço pôde
vencer, ganhando desamparado o que os meus antecessores
ajudados perderam.

Em mim não se dá maior capacidade e valor, mas a necessidade soube vencer o que a bonança desprezou, e Deus por
incomprehensiveis juizos o permitte para castigo de uns e abys-
mo de outros, que de outra sorte, senhor, seria impossivel
perderem elles e vencer eu o que de si é difficil e pela mesma rasão invencivel; mormente sobejando ali o necessario,
só a Vossa Magestade ou a mim, que por fortuna representava
a Vossa Magestade como seu logar tenente, faltava tudo, pois
não havia nos poucos descendentes que já restavam mais que
os ossos que tinham em si, e alguns de cavallos de que se
sustentavam, que em outro tempo tinham desperdiçado a fortuna, sendo a este vigor mais custoso o sitio de dois annos,
e maior a guerra que fazia a fome na desesperação de não ter
a fazenda de Vossa Magestade absolutamente nada, e tanto
assim que nem um prego, nem quem applicasse uma purga a
um doente, e menos uma braça de panno em que se envolves-
sem os que se sepultavam na defensa de seu real direito, sendo a tal falta tambem da bandeira de Vossa Magestade n'aquella
praça, que, sendo a capital, era um theatro de irremediaveis
miserias e uma viva representação de outra destruida Troia,
cuja penuria obrigava as suas miseraveis guarnições a desam-
pararem-na, vendo-se sem recurso e sem pagas ha cinco annos, tres do tempo de Pedro de Mello e dois do de Antonio

Moniz de Macedo, alimentados de raizes, ossos moidos dos
taes cavallos e das folhas das arvores, que tambem já não havia, alem de outros manjares immundos, que por raros não
chegavam a todos.

O referido desamparo é que obrigava o meu antecessor a
largar no mesmo dia que lhe chegou o meu aviso de succe-
der-lhe no governo, o presidio de Manatuto, que por falta de
forças e de viveres o tinha perdido, e que até ali se manti-
nha na provincia dos Bellos, sujeito a Vossa Magestade, depois de assolado tres mezes por um exercito de quinze mil
homens, que na disputa de senhorea-lo, sitiando-o e escalan-
do-o, o não pôde concluir pelo defender o dito meu antecessor
emquanto pôde; porém logoque se viu falto e destituido
de meios para a sua defensa, resolveu recolher-se á tal reliquia ou praça de Lifão, que por desfallecida ameaçava na decadencia a mais terrivel desgraça, o que, consultado com os
cabos e pessoas de maduro conselho, o poz em execução
no embarque dos effeitos e bagagens, com a cautela e segredo que pedia a segurança em uma precisa e arriscada retirada, a que, dando-se principio, foi Deus servido ser-lhe entregue a minha carta no instante que estava para lhe largar
fogo, e suster-se de tal determinação, fazendo-m'a saber, e do
urgente motivo que a ella o obrigava, a que, acudindo eu
com mantimentos, munições e armas que de prevenção minha e á minha custa levava, lhe roguei não desamparasse
aquella porta, na certeza de que fechada se cerravam as de
toda a esperança e tambem a nossa persistencia em Lifão,
visto se terem determinado os seus presidiantes a abrirem as
portas tres dias antes da minha chegada, e estavam conformes
a faze-lo em breve tempo, na afflicção de não poderem mais
ver padecer seus filhos e parentes, cujos gemidos obrigavam
a tudo.

Conformando-se o meu antecessor com o que lhe mandava
dizer, me respondeu fosse tomar entrega do governo, e satisfa-
zendo-o (depois de ter disposto os animos d'aquellas guarnições a mudarem de tenção, na certeza de que a minha era
pagar-lhe tudo o que se lhe devia, e não ser mais que gover-

nador para o premio e companheiro de cada qual em particular nos trabalhos de todos), se com vontade de lhe acudir,
e onde instava mais a necessidade, no receio de que na minha ausencia houvesse alguma perniciosa mudança que os
fizesse afastar d'aquella constancia que me seguravam, e prometteram na falta e ultima despedida que a todos fiz, fazendo-
lhes crer deixava cabedal meu e ordens para serem satisfeitos de todo o retardado e do que haviam de vencer de dois
em dois mezes adiantados, embarcando-me no meu escaler,
sem mais guarda que o bastão e espada, me fui encontrar
com elle depois de oito dias por mares mui pouco costumados a soffrer similhante embarcação, passando por costas e
armadas inimigas que intentaram a fogo lento impedir-me
a passagem; e chegando com effeito em campo, e doente me
entreguei do que não havia, mais temerario que prudente,
incitado de muito zêlo ou da pouca consideração exposta a
segundo peccado de Adão de incorrer no que não delinqui, e
não me sendo menos custoso ver novas lastimas e difficil re-
media-las, fui como pude suavisando-as pela fórma praticada
em Lifáo, cuja praça, tendo em si sessenta e dois defensores,
e o tal reducto quarenta e tres, tinham contra si mais de duzentos mil homens já impossados de todo o territorio e real
mando de Vossa Magestade, tão senhores de terem conseguido as suas pretensões, que despoticos e absolutos diziam,
não queriam governo nem mais dominio nas suas terras que
o seu proprio, e isto por observarem a pouca força que tinhamos n'aquelle paiz, em que, expulsando cinco governadores
e passando a fazer as insolencias que facilita o não terem tido
castigo que lhe dê a conhecer, pôde o real braço de Vossa
Magestade chegar as suas pedras sem embargo da imminente
abundancia d'ellas, em disformidavel altura, que, competindo
com o mesmo céu, mais vizinha testemunha, e é quem castiga os seus insultos.

Vendo-me eu com os hombros offerecidos a um peso com
que humanamente não podia, e na obrigação de tirar da fraqueza forças, intentei de toda a fórma modificar a tenacidade
d'aquelles regulos por meio de affagos, dadivas, caricias e

dissimulações, applicada a esta negociação toda a mais que
me podia segurar algum bom effeito; foi tudo baldado, perdido e sem nenhum; á vista da nossa debilidade que lhes
não era occulta até licenciar a contumacia de se quererem
perpetuar em uma possessão que lhe facilitava a conjunctura e lhe tinha denegado o espaço de trinta annos, em que
sempre cuidadosos a solicitaram, me deliberei tentar a fortuna no tombo da sorte ou do azar, invidando o tenue resto
que tinha mais in vossœ que in rae *(sic?)*, na soltura que fiz
aos reis de Samodo *(Samaro?)* e Claco, presos por meu antecessor com desprezo e rigor, para por meio do desabafo
executar n'elles toda a sua paixão com mais prejuizo do real
serviço de Vossa Magestade que melhoramento algum da nossa estabilidade, porque a culpa pela geral concordata era commum, e sendo a satisfação particular, vinha a ser incentivo da
mais irada indignação, quando se ajuntava ao que todos as-
piravam, uns por inimigos e socios para a nossa expulsoria,
muitos porque isso mesmo lhes servia de pretexto, e outros
que, desejando inthronisar-se, se constituiam na sua falta immediatos successores de seus reinos, e a essa mente dissimu-
laram a execução de seus mandamentos, com a copia de que a
violencia de meu antecessor era quem os fazia romper n'elles,
para d'esta sorte atalharem aos povos o seu cumprimento, e
afearem mais do governador a sua culpa no delicto de serem
suppostos, e as escusas sophisticas por sua mesma omissão,
o que, prevendo, convim a passos lentos na liberdade d'elles,
fazendo-lhes das traições merecimentos para, á maneira dos
successos, ir seguindo o que entre tanta dubiedade mais di-
ctasse a prudencia, encaminhando ao refolgo do extremo a
que por peste, fome e guerra estava dando os ultimos arran-
cos o partido, e o real mando de Vossa Magestade n'aquelle
districto; e assim fazendo do veneno triaga, com acreditadas
demonstrações e honradas continencias, fiz esquecer aos taes
reis os aggravos e injurias de suas prisões em que tinham sido amarrados por cafres, e tratados insolentemente com o
desconto de comerem por onças de vinte em vinte e quatro
horas as migalhas que como a cães se lhes deitavam, de que

vieram a acabar n'ella dois da vida presente, um rei de Viqueque e o outro de Allas e seguiram-se os effeitos acima
remediados para uns apressarem as escusas, e a final conclusão do seu projecto, outros mostrarem apparente a estimula-
ção que fingida protestavam na simulada virtude de abraçarem
commum com o bordão de ser a todos a defeza natural, e os
mais interessados em substituirem aquelles sceptros, ou mando d'elles, incobrindo aos povos a peçonhenta aspiração para
no sentimento os encaminharem a seguirem-nos no despique
que lhes facilitavam para novas culpas, a effeito de que a car-
ranca dos mais atrozes delictos os separassem de qualquer
reconciliação a que o afago, ou trabalho pelo contratempo os
viesse a encaminhar.

Não deixava eu de escrupulisar, que similhante resolução
tinha para a minha honra e opinião longinquo exito de arriscado fundamento, tanto no bom successo, como no revez d'elle,
porque quando chegasse a colher o bom fructo que intentava
tirar d'ella, sempre seria pelos prudentes notado de facil, e
pelos mordazes, que julgam como tencionam, de que a pouca
experiencia e consideração me fizera desprezar dois passari-
nhos na mão por muitos voando, por ignorarem os fundamentos, e tambem que os chamarizes ali na gaiola afugentam
o que de ordinario soltos e domesticos ao longe chamam; so-
broço que certamente atalharia a maior ponderação a não se
aproveitar de um remedio que na suavidade tinha os acciden-
tes de mais violento para deixar-se acabar por não expor a
sua honra (na certeza de livrar) a opiniões de juizos differentes, quando mais bem intencionados, o que venero o meu
grande zélo, ou maior fervor, de querer que Vossa Magestade fosse servido sem reparo ás objecções, que se me offereciam a manchar aquelle credito que desterrado ia tão longe
merecer no real serviço; e assim resoluto cariciei, honrei e
prendei de todo o custoso e necessario os ditos reis, que des-
pedidos mostraram logo a obrigação em que iam, pois mandando por seus povos passar á espada o reino de Dóte engrossado de forças larantuqueiras para projectos maiores, sepulta-
dos pelo estrago que se lhe seguiu com o beneficio de ficarem

divididos, e desunidos os poderes, foram tambem imans da
obediencia que logo me deram os mais reis das suas parcia-
lidades, Ayfay, Humaclara, Bobucusso, Luca, Bibiluto e os
dois mais estimulados de Vequeque e Allas, a que chegaram
as minhas despezas de presentes, joias e vestidos de que me
despi, servindo este bom successo e esta liberalidade de me
facilitar o reduzimento do presidio de Batugadé guardado de
quatrocentos defensores, que subornando-os a troco de grosso dispendio me deram entrada sem estrepito de armas logoque voltei no meu escaler para a praça de Lifão, a expedir
com o meu antecessor o barco que me tinha conduzido em
direitura á córte de Goa, com aviso do estado a que estava
exposto o dominio de Vossa Magestade n'aquelle governo, e
passando pela altura do tal presidio encostado á terra d'elle
examinada a cautela e desimulação, me deliberei ao desembarque, no pensamento de que sendo bem succedido, como
me permittiam diligencias antecipadas, franquearia aquelle
principal posto a todo o subsidio de Lifão e Manatuto, até a
resposta da conta que intentava dar ao dito barco da certa
e infallivel perdição de todo aquelle paiz, não acudindo Deus
pelos meios que me eram occultos, e sendo mais bem succedido do que suppunha, me deu com vivas a Vossa Magestade
obediencia sem armas o capitão e cabo intruso rei de Macolo-
zo, D. Lourenço da Costa, asseverando que a violencia o forçá-
ra á rebeldia com que estava, e com taes protestações fazia
certo ter-se rebellado para melhor servir a Vossa Magestade e
ter occasião de abrir o recurso, e ao soberano jus de Vossa
Magestade aquella porta para por ella entrar o real direito na
provincia dos Bellos, que era a principal base de toda a grandiosa machina que se achava esbulhada da soberana posse de
Portugal, o que agradecendo e remunerando por minha fazenda, foi negaça que chamou sem demora nove reinos circumvi-
zinhos ao real abrigo de Vossa Magestade, como são Balibó,
Cova, Lida, Cutubaba, Cailaco, Lamaqueque, Fialara, Tafacai
e Maere, que a todos despensei por parte de Vossa Magestade
as honras que fazia precisa a necessidade da sua conversão, e
liberalisei pela minha muito que lh'a segurasse fixa por tudo

poder com aquella gente o interesse que lhe mostrava na separação da rebeldia de tantos, que enfraquecidos por força
viriam em obedecer todos ao real mando e soberano nome
de Vossa Magestade.

Continuando a minha derrota em bulniamento do dito barco,
com os avisos necessarios voltei logo para o tal presidio no
temor da certa satisfação, que por parte de seus apaixonados
sem duvida se lhe havia de tomar, na conspiração da obediencia que me tinham dado, e não sendo mal fundado o meu receio, desembarcando n'elle o vi descoraçoado olhando um
exercito de nove mil homens, contendendo na sua fronteira no
reino de Fialara para que entrada a passo livre melhor cair
sobre elle em castigo da culpa de se ter levantado da sua sociedade, que animado com a assistencia da minha pessoa por
não ter outro adjutorio com que o reforçar lhe certifiquei
novamente me achava ali para alvo de todo o acontecimento
e rodella de sua segurança no que convalescido deduziu esperanças para alento e esforço de quatro companhias que
apressadas mandei marchar em soccorro da dita fronteira,
que estava quasi invadida, mas não quando as guarnições avistaram o soccorro, que cobrando novo alento e valor, com resolução ultima, vehementemente deram nos invasores de improviso, que perderam cinco mil no irado e sanguinolento
choque que lhe sobreveiu, ficando por então a victoria em disputa por uma e outra parte, e em socego a tal fronteira na
retirada d'elles ao seu acampamento.

Tendo esta noticia Francisco Fernandes Varella, cabeça do
partido larantuqueiro, intruso capitão mor do bem commum, e
supposto senhor d'aquelles reaes dominios de Vossa Magestade, prevendo ter perdido em uma hora o que muito tempo lhe
custára a ganhar, resoluto a largar de si o motor de todo o
tumulto timorense, e aggressor da tal conspiração D. Mathias
da Costa, rei da Lamanea, descendente de um dos tres potentados que antigamente regiam aquellas ilhas, para que ajuda-
do da sua força larantuqueira e da de seu sequito fizesse conducta ao tal exercito que se achava rebatido e feito alto á vista da tal fronteira, o despediu com escolta de dois mil homens,

ao passo que o partido de Vossa Magestade enfraquecido, cansado, falto de munições e sustento, fazia esmorecer aos mais temerarios de animo e cobardes de consideração.

Confesso a Vossa Magestade que n'este lance do mais arriscado transito esteve a maior dita de todos, e fortuna minha na diligencia de examinar por bem pagos espias os movimentos d'este poderoso e rabino levantado, e na de emprehender com subornos rebellar a sua petulancia contra os mesmos que o apoiavam, e promettiam enthronisar com lhe fazer apparente (inriquecendo-o de davidas minhas e honras de Vossa Magestade) era tudo fingido em ordem a ajudarem-se do seu sequito e astucia durante a guerra para acabada ella o matarem á falsa fé, e se sujeitarem a um D. Mathias da Costa, a quem queriam e diziam pertencia realmente o throno ou casa do tal Camenaça, foi Deus servido consegui-lo ouvindo-me, não desprezando o que com malicia poderia pensar se encaminhava a conveniencia de engana-lo e ajustando-se no que lhe convinha fiz o mais importante ao real serviço de Vossa Magestade com se determinar declarado inimigo dos mesmos que capitaneava, e depois capital do exercito que ia reforçar, com o destroçar, e fazer levantar o dito sitio e fronteira, supposto que no tirar da mascara de parte a parte foi o destroço igual, e recolhendo-se as suas pertenças veiu em breves dias ante mim ratificar a sua vassallagem trazendo por abono d'ella, na fidelidade que prometteu a Vossa Magestade, as potencias que o seguiam, chamados Balibo, Siniri, Loquêo, Fatumeão, Heramera, Lamaqueto, Lolotoe Ramião, Tiris-Maccta, Rotto e Rotuto, a obrigarem-se a novos termos de seus tributos, e mais contribuições á fazenda de Vossa Magestade, que mostrando melhor semblante o real partido fazia ao tal Francisco Fernandes Varella má cara, a cuja attenção e resolução o premiei com o posto de tenente general das ilhas, esquecendo-me do passado, que não tinha remedio por lembrado do presente que d'esta maneira o poderia ainda ter como teve, ordenando-lhe juntasse o seu poder e marchasse por terra ao passo do compasso que eu por mar navegasse sobre o presidio de Dilly e mais levantados, que conservavam a teima ou o receio para fazer em mim mais custosa a ancia de os ver na real reconciliação de Vossa Magestade.

À sua vista escrevi ao dito Francisco Fernandes Varella a noticia de me achar com melhorado poder para o obrigar por força na falta de vontade a sujeitar-se no que fosse de rasão, augmento para as terras, socego dos povos, quietação das christandades, serviço de Deus e de Vossa Magestade, que pio e catholico de tão longe emprehende estabelecer n'aquella distancia a lei de Christo, por ser a guerra em mim forçada de uns contra outros, sendo todos da real corôa de Vossa Magestade na attendencia de se me não seguir jactancia das victorias mescladas com a sua total ruina, e conformando-se (não de virtude) respondeu estar por tudo o que eu determinasse e fosse justo, e porque a tal conformidade n'aquella occasião era em tanto do real serviço de Vossa Magestade quanto avessa à vingança de odios, que por particularidades, como rebuço de Vossa Magestade se anhelavam satisfeitos, o perdoei e a todos os seus apaixonados depois de capitular com todos um acreditado tratado, nunca em Timor visto, e com imposições taes, que jamais se verão por arduas e difficeis no cumprimento que foram tendo na restituição de munições, perdas e damnos, de tudo o que estava usurpado e damnificado a seus donos, publicando-se geral paz, que pouco durou, vindo a fallecer o tal Francisco Fernandes Varella de um repentino cancro, por querer Deus não ficasse sem o castigo que lhe disfarçava o tempo e a necessidade na nova rebeldia dos seus parciaes, que a pouco espaço sublevaram outra vez quasi as ilhas, assás cansados das guerras de tres annos, e eu falto de forças, a rigor de doenças, trabalhos e afflicções, mal podia commigo para pôr-me em campo no castigo ultimo e sujeição d'aquelles reconspirados.

Como o mal era grande, foi preciso o remedio de evita-lo, ordenando ao convertido tenente general me seguisse com a força do seu sequito, que bastou no decurso de dois annos, em effectivas marchas, para os trazer à secundaria obediencia depois de lhe escalar as pedras de Elimano, Fatuparo, Vemace, e Limace, Bailó, Vemorim, Fatulaso, Bainete, Vaibobo

Vemor, muita parte da jurisdicção de Lucanequeque, Laléa, de que foi desalojada a força larantuqueira, e dos dois reinos da cabeça da ilha de Faturó e Saráo, sem em todo o meu governo ser soccorrido da côrte de Goa, tendo-lhe mandado o barco de aviso, por se suppor n'ella perdido aquelle real domínio, e menos de parte alguma de um unico homem ou só vintem em desconto de meus ordenados, e 30:000 pardaus timores, que emprestei á real fazenda de Vossa Magestade para pagamento dos consignados effeitos da folha d'ella, por estar attenuada, tão falta de substancia e de esperança que obrigava não se fiar d'ella nada, e annuiu fazer os empenhos de tomar o tal dinheiro sobre minhas fazendas com avanços de 25 e 30 por cento que estou pagando, e serei obrigado até real satisfação, alem da perda de um barco meu que naufragou no serviço de Vossa Magestade e n'elle a importancia de mais de 20:000 pardaus, que importam pouco menos de 40:000 cruzados, não fallando em outra embarcação, que tambem se me perdeu carregada de cera mareada do porto de Manatuto em pagamento das tropas de Lifáo, e mais joias, cordões de oiro, vestidos e espadins, toda a esquipação, ainda da mesma cama de que cheguei a despojar-me, em serviço de Vossa Magestade para unir tantos animos differentes e uniformes no viver, á lei da natureza e da liberdade sem sujeição alheia.

Finalmente, senhor, servi a Vossa Magestade n'aquelles domínios com honra e fazenda, expondo a vida cada instante, tanto no mar, tanto na terra, como no verão e no inverno, tanto são, tanto doente, e tanto só como desamparado, que a minha guarda era a minha espada, subindo serras e passando caudalosas ribeiras abrigado de arvores e sustentado de hervas, sendo governador na successiva inclemencia, fazia as vezes de cabo de esquadra, e deitando muitas a sella no cavallo, as mais d'ellas fui ao leme e peguei no remo na falta de marinheiros, e de tudo absolutamente, que sem vangloria posso segurar a Vossa Magestade se outro tanto a Deus servisse, supposto que servindo bem a Vossa Magestade o não deixei de fazer melhor áquelle Senhor, com todo o zêlo que me deveu o real serviço de Vossa Magestade me fez esquecer de offerecer-lhe este merecimento, que sem duvida alcançaria da sua omnipotencia igual premio ao que de telhas abaixo espero da real grandeza de Vossa Magestade, não se dando por mal servido deixando de o remunerar fóra do que costuma, a quem com tanto desvelo, amor e honra o serve, e se empregou n'aquellas ilhas com mais de trezentas armas, munições, peças, escravos, embarcações, que perdi, despendi e na entrega do meu governo renunciei e offereci gratuitamente (o que ainda restava) á real fazenda de Vossa Magestade, não me contentando com o que tinha gasto e emprestado, e juntamente com o que da minha distribui na reedificação do presidio de Manatuto, antes de madeira e hoje de pedras, depois de haver pago o meu transporte e da minha comitiva a um barco de orgulhosa mercancia, em viagem atravessada, e tão dilatada com despeza e tratamento publico por terras estranhas, não ignorando se me havia de seguir na recolhida o mesmo dispendio, e espaço de chegar a minha casa a ver mulher e filhos, a quem buscando o sustento de lhes matar a fome a que veiu a expo-los os honrados serviços que antes do governo de Timor tinha feito a Vossa Magestade na obrigação de despezas excessivas e precisas nos meus empregos, vim a achar deixa-los mais famintos, e sem ainda aquellas migalhas de que se sustentavam na esperança da minha recolhida serem com honra remediados; mas terão paciencia até que Vossa Magestade se lembre de mim e d'elles a não irmos todos pedir esmolas.

Até aqui, senhor, em summa e por maior todo o succedido no meu governo, que se mais individualmente fosse possivel representa-lo a Vossa Magestade, o não seria nunca sem a pensão de uma molesta e impertinente escriptura, quanto mais que se faz impraticavel recopilar tanta machina e trazer á memoria padecimento e acasos continuos, que só pela consideração podem ser a Vossa Magestade presentes, admirando da obscura nevoa a grandiosa sombra da sua monstruosidade, e para baixo o motivo ou protesto que tomaram os timores e larantuqueiros para romperem no que fica dito da sua conspiração, que emquanto durou nenhum forasteiro,

e ainda missionario teve logar seguro, por não perdoar a ti-
rannia aos mesmos seus parochos, que foram roubados, desapossados das suas igrejas, para fazerem morada no embre-
nhado dos matos, poupando d'este modo as vidas, excepto
dois que nas mãos violentas d'elles as perderam, como se viu
no tempo de Antonio Moniz de Macedo, e se não escondeu
em cinco no de Pedro de Mello, que a necessidade e injuria
lhe apressou a morte, e tambem a outros seculares, cuja lastima enternece referir o numero d'elles.

Muito tempo ha que os timores cuidavam em se eximirem da
sujeição, tributo e pensões annuaes que são obrigados á real
fazenda de Vossa Magestade, como flntas, todo o necessario
e ainda comestivel, alem de outros costumes, carretos, siripi-
noens, comeria aos forasteiros, sustento aos parochos, e
igualmente aos capitães dos reinos e portos d'elles, movendo
sobre o tal pesadelo varias revoluções, que tarde ou cedo
sempre se aquietavam, deixando para a occorrencia do tempo o melhoramento de suas idéas.

Succedeu pois no de Antonio Moniz de Macedo, mandarem
os ditos dois padres os mesmos de quem se desconfiavam os
motores de não estarem no pensamento dos mais, para por
este diabolico meio refinarem a confiança que todos deviam
fazer para a tal sublevação, que sendo geral deixaram entre
si separados alguns que affectando-se vassallos de Vossa Magestade precisamente se valeria d'elles o governador para
castigo dos outros, dispensando-lhes polvora e armas, na ignorancia de os dar contra si ao menos que o pensasse depois
de gasto o tempo que a uns e outros se fazia mister para os
seus finaes ajustes de porem aquellas ilhas no primeiro uso
de suas antiguidades, e escondendo este segredo communi-
caram ao tal Francisco Fernandes Varella e a Francisco Hornay, segundo cabeça do partido larantuqueiro, a resolução
em que estavam de expulsarem o governo branco, e como
quem lhe conhecia já os espiritos governativos lhe brindaram
com a promessa de se lhe sujeitarem, vindo ajuda-lo, e supposto que a elles lhe não era occulto o seu atraiçoado genio,
e contrario intento, levados da ambição, e de fazerem verda-

de o engano da fingida que os timores lhe offereciam na idéa de expulsar e ao enthronisamento de seus tres reis Sonobay, Liquiça e Veale, dando-lhe depois mais violenta ao seu adjutorio, que segura lhe facilitaria a familiaridade do descuido em sua casa, lhe deram polvora de todo favor e pessoal; e como na liga se foi espaçando o governo de Antonio Moniz de Macedo, entretido em marchas contra os sacrilegos facinorosos, foi preciso o governador por ciumes, ou por alguma noticia que deve suppor-se séria, cuidar nos meios de socega-los na graça de um perdão real e de promessas, que vindo todos á sua presença, os alliviaria dos tributos e do mais que os opprimisse, e despedindo estes perniciosos avisos, despediu outro não menos prejudicial ao tenente general que então era, hoje defunto, referido Francisco Hornay, cunhado do outro mencionado Francisco Fernandes Varella, e genro de um celebrado Domingos da Costa que acabou a vida na tentação de ser senhor das ilhas, a que viesse tomar entregue do governo com que por velho e cansado não podia.

Postoque este nem aquelles eram costumados faze-lo, uns e outros vieram receber por vontade o que pende da de Vossa Magestade, e intentaram conseguir por força, chegando primeiro o tenente general, o entreteve o governador dizendo-lhe queria fazer o acto mais solemne com a assistencia de todos os reis (mandados conduzir com differente pensamento), vieram vindo uns, que foi dilatando, até que chegassem os outros, e tambem o successor, que tinha noticia certa e secreta estar em Batavia; emfim chegou este, depois os que faltavam, e desculpando-se com todos de que por aquella contingencia não podia satisfaze-los, segurou a uns e outros, e a cada um d'elles em particular, ficava por sua conta o cumprimento da palavra, vindo todos em passarem n'ella uma procuração, para os procurar diante do vice-rei da India e real presença de Vossa Magestade, em que convindo por vergonha no pejo de se terem dado ao logro, se foi ter com o successor seu e predecessor meu, Pedro de Mello, que tudo ignorava, dizendo-lhe tomasse entrega do governo, já que era tão ditoso que no presente merecia a fortuna ter por testemunhas d'ella os reis, cabeças e potentados da sua jurisdicção, sorte que nenhum governador conseguira.

Entregou-se o novo, e despedindo-se o velho com esta farça mui airoso, se despediram tambem os reis para as suas terras, aonde, chegando, publicaram estarem isentos das pensões, tributos e mais costumes, e fazendo-o verosimil faltaram com ellas, o que sentindo o novo governador e não sabendo a nascença da omissão, lhes ordenou cuidassem em satisfazer suas obrigações, no que eram obrigados; responderam estavam absolvidos pela ida que a!esse fim fizeram á praça de Lifão a chamada de seu antecessor, que, se como governador lhe podia fazer aquella graça, elle que tambem o era não lhe devia negar tendo os mesmos poderes. Viu-se o governador perplexo, e determinando-se á cobrança das fintas, por pessoas que as arrecadassem, veiu a ficar sem ellas, e sem a obediencia que por tempos interpolados se lhe denegou em geral dos reis senhores de todos os portos, presidios e fortificações das duas provincias, Servião e Bellos, pertença de Larantuca e dependencia de Solor, excepto da fortaleza de Lifão que susteve a constancia, e de Manatuto que defendeu a pessoa e valor do dito governador até a hora que me fez entrega da maneira acima expressada, com os acontecimentos referidos, que fomentava a ambição dos hollandezes na perniciosa residencia de Cupão, que se não descuidam de dispor o com que poderam vir a possuir aquellas ilhas e extrahir-lhes todos os generos a troco de munições e venda de armas que os timores a todo o custo compram na futura esperança e presente conveniencia de as tirarem sem direitos dos levantados, amparados com manha e protegidos com dessimulação sua, que senão nunca teriam tão grande coração, que receio lhes cresça se Vossa Magestade não obviar os seus designios, pondo na longitude d'aquellas terras forças que as encontrem e as façam render á real fazenda, o que baste e muito sobeje para todos os gastos, soccorros e gente (que é guerreira) e mais necessario para os estados da India, porque são possantes e riquissimas no prodigar de oiro, prata, tambo-ca e mais metaes, aljofar, perolas, muita cera, azeite vario.

pau rosa, veio, preto, amarello, sandalo e outras madeiras
singulares em abundancia a toda a serventia, e infinitas raizes
de muitas virtudes medicinaes, cauril, ambar, bicho do mar,
tartaruga, ninho de passaro, rottos, gamuti, tabaco, binga, sa-
pão, caparosa, gesso, e outras tintas; montes de pedras que
por sustento comem os timores, alem das de Suay, e das de
sal gerado pela Providencia e melhor que o de Ormus, Peni-
pilcia, assucar, mantimento todo o anno e milho de todas as
castas, trigo, arroz, sagu, cocos e legumes, gados em quantidade e cavallos na mesma fórma, enxofre, oleo da terra, outros materiaes peçonhentos e salitre, assafrão, gingibre, canella, todas as verduras, uvas quatro vezes no anno e em todo
o decurso d'elle laranjas, limões, o mais espinho, e fructas excellentes pelos matos, café, noz, cravo, pimenta, e o mais genero de especies que podem produzir-se com facil cultura se
lhe grangear, pois não differem em nada os seus ares com os
das Molucas, que não tem mui distantes; escravos e tudo em
tanto sobejo fóra o que se não sabe, e conhece que póde car-
regar com leve feitoria todos os annos armadas, e em conclusão terras aonde se não pede esmola, não ha moeda pelo barato, que tudo a pouco trabalho sem outro custo se acha, a
gente agil e com capacidade para todo o ensino, que muito
carece, e de mestres que a applique á sciencia de qualquer
arte por ser habil em demasia, porém pela ociosidade grande
d'ella, n'ellas, e beneficio nenhum está escondido, o que as
faz perdidas, que tendo e creando tudo por influxo do clima,
não tem nem rendem nada a desaventura da desgraça e da
mandriice de seus naturaes, que sendo por nascença ambiciosos, estão por fado ainda rusticos no cuidado e indagamento
das riquezas que de toda a natureza téem.

Ponha Vossa Magestade os soberanos olhos da clemencia
e a sua real apprehensão n'ellas, que estou certo se reduzirão
a uma nova colonia, e que terá Vossa Magestade na sua real
coróa a melhor pedra, com valor de avassallados premios a
todo o merecimento, pois são dignos de que lhe chegue o exame da experiencia, para que conhecidos sejam pelas singula-
ridades, potencias, cabedaes e substancias mais estimadas, e

quando Vossa Magestade se sirva de que eu lhe insinue os meios de a pouco custo interessar muito, com licença de Vossa Magestade o farei com aquella noticia e sciencia de que os trabalhos me fizeram mestre no correr, penetrar, escoteiro, só, e tudo o que nenhum dos meus antecessores conseguiu, nem com muitas forças emprehendeu, por supporem todos poucos para o que a mais me obrigou; mas no emtanto sempre sou como vassallo precisado a dizer a Vossa Magestade o que carece de remedio prompto emquanto me não chega faculdade para expor o que na falta d'ella faço em silencio.

Em primeiro logar é mui conveniente que Vossa Magestade ordenasse aos vice-reis, mandem para aquelles dominios pessoa que ponha tal modo no seu governo, que segundo elle o conserve, ou o tire logo, para o que deve ir sem tempo determinado por ser mui pouco o de tres annos, cuja causa occasiona muito desmancho e tambem o acabarem os governadores, quando na rasão do conhecimento estão capazes de melhor servir a Vossa Magestade, porque o mesmo se ajusta á vontade dos timores, que sempre entretéem a dilação do seu curso na experiencia que fazem de se ficarem em vir á sua presença, ficando sendo por este pernicioso motivo ao atar das feridas, que lhe for mais sensivel troca de uma descoberta condição, por outra occulta que carece de outro tanto intervallo, que na sua rustiquez faz preciso a calculação da sua observancia.

Em segundo logar mandar Vossa Magestade se abra aquella missão a todo o estado sacerdotal, para que a competencia de um melhore o costume do outro, e a emulação na falta de virtude faça emendar o viver do que ali existe, em tudo proprio ao do mais perverso secular, quando não venha Vossa Magestade em mandar afastar d'ella os religiosos dominicanos e em substituir em seu ministerio os jesuitas, pelo prejuizo que causam ao real serviço de Vossa Magestade, vindo a redundar no de Deus, e pela utilidade que a uma e outra Magestade se seguirá de tal substituição, lucrando Vossa Magestade na mudança cessarem tão ruins effeitos, e tambem os escrupulos de assim o não ter determinado mais cedo tendo sido antes informado, o que muito duvido aliás terá Vossa Magestade sempre n'ella contra si e o mesmo Deus uns homens que no escandalo e procedimento mais parecem soldados occupados na propagação, que operarios evangelicos, no promulgarem a fé com exemplo que dão e doutrina que ensinam por relaxos em toda a materia e em andarem cercados de armas, servindo-se de mulheres em suas casas a titulo de moças da communidade, que em nenhuma parte vi e ouvi se estyle, devendo fazerem-no rodeados de caveiras, cilicios, disciplinas, contas e breviarios (que alguns por ceremonia téem) para deixarem de se fazer parciaes dos regulos e de fomentarem alterações que a salvo lhes segurem os absurdos que praticam em contratos usurarios e outras insolencias, como se isso mesmo fosse o que professassem.

As igrejas são de paus como a natureza os creou, e todo o seu aceio consiste em quatro folhas de arvores em alguma festa de sua vangloria, e ás portas outras tantas que não impedem os porcos, cabras e gados, que n'ellas se recolhem e dormem, tendo fabricas que as ornassem e enriquecessem na falta de livros d'ellas, as bolsas dos vigarios; sacramento e enterro o téem os ricos, se vivos e antes de se sepultarem pagam os suffragios que nunca se lhes fazem; assentos de baptisados e casamentos nunca houve, de que succede casarem os que com legitimo impedimento não téem nenhum pelo pouco zélo d'aquelles no nome missionarios, e na realidade ministros de todo o deshonesto exercicio, por não dizer do demonio, em sem escrupulo mandarem confessar, como já succedeu e sem castigo pelo meirinho e cobrarem frequentemente legados de ovelhas que morrem, não enterram, nunca viram nem perguntam pelo pasto espiritual e obrigação christã de todo o catholico, desprezando muitos povos a este excesso o gremio da igreja por não virem na morte a deixarem seus filhos captivos; não tendo por onde paguem os ditos legados que tomam pelo valor d'elles e põem em perpetuo captiveiro vendendo-os sem attendencia á liberdade que Deus creou senhora e Vossa Magestade protege, isenta, e a vinha do Senhor, que devendo cultivar, vindimam, dissipando em desenvoltu-

ras, que a soberana attenção de Vossa Magestade não permitte
serem-lhe presentes, por indignas de se porem nos seus reaes
ouvidos.

Emfim se os capitães mores das duas provincias Servião
e Bellos dêem sujeita homenagem d'ellas ao governador, porque só assim no receio e certeza de darem conta do que se
lhes entrega conservarão aquelles reinos, abstendo-se de os
roubar e de lhes permittirem cousa que os altere a melhor o
fazerem, pois na dissimulação do castigo aos aggressores,
dão occasião a maiores conveniencias proprias, vendendo a
justiça a quem a tem ou dá mais por ella, sem o miseravel
governador lhes poder ir á mão, por lhe ficar distante e ser
sabedor dos excessos ao echo do estoiro, cujo estrondo depois de ouvido nenhum remedio tem.

É isto na differença, como do vivo ao pintado, o que em ves-
peras de recolhido á costa de Goa apresentar-me ao vice-rei da
India, por obrigação e descargo da minha consciencia, alcan-
ço licito informar a Vossa Magestade n'esta resumida conta,
que parecendo grande é uma só cifra da somma e algarismo
de toda a sua importancia; esperando deva a Vossa Magestade
e a seu real conceito o credito de que se faz digna pelo zêlo
com que foi feita, como melhor ao tirar da prova achará Vossa Magestade estar em tudo certa e conforme aos documentos
que pela carta testemunhavel do meu desvelo em Timor po-
nho nas reaes mãos de Vossa Magestade; movendo-me a este
impulso entender que só ellas podem premiar serviços tão
distinctos, e não outras que sempre têem de escassas o que as
de Vossa Magestade, por realmente grandiosas soberanas, de
liberaes, alem de que com os olhos em Deus só a Vossa Magestade sirvo e não a vassallos como eu, que constituindo-se
pois pela jurisdicção e poder que Vossa Magestade lhes com-
mette são padrastos de filhos alheios (não todos) que Vossa
Magestade não engeita por ter mais possessão em todos que
ainda os mesmos seus progenitores no ser senhor das vidas
e estar obrigado á honra e alimento d'ellas, a assim n'esta certeza e boa fé não faço eleição do primeiro, por dever ficar á
escolha de Vossa Magestade a minha remuneração, que vindo-

me das reaes mãos de Vossa Magestade, como titulo que me-
reço e que me é devido de restaurador d'aquelles reaes dominios, que mais honorifico brazão de minha casa e acreditado timbre da minha descendencia a não deve ter.

A muito alta e muito poderosa pessoa de Vossa Magestade
guarde Deus os muitos annos que seus fieis vassallos dese-
jámos. Macau, 15 de dezembro de 1734. == *Pedro do Rego
Barreto da Gama e Castro.*

Senhor: — No anno de 68 dei parte a Vossa Magestade do estabelecimento de Lifáo e das producções com as amostras d'esta ilha de Timor, e pela miseria em que via a praça, escrevi ao senado da camara de Macau para que no anno de 69 a soccorresse com mil picos de arroz, que com quatrocentos cargas de tachos que importam em Macau 200 taeis, e estes trocados por arroz em Batavia, Madura, Samarão ou Bali, portos que os barcos de Macau quando vem para esta ilha fazem escala, é o que lhe poderia importar os mil picos de arroz; chegou o barco em 69 só com cento e cincoenta picos de arroz, ração de um mez para a infanteria brancos e pretos d'esta praça, eu me acharia n'ella com outros cento e cincoenta picos, fui cortando por metade para ter para quatro mezes, e como vi que a disposição do rebellado Francisco Hornay era ajuntar barquinhos, entendi que o seu desenho era de investir com os dezoito barquinhos, os nossos que viessem da provincia para o trafego do barco de Macau, a todo o risco da noite expedi o aviso em uma pequena embarcação para que viessem com cautela e bem ao mar do canal, que não fossem vistos do Oicusi, aonde assiste o rebellado, e chegando o aviso ao primeiro porto e presidio de Vossa Real Magestade Batugadé, ou por lhe parecer impossivel que o preto rebellado tivesse ajuntado dezoito barquinhos postoque de remos, ou por ver que os da nossa conserva eram vinte, e dois não quizeram estar pelo meu aviso, e commetteram a viagem para baixo de Batugadé, e saindo-lhes ao encontro só cinco porque os mais estavam divididos pelos portos do mesmo rebellado, houve choque, e levaram tres, nos quaes entrou a barquinha do reverendo padre commissario e governador d'este bispado, Fr. Antonio de São Boaventura, de cujas mãos tomei entregue do governo, e os outros dois um era da praça, outro do mercador China da mesma, e os mais a bom escapar vieram á praça com tres reis que vinham a jurar fidelidade a Vossa Magestade, perguntando-lhes porque tinham desamparado, aquelles tres me disseram não sabiam guerra do mar; cuidei em tirar o dito commissario e seu companheiro, e mais dois portuguezes para que dei quatro dos rebellados, que tinham na cidadella, e d'esta catastrophe ficou o dito commissario bem mal ferido, do que escapou.

Eu vendo que estava o caminho do mar já tomado, o da terra não o tinha pelo ter tomado ha mais annos o mesmo rebellado, e que para o oeste não tinhamos a provincia do Servião, Tulicão e Animata por estar hoje sujeita ao hollandez, e que esse pouco subsidio que vinha á praça de Lifáo era de leste, e com este caso não seria facil vir-me soccorro nenhum, porque estes timores são nimiamente medrosos, e que a gente, que eu tinha em Lifáo, eram mil e duzentas cabeças de ambos os sexos, escravos e creanças, sendo só do sexo feminino seiscentas e setenta e tantas, e por aqui poderá julgar Vossa Magestade que gente teria eu para defender uma praça de tanta irregularidade como é Lifáo, que só de baluartes a que cá chamam postos tem trinta e dois, fóra os quatro da cidadella de toaqueiras, formando os seus meios baluartes e cortinas uma linha curva de novecentas braças de oeste a leste, aonde se acham as duas portas uma ao nascente e outra ao poente, e pela parte do convexo tudo cheio de veredas e caminhos para mui bem subir ou deitar o inimigo um cordão de uma porta a outra, como o anno passado me deitou duas vezes, e ficámos encurralados sem poder esses poucos pretos ir fóra a buscar cocos ou sagu de que se mantem uma praça com sete cavalleiros, quasi todos a cidadella, e tão elevados, que para mim alguns eram inaccessiveis, e postoque tinha sessenta peças de artilheria me faltava ainda para muitos baluartes, não tendo estes mais defensa de um a outro, que um pequeno vallado de espinhos, que applicado o fogo ardia tudo, e os mesmos baluartes por serem cobertos de ollas, e soldados para impedir o impeto do inimigo mais do que quatro em cada baluarte, esses dos pretos, poisque dos brancos não tenho mais

do que quinze: tomei a resolução, vendo que o navio do se-
nhorio Simão Vicente Rosa era possante por grande e forte,
fui desartilhando com cautela a cidadella e mais alguns baluartes, e embarcada toda a artilheria no porão do navio, lhe
cavalguei mais oito peças por ter capacidade para isso, vinte
mil balas rasas e todo o mais parque da artilheria, para o que
serviu de muito os quatrocentos e quarenta homens que os
reis trouxeram para a sua guarda, e a 11 de agosto picando os
mastros das bandeiras e demolindo a cidadella das toaqueiras
de dia, á noite embarcando toda a gente nos dezenove barquinhos, e barco grande, mandei pôr fogo a tudo mais, aos
doze me fiz a véla e vim surgir no nosso porto de Batugadé,
aonde o reforcei, deixando-lhe doze peças de artilheria e gente, e quanto que os ventos fizeram feição me fiz a véla, e vim
surgir a 10 de outubro no presidio de Dilly, aonde assentei a
praça em uma bella planicie tambem com duas portas uma a
leste e outra a oeste, e de uma a outra pelo convexo defendida com doze baluartes todos de pedra, e de um a outro uma
estacaria de paus vivos por estarem todos pegados e reben-
tados, que é um bella tranqueira, e fóra d'esta tem um fosso
aquatico pela natureza impenetravel á gente humana, e fóra
d'este fosso até as raizes do outeiro, que são muito dentro, e
estes inaccessiveis têem bella planicie de varjarias de arroz, e
no meio d'esta linha curva dentro das duas portas tem uma
cidadella de meios baluartes muito forte e boa, e para a banda do mar uma restinga que pega do leste a oeste, e aqui é
a barra de quinze braças de fundo aonde póde mui bem invernar na sua bahia dentro dez ou vinte navios, sendo esta
barra defendida não só da cidadella, mas tambem de um forte
que cavalga cinco peças formado bem em cima da barra.

Aqui têem vindo todos os reis d'esses que ainda confessam vassallagem a Vossa Magestade jura-la perante mim, a
quem tenho tratado com muito agrado, modo e cortezia, e
agora, rei e senhor, é que Vossa Magestade tem os dominios
de Timor seguros, e eu o caminho da terra e mar desimpedi-
do, os reis e coroneis, que mais longe estão, em seis dias me
podem soccorrer, e certamente se póde estabelecer uma per-

feita cidade, assim Vossa Magestade me soccorra com officiaes mechanicos e algumas companhias de sipaes, vistoque de Goa se me não manda mais senão dois ou quatro homens e estes bem mal morigerados, e absolutamente não tenho quem possa pôr nos cargos, como é de feitor, sargento mór, etc., está hoje esta praça sem mais homem algum, do que o secretario e ouvidor, um dos bons vassallos de Vossa Magestade, e faltando este não tenho quem prova este, para estabelecimento da sua casa lhe fiz mercê em nome de Vossa Magestade de um quintal de trinta e oito braças de largo e cincoenta e quatro de comprido.

Quando o conde de Sandomil proveu segunda vez n'este governo a Antonio Moniz de Macedo lhe mandava no terceiro capitulo da sua instrucção, que mudasse a praça para Babáo, ou para onde melhor entendesse; Babáo é a ultima cabeça da ponta de oeste, que Vossa Real Magestade fez mercê aos hollandezes, hoje chamado Cupão, como melhor se vê do papel incluso, que achei no cartorio em Batugadé; pois em Lifão quando a rota (sic?) de entrar o inimigo, governando o padre Fr. Jacinto, queimaram e roubaram tudo, e não ha clareza de nada, d'essa segunda vez é que Antonio Moniz de Macedo fez a loucura de suspender as fintas reaes, dando os reis por cabeça de ambos os sexos um pardáo timor, ficando elles reis e coroneis obrigados a assistirem com quatro mil picos de mantimento para o sustento de Lifáo e oitocentos e quinze homens para defensa da mesma, alguns se acham hoje rebellados, como melhor se vê da copia da provisão e lista dos reis, que a esta acompanham, mas com esta novidade que fez Antonio Moniz de Macedo o não soccorreram com a gente, e menos com mantimento e de nenhum modo sem força do real braço de Vossa Magestade se lhe póde fallar nas primeiras fintas reaes, e o que agora cuido é que, com effeito, esses que confessam vassallagem paguem o que lhes toca, e estão obrigados pela mesma provisão para subsidio d'esta praça. Supplico a Vossa Real Magestade a faculdade para poder abrir vias e retirar-me por qualquer navio estrangeiro aos reaes pés de Vossa Magestade, porque receio que de Goa me não

venha successor por fugirem todos de virem para estes dominios pela miseria d'elles.

A muito alta e muito poderosa pessoa de Vossa Magestade
guarde Deus por muitos annos, como todos os seus vassallos
desejam e hão mister. Dilly, 31 de março de 1770.*=Antonio
José Telles de Menezes.*

Ill.ᵐᵒ sr. governador e capitão geral. — Tres motivos tenho para fazer esta a v. s.ᵃ, o primeiro é de dar a v. s.ᵃ os parabens da sua chegada a essa Larantuca, para mim tão estimada, dobrando-se-me o desejo de que com a maior brevidade consiga o gosto e fortuna, para que n'esta praça de Lifão dê a v. s.ᵃ os devidos parabens pessoalmente; permitta Deus, e assim confio que com a ditosa chegada respire esta terra e se veja livre de tanta calamidade de que se acha perseguida, pois assim como eu e todo este povo conseguimos o ter a felicidade da chegada de v. s.ᵃ a este seu governo, eu e todos esperámos de participarmos das felicidades e bonanças que poderá haver com a vinda de v. s.ᵃ

O segundo motivo é dar parte a v. s.ᵃ, apontando tão sómente em poucas palavras o que é preciso fazer pessoal com toda a miudeza e circumstancia; acham-se presos n'esta fortaleza Domingos da Costa, tenente general que tinha sido da provincia de Sorvião, como era pela baixa de desobediente que lhe tinha dado o governador que foi d'estas ilhas, Manuel Doutel de Figueiredo Sarmento, por sair d'esta ilha absolutè para essa Larantuca ajuntar gente para vir desembarcar em logares occultos d'esta ilha, para com todos seus sequazes, dos quaes se acham parte presos junto com elle, para com a gente que de Larantuca trouxesse tomar esta praça, cousa que desde o principio sempre fulminaram e buscaram todos os meios para isso, como v. s.ᵃ chegando aqui verá por uma justificação que me remetteram d'essa mesma Larantuca junto com o dito Domingos da Costa, quando o mandei buscar e libertar da prisão em que se achava ha dois annos e tantos mezes preso em machos em logar mais rigoroso que podia haver, como v. s.ᵃ terá noticia n'essa Larantuca.

O terceiro motivo é que na povoação de Occussy se acha

Francisco Hornay, cabeça dos pretos levantados da dita povoação contra os dominios reaes, e para com mais facilidade
conseguir o seu intento tomou a protecção da companhia hollandeza, fazendo-se subdito e vassallo da mesma companhia,
depois de ver não podéra levar esta praça com os ataques que
lhe fez e sitio que lhe poz pela morte do governador que foi
d'estas ilhas, Dionysio Gonçalves Calvão e Rebello, justifican-
do-se elle e todos os seus sequazes por escripto, de fieis e
leaes vassallos de Sua Magestade Fidelissima, que é o que sempre costumaram desde o principio até agora, terem palavras
de vassallos e effeitos de traidores.

Novamente se me offerece fazer a v. s.ª sciente de uma noticia avulsa que n'esta praça tem corrido por uma espia dos
ditos pretos que se pagou entre varias cousas que confessam
dois bichares *(sic?)*, que no Occussy faziam Francisco Hornay
e seus sequazes, tudo a fim de acabarem de dar fim ao seu
intento de tomarem esta praça e darem fim de todos os brancos, e tanto assim que correu noticia em que o dito Francisco
Hornay tinha morrido, e pelos signaes funebres de tiros que
fizeram no dito Occussy, se julgava que assim era, ao depois
correu outra noticia, e todas as espias que se téem pagado dizem que é vivo, e que botára a balela de morto era com sentido de que largaria ao dito Domingos da Costa, por não ficar
aquelle povo sem cabeça e terem elles a sua gente embarcada, e a gente que d'esta praça saisse fosse toda passada a espada, e até o presente se não sabe com certeza se o dito Francisco Hornay é vivo ou morto, aindaque todas as espias e a
gente que de lá tem fugido dizem que é vivo.

E sobre as noticias que as espias pagadas e a gente fugida
tem dado, ha entre as bicharraes *(sic?)* que tem feito, tem
assentado que exvi ter morrido D. Gaspar Dias Vieira rei de
Solor, o unico que punia pelo partido real, e nunca em nada concordára com os ditos pretos rebellados, e como tenha
faltado o dito rei de Solor, e se achava a Larantuca um pouco
alvoroçada pela morte do dito rei, que era boa occasião, e
aquelles moradores de Larantuca que todos são de sua parcialidade, que todos são exvi não haver rei que se oppo-

nha, chegado que fosse v. s.ª a Larantuca, no desembarque
que fizesse a ler a sua patente tomar posse o prenderem-no
e remetter a v. s.ª para Occussy com suas embarcações,
para de lá despedir v. s.ª as ordens necessarias para a soltura
dos ditos presos, e que soltos que fossem ajuntarem todo o
seu sequito com pretexto de virem acompanhar a v. s.ª para
a praça, elles como vassallos e v. s.ª como seu governador,
para que com esse pretexto e diabolico disfarce terem boa
occasião de tomarem esta praça e darem fim de v. s.ª e dos
mais brancos, que é o que muito desejam, e offerecerem logo
a praça aos hollandezes de Cupão, que tambem para isso entre
elles têem tratado a fórma como ha de ser, que é ser tomada
pelos pretos levantados para que se não diga que os hollandezes a tomaram, senão que elles a tomaram da mão dos ditos
pretos e não da mão dos portuguezes, e tudo isto faço a v. s.ª
sciente para a prevenção que deve ter e a cautela de sua illustre
pessoa, e de levantados e absolutos não se póde esperar menos, e podendo v. s.ª passar sem desembarcar é o mais acertado, pois não será o primeiro que deixasse de não tomar posse
n'essa Larantuca, o que nada succederia se o dito D. Gaspar
Dias Vieira, rei de Solor, fosse vivo, e quando apertem com o
nome de vassallos, que é o que costumam, a que v. s.ª leia a
sua patente em Larantuca, póde buscar o pretexto mais conveniente para que se leia no barco á vista de alguns officiaes
da dita Larantuca, como é Domingos do Rosario, tenente da
povoação, que é a unica pessoa de quem v. s.ª se póde fiar,
nunca desembarcando, pois o dito tenente da povoação por
ser vassallo é só, e os que são da parcialidade dos levantados
são todos os mais.

Saberá v. s.ª que toda a felicidade d'esta ilha e socego
d'este governo depende de se extinguir os ditos levantados
chamados Costa Hornay, que n'estas duas casas é que consiste
estes levantados amotinadores e perseguidores dos dominios
reaes n'estas ilhas, e como actualmente se achem presos Domingos da Costa, seu irmão e uma grande parte da parcialidade de Francisco Hornay, que aindaque unidos pareça todos um, não deixam tambem cada um de puxar para a sua

banda, e maior felicidade terá v. s.ª e toda esta ilha no caso que seja certa a morte do dito Francisco Hornay, pois lhe não fica senão um irmão por nome Pedro Hornay que se acha n'essa Larantuca, o qual v. s.ª fazendo-se desentendido e informando-se quem é, com muita facilidade o poderá pegar e trazer em sua companhia para que quando seja certa a morte de Francisco Hornay, acabou-se a sua parcialidade, tendo v. s.ª seguro o dito Pedro Hornay, e no caso que o dito Francisco Hornay seja vivo sempre ha de servir de muito descanso a v. s.ª e paz e socego d'esta praça o estar o dito Pedro Hornay seguro n'esta praça, pois por via de D. Agostinha, sua mãe, sabendo que se acha seu filho n'esta praça, arrisca-se, e parece-me que me não engano que poderá v. s.ª domar a gente de Occussy, pois a dita D. Agostinha é que fomenta e sempre fomentou todas as maldades e maquinações contra esta praça e todos os dominios reaes n'estas ilhas.

De tudo dei parte a meu companheiro, que se acha na provincia dos Bellos, e como elle seja filho d'esta terra e tenha melhor experiencia do que são os pretos levantados, e o que elles sempre pretenderam e pretendem, me mandou dizer que era muito conveniente ao serviço de Deus e principalmente ao de El-Rei, que sem dilação se justificassem os ditos levantados, pois d'esta sorte ficavam os ditos pretos levantados com merecido castigo, e com grande parte das suas forças perdidas, o que eu tambem julgo ser muito justo o achar v. s.ª menos estes cabeças dos levantados; v. s.ª com toda a brevidade remetta esse barco.

E sobretudo desejo muito que v. s.ª viesse logrando na viagem uma saude perfeita, a qual Deus a v. s.ª permitta conserva-la por duplicados annos, para o serviço do mesmo Senhor e para o socego d'esta ilha, e juntamente poder v. s.ª dispor da que me assiste o que for do seu maior agrado, e serviço, que me achará com uma ampla vontade para executar os preceitos da sua illustre pessoa, que Deus guarde por muitos annos. Lifão, 3 de março de 1768.—De v. s.ª capellão mais attento e todo venerador=*P.ᵉ Antonio de S. Boaventura.*

DOCUMENTO F

Memorias que pude descobrir do que pagavam alguns reinos da provincia dos Bellos, antes de governador Antonio Moniz de Macedo vender as fintas, e d'estes poucos que se acha lembrança e clareza se póde inferir o que pagariam os outros, dos quaes se não póde descobrir noticia alguma.

1 O reino de Mutael era obrigado a pagar cada anno setenta picos [1], que vale o mesmo que setecentos pardaus timores, que fazem mil e quatrocentos xerafins de Goa, e tudo o que abaixo se disser pardaus entende-se pardaus de Timor: Mutael... 700

2 O reino da Hera pagava por anno duzentos picos, que vale o mesmo que duzentos pardaus..... 200

3 O reino de Lacoló pagava por anno quatrocentos picos, que vale o mesmo que quatrocentos pardaus.. 400

4 O reino de Vemasse pagava por anno setecentos picos, que vale o mesmo que setecentos pardaus.. 700

5 O reino de Laleya pagava por anno setecentos picos, que vale o mesmo que setecentos pardaus 700

6 O reino da cabeça da ilha pagava por anno mil e duzentos picos, que vale o mesmo que mil e duzentos pardaus.............................. 1:200

7 O reino de Samoro pagava por anno setecentos picos, que vale o mesmo que setecentos pardaus.. 700

[1] Ha de certo erro, e é claro que em logar de setenta picos deve ser setecentos, não só pelo valor do pico, mas porque Mutael é reino muito maior do que o de Hera.

8 O reino de **Ayfoy** pagava por anno cem picos, que
vale o mesmo que cem pardaus   100

9 O reino de **Bibiluto** pagava por anno quatrocentos
picos, que vale o mesmo que quatrocentos par-
· daus   400

10 O reino de **Viqueque** pagava por anno quatrocentos picos, que vale o mesmo que quatrocentos
pardaus.   400

11 O reino de **Luca** pagava por anno oitocentos picos, que é o mesmo que oitocentos pardaus. . .   800

12 O reino de **Locolo-Dotte** é obrigado a pagar cada
anno quinhentos picos, que vale o mesmo que
quinhentos pardaus.   500

13 O rei de **Camana-Suay** pagava por anno oitocentos
picos, que vale o mesmo que oitocentos pardaus   800

15 O reino de **Marufay** (Manufai) pagava cada anno
em oiro duzentos pardaus.   200

15 O reino de **Ramiã** pagava por anno seiscentos picos, que vale o mesmo que seiscentos pardaus
timores   600

16 Os reinos de **Culubaba** e **Caylaco** pagavam por
anno mil e cem picos, que vale o mesmo que
mil e cem pardaus, a saber: Faboy trezentos.
Caylaco quatrocentos, Lamião duzentos e Ata-
cabe (Atessahe?) duzentos. 1:100

17 O reino de **Maubar** pagava por anno quinhentos
picos, que vale o mesmo que mil e cem par-
daus, digo que vale quinhentos pardaus.   500

18 De **Batugade** e de **Cová**, **Balibo**, **Maguár** (Mehubo?)
Fialara, reinos da sua jurisdicção pagavam por
anno cento e quinze pardaus.   115

19 Os reinos da banda de fóra (sul da ilha), a saber:
Alas, **Datolima**, **Humo Claco**, **Tirisniau** (Turis-
cae?) pagavam em oiro ou em sandalo tres mil
quatrocentos vinte e seis pardaus 3:426

20 O reino de **Vehaly** pagava por anno oitocentos picos, que vale o mesmo que oitocentos pardaus.

D'estes, ordinariamente, como as fintas dos
mais reinos consta do mesmo livro em que se
achou esta clareza, se pagava uma parte em
mantimentos e a outra em oiro, cera e sandalo   800

Somma total 14:341

A nota dá uma somma de................13:641

N. B. Ignorámos a data d'este documento, bem como o
seu auctor, mas temo-lo por authentico em vista da similhança de letra de outros documentos.

Illmo sr. —Tendo-nos sido presente o officio n.º **21 de 31** de janeiro do anno proximo passado, que v. s.ª dirigiu ao barão de Sabroso, ex-governador geral d'este estado, participando o escandaloso attentado commettido pelo residente de Cupão, contra a auctoridade de Sua Magestade e a independencia e dignidade da nação portugueza, incendiando a povoação do reino de Larantuca, e tomando em séria consideração tudo quanto v. s.ª expõe no dito seu officio, não sómente ácerca do mesmo attentado, mas tambem a falta total de todos os meios necessarios para tomar a devida satisfação por uma maneira digna, communicâmos a v. s.ª que o fallecido barão do Candal, governador geral d'este estado, transmittiu por via de Alexandria ao conhecimento da mesma augusta senhora o sobredito seu officio e documentos a que allude, a fim de que o governo de Sua Magestade possa convenientemente reclamar ao governo hollandez a devida satisfação, fazendo evitar de futuro a renovação de similhantes insultos.

Deus guarde a v. s.ª Goa, 4 de maio de 1840.—Illmo sr. Frederico Leão Cabreira, governador de Timor e Solor.== *José Cancio Freire de Lima* == *Domingos José Mariano Luiz* == *José da Costa Campos* == *Caetano de Sousa Vasconcellos.*

DOCUMENTO GG

Plano das tropas que pouco mais ou menos parecem precisas para a guarnição e defeza das ilhas de Timor e Solor.

Primeiro plano

	Governador capitão general......	5:000	Pardaus
	Governador da ilha de Solor.....	1:500	
	Bispo de Malaca e Timor.........	1:666½	
	Tenente general	1:250	
	Capitão mór de campo	600	
4	Sargentos mores de campo.......	2:000	
1	Engenheiro....................	500	
1	Ajudante de ordens............	366	
1	Ouvidor......................	365	
1	Secretario...................	395	
1	Feitor.......................	600	
1	Escrivão de feitoria..........	125	
1	Escrivão de matricula.........	150	
1	Physico mór..................	750	
1	Cirurgião mór................	650	
	Despezas para o hospital	3:000	18:917½

Marinha

1	Capitão de mar e guerra........	678	
2	Capitães tenentes	1:158	
2	Tenentes do mar...............	576	
1	Lente de marinha o pilotagem	600	
2	Pilotos	1:200	
1	Constructor..................	1:000	5:212
			24:129½

Transporte......... 24:129½

Regimento de infanteria

1	Coronel......................	678
1	Tenente coronel	560
1	Sargento mór	504
4	Capitães, a 24 pardaus..........	1:152
7	Tenentes, a 18 pardaus..........	1:512
7	Alferes, a 16 pardaus..........	1:344
7	Sargentos, a 9 pardaus..........	756
7	Furrieis, a 8 pardaus..........	647
7	Porta bandeiras, a 8 pardaus.....	647
28	Cabos, a 4¾ pardaus...........	1:620
7	Tambores, a 4¾ pardaus........	399
2	Pifanos, a 4¾ pardaus..........	114
350	Soldados, a 4¼ pardaus	17:591

27:524

Regimento de artilheria

1	Capitão, a 34 pardaus...........	908
2	Primeiros tenentes, a 20½ pardaus	492
2	Segundos tenentes, a 18 pardaus..	432
1	Sargento, a 10½ pardaus........	126
1	Furriel, a 9 pardaus............	108
2	Artifices de fogo, a 10½ pardaus	252
4	Cabos, a 5½ pardaus...........	264
1	Tambor, a 4¾ pardaus	66
60	Soldados, a 4¾ pardaus	3:420

6:068

Regimento de cavallaria

2	Capitães, a 34 pardaus...........	816
2	Tenentes, a 20½ pardaus........	492
2	Aferes, a 18 pardaus	432

1:740   57:721½

	Transporte...	1:740	57:721 ½
2 Furrieis, a 12 pardaus.........		288	
8 Cabos, a 5½ pardaus..........		528	
2 Ferradores, a 6 pardaus........		144	
2 Selleiros, a 6 pardaus..........		144	
2 Trombetas, a 4¾ pardaus.......		144	
58 Soldados, a 4¾ pardaus		300	
80 Cavallos, a 3½ pardaus........		3:000	6:288
Fardamento para 522 praças, a 6 pardaus.			3:132
1 Ajudante, a 20½ pardaus.......		246	
1 Quartel mestre, a 18 pardaus.....		216	
1 Capellão, a 16 pardaus..........		192	
1 Auditor, a 24 pardaus..........		288	
1 Cirurgião mór, a 18 pardaus.....		216	
4 Ajudantes do dito, a 10 pardaus..		480	
1 Tambor mór, a 6 pardaus.......		72	1:710
Somma total, S. E....			68:851 ½

Por João Baptista Vieira Godinho, no anno de 1784.

Ill.ᵐᵒ ex.ᵐᵒ sr. —Na minha carta datada de 2 de setembro passado, remettida á respeitavel presença de v. ex.ᵃ por via de Batavia, dei uma idéa favoravel da situação d'esta praça respectivamente aos negocios da guerra, e esta serve agora de noticiar individualmente do que se seguiu depois até á prisão do padre governador do bispado, vencido por meio de uma victoria da corôa de Sua Magestade e de um corpo de dez mil homens de armas, que a minha diligencia ou a minha fortuna pôde formar á frente da fortaleza de Manatuto, e subjuga-la no dia 4 de novembro.

Na mesma minha antecedente carta avisei a v. ex.ᵃ que eu me propunha a enviar a Pedro de Siata um pequeno soccorro para segurar o tenente coronel D. Gaspar Soares das hostilidades que o seu rei e o padre lhe queriam fazer, por elle se haver separado do partido dos rebeldes, e com effeito enviei com o tenente Jacinto José da Silva uma companhia de quarenta homens escolhidos embarcados no barco de Sua Magestade, *S. José*, com o destino de desembarcarem no reino de Vemasse e com o auxilio d'aquelle reino marcharem para Siata, o que felizmente succedeu, e a carta n.º 34 do dito tenente Jacinto, e a outra n.º 35 do tenente coronel D. Gaspar Soares, fará ver a v. ex.ᵃ que a dita companhia chegou felizmente.

Na passagem que o dito barco de Sua Magestade fez pela fortaleza de Manatuto, foi hostilisado fortemente com balas, e eis aqui a missão que o padre exercitava com os seus sequazes, o commandante da dita fortaleza e outros.

É n'este intervallo que por toda a parte da provincia nos opprimiam as idéas do padre governador, e que os mesmos portuguezes que se achavam duvidosos a quem haviam de obedecer. A carta, documento n.º 36, escripta em nome do coronel de Manatuto ao rei de Laleia, fará ver a v. ex.ª as providencias e as intrigas que o padre formava para violentar aos mesmos commandantes dos reinos a sujeitarem-se ao partido dos rebeldes, chamando-lhe crime e revolta virem á praça e darem ao governador noticias e partes. Tambem pela carta, documento n.º 37, escripta da propria letra do creado do padre governador, Filippe Gonçalo da Cruz, verá v. ex.ª o espirito de contrabando com que o padre governador chamava em nome do coronel D. Matheus Soares os barcos macassares, sendo em um d'estes que permittiu o dito padre governador a deserção do padre Pedro José Antunes de Oliveira, e o venderem-se muitos escravos christãos e a cera toda da provincia dos Bellos, com notavel prejuizo dos direitos d'esta alfandega. Nas mesmas cartas verá v. ex.ª as ligas que se iam fazendo contra o partido real e as forças que se iam ajuntando.

A carta original, documento n.º 38, fará ver a v. ex.ª o zélo com que o tenente general d'estas ilhas, Pedro Hornay, se deliberou no real serviço, expedindo um grosso arraial que chegou a esta praça no dia 29 de setembro passado, que demorando-se na mesma quinze dias fez o numero de quatro mil e quinhentos homens, todos de armas, e a cavallo inclusive n'este numero quatrocentos homens do reino de Matuel, nosso vizinho, cento e cincoenta que tirei da praça, cincoenta de Liquiça, Cutubaba e Batugade, com que o rebelde, D. Damião, trouxe em sua companhia, dando nova obediencia a Sua Magestade, como do termo, documento n.º 39, e duzentos mais que o mesmo rebelde tirou das povoações dos calades vizinhos da praça, entrando as de Lorlissa, cem que o rebellado rei de Maubar deu, querendo mostrar-se por este modo mais flexivel no serviço de Sua Magestade, do que o tem sido ha trinta e cinco annos de sua independencia. E tirando estes mil, todos os outros tres mil e quinhentos eram da provincia de Sorvião. Ajuntou-se mais uma armada de vinte e quatro barcos pequenos, mas todos com artilheria, sendo seis da praça, nove do rei de Solor e nove de Larantuca, e se compunha ao total de quinhentos homens.

No tempo em que este arraial se achava na praça recebi as duas cartas originaes, uma por documento n.º 40, na qual me noticiava o tenente general da provincia dos Bellos, D. Thomás do Amaral, achar-se em campo para partir do seu reino em serviço de Sua Magestade, e a outra, documento n.º 41, em que se achava já em Veimasse com um poder, que depois se verificou ser (inclusive quatrocentos homens do mesmo reino de Veimasse) de quatro mil homens de armas, entrando n'este numero gente de todos os reinos da banda de fóra, poisque do reino de Luca só seriam setecentos homens. Pela mesma carta verá v. ex.ª que o mesmo rei de Luca me pediu polvora e armas, e tambem as instrucções que eu passei, como da copia, documento n.º 42; a outra carta original, documento n.º 43, dá uma certeza de que o mesmo recebeu a polvora e que a minha instrucção lhe foi agradavel. A outra carta original, documento n.º 44, fará ver a v. ex.ª a resposta que o mesmo tenente general deu a uma carta do cabo do arraial de Sorvião, Thomás Hornay. N'este intervallo me pediram perdão os principaes reis da provincia dos Bellos de haverem, contra toda a verdade e por conselho do padre governador, assignado protestos contra mim e de haverem feito guerra á praça de Sua Magestade. A carta, documento n.º 45, é original do rei de Samor Grande, a do n.º 46 é do rei de Baibico, a do n.º 47 é do rei de Claco e a do n.º 48 é do rei de Dotte.

Neste mesmo intervallo escreveu o cabo do arraial duas cartas, uma ao rei de Manatuto outra ao rei de Laculó, dando-lhe parte que os vinha subjugar na obediencia de Sua Magestade, dos quaes só teve resposta do rei de Laculó, como da carta documento n.º 49, a qual foi dictada pelo padre governador, na esperança de comprar o cabo Thomás Hornay, assim como o havia feito ao cabo Thomás da Cruz, e dando a entender que o melhor era ambas as provincias sacudirem o jugo da praça; prova-se tanto que a dita carta foi dictada pelo padre governador, que o documento n.º 50 é o borrão da mesma carta da letra do creado do padre governador, Filippe Gonçalo, o qual borrão sendo tão aleivoso, o escrivão do reino de Laculó se envergonhou de copiar todo e só o fez em parte.

Quando o cabo do arraial escreveu, eu tambem escrevi ao rei de Laculó, como da copia, documento n.º 51, e como o dito rei conheceu pela resposta que lhe deu o cabo do arraial, documento n.º 52, que o não podia seduzir, então temendo ser escalado me deu resposta á minha carta, documento n.º 53, e depois foi subjugado á obediencia da Rainha nossa senhora, como da original carta, documento n.º 54, comprovado com o juramento que deu perante Thomás Hornay.

A parte que me deu o cabo do arraial, documento n.º 55, fará ver a v. ex.ª a coragem que o padre influiu n'esta rebellião ao commandante da fortaleza de Manatuto, Boaventura Doutel de Figueiredo, ao coronel e aos mais officiaes do mesmo reino, fazendo resistir a mesma rebellião a força de dez mil homens, de que se compunham ambos os arraiaes (inclusive as companhias de Laculo, que fizeram a dianteira, e as do tenente coronel do mesmo reino de Manatuto, D. Gaspar).

Receiando eu não houvesse algum desastre entre os dois arraiaes, me deliberava a ser pessoal, porém o protesto, documento n.º 56, que o cabo do arraial me fez me impossibilitou a saida da praça. Na mesma carta consta que tendo desembarcado em uma praia de Manatuto um ajudante do rei de Solor fôra logo preso, e feridos outros que pertenciam a um dos barcos da armada, porque ignorantemente confiaram de uma mulher que se fingiu doida, e que depois de os ter feito desembarcar em um logar deserto foi chamar immediatamente uma companhia para principiar as hostilidades da guerra.

Precipitado o arraial do cabo Hornay do insulto e do desprezo com que os tratava o presidio de Manatuto, não esperando unir-se ao arraial do rei de Luca (que se achava em inacção) fez o seu assalto em um sabbado no dia 1.º de novembro com tão feliz successo, que na manhã do mesmo dia ganhou todos os portos, queimou a povoação, mataram perto de sessenta pessoas sem perda alguma do nosso arraial, e acabando-se a polvora fizeram suspensão, dando-se-me de tudo parte pelo tenente Jacinto José da Silva. Eu não tinha querido arriscar mais de oito barris de polvora estando duvidoso na guerra dos timores, porém a que o celebrado preto fez n'esta ilha horrorisa, e os soldados europeus não brigam com mais valor a peito descoberto, e foi tal a violencia e a actividade do fogo, que gastaram em uma manhã todos os referidos oito barris de polvora.

É n'este espectaculo que se viu um vigario de Christo armado das insignias guerreiras. Que o santuario e a communidade religiosa se viu cercado de muralhas e de artilheria! Que a maior peça estava ao cargo d'este apostolo, de quem as sentenças mais verbaes continham pena de morte a todos os que se separassem do partido dos rebeldes! É n'estas tristes circumstancias que o voto e a absoluta deliberação d'aquelle sacerdote quasi descarregaria o golpe da espada com que se cingia no ajudante do rei de Solor represado, se os mais velhos dos reinos não o impedissem, sabendo que uma acção inhumana seria a extincção final d'aquelle presidio, segundo o impeto dos pretos! É n'esta situação que a moral se troca na superstição mais forte! É n'esta situação que a fidelidade á Rainha nossa senhora e aos seus representativos era crime! É n'esta acção que se viu um commandante da fortaleza da soberana servir-se da mesma artilheria e polvora que se lhe confiou como vassallo, para defender uma rebellião contra o partido real! É n'esta acção, digo, que se viu um commandante de animo frouxo e de uma conducta vil querer ganhar o nome de bom soldado! Elle e o padre eram os mais destros no manejo da artilheria.

É n'este triste espectaculo que um congresso das mulheres, que haviam contratado concubinagem com o dito apostolo, se serviram da sua propria elegancia para ensinuar ao povo, que antes morrer que entregar um tão bom padre! Que as imagens santas recolhidas á fortaleza foram expostas ao tempo, tendo tanto imperio a libertinagem, que se viu este dissoluto ecclesiastico abarracado junto da sua effectiva concubina.

É n'este triste espectaculo que se viu um pae espiritual nutrindo-se do sangue de sessenta innocentes supersticiosos! Que um vassallo revestido de dignidade ecclesiastica, que se lhe confiou para pastorear as almas, queria usurpar o imperio de quatro milhões de individuos á sua soberana! Que um vassallo ecclesiastico, digo, queria submetter ao seu arbitrio o respeitavel estandarte da monarchia portugueza n'estas ilhas.

É n'esta situação que eu e o povo d'esta praça implorava a Deus todos os dias na igreja de Santo Antonio de Dilly o bom successo das armas de Sua Magestade, tomando junto com o povo por protector a S. Sebastião, como do voto, documento n.º 57.

Chegou finalmente o soccorro de polvora, que eu expedi com toda a brevidade, e tendo-se distribuido por todo o arraial, e achando-se este revestido de maior valor, e com uma quasi certeza de assaltar a fortaleza e passar á espada perto de dois mil homens, que a guarneciam, appareceu á frente do mesmo arraial o rei de Luca, pedindo tregoas por um dia. Este rei foi dentro da fortaleza, e fazendo uma conferencia que até aqui ignoro, trouxe no dia seguinte o padre governador e um seu secretario camarista, por nome José Manuel da Conceição, e o entregou na fórma das minhas instrucções em poder de D. Cosme Rodrigues Pereira, tenente coronel do reino de Mutael, que commandava as companhias da praça debaixo das ordens do cabo Thomás Hornay.

Á face de um povo ainda pouco instruido na fé não podia haver maior escandalo do que aconteceu quando este padre saíu preso da fortaleza de Manatuto, ali se viram as mulheres, umas lastimando-se em altas vozes, outras abraçando-o publicamente, e outras remettendo-lhe o betel e areca! Ali se viu a benção sobre o peccado, porque quando o padre já estava distante da fortaleza, tendo recebido o dito betel e areca, canudos de tabaco, e mais presentes que lhe mandou uma mulher de sua estimação, perguntando se ainda da fortaleza o avistariam, ao que respondendo-lhe alguns officiaes que o acompanhavam que sim, então em altas vozes entrou a dizer *Deus vos abençõe, meus filhos, Deus vos abençõe, minhas filhas,* sendo estas expressões acompanhadas de infinitas lagrimas! É n'esta acção que o povo fiel a Sua Magestade, que se achava pelas suas pastoraes interdicto, lhe fez o maior insulto de cantigas timorenses, cujo successo faz a ignominia da nossa sagrada religião.

A carta original do rei de Lúca, documento n.º 58, participa a entrega do padre; porém pela mesma carta se vô ter interpretado as minhas instrucções de differente fórma, não só a respeito de não guarnecer a fortaleza de Manatuto do gente da praça, mas tambem respectivamente á prisão dos dois culpados, Boaventura Doutel de Figueiredo e Francisco Antonio Soares Doutel, fazendo-se conhecer na mesma carta o querer o dito rei de Luca fazer-se arbitro d'aquelles dois culpados.

A carta, documento n.º 59, fará ver a v. ex.ª o systema em que ainda áquelle tempo estava o cabo do arraial de esperar pelos ditos dois culpados; porém como a sagacidade do rei de Luca o pôde vencer (não obstante os meus avisos particulares), e o dito cabo estava desejoso de voltar breve á praça de Sua Magestade, cheio de gloria que infatua um cabo de haver ganhado uma batalha, fez a sua retirada sem ordem, contentando-se de trazer em sua companhia o prisioneiro padre governador, ao seu secretario José Manuel e aos officiaes principaes do reino de Laculó a dar obediencia por parte do reino, como da carta original do coronel do mesmo documento n.º 60, e o termo da responsabilidade pelo presidio de Manatuto, e mais culpados, como do termo, documento n.º 61, assignado pelo rei de Luca e da carta, documento n.º 62. Tambem a carta, documento n.º 63, fará ver que este mesmo rei ficou de posse do espolio do padre governador, promettendo envia-lo com brevidade á praça.

A repentina retirada do cabo do arraial, Thomás Hornay, e a entrega de todos os negocios de Manatuto, ou para melhor dizer da provincia dos Bellos na mão do rei de Luca, me fez a maior impressão de desgosto; porém como estas tropas não téem soldo e são de favor, por isso não téem a disciplina militar. O meu dissabor foi communicado ao cabo do arraial por uma carta que não teve effeito, porque depois de retirado um arraial de gente timorense já os soldados não conhecem os seus officiaes, e cada um caminha para o seu reino.

Chegou finalmente o padre governador com o seu secretario José Manuel, preso pelo nosso arraial, que entrou n'esta praça aos 9 de novembro, sendo ambos os ditos presos recolhidos na communidade de S. Domingos e com sentinella á vista o dito padre governador.

N'este tempo já eu suppunha mal do rei de Luca por varios avisos que tive de que elle se dirigia por um plano de sublevação geral feito com mais arte pelo padre Fr. Joaquim de Jesus Maria José e por um José Carvalho, filho de Macau (que sendo muito intrigante e muito atacado aos licores), o meu predecessor João Baptista Vieira Godinho o fez regente do reino de Lacluta, alem de me serem estas noticias comprovadas pela carta de Manuel Joaquim de Moraes, documento n.º 64.

Julgando proprio remetter n'esta occasião toda a desconfiança ao silencio, e tendo recebido a carta do subjugado D. Mathias, documento n.º 65, lhe respondi com o perdão, documento n.º 66, mandando outro ao mesmo tempo para o reino de Laculo, documento n.º 67.

É tudo quanto fielmente posso informar a v. ex.ª até á prisão do padre governador.

A ill.ᵐᵃ e ex.ᵐᵃ pessoa de v. ex.ª guarde Deus muitos annos. Dilly, 10 de novembro de 1789. — Ill.ᵐᵒ e ex.ᵐᵒ sr. Francisco da Cunha e Menezes. = *Feliciano Antonio Nogueira Lisboa.*

N. B. Que a rasão de ser o numero dos habitantes d'esta ilha de quatro milhões, é fundada no calculo seguinte que eu fiz da sua população.

Dez mil homens que se acharam em armas na guerra de Manatuto seriam ainda menos da decima parte dos homens de armas dos reinos que entraram na dita guerra por uma e outra parte. Logo o numero dos homens de armas d'estes reinos serão cem mil. Estes reinos todos que entraram na dita guerra, foram a decima parte dos reinos da ilha, logo os reinos de toda a ilha terão de homens de armas, que pelas combinações mais exactas devem corresponder a quarta parte da população da mesma ilha, vindo esta a ser de quatro milhões ao menos.

A guarnição de dois mil homens, que se achava dentro da fortaleza de Manatuto era composta de seiscentos homens pertencentes ao mesmo reino, duzentos do reino de Laleia, duzentos do reino de Viqueque, trezentos de Samor Grande Barique etc., cem de Cairuy etc., e de todos os mais reinos, onde os missionarios sublevados tinham igrejas, poisque as ditas companhias eram a titulo de soccorrer a Deus.

Ill.ᵐᵒ e ex.ᵐᵒ sr.—Com a chegada do navio de vias da cidade de Macau a esta praça, fui obrigado a recolher-me antes de concluir os negocios de Batugade e de Atapupo, como exponho a v. ex.ª no meu officio n.º 1.

Poucos dias depois da minha partida d'este presidio, chegou áquelle logar o rei de Veale, a quem mandei dizer se demorasse emquanto eu despachava o dito navio; n'este intervallo souberam os partidistas dos chinas e oppositores do estabelecimento da dita alfandega de Atapupo, induzi-lo a que não consentisse no estabelecimento d'esta, e auxiliasse as suas sinistras idéas de destruirem este presidio para de uma vez ficarem frustradas todas as minhas tentativas, apesar das grandes cautelas que tinha posto sobre o dito Veale e os chinas.

Foi o primeiro e principal auctor d'esta desordem o rei de Cova, D. Lourenço da Costa, aquelle mesmo que me tinha afiançado que nenhum obstaculo havia para fazer o dito estabelecimento, e que tão boas esperanças me tinha dado; porém julgando talvez pouco o que de mim tinha recebido, pelo suborno que recebeu dos chinas, com effeito poz em execução, chamando ao seu partido o rei de Cutubaba, que se achava escandalisado do meu antecessor Victorino Freire da Cunha Gusmão, em consequencia d'este lhe ter mandado vender umas joias pertencentes a suas enteadas, que eram orphãs e que pela menoridade d'estas tinham sido depositadas, pelo meu predecessor Antonio de Mendonça Côrte Real, no cofre da real fazenda, e vendo o dito meu antecessor Victorino Freire, que pondo estas em leilão as podia mandar arrematar pelo menos do seu valor, com effeito o fez, como eu o exporei a v. ex.ª em outro officio, remettendo a copia de outro que fiz ao ex.ᵐᵒ vice-rei pela representação que o dito coronel de

Cutubaba me fez depois de o ter já reduzido a prestar nova obediencia.

Atacaram de repente ao dito real presidio com forças taes, que o capitão commandante José Antonio Tavares não pôde obstar, porque tendo entrado n'esta sublevação alguns moradores que guarnecem o dito presidio, uns retirando-se por medo e outros por traidores, deixaram ao dito commandante só, tanto que seria assassinado e a pequena guarnição que ali estava, a não ser um navio inglez pescador que se achava no dito porto, que o salvou, como tambem parte das munições do dito presidio, o que se deve ao incansavel zélo tanto do dito, como tambem á do activo commandante, que trabalhou quanto pôde para salvar parte dos ditos effeitos, vistoque por terra eu não podia ter communicação alguma, por estarem os caminhos vedados. Na occasião porém d'este insulto, não achando com que satisfazerem a sua ambição, voltaram-se contra as santas imagens, e quebraram as que acharam na capella do dito presidio, botando por terra o pau da bandeira, escapando esta, porque o activo commandante a tinha levado comsigo; dois dias antes d'esta revolta tinha o dito commandante mandado um official inferior com tres soldados a Cutubaba avisar o rei para lhe mandar vinte homens para serviço do presidio em logar de outros vinte que tinham fugido, e encontrando no caminho um corpo grande de revoltosos accommetteu a referida escolta talvez com idéa de os prender para não virem participar ao presidio esta em que elles estavam, porém como a dita escolta recusasse entregar-se aos levantados, mataram tres soldados, prenderam o inferior, o qual já me foi entregue pelos reis revoltosos, logoque pude de melhor fórma possivel socegar os animos, como em outro officio exporei a v. ex.ª

Tendo noticia de similhante facto e desordens, procurei com a maior brevidade e actividade mandar o secretario Lourenço de Sousa pedir forças ao rei de Occussy José Hornay, o que elle dito secretario desempenhou com bastante zélo e actividade, aindaque as suas molestias e idade lhe não permittem grandes fadigas e longas viagens, e juntamente para sondar a fundamento o animo d'este rei pela grande amisade que com elle tem, e lhe conservar grande respeito em consequencia da grande estimação que seu pae Pedro Hornay fazia do dito secretario, pois aindaque eu receiasse do bom exito d'esta missão, vistoque eu julgava ser d'ali o principal foco da revolução pelo resentimento com que este rei e seu primo D. Domingos, rei de Ambeno, estavam por causa do que o meu antecessor tinha praticado com elles sobre a ilha de Alor Grande, como em outro officio exporei a v. ex.ª, comtudo foi de grande vantagem para esta colonia esta minha deliberação, porque desempenhou o dito secretario a sua commissão tão bem, que não só attrahiu ao real partido estes dois reis, mas fez que se mostrassem os mais zelosos pelo bem do real serviço, lançando vozes de que dentro em dois mezes marchavam com um grande exercito para castigar os reis revoltosos, emquanto eu d'esta praça marchava com outro para nos unirmos no mesmo ponto de Batugadé.

Logoque os ditos reis traidores conheceram que não tinham apoio no dito rei de Occussy, e que eram ameaçados por este, principiaram a vacillar, imputando a sua culpa de uns para outros, ao mesmo passo que eu n'esta praça não deixava de fazer proclamações, animando aos reis da provincia dos Bellos a que deviam defender com honra a bandeira de um tão poderoso monarcha, como seus fieis antepassados tinham praticado, ao mesmo tempo que eu me não descuidava juntando forças, espalhando varias noticias para os aterrar mais, como eram que ia pessoalmente á testa de um grande exercito para castigar todos aquelles que se oppozessem á soberania de Sua Alteza Real, e fui mandando emissarios para entre os reis revoltosos introduzir a desunião, o que me não custou pouco, e só á força de muitas dadivas é que pude fomentar o ciume, animando os principaes cabeças dos moradores do presidio para que se unissem, a fim de que quando eu chegasse os achasse já promptos para defenderem a bandeira de Sua Alteza Real.

Estas disposições que fiz para salvar a colonia, usando de todos os estratagemas que os mestres da guerra ensinam em similhantes occasiões, produziram o effeito desejado. O grande zêlo, fidelidade e amor que tem o rei de Motael, D. Gregorio Rodrigues Pereira, ajudante general d'este governo, á bandeira portugueza, como em outro officio exporei a v. ex.ª os seus grandes serviços, me valeu de muito e lhe sou muito obrigado pela sua assiduidade, dando-me seu irmão mestre de campo D. Antonio Rodrigues Pereira para solicitar e exigir novos juramentos de fidelidade dos reinos de Boibau e Liquissá, onde a rainha d'este, D. Ursula da Costa, mostrou um animo varonil e uma cega obediencia ás minhas ordens, animando ella em pessoa os seus povos para que defendessem até ao ultimo momento de sua vida a bandeira de Sua Alteza Real, o que me serviu de muito auxilio para os meus planos.

Aterrado já o rei de Veale e os seus sequazes por ver que as cousas não saiam como elles pensavam, se retirou para as suas terras, deixando ficar tudo em uma perturbação e levando alguns effeitos roubados ao presidio, que segundo me dizem são de pequena entidade; tendo-me servido antes dos seus inimigos irreconsiliaveis, os reis de Suay e Tafecay, para lhe fazerem uma guerra violenta nas suas terras, o que com effeito executaram, tomando-lhe duas povoações e fazendo-lhe muito estrago nas outras, e tendo tido avisos do seu reino foi obrigado a retirar-se repentinamente; porém já a esse tempo eu lhe andava armando traições, para ver se o podia apanhar á mão, para acabar de uma vez o idolo dos timores, pois os que seguem este não deixarão jamais de seguir as suas ordens, aindaque tenham o nome de vassallos de Sua Alteza Real, pois o temem pelas suas superstições.

Querendo ver se podia catechizar o rei de Cutubaba, e reduzi-lo á obediencia de Sua Alteza Real, a fim de desuni-lo dos outros reis por ser este o mais poderoso, pedi ao fiel rei de Motael que me desse um official para ir fazer este serviço; com effeito mostrou-se incansavel este zeloso vassallo, porque caminhou com amiudados passos para o fim a que me propunha, segurando ao mesmo tempo áquelle coronel que lhe seria entregue o producto das joias das suas enteadas, de que tanto amargamente se queixava. Disposto assim o coronel de Cutubaba (e por ver o seu vizinho Cailaco tambem reduzido a obediencia por via do rei de Luca, D. Felix Antonio de Amaral, cujo zélo e actividade d'este coronel n'esta ocasião foi o mais manifesto, cujo reino se achava fóra da obediencia por culpa do meu antecessor), mandou pedir perdão, obrigando-se a trabalhar no restabelecimento do presidio; affectei então que me compadecia do seu erro e condescendi com o que elle me pedia.

Logoque este reino recebeu o perdão alteraram-se os mais vizinhos e todos supplicaram a mesma graça, confessando que elles não teriam similhante procedimento se não fossem obrigados por Veale e este persuadido pelo rei de Cová; bem contra minha vontade annui ao que me pediam, pois via que similhante procedimento merecia um rigoroso castigo; porém o mau exito que conheci se seguiria se usasse da força por não ser minha, me obrigou a disfarçar o que não queria e a respeitar aquella culpa como filha de ignorancia, principalmente porque soube se iam excitar as antigas rivalidades que ha entre os dois partidos que formam esta colonia, que são Liquissá e Veale, inimigos diametralmente oppostos, seguindo uns a Liquissá e outros a Veale, cujos estylos, antiguidades e absurdos não poderão jamais ser desarreigados d'estes nacionaes sem que a força seja nossa, de que fui avisado pelo tenente coronel Raymundo José Cardoso, que me fez bastantes serviços e me mostrou pela larga experiencia que tem do paiz que a guerra seria fatal se a movesse na presente conjuncção, para o que eu tinha já prompto um arraial de bastantes forças da provincia dos Bellos.

Mandei então chamar a todos os reis que formavam o dito arraial e trabalhei por amainar os espiritos agitados, significando-lhes que Sua Alteza Real não fazia distincção dos seus vassallos n'esta colonia senão pela sua fidelidade, quer fossem Veale, quer fossem Liquissá, e da mesma sorte eu julgava a todos como filhos, e que era preciso de uma vez esquecerem-se das loucuras dos seus antepassados e tratarem-se todos como irmãos.

Serenadas d'esta sorte as cousas, pedi ao rei de Motael auxilios para o restabelecimento d'aquelle presidio, e como já tinham fallecido os seus dois irmãos, elle destinou para este serviço o seu sobrinho D. João Manuel Rodrigues Pereira, o qual indo para Cutubaba se poz em demoras proprias dos timores, que me impacientaram, por cujo motivo me vi obrigado a mandar o official maior d'esta secretaria, Antonio Francisco Alves, com gente d'esta praça, e barcos para ir concluir aquelle serviço, o qual elle desempenhou com aquelle zêlo, actividade e honra que o caracterisa, porquanto desembarcando em Batugadé, e vendo que os timores recusavam entrar no presidio e punham obstaculos e perigos, foi o que desvaneceu aquelles e desprezou estes, indo com as suas proprias mãos cortar o pau da bandeira e depois de posto a arvorou pela sua propria mão ao som de artilheria. Foi então que os antigos moradores se foram chegando ao presidio e o coronel de Cutubaba acompanhou o dito official maior em todos estes movimentos, ficando ali com alguma gente para trabalhar nas fortificações que estavam arruinadas.

Para que não houvesse alguma perturbação no presidio mandei pôr n'este uma companhia de sessenta homens tirados de differentes reinos da provincia dos Bellos e alguns d'esta praça, sustentados todos á minha custa, cujos sacrificios me são gostosos quando se trata do bem do serviço do meu augusto soberano, pelo qual de boa vontade sacrificarei não só o que d'elle recebo, mas até tudo quanto possuo. Encarreguei o commando, interinamente, do dito presidio ao referido D. João Manuel Rodrigues Pereira, para que elle ponha o remate ao dito restabelecimento, fazendo que aquelles reinos restituam o que tiraram do presidio, tanto armas como pessoas, para assim se poder saber o que o rei de Veale roubou e levou comsigo, cuja conta não posso ainda dar exacta por me não terem ainda chegado as partes competentes: porém julgo que serão cousa muito insignificante.

Não posso deixar de pôr na presença de v. ex.ª, a fim de que se digne levar á real presença, o merecimento e zêlo das pessoas que mais se distinguiram e cooperaram para o bem do real serviço n'esta presente occasião, a mais critica que ha muitos tempos se tem visto, o que farei em outro officio, pois os julgo merecedores das reaes graças.

A ill.^{ma} e ex.^{ma} pessoa de v. ex.ª guarde Deus muitos annos. Casa real de Dilly, 10 de junho de 1817.—Illmo e ex.^{mo} sr. Antonio de Araujo e Azevedo.=*José Pinto Alcoforado de Azevedo e Sousa.*

Illmo ex.^{mo} sr. —Tenho a honra de pôr na presença de v. ex.ª o estado d'esta colonia, fundado sobre as informações mais exactas que tenho podido alcançar e pelo que pessoalmente tenho observado.

A estupidez d'estes povos no seu principio, a falta de todos os conhecimentos e até das cousas mais precisas para a subsistencia, foi a base sobre que se fundou o dominio primitivo. Viram e conheceram a vantagem que de nós recebiam quando lhe prestavamos os remedios das suas precisões e facilmente se sujeitaram, conservando sempre o caracter asiatico de genio voluvel, affabilidade apparente e reserva profunda, como o tempo tem mostrado.

Pequenas forças seriam bastantes n'aquelle tempo para grandes projectos e respeito, vistoque os nacionaes se deixavam conduzir pelo interesse pessoal; este lhes podia ser satisfeito com muita vantagem nossa, combinando de uma e outra parte. N'esta epocha da ignorancia é que elles se conservaram em obediencia e se sujeitaram ao tributo das fintas, cujo resultado avultava pelo numero e pontualidade do pagamento, e que hoje se acham reduzidas ao estado de abatimento.

Com o correr dos tempos foram-se desenvolvendo os conhecimentos d'estes povos, outros de differentes partes d'este archipelago principiaram a vir aqui commerciar, offerecendo por este modo novos recursos ás necessidades dos nacionaes por preços mais favoraveis do que aquelles por que nós lh'os subministravamos. Esta circumstancia, a similhança de côr, costumes, linguagem e absurdos de uns e outros, produziu entre elles uma affeição mais solida e que tende por principal a fazer concussão no estado politico.

Á proporção que estes novos negociantes iam frequentando todos os portos d'esta ilha, tanto pela parte do norte como do sul, e por consequencia abastando os nacionaes, os nossos (principalmente os missionarios) adoptando o absurdo plano, causa primaria da decadencia das nossas possessões, de quererem em pouco tempo augmentar os seus cabedaes a um ponto que admira quando se corre os olhos pela serie dos tempos, cujos factos são bem notorios na capital de Goa, como se vê das instrucções dadas a este governo, pozeram em pratica todos os recursos da usura e do engano, que á proporção que lhes satisfazia a sua cega ambição, ia produzindo com agigantados passos nos corações dos nacionaes o odio e o resentimento.

Emquanto durou a ignorancia, o nome da praça infundio respeito n'estes povos; porém logoque elles se familiarisaram com ella e vieram no conhecimento claro de que a sua força dependia dos auxilios que elles lhe prestavam, foram diminuindo estes progressivamente, e tratando-nos de intrusos oppressores procuraram e procuram subtrahir-se ao nosso dominio.

Os vizinhos da praça de Lifáo, principalmente Costa e Hornay, foram os primeiros que pozeram em pratica os seus projectos, e tantas foram as desordens por elles motivadas contra nós, que obrigaram ao ex-governador Antonio José Telles a mudar a praça para Dille, evitando por este modo o sermos um dia botados fóra d'esta colonia com vergonha.

Desde aquella epocha ficou tudo o que se chama provincia de Sorvião conservando sómente o phantastico nome de vassallos, sem que esta praça tirasse d'ali outra vantagem mais do que a compra do sandalo, de que aquella provincia abundava.

A ancia com que todos por este motivo corriam ali e as disputas suscitadas entre os mercadores, tanto regulares como seculares, deram motivo a que aquelles regulos ficassem cada vez mais persuadidos de que os nossos interesses e existencia n'esta colonia dependia d'elles, tanto que querendo o ex-governador Feliciano Antonio Nogueira, a titulo de vassallagem, puxar forças d'aquella provincia contra os reinos de Manatuto e Lacolo, só o pôde conseguir á força de dinheiro, e servindo-se da mediação do commissario Fr. Francisco Toscano (vigario do Occussy n'aquelle tempo), este mesmo nada pôde conseguir senão por via de grande dispendio seu.

No tempo do ex-governador Joaquim Xavier de Moraes Sarmento, pela docilidade de genio de que Pedro Hornay era dotado, iam os portuguezes com frequencia fazer as compras do sandalo ao Occussy e até ás terras do Senobay, as persua-sões de alguns d'estes mercadores, juntas á ascendencia que o vigario d'aquelle logar Fr. Carlos da Expectação e Mello, ti-nha sobre o mesmo Pedro Hornay, poderam conseguir que este viesse visitar o sobredito ex-governador a esta praça, junto com seu cunhado o rei de Ambeno. Sendo estes dois homens em tudo similhantes, soube o dito ex-governador com a sua politica e grandes obsequios, conseguir d'elles se em-penhassem em ir atacar e destruir o rebelde rei de Maubara, e juntando as forças que lhe foi possivel áquellas que os ditos dois reis traziam comsigo, foram tentar aquelle serviço; porém os cabos commandantes, e os proprios irmãos do referido Pe-dro Hornay, souberam transtornar os planos de tal sorte que nada se fez. Retiraram-se os dois cunhados para as suas terras, e pouco tempo depois, morrendo, levaram comsigo á sepultu-ra algumas pequenas esperanças que ainda nos podiam lison-jear.

Entrou a governar José Hornay, filho de Pedro Hornay; este se empenhava em guerras com o rei de Amanobam, motivos de ficar o commercio do sandalo n'aquella provincia estagnado, a isto acrescia o genio melindroso do dito José Hornay em tudo differente ao do seu pae, do que esquecido o meu antecessor Victorino Freire da Cunha e Gusmão passou a escandalisa-lo, mandando ao rei de Liquissá fazer guerra e destruição a Allor Grande, por cujo motivo os dois cunhados protestaram des-picar-se com Liquissá e até mesmo com a praça, o que me não tem custado pouco a suster, visto o genio fogoso do rei de Ambeno e o enthusiasmo e melindre de que é dotado seu cu-nhado José Hornay. Este o estado actual da provincia do Ser-vião.

Estabelecida que foi a praça no porto de Dilly centro da provincia dos Bellos, ao mesmo tempo que estes povos se iam familiarisando com ella, a frequente concorrencia dos barcos de Macassar, Banda, ilhas de leste e Cupão por todos os portos d'esta colonia iam pondo os reinos vizinhos das praias em estado de abundancia, e penetrados dos mesmos sentimentos que influiram nos da provincia de Sorvião, principiaram a conduzirem-se pelo mesmo plano.

O reino de Luca no tempo do ex-governador Caetano de Lemos, sendo seu rei D. Sebastião de Amaral, foi o primeiro que tentou a revolução pela bem nomeada guerra dos doudos, cujas sementes espalhadas já por outros reinos da sua parcialidade teriam produzido funestas consequencias, se o reino de Viqueque, pelo seu zêlo e opposição ao rebelde, e principalmente instigado pela fidelidade do seu memoravel commandante Luiz Antonio Pereira, lhe não fizesse uma vigorosa guerra, apossando-se de uma grande parte das jurisdicções do dito rebelde. A estes desastres soube obstar a subtileza de D. Thomás de Amaral, sobrinho do dito D. Sebastião de Amaral (que morrêra no principio da guerra), vindo a esta praça prestar obediencia e vassallagem no tempo do ex-governador João Baptista Vieira Godinho, e fazendo persuadir que as loucuras do seu defunto tio e de seu irmão D. Felix de Amaral tinham sido a causa de similhantes desordens que duraram annos.

A politica do dito ex-governador soube acarear este rei ao ponto de o fazer pagar as tintas que aquelle reino devia de tempo da revolução, e projectando que este vassallo poderia fazer grandes serviços a esta parte o promoveu aos postos de coronel, tenente superior e tenente general, cujos cargos o habilitaram para ser por differentes vezes encarregado de varias commissões, as quaes sempre soube desempenhar até á sua morte com mais vantagens e dos seus patricios, do que da mesma praça.

Querendo o ex-governador Feliciano Antonio Nogueira castigar severamente ao reino de Manatuto pela sublevação em que se achava originada pelo governador do bispado Francisco Luiz da Cunha, tendo mandado vir forças de Sorvião, como acima fica apontado, ordenou tambem ao dito D. Thomás de Amaral, que marchasse contra o reino de Manatuto, o que elle executou; conduzindo um arraial da provincia dos Bellos e transtornando os planos do referido ex-governador, fez com que entregassem o dito padre e ficasse aquelle reino salvo do castigo que o ameaçava; vindo por esta e outras acções da mesma natureza a ficarem os timores na certeza de que a praça nada póde fazer senão o que elles quizerem como senhores das forças.

Sendo a frequente introducção dos generos mais vendaveis n'esta praça feita pelos macassares em todos os portos d'esta ilha menos no da praça, de um grande prejuizo aos interesses da fazenda real, intentou o ex-governador Feliciano Antonio Nogueira obrigar aos ditos macassares a que viessem fazer o seu negocio n'esta praça, a fim de se poderem haver os direitos da entrada e saida, que n'aquelles portos não pagavam; fez armar duas embarcações para que costeando os portos situados a leste da praça prohibissem a entrada aos ditos macassares, o que nada aproveitou, e mandando ao tenente coronel Antonio José de Foes ao reino de Manatuto, a fim de persuadir a dois barcos macassares que ali estavam, que viessem a esta praça, o resultado foi ser o dito tenente coronel assassinado pelos mesmos macassares.

Foram os regulos protegendo estes ao ponto de lhe darem guias para os encaminharem aos reinos interiores da ilha a fazerem o seu contrato, e para este ser mais vantajoso, permittem-lhes muitas vezes ficarem de invernada por differentes portos, como estão praticando, sobre o que tenho dado. as ordens mais positivas, que a prudencia me tem suggerido, vistoque por força nada posso, e por isso duvido muito da execução d'ellas.

Não podendo os meus antecessores obviar a grande importação de differentes generos, como polvora e armas, e á exportação da maior parte da cera, sandalo e escravatura d'esta colonia sem pagar direitos, em prejuizo da real fazenda, projectaram pôr pequenas alfandegas nos portos, e sómente o poderam conseguir no reino da Era por quasi pegado á praça e de muito pouca força, e em Lacoló por se achar um portuguez ali casado com a rainha, e em Manatuto á força das persuasões do governador do bispado; porém estas rendas são tão diminutas que não merecem comtemplação, porquanto sendo administradores os mesmos reis, dão o que elles querem, quando o dão. O porto de Occussy tem dado o rei a titulo de arrendamento 50 patacas por anno, quantia assás diminuta em comparação do contrato que os barcos do Cupão e outros muitos ali fazem.

O porto de Atapupo é o logar de maior contrato pelo estabelecimento dos chins e frequencia dos barcos de Cupão e outros: porém apesar de estar vizinho do presidio de Batugadé é o logar aonde se não tem podido estabelecer alfandega até ao presente.

Mandando o ex-governador João Baptista Varquain pôr ali aquelle estabelecimento, veiu o rei de Veale, chamado pelos chins e reis vizinhos do dito presidio, tirou a bandeira que ali estava, quebrou as casas do commandante d'aquelle porto e o obrigou a fugir. No tempo do ex-governador Antonio de Mendonça tomou Manuel José de Sousa de arrendamento as pequenas alfandegas, e indo no anno de 1810 ao referido porto de Atapupo fazer novas tentativas sobre o dito estabelecimento, nada conseguiu mais do que perder um cofre seu na precipitação com que foi obrigado a embarcar-se para fugir; emfim têem sido baldadas todas as diligencias feitas sobre aquelle objecto, porque os reis vizinhos d'aquelle districto não querem sujeição.

Se o estabelecimento das alfandegas nos reinos vizinhos d'esta praça tem sido de tão pouca vantagem, e só abundante em obstaculos, quantos não seriam estes se se fizesse a mesma tentativa nos portos da cabeça da ilha e da parte do sul da mesma, aonde o respeito a esta praça não é nenhum!

Todos estes inconvenientes juntos ao abatimento do preço do sandalo exportado d'esta praça para a de Macau, a falta de navios de viagem em muitos annos e o pouco consumo que annualmente se póde aqui dar aos generos da China, tem dado motivo a que a renda d'esta alfandega seja tão diminuta e por consequencia os fundos dos reaes cofres quasi nenhuns, vistoque são obrigados a contar com despezas certas e rendas duvidosas.

Finalmente os timores nos conservam ainda aqui pelos seus interesses, porquanto fazendo elles a guerra uns com os outros quando querem, em respeito á praça, depois de cansados ou de uma das partes levar vantagem, então a parte opprimida requer á praça para lhes ir fazer as pazes, cujos termos quasi nunca cumprem por faltar a força activa.

Este o estado actual em que achei a colonia emquanto ao temporal, e pelo que toca ao espiritual, nada acho que mereça ser posto na presença de v. ex.ª, salvo se for patentear factos da mesma natureza d'aquelles que nas instrucções dadas a este governo se acham apontados, ou outros mais graves em desdouro da religião e dos seus ministros.

Verdadeiramente só existe o nome da christandade, porque os timores, aindaque baptisados, não deixam os ritos da gentilidade que herdaram de seus antepassados, e com um apego tal, que admira depois de tantos annos de missão.

Aquelles que fazem algumas acções de christãos é materialmente, sem fé nem conhecimentos da nossa santa religião, cuja desgraça não sei a quem a deva attribuir.

A ill.ma e ex.ma pessoa de v. ex.ª guarde Deus muitos annos. Casa real de Dilly, 10 de junho de 1816. — Ill.mo e ex.mo sr. Antonio de Araujo e Azevedo. *=José Pinto Alcoforado de Azeredo e Sousa.*

PARTE II

CAPITULO I

As possessões portuguezas na Oceania comprehendem metade proximamente da ilha de Timor, desde Batugadé até ao extremo E., e a pequena ilha de Pulo-Cambing, situada ao N. d'aquella e á distancia de 15 milhas de Dilly.

Timor, ilha da Malasia no mar e archipelago da Sonda, entre o oceano Indico e o mar das Molucas, está situada ao sul das Molucas em 8° 20' e 10° 22' S. e 123° 127' longitude E. de Greenwich. A sua extensão de E. a O. é cerca de 450 kilometros, e a sua maior largura de 90, diminuindo successivamente para os extremos E. e O. da ilha.

Timor forma como que o fuzil mais oriental da cadeia de ilhas, que se estende na direcção E. S. E., desde a peninsula de Malaca até ás proximidades da costa N. O. da Nova Hollanda, tornando-se muito interessante debaixo do ponto de vista geographico, porque liga, por assim dizer, a Asia á Austraia, duas vastas regiões tão differentes uma da outra, tanto pela constituição physica, como pelo seu estado ethnographico. Timor, em parte madreporica e schistosa, está coberta de uma vegetação menos vigorosa, que a das outras ilhas do archipelago.

Situada entre as Molucas e a Nova Hollanda, offerece esta

ilha uma demarcação geographica muito particular, e em harmonia com a não menos notavel distribuição dos animaes proprios do paiz.

A ilha é dividida em toda a sua extensão por uma cordilheira de montanhas bastante altas; a vertente septentrional
olha para as Molucas, e a meridional para as partes septentrionaes da Nova Hollanda.

Estas montanhas schistosas como que servem de limite a
dois grupos de animaes, que apresentam notaveis differenças
entre si. A parte septentrional sustenta especies cujos typos
se encontram nas outras ilhas do archipelago; do lado meridional encontram-se porém typos mui differentes, parecendo
serem os primeiros representantes da fauna, que abre a transição entre a das Molucas e a Australiana.

A vegetação, como veremos, tambem offerece muitas des-
similhanças, approximando-se da da Australia. As montanhas,
que se elevam no centro da ilha, servem de linha divisoria ás
aguas que correm das duas vertentes para o mar, as quaes pelo
curto espaço que percorrem não chegam a formar senão
riachos.

No tempo das chuvas, estes riachos crescem, precipitam-
se, e alagam tudo; mas vem a monção secca, e o que parecia um
rio reduz-se a um fio de agua, que vae adelgaçando até se sumir no mar, ou mesmo nas camadas permeaveis.

Alguns d'estes riachos são bastante caudalosos, e entre elles citaremos o de Cupang, o de Loes, e o de Manatuto que
são os maiores de Timor, mas que ainda assim não são nave-
gaveis nem por pequenos barcos.

As mais altas montanhas de Timor não se elevam acima do
nivel do mar mais de 1:828 metros (6:000 pés). O calcareo con-
chifero tem grande parte na constituição geologica do solo;
alem d'isso encontra-se em muitos sitios, e mais particular-

mente nas margens dos ribeiros, monticulos arredondados de uma argilla mui fina de côr azulada e outros de côr avermelhada pelo oxydo de ferro. Encontra-se tambem, mas é mui raro, o porphyro, o quartzo, o espatho gessoso, etc.

O aspecto da ilha em geral é pouco agradavel. As montanhas são alcantiladas, pedregosas, e pouco povoadas de arvores, contrastando por um modo notavel com as outras ilhas do archipelago, cujas montanhas estão cobertas de espesso arvoredo.

Em alguns sitios a vegetação é porém mais activa, vendo-se extensas florestas, que alternam com grandes espaços despidos de vegetação, como é quasi todo o litoral, em cujas planicies se nota apenas um arbusto rachitico da familia da palmeira.

Um caracter mui particular de Timor é o grande numero de rochas calcareas de cumes asperos e escarpados, encostas nuas e irregularmente accidentadas por montes de fórmas singulares, que se elevam em alguns sitios de 100 a 400 pés acima do solo em que assentam, como se fossem antigas ruinas. Os indigenas designam estas rochas phantasticas pelo nome de *Fatu*.

É por entre estes asperos rochedos suspensos uns sobre os outros, que os indigenas escolhem de preferencia o logar em que assentam as aldeias, e d'aquellas inaccessiveis fortalezas descem a fazer a guerra, a assassinar o viajante, a roubar os vizinhos, e para ali se retiram quando são perseguidos.

Experimentam-se em Timor as influencias vulcanicas, e no centro da ilha existe um vulcão activo. Os fortes tremores de terra são frequentes e os trovões subterraneos, que os precedem, são medonhos. Mas estes abalos não causam estragos, porque as habitações, tanto dos indigenas como dos europeus, não são senão barracas de madeira, que nenhum terremoto poderá fazer caír. Porém os timores assustam-se muito com os tremores de terra, e quando os sentem, homens, mulhcres e creanças gritam, a qual mais forte, dizendo na sua ignorancia e superstição, que aquella gritaria é para que Deus saiba que a ilha é ainda habitada e não descrta, como um preto fôra dizer a *Marómake* (divindade).

Em Timor como em todas as ilhas da Malasia e Polynesia ha só duas estações, uma que começa em abril e se prolonga até setembro, outra que começa em outubro e termina em março.

A primeira é chamada monção de oeste e a segunda de leste. Aquella é a dos fortes ventos de oeste, das trovoadas e das chuvas; esta a das ventanias de leste, sendo mui raro chover durante ella. A temperatura é quasi igual nas duas estações, variando o thermometro de 28° a 32° centigrados á sombra; mas na estação das chuvas ha dias de calor abafadiço, em que o thermometro marca mais alta temperatura.

Durante as noites da monção de leste sopra um vento chamado terral mui fresco, e durante ellas a temperatura é muito agradavel.

Os productos mais importantes de Timor são, no reino mineral, o petroleo, que apparece no leito de uma ribeira perto do vulcão, de que acima fallámos, o oiro em pó, mas em diminutissima quantidade no leito da ribeira de Bibissusso, e em palhetas nas margens. Uma amostra d'este metal vimos nós, que teria o volume de um grão de bico, e segundo nos consta é das maiores palhetas, que se têem extrahido da terra. Encontra-se no reino de Vemasse cobre nativo, e uma amostra mandámos nós á exposição internacional do Porto, que causou a admiração dos mineralogicos. Aquella amostra tem de peso 2^k,489, e o cobre que contém é quasi sem mistura.

Este minerio, que os naturaes de Vemasse encontram no sitio chamado Birak, e de que já os antigos chronistas dão noticia, parece ser cobre de alluvião arrastado pelas correntes. É de crer que sáia das montanhas de Birak, aonde deve existir filão; mas o que é facto é que o engenheiro inglez que a casa Almeida, de Singapura, ali mandou para explorar as minas de Birak, concedidas pelo governo áquella casa, não descobriu vestigios de massa mineria, que merecesse a pena de ser explorada. Tendo a casa Almeida despendido muitas mil rupias, desamparou a final a empreza, conhecendo, mas tarde, que as noticias que lhe haviam dado eram inexactas.

Estas noticias, que têem voga no paiz, pois a um dos meus antecessores lhe affirmavam que a montanha de Birak era inteiramente formada de cobre, e tão luzente, que quando o sol lhe batia em cheio não se podia olhar para ella, induziram os viajantes em erro dizendo, que em Timor ha abundantes minas de cobre, quando a verdade é a que acabâmos de referir.

Suppoz-se tambem que na ilha existiam jazigos de carvão de pedra; mas a amostra que se mandou a Lisboa tirou todas as illusões, pois não passava de um schisto carbonoso, que não podia por modo algum ter as applicações do carvão mineral.

No reino vegetal são mui variados os productos; mas a indolencia, a superstição e a barbarie do timor oppõe-se aos progressos da agricultura, a qual se acha no estado primitivo.

A constituição do solo de Timor, e o clima tornam aquelle paiz mui apropriado á cultura do milho, e este cereal substitue o arroz, que nas ilhas do archipelago da Sonda e em Celebes é o sustento geral da população, como nas Molucas o sagú é o alimento d'aquelles insulares.

O coqueiro, thesouro inesgotavel de todas as ilhas d'estas regiões afurtunadas, é rarissimo no interior de Timor, e esta arvore que aqui produz admiravelmente é apenas cultivada em algumas povoações do litoral. As fructas, que poderiam apresentar tamanha variedade, quasi não se cultivam, e comtudo poderia haver em abundancia não só das dos paizes intertropicaes, como a manga, a jaca, a nona, o ananaz, a papaia, a banana, a toranja e outras, mas das da Europa, como: o figo, o melão, a melancia, a uva, a laranja, a tangerina, porquanto de todas ellas se encontra mais ou menos quantidade.

O trigo cultiva-se em alguns reinos do interior, e a batata tem propagado consideravelmente, a ponto de haver d'este tuberculo alguma exportação. Os inhames encontram-se em grande abundancia em certos terrenos, e de feijão ha muita variedade.

Em productos coloniaes poderia Timor ser mui rica se se tivesse olhado com attenção para este objecto. Produz o paiz algodão, aindaque de qualidade inferior, servindo-se d'elle os timores para fabricar os pannos com que se cobrem; cultiva-se tabaco de mui boa qualidade, uma ou outra arvore de cacau; a canella é espontanea; cresce a canna de assucar, e o café, cuja cultura tem tomado certo desenvolvimento, subindo a exportação durante os cinco annos de 1860 a 1865 de 380 a 2:380 picos.

São muitas as especies de arvores que crescem em Timor, e entre ellas notaremos em primeiro logar o *sandalum album*, objecto de grande commercio até ha poucos annos, em que decaíu consideravelmente, figurando hoje por insignificante verba nas exportações.

A *Capparis mariana* cobre os rochedos, sobre a praia cresce o *Mezoneurum* e as *Acacias*, a *Tornefortia argentina*, o *Tribulus moluccanus*, a *Josephina imperatricis*, e muitas da familia das *convolvulaceas* e *malvaceas*. Os terrenos pantanosos e terras baixas são cobertos de *Rhizophoras*, *Bru-*

guieras, Sonneratias, Aegaceras, Acanthus, Sumnitzera ra-cimosa, e outras muitas, entre as quaes avulta a *Pangania glabra*, e a *Rotlera Blumei*, assim como as da familia das *Euphorbias* e das *Ebenaceas* que cobrem o solo. Mr. Decaisne enumera mais de 600 plantas proprias de Timor.

Nas outras ilhas da Malasia a vegetação activa e possante estende-se desde a borda do mar até os pincaros mais eleva-dos das montanhas de media altura; em Timor, pelo contrario, as praias apresentam-se quasi despidas de vegetação, e nas montanhas o arvoredo é rareado. Nas planicies as *Casuarinas* de um verde pallido e de aspecto rachitico fazem lembrar as praias nebulosas da Australia, mas a palmeira gibangue *(Carypha gibanga)*, formando bosques extensos nas encostas humi-das das montanhas, nos valles que regam as ribeiras e nos terrenos de alluvião que se estendem ao longo da praia, fazem lembrar as ilhas risonhas da Malasia.

É similhante a flora de Timor á das Molucas, mas mais ainda á da Nova Hollanda, principalmente no que respeita ás plantas que crescem ao longo das costas; as que se criam no interior assimilham-se bastante ás da Africa.

A creação de gados está mais adiantada do que a agricul-tura. O bufalo *(carbau)* e o porco *(fâhi-aman)*, de que ha grande abundancia, servem de sustento ao indigena e de ob-jecto de commercio. Os cavallos são em numero espantoso, tendo havido annos de se exportarem pela barra de Dilly 900; a cera das abelhas selvagens tambem é objecto de gran-de exportação, sendo dos artigos que mais avultam no com-mercio de Timor; de bicho do mar *(holothurias)* exporta-se pouco, e esse mesmo é pescado por malaios, que pedem licença para aproveitar o que os indolentes timores despre-zam. O ninho de passaro, que se exporta de Timor, não é colhido na ilha, mas nas adjacentes.

20

Não havendo em Timor grandes florestas, nem lagos, nem grandes rios, como ha nas outras grandes ilhas da Malasia, o reino animal não offerece grande variedade de especies.

Em mammiferos corpulentos é Timor mui pobre; não acontecendo o mesmo em relação aos chiropteros (morcegos) e ás aves. Os maiores mammiferos são o *Cervus moluccensis* e o bufalo selvagem, cuja existencia é duvidosa. Uma especie que se assimelha ao *Sus vittatus* de Java, mas que não é o mesmo javali, encontra-se em Timor. Dos marsupiaes apenas se encontra o *Phalangista cavifrons;* mas o *Cercopithecus cynomolgus* ali se vê. O cosmopolita *Mus decumanus* é o unico representante da familia dos roedores. Nem porco espinho nem esquilo se encontram. Nos carniceiros figuram dos insectivoros o musaranho, e dos carnivoros o gato, *Felis megalatis,* e alem d'estes o *Paradoxurus musonga.* Todas estas especies são pouco communs. Não ha em Timor tigres, nem pantheras, nem onças, nem feras de qualidade alguma, assim como não ha nenhum dos grandes pachidermes que se vêem nas ilhas da Sonda.

Nas vertentes das montanhas, que olham para a Nova Hollanda, algumas especies de aves têem muita similhança com as que habitam aquella vasta região.

O *Scythrops Novæ Hollandiæ* annuncia pelo seu grito agudo e repetido a chuva e os nevoeiros repentinos. Os passaros de lingua terminada em escova, ou pincel, como os do genero *Tropidorhynchus, Melliphaga* e outros, apresentam muitas especies novas mas similhantes aos que vivem na Australia. Os *Ocypterus* de vôo rapido, os palmipedes da Nova Hollanda visitam estas costas, ou são sedentarios n'esta parte da ilha.

Nas vertentes septentrionaes vêem-se só typos similhantes aos das outras ilhas da Malasia; as aves de rapina contam um

pequeno numero de especies. As paradisias, as pegas e os
gaios não se encontram. Só o verdelhão e o estorninho representam a ordem dos omnivoros; mas os insectivoros são nu-
merosos, e o mesmo se póde dizer dos granivoros, principalmente dos pardaes. Os *Zygodactylos* contam muitas especies
de generos differentes, principalmente os papagaios; os *Ani-
sodactylos* assimilham-se aos da Australia, bem como os *Ne-
ctorineos* (beijaflores), os *Alcyons* e *Chelidons* contam muitas
especies. Pombos de linda plumagem alegram os bosques, e
nas *Gallinaceas* ha uma ou duas especies de pequeno corpo. O
gallo bankiva dos javanezes povôa as florestas, mas as raças
d'esta especie são distinctas nas duas ilhas. Alguns palmipedes vivem nas praias, assim como outras especies.

A classe dos reptis offerece pequeno numero de especies
notaveis. O maior dos crocodilos é da especie conhecida pelo
nome de *Biporcatus,* variedade de uma outra que se vê em
Java. Serpentes venenosas e outras mui corpulentas encontram-se tambem na ilha.

Os mares são pouco abundantes de peixes, mas em nenhuma outra parte se encontram mais zoophytos e molluscos de
especies distinctas e de variadas cores. Encontra-se tambem
numero consideravel de novos crustaceos.

Não offerece Timor á navegação nem bahias, nem profun-
das enseadas, mas apenas portos de levante abertos aos ventos do largo, e só em Dilly encontram os navios porto seguro contra todos os ventos e contra a vaga, que se quebra
na restinga de coral que se estende em frente da praia, deixando duas aberturas, que são as bôcas da barra.

O clima de Timor é insalubre em quasi todo o litoral, mas
mui saudavel nas montanhas, aonde, ao contrario dos sitios
baixos em que o calor é abrasador, a temperatura é muitas
vezes tão baixa, que os europeus mal podem supporta-la.

Espessos nevoeiros cobrem muitas das montanhas do interior, e ali a vegetação é possante. Dilly, situada n'uma planicie e cercada de terrenos alagadiços, é fatal aos europeus, e de todas as praias de Timor é talvez a mais insalubre.

Não obstante, foi este logar escolhido para assentar a capital da possessão. Dilly foi elevada á categoria de cidade, por decreto de 17 de setembro de 1863, mais por ser capital da provincia, do que pelas condições de riqueza e população. Assente á beiramar n'uma extensa planicie, no fundo de uma pequena enseada, onde podem ancorar com toda a segurança dez a doze navios, é cercada de altas montanhas pelo sul e e por E. e O. pelos dois contrafortes da cordilheira do centro da ilha, os quaes formam dois cabos ou pontas, como ali se lhes chama. Estes dois cabos distam cerca de quinze kilometros um do outro, e as montanhas do sul distam da praia tres kilometros. Esta extensa planicie, formada de terrenos de alluvião, é em parte muito pantanosa, e é das exhalações miasmaticas de taes pantanos que procedem as febres, que reinam durante todo o anno na cidade de Dilly, e que tornam a sua residencia fatal aos europeus, como já dissemos.

Não se póde comparar o aspecto de Dilly ao de nenhuma das nossas povoações, porque é inteiramente differente, e mal poderemos dar d'elle idéa a quem nunca viveu no extremo oriente. As ruas são largas e alinhadas, e sombreadas quasi todas pelas palmares adjacentes. É por entre elles que estão construidas as casas de habitação, e a cada uma das quaes pertence um quintal maior ou menor, separado dos que lhe ficam contiguos por pagares (tapumes). Estes quintaes plantados de coqueiros, bananeiras, larangeiras, torangeiras, papaias, romanzeiras e outras arvores, são separados da rua por um muro de verdura, formado pelo arbusto da mandioca, e assim as ruas de Dilly simelham avenida. jardins.

As habitações tanto dos europeus, como dos indigenas ı são senão barracas de madeira, toscamente construidas e cobertas da folha secca de uma especie de palmeira, o que dá áquellas habitações o aspecto de pobreza, que muitas vezes é desmentido pelo conforto interior.

Não ha em Dilly edificio algum digno de mencionar-se, porque as construcções mais importantes não são senão grandes barracões, taes como o quartel, residencia dos governadores, e secretaria, que todos arderam em 1866.

As unicas construcções de alvenaria, são a cadeia, feita em 1862, uma pequena casa forte, e a igreja, que não se concluiu ainda.

A casa de mais bonita apparencia, que ha na capital da possessão, é sem duvida a nova residencia dos governadores feita pelo risco das habitações de Batavia, e situada a 1:500 metros da cidade, no sitio chamado Lahane. Esta residencia começada em 1860 e terminada em 1861, é edificada sobre uma pequena collina, da qual se avista toda a planicie e se descobre o mar e as ilhas de Wetter, Pulo-Cambing, Ombay e Pantar.

Dilly occupa uma área de 1:500 metros de comprido sobre 500 de largo, e tem uma população de 3:000 almas, comprehendendo europeus, indios, chinas e indigenas.

As condições climatericas de Dilly poderiam melhorar se os terrenos adjacentes, ora desaproveitados, e onde as aguas estagnadas exhalam nocivos miasmas, fossem agricultados e esgotados; mas inda assim é nossa opinião que para sêde do governo se deveria escolher logar appropriado nas montanhas que cercam Dilly, e que uma estrada pouco dispendiosa poria em communicação com o porto. A tres kilometros de Dilly encontram-se nas montanhas sitios frescos e aprazíveis, em que o clima, mui similhante ao do meio dia da Europa, seria o mais apropriado para a residencia dos europeus.

São differentes as opiniões a respeito da população de Timor. Ha escriptores que dão a toda a ilha 1.000:000 de habitantes, e alguns só á parte portugueza 800:000, mas outros viajantes, e são os menos exagerados, suppõem não exceder de 500:000 almas. Temininck dá-lhe apenas 200:000, e parece-nos que mais se approxima da verdade.

Não passam de conjecturas todas estas opiniões, e para as fundamentar não ha os mais pequenos dados. Ninguem formou ainda a estatistica da população de Timor, e seria tarefa impossivel tental-o, porque não estão os timores bastante civilisados para fazerem as necessarias declarações. Faltando-nos absolutamente os dados para podermos apresentar sequer o numero approximado dos habitantes, limitar-nos-hemos a dizer, que se calcularmos pelos contingentes de guerra que os quarenta e nove reinos sujeitos ao nosso dominio são obrigados a apresentar, e suppondo que cada combatente representa uma familia, poderemos approximar-nos do algarismo 100:000, porque tantos serão os habitantes da parte de Timor portugueza.

Dos quarenta e nove reinos, trinta poderão apresentar 600 homens em armas, o que faz 18:000, e multiplicando este numero por 5, termo medio de cada familia, teremos 90:000. Restam dezenove reinos, que não poderão apresentar mais de 50 homens, que representam 950 familias, ou 4:750 individuos. Este numero junto ao primeiro algarismo dá perto de 100:000 habitantes que suppomos terá a parte portugueza de Timor.

Mas este calculo, apesar de baseado em informações colhidas no paiz, está longe da verdade, porque nem temos a certeza de que cada combatente represente uma familia n'um paiz em que todos os homens são guerreiros, nem tambem sabemos exactamente se todos os trinta reinos apresentarão em armas 600 homens cada um.

Julgando approximar-nos mais da verdade, do que outros escriptores, nem por isso deixámos de reconhecer que o nosso calculo não se funda em dados positivos e seguros, e se o apresentámos foi só para mostrar a exageração dos certos algarismos.

Quem percorre o interior do paiz vê desde logo que a população não é densa; mas se ha ali 5 habitantes por kilometro quadrado, se 6, se 7, é o que não póde saber-se.

Os naturaes de Timor pertencem á raça amarella ou malaia.

O typo é o mesmo que o dos habitantes de todas as outras ilhas da Sonda, mas a similhança é muito mais completa entre o timor e o habitante das Molucas e de Borneu, e esta afinidade é confirmada pela tradição, segundo a qual Timor foi povoada por homens vindos de paizes situados a éste, e que fixando-se na parte oriental da ilha, d'ali foram avançando para oeste.

As invasões que padeceram as grandes ilhas da Malasia não chegaram a Timor, e por isso a ilha estava quasi selvagem, quando os portuguezes a visitaram. Nenhuns vestigios hindús, ou mahometanos se encontraram em Timor, o que prova que nem os hindús, nem os mongoles levaram ali as suas armas.

Timor escapou ás invasões, mas se aquelles insulares conservaram a independencia, perderam por outro lado uma certa civilisação, que lhes levariam os hindús, ou os mahometanos, como a levaram a Java.

Timor era pois habitada por um povo primitivo quando os

nossos missionarios pisaram pela primeira vez aquella terra, e do estado social d'este povo vamos occupar-nos no seguinte capitulo.

Pulo-Cambing, cuja extenção ignorâmos, mas que suppomos não passará de vinte kilometros de comprido sobre dez de largo, é habitada por descendentes de timores em numero bastante limitado. Os seus usos e costumes e o modo por que se governam, é o mesmo que o dos habitantes de Timor, e por isso nos absteremos de tratar em especial de Pulo-Cambing.

CAPITULO II

O povo de Timor não é já, como não era quando os primeiros missionarios o visitaram, inteiramente selvagem: mas é ainda um povo primitivo.

O timor não vagueia pelos bosques espreitando a caça com que ha de sustentar-se, nem conduz os gados de campina em campina, parando ora aqui ora mais longe, e assentando a tenda onde acha pastagem para os rebanhos. Não, o timor deixou a vida errante e nómada e encontra-se na terceira estação da marcha da humanidade. Escolheu terras cultivaveis, e ahi levantou a sua choupana para se abrigar.

Logoque o habitante de um paiz se fixa e tem morada certa, atam-se relações e forma-se a sociedade, imperfeita sim, mas contendo os germens da futura civilisação.

A aldeia em Timor tinha-se pois constituido muito antes que os europeus conhecessem a ilha, e a aldeia havia atado relações com outras aldeias formando *sucos*, os quaes reunindo-se formaram reinos, e logo diremos como se governam.

Parece que anteriormente á nossa dominação houve em Timor dois formidaveis potentados, que avassallaram quasi todos os povos da ilha. Era um d'elles o imperador Senobay, e outro o Behale. O primeiro governava a parte occidental da ilha, o segundo a oriental; mas os grandes vassallos d'estes potentados sacudiram o jugo, e tornaram-se independentes, governando cada um o seu reino despotica e arbitrariamente, o que igualmente praticam os datós, chefes de aldeias, que se dizem senhores da terra.

Os limites dos reinos, como é bem de suppor, foram e são incertos, e assim os reinos têem mudado uma e muitas vezes de senhor, perdendo a autonomia, para logo a adquirirem e a tornarem a perder. Guerras, casamentos e successões têem alterado a miudo a carta de Timor, e os reinos que hoje existem nem sempre foram os mesmos, e nem sempre tiveram os limites que ora têem.

Actualmente os reinos sujeitos a Portugal são: Ambeno, Allas, Atsabe, Bibiluto, Bibico, Barique, Balibó, Boibau, Bibissuço, Cairuhi, Caimau, Cailaco, Cová, Cutubaba, Diribate, Dailor, Dóte, Funar, Failacor, Faturó, Fatumartó, Foulão, Hera, Hermera, Lacló, Laleia, Laicore, Lacluta, Limian, Liquiçá, Laclubar, Luca, Manatuto, Motahel, Manufai, Mahubo, Maubara, Okussi, Raimean, Sarau, Suai, Samoro, Saniri, Turiscáe, Tutuluro, Ulmera, Venilale, Viqueque e Vemasse. Cada um d'estes reinos é governado por um chefe (Leoray), e como a terminação d'esta palavra tenha alguma similhança com o termo portuguez «Rei», d'aqui veiu chamar-se rei ao chefe do reino.

A reunião de certo numero de aldeias chama-se suco, o qual é governado por um dató. Ha em todos os sucos officiaes do rei encarregados de receber as suas ordens e transmittil-as aos datós. Cada aldeia é governada por um dató, ou tumungão.

Alem dos chefes, que acabámos de mencionar, ha em cada reino e em cada aldeia outras auctoridades que têem diversas attribuições e de que são mui zelosas. Abaixo do rei na ordem hierarchica segue-se o tenente coronel do reino, e abaixo d'elle o mestre de campo, depois o sargento mór, capitão da povoação, major da guarda, tenente e alferes. Cada suco tem tambem seu capitão, tenente e alferes.

Ha ainda alguns chefes que são estranhos aos negocios dos reinos e só commandam forças durante a guerra; estes officiaes chamados de infanteria são da nomeação do governador e escolhidos entre os datós.

Os reis são eleitos pelos datós, tumungões e officiaes, e confirmados pelo governador. Ao titulo de rei ou rainha está inherente a patente de coronel, dada pelo governador em nome de Sua Magestade Fidelissima. A eleição dos reis é como que a consagração da hereditaridade, por quanto os estylos timores marcam a ordem de successão. Por morte do rei pertence o governo ao filho mais velho, na falta d'este ao immediato, e assim successivamente, preferindo o ramo masculino ao feminino, até total extincção em que o governo do reino passa ao tenente coronel, e na ausencia d'este ao sargento mór. Póde-se pois dizer que o governo dos reinos é hereditario, como é o poder de todos os chefes. Mas estes não carecem, como o rei, da eleição para governar.

Como se vê os reinos têem certa organisação, e se não são regidos por leis escriptas, regem-se pelos estylos timores, que se conservam inalteraveis na tradição; os estylos são para os timores o mesmo que o *adat* é para os malaios. O poder dos reis é despotico e absoluto nas povoações que habitam e de que são senhores; mas nas mais terras de seus reinos o poder de que gosam é ephemero. Ali são os datós que mandam.

Quando por morte do rei a successão recae em mulher e a eleição confirma a hereditariedade, elege-se um regente do reino, que póde ser escolhido entre os membros da familia real ou entre os datós, e tem succedido ser eleito um dató de outro reino. Tanto para os reis como para os regentes é necessaria a confirmação do governador para entrarem em exercicio, e só depois de confirmados se lhes dá a patente de coroneis.

Acontece algumas vezes não poder fazer-se a eleição do rei, ou porque ha mais de um pretendente e se temer uma guerra, ou porque a familia real se extinguiu, ou por qualquer outro motivo, e n'este caso governa o reino uma junta, chamada *parlamento,* e é composta dos principaes datós chefes de *suco,* em numero de cinco. Esta fórma de governo admittida pelos estylos timores tem servido de expediente politico aos governadores, para evitar serios conflictos, e arredar pretensões de que poderia originar-se uma guerra.

Os reis timores podem ser suspensos pelo governador, e n'este caso é nomeado um regente, ou *parlamento* para governar o reino, mas o que é contra os estylos, é que se eleja novo rei. E assim deve ser, porque os reis derivam o seu poder da eleição e da hereditaridade combinadas e não da nomeação do governo.

Nenhum negocio grave póde ser decidido pelo rei sem o assentimento dos datós, mas em paiz de tanta anarchia como aquelle, em que cada chefe se julga senhor absoluto na sua povoação, acontece muitas vezes que os datós rompem guerra sem fazerem caso dos reis ou dos outros datós. Na Europa da idade media os grandes vassallos obravam do mesmo modo.

O christianismo fez notaveis progressos em Timor, mas não nos illudâmos, o timor convertido não aprecia os preceitos do evangelho; é baptisado, assiste ás ceremonias religiosas: mas a luz não penetra as trevas d'aquelles espiritos embrutecidos, e a agua baptismal não adoça a fereza dos costumes. O ser christão importa unicamente mudar de nome. Esta é a regra, e tudo o mais é excepção.

Apesar do grande numero de conversões que os missionarios fizeram não se póde dizer que o povo segue a religião
christã. A generalidade da população de Timor pratica o fe-
tichismo, e em quasi todos os reinos ha uma especie de rei
sacerdote, chamado *railuli*, ou *datululi*, cuja missão é curar
do *pomali* (barraca onde estão guardados os idolos), invocar
a divindade e fazer-lhe as rogativas para que seja propicia.

Os idolos a que os timores tributam certo culto, téem differentes fórmas, servindo de idolo uma zagaia, uma espada,
uma pedra, ou qualquer outro objecto a que se liga um certo
mysterio.

O timor reconhece a existencia de um ente supremo (Marómake); mas suas idéas a respeito do poder e attributos da divindade são mui obscuras. Não sacrificam os timores, como
outros povos barbaros, a Marómake entes humanos.

Dissemos que havia em cada reino uma especie do rei-sa-
cerdote chamado *railuli* encarregado da guarda do *pomali;*
mas as verdadeiras funcções do *railuli* são exercidas em tempo de guerra. É então que estas auctoridades adquirem importancia.

O *railuli* acompanha os combatentes á guerra, e antes da
peleja consulta sempre as entranhas dos frangos. Se o oraculo não é favoravel, o combate adia-se, e por aqui se vê
que o *railuli* tem na sua mão os destinos da guerra. É tambem elle quem póde animar, ou lançar o desalento entre os
guerreiros, porque antes de começar a luta todos o consul-
tam sobre a sua sorte, e julga-se perdido e com difficuldade
vae ao combate aquelle a quem o propheta annunciou a morte.

Os *railulis* representam grosseiramente o papel de todos
os impostores que pretendem adivinhar o futuro, que só pertence a Deus.

No atrazo em que se acha o povo de Timor é evidente que

a justiça não póde ser senão a lei de talião. Ali não é a sociedade que julga o delinquente, é o individuo que se vinga do
aggressor. A justiça exerce-a o timor por suas proprias mãos,
e quando em alguns casos a auctoridade intervem é para compor
as duas partes, e não para julgar o facto.

Mas aindaque a justiça seja exercida do modo por que acabámos de dizer, comtudo é preciso não se afastar dos estylos
timores, quando se castiga algum crime, porque os estylos
comminam penas differentes aos differentes attentados contra
as pessoas, e contra a propriedade, e auctorisam o delinquente
a remir a pena pagando o prejuizo, que é avaliado pelo offendido.

O ladrão encontrado em flagrante é morto, e para exemplo
corta-se-lhe a cabeça que é collocada n'um poste. Se o roubo
é de gado, a cabeça do animal roubado é collocada junto á do
ladrão.

O homicidio é crime de pena capital, mas o homicida póde
libertar-se pagando o que os parentes do morto exigirem, e
dando uma pessoa que o substitua na familia.

Aquelle que forçar uma mulher deverá pagar o que seus
parentes exigirem; e se recusar poderão elles mata-lo aonde
o encontrarem.

Aquelle que forçar filha de rei padecerá a pena capital, e
não poderá remi-la a dinheiro.

Aquelle que raptar alguem para o escravisar poderá ser
morto pelos parentes do raptado.

A *suanguice* (feiticeiria) é crime de pena capital, e n'este
caso a pena vae alem da pessoa do criminoso. O *suangue* é
empalado, ou morto ás pauladas, toda a sua familia reduzida
á escravidão, e seus haveres confiscados em proveito do accusador e do senhor da terra. É este o unico crime para castigar o qual se carece da intervenção da auctoridade. Em todos

os mais os offendidos fazem justiça por suas proprias mãos, sem que os datós ou officiaes de modo algum intervenham.

O adulterio é só considerado facto criminoso, e castigado com a morte, quando praticado com a mulher do rei. Em todos os outros casos é negocio que se compõe pagando o adultero o que o offendido exige.

O povo de Timor não está dividido em castas como o da India, que se acha n'um estado de civilisação incomparavelmente muito superior; mas divide-se em tres classes mui distinctas: os datós, tumungões e officiaes, o povo, e os escravos.

Aos escravos de Timor, exceptuando os dos moradores de Dilly, não foram applicadas nenhumas das nossas leis que regem o assumpto, e os donos são senhores absolutos da sua propriedade; porém não padecem os escravos em Timor os duros tratamentos que affligem os de outros paizes. Se tem havido barbaridades téem sido praticadas mais pelos habitantes de Dilly do que pelos dos reinos, onde os escravos são quasi igualados aos membros da familia, não encontrando nunca difficuldades para a sua manumissão.

Todo o escravo a quem se concede pagar a *finta*, tributo lançado aos reinos pelo governo da possessão, é pelo simples facto do pagamento considerado livre. E ha n'isto uma singularidade: o escravo que por este meio obtem a liberdade entra na classe a que o senhor pertencia.

O do dató é considerado dató, o do homem do povo plebeu. A transição é rapida, e não ha para os timores o estado de liberto como entre os povos civilisados, aonde o monstruoso facto da escravidão ainda existe para vergonha da sociedade.

Os escravos do rei quando obtêem a liberdade não são porém considerados como membros da familia real.

Uma especie de escravidão mui similhante á servidão de

outras eras, existe em Timor. Dá-se-lhe o nome de *lutuum*,
e é destinada a servir o rei, a lavrar as suas terras e a pastorear os seus gados.

Estes escravos, que não são senão servos adstrictos á gleba,
não podem ser vendidos pelo rei, porque a propriedade do *lutuum* pertence ao reino, e não ao rei. E ao reino pertencem
tambem as terras que o *lutuum* cultiva, e de que o rei não é
senão o usufructuario.

A superstição e a guerra originaram em Timor a escravidão; mas apesar de serem frequentissimas as guerras entre
os timores, a população escrava não é crescida. Explica-se
este facto pela facilidade com que o escravo obtem a liberdade.

O trafico nunca tomou em Timor grande incremento, limitando-se apenas ao transporte de alguns desgraçados para Macau; e assim os males resultantes d'aquelle infame commercio
nunca Timor os deplorou. A guerra não teve nunca por fim,
como acontecia na Africa, fazer escravos para os vender; e o
infeliz timor privado da liberdade não foi arrancado á patria
para soffrer horriveis tratos no porão de um navio, e ir morrer debaixo do azurrague de um barbaro senhor de engenho.

A constituição debil do timor livrou-o dos negreiros a quem
não podia convir mercadoria de tão pouco valor, quando tinham mais perto o robusto africano, que Las Casas julgava
favorecer aconselhando o trafico, conselho de que devia ar-
repender-se se presenciasse os horrores a que similhante
commercio tem dado causa.

CAPITULO III

Acabámos de ver como são governados os reinos de Timor; passaremos agora a occupar-nos dos usos e costumes dos habitantes, da sua economia domestica, da industria e da agricultura.

Os timores vivem reunidos em aldeias, que não são mais do que uma agglomeração de miseraveis choupanas, distinguindo-se sobre todas a do chefe por ser mais espaçosa. As choupanas, como o nome está indicando, são cobertas de folha de palmeira brava ou de palha, mui pouco elevadas, e não téem outra abertura mais do que a porta. Em alguns reinos as casas são construidas sobre estacas, e o pavimento é de tábuas feitas a podão, perdendo-se uma arvore para obter uma tábua, poisque o timor não faz uso da serra, apesar de conhecer este instrumento de que se servem os operarios de Dilly.

Os animaes domesticos, porco, gallinhas e cão, vivem em sociedade com o timor, habitando juntos a mesma choupana. Os cavallos e os bufalos, em que tanto abunda a ilha, nunca são recolhidos, vivendo em liberdade nas campinas, nas margens das ribeiras, ou nas encostas das montanhas, e ali os vae buscar o dono quando d'elles carece.

O habitante de Timor é de uma frugalidade pasmosa.

Em marchas e na guerra sustenta-se um dia inteiro com um punhado de farinha de milho e uma pouca de agua, ou com uma *ápa*, bolo de farinha de milho envolto em palha de bananeira. Quando está entregue aos ocios da paz, o seu sustento é menos parco, e consiste em milho quebrado cozido com hervas. Quando lhe falta o milho substitue-o pelo feijão; mas ha uma qualidade d'este legume, *cóto,* que tem sido fatal a muitos timores, por ser veneno que mata em poucas horas, quando não é bem preparado.

Os chefes de todas as povoações e os habitantes das aldeias do litoral e das margens das ribeiras sustentam-se de arroz.

Os timores são mui indolentes, e todo o tempo que não empregam no amanho das terras, que é pouco, entregam-se inteiramente aos prazeres do ocio. Passam os dias sentados sobre os calcanhares, mascando bétel e areca, e parte das noites em volta do lume comendo grãos de milho assados. Deitam-se tarde e levantam-se quando o sol já vae alto. Suas camas são esteiras fabricadas pelas mulheres.

O vestuario do timor é simples. O homem do povo cobre apenas as partes pudicas com uma tira de panno a que se chama *hakpólike* (tanga), mas os chefes usam do *taes,* panno de algodão fabricado no paiz, que lhes cobre o corpo desde a cinta até ao joelho.

Em guerra nenhum timor usa de tanga, mas do *taes* e de outros accessorios, que formam o traje pittoresco d'aquelles guerreiros.

Os cabellos hirsutos levantados no alto da cabeça são atados por um lenço encarnado, o qual segura juntamente um pennacho de pennas de aves de variadas cores; cobre-lhes o busto um corpete escarlate sem mangas, e o resto do corpo o *taes* em largas pregas até o joelho; do pescoço pendem-lhes circulos de oiro ou prata, e nos braços brilham manilhas do mesmo metal; junto aos tornozelos atam pellos de cabra, que lhes dão a ligeireza do animal, segundo créem aquelles povos simples e supersticiosos. Completa o traje uma larga faxa de vivas cores posta a tiracolo a que se dá o nome de *salenda*.

O vestir das mulheres differe muito do dos homens. As do povo usam uma saia *(taes-feta)* mui estreita, que as cobre desde o meio do peito até os pés; os hombros e parte dos seios trazem-nos nus. As mulheres dos chefes usam o *taesfeta* de algodão e seda, mas em vez de o atarem debaixo dos braços, como as do povo, atam-o na cintura, e cobrem o resto do corpo com uma *cabaia*, ou um *baju* de chita, que é uma especie de paletó mui curto.

As mulheres em Timor vivem em completa liberdade e não reclusas. Fazem a cozinha e cultivam a terra em companhia dos homens.

Segundo os estylos timores nenhum homem póde ter senão uma mulher, que repudia quando quer; mas é-lhe permittido ter concubinas, comtantoque não habitem a casa da esposa.

O casamento entre os timores não é todavia uma instituição; reduz-se a um simples contrato, em que a mulher é cedida pelos parentes em troca de bufalos, porcos, luas de oiro, manilhas de prata e uma espada de certo modo temperada, que tem grande valor entre aquelle povo.

Nenhuma singularidade se dá no casamento dos timores, e as festas que por essa occasião se fazem tambem nada apresentam de particular. No dia aprasado a noiva é conduzida a casa do noivo por todos os parentes, e as duas familias celebram o contrato em brutal banquete, que dura dias consecutivos. Homens e mulheres de cócoras em volta da fogueira devoram a mal tisnada carne de bufalo e de porco, emquanto os *tabedáes* aturdem os ares com seus cantares desafinados acompanhando-se do monotono som do *baba* (pequeno tambor de fórma conica).

A dansa, em que tomam parte velhas e moças, e que em nada se parece com o divertimento a que na Europa damos este nome, nem tão pouco com a dansa das bailadeiras da India ou de Java, chama-se *tabedae*. Para darmos idéa do que ella é bastarão poucas palavras. As mulheres formam circulo, e batendo o compasso no *baba*, giram em roda com passos miudos e mui rapidos, cantando ao mesmo tempo, ou antes gritando phrases quasi sempre sem nexo nem sentido.

Alguns homens vestidos em traje de guerra tomam parte na dansa saltando, brandindo a espada, fazendo momices e ameaços.

É mui differente, como se vê, o *tabedae* da dansa dos bailadeiras da India ou das de Java. Aqui as bailadeiras, vestidas ricamente, requebram-se, estorcem-se lascivamente ao som do *gamelam* (instrumento similhante ás marimbas) e cantam as proezas dos antigos guerreiros de Java; em Timor, em vez de requebros, passinhos miudos e apressados, em vez do *gamelam* harmonioso, o *baba* que ensurdece, e em vez do canto historico, phrases sem sentido e sem nexo. Em Java só certas mulheres (as bailadeiras) se entregam á dansa; em Timor todas, e até as creanças, tomam parte no *tabedae*, e o que é para admirar é o furor que d'ellas se apossa, tornando-se infatigaveis a ponto de aturarem um dia inteiro, por baixo do sol abrazador, n'aquelle exercicio chamado *tabedae*, com que se festeja qualquer acontecimento extraordinario.

Assim, quando uma povoação é atacada as mulheres reunem-se, e emquanto dura o combate dansam o *tabedae*, animando os guerreiros com seus cantares, em que lhes exaltam o valor e deprimem o dos contrarios.

Usos muito mais particulares e curiosos se observam por occasião de fallecimento do rei, e por isso passaremos a descrever as ceremonias.

Logoque o rei exhala o ultimo suspiro são chamados os datós e curandeiros a casa do finado para que declarem se o rei está morto, e se expeçam as ordens necessarias em taes occasiões. A familia do finado conserva-se queda e silenciosa, emquanto os curandeiros não fazem a declaração; mas feita ella todas as pessoas presentes prorompem em gritos, lamentos e em prantos, que parecem sentidos.

Os datós reunem-se, e depois de ordenarem que cessem todos os trabalhos do campo por sete dias, que ninguem masque bétel e areca durante o mesmo tempo, que os homens cortem os cabellos e as mulheres os tragam soltos, mandam portadores aos parentes do defunto, dizendo-lhes que venham immediatamente ver o rei, porque se acha em perigo.

Dadas estas ordens é o cadaver fechado n'um grosseiro caixão e guardado por officiaes do reino, ao passo que, sentadas sobre esteiras em volta do caixão, as mulheres da familia carpem noite e dia a perda do seu parente e senhor. Ao cabo de muitos dias chegam os parentes do rei, e em presença do povo reunido abre-se o caixão para que vejam o cadaver, que se acha então em decomposição, exhalando um fetido pestilente, a que os timores parece que são insensiveis.

Depois d'aquelle acto a familia do rei sae da casa, que se fecha até o dia do enterramento, que muitas vezes só se faz d'ahi a annos, e outras nunca chega a fazer-se.

Desde o dia da morte do rei até o da visita dos parentes disparam-se continuamente tiros de espingarda, uso que os timores de certo adoptaram dos europeus, entre os quaes existe pratica similhante quando morre um principe.

A visita dos parentes do rei prolonga-se por tantos dias quantos dura o banquete, que a familia do finadot em obrigação de dar. O numero de bufalos, de porcos e de cavallos, que então se mata para satisfazer a voracidade d'aquelles hospedes, é espantoso, e familias téem havido, que ficaram reduzidas á miseria em consequencia das despezas a que a morte de um parente as obrigou.

Pelo que deixâmos dito, vê-se que os timores enterram os cadaveres; mas como para se fazer o enterramento é preciso que todos os parentes do finado estejam presentes, sendo taes reuniões quasi impossiveis, acontece que a maior parte dos defuntos ficam sem sepultura, guardados dentro de caixões calafetados, em choupanas, para isso destinadas, ou n'umas especies de gaiolas construidas sobre altos espeques de madeira.

Ha alguns reinos onde não se faz enterro de rei ha mais de um seculo, por não ter sido possivel a reunião dos parentes, dos quaes um só que falte torna o acto funebre impossivel.

Não ha morte de rei que não dê logar a factos de inaudita barbaridade. Logoque o rei adoece, ha sempre quem attribua a doença a maus olhares de alguns desgraçados suspeitos de *suanguice,* e se por infortunio o enfermo chega a fallecer, diz-se então que os taes *suangues* lhe *comeram o espirito,* e não é preciso mais para justificar aos olhos d'aquelle povo barbaro o supplicio das victimas.

Mal o rei exhalou o ultimo suspiro, os suppostos *suangues* (feiticeiros), são presos, amarrados de pés e mãos, e mortos a pauladas ou enterrados vivos, e seus haveres confiscados em proveito dos accusadores e da familia do defunto.

Pelo que acabâmos de dizer vê-se que o estado social do povo de Timor, se não de todo selvagem, é immensamente atrazado. O contacto com um povo civilisado durante o longo espaço de trezentos annos não modificou sensivelmente as condições sociaes dos timores, nem adoçou os seus ferozes costumes, o que ainda assim não é motivo para largarmos de mão a tarefa que nos impozemos de civilisar aquelle povo, cujo caracter vamos em poucas palavras descrever.

O timor ,ramo da grande familia malaia, assimelha-se no physico e no moral a todos os habitantes das ilhas da Malasia e da Polynesia. Como elles, é pequeno de fórmas e menos vigoroso que o europeu ou o africano. De caracter grave e meditativo, de comprehensão demorada, é porém tenaz na execução da idéa. Humilde quando bem tratado, torna-se vingativo e cruel quando recebe maus tratos. Indolente e preguiçoso, affrontará as maiores miserias para se esquivar ao trabalho. Indifferente a tudo, até mesmo a morte encara com placidez, padecendo-a como o manso cordeiro. Não se confunda porém esta placidez, este indifferentismo com o valor, que aquelles insulares não nos parece possuirem em subido grau. O que alguem julgará sangue frio não é senão ausencia de vigor moral, como o attestam os factos.

A morte de alguns guerreiros é muitas vezes sufficiente para lançar o terror n'um arraial e faze-lo dispersar; jamais povoação em Timor foi assaltada e tomada á viva força; nunca o timor combateu a peito descoberto, mas escondido por entre rochas, matos e arvoredo.

São desconfiados aquelles insulares, e pouco agradecidos aos favores recebidos, o que é consequencia do indifferentismo de que são dotados. Não esquecem porém a offensa, e como para elles a vida tem pouco valor, commetterão um homicidio para vingar a mais pequena injuria.

Aindaque turbulentos e inclinados a guerrear para decidir toda e qualquer questão, são comtudo faceis de governar, uma vez que não se use com elles de extraordinario rigor e que se respeitem em parte os estylos timores, a que obedecem sem murmurar.

Fallam-se em Timor differentes dialectos, entre elles mencionaremos o *Teto*, o *Vaiqueno*, o *Galolo* e o *Calado*. O *Teto* é a lingua por assim dizer official, a que fallam os chefes, e que está generalisada em Dilly e mais presidios portuguezes, e nos reinos do centro e do poente até Batugadé. O *Vaiqueno* é a lingua fallada pelos habitantes dos reinos de Sorvião, o *Galolo*, pelos dos reinos de leste, e o *Calado*, pelos das montanhas que cercam Dilly. São mui pobres todos estes dialectos e nenhum d'elles tem grammatica nem escripta.

Linguas inteiramente selvagens, mui asperas e nada parecidas com a suave lingua malaia, que tem seus poetas e bons prosadores.

O *Teto* usa muitas palavras portuguezas, que os naturaes de Timor adoptaram, á falta de termos para exprimir objectos que lhes eram desconhecidos antes da conquista.   .

Téem os timores tão grande facilidade para aprender o malaio, quanta difficuldade para o portuguez, que rarissimos fallam correctamente, e que uma grande parte dos chefes e dos habitantes de Dilly estropiam, fazendo um crioulo, que nos custa quasi tanto a comprehender, como os dialectos timores.

Tendo sido a ilha de Timor povoada por emigrados das Molucas e de Borneo, é natural que a lingua *Alfur* fosse fallada pelos primeiros timores n'aquellas remotas eras; mas com o andar dos tempos soffreu taes alterações, que hoje nada se parece com aquella, e não deve admirar tal differença se notarmos que o Alfur tambem não tem grammatica, nem escripta.

Téem os timores em grande veneração o rei de Portugal, que acatam na pessoa do governador, a quem chamam *pae e mãe*, e este amor e respeito tem sustentado a dominação

portugueza n'aquelle paiz, onde a força nos tem sempre faltado para fazer-nos obedecer como soberanos. As rebelliões
que ali estalaram contra o governo portuguez não foram
nunca suffocadas senão pelos proprios indigenas, aos quaes
bem se póde dizer que está confiada a guarda d'aquella reliquia do famoso imperio que tivemos no oriente.

Em tão atrazadas condições, como aquellas em que se acha
o povo de Timor, o estado da industria, do commercio e da
agricultura ha de necessariamente ser lastimoso. E com effeito
assim é.

A agricultura reduz-se, como n'outro logar dissemos, ao
cultivo do arroz e do milho, em alguns sitios ao da batata
e ao do trigo, do café e do tabaco.

Não fazem os timores uso do arado, e por maiores esforços
que se empreguem para que se sirvam dos mais simples in-
strumentos aratorios, não é possivel vencer as resistencias.
Não se servem da enxada, mas de um pau aguçado, *haissúake*, com que levantam a terra, e todos os seus instrumen-
tos aratorios se reduzem a este pau.

A cultura do milho demanda mui pouco trabalho, e por
isso tanto se tem generalisado. Depois de levantada a terra
com o *haissúake*, queimam-se as hervas, esperam-se as primeiras chuvas para semear e no tempo proprio corta-se a es-
piga.

A cultura do arroz mais trabalhosa é, e o auxilio de toda
uma povoação torna-se necessario para preparar o terreno
onde ha de semear-se. É por isso que esta propriedade é
communal. O povo abre o canal de irrigação, e cada familia
cultiva o seu lote, sendo obrigada a dar parte do producto
ao dató e outra ao governo do reino, para este satisfazer os
seus encargos.

O processo seguido no cultivo do arroz é o seguinte: quando

a agua tem corrido nos taboleiros durante alguns dias, mette-se dentro da varzea uma manada de bufalos, fazendo-os correr de um para outro lado até que o terreno se torne lamaçal; chama-se a isto amassar a varzea; n'este estado lança-se á terra a semente, a que se chama burrifar o nelly, e espera-se a maturação. Chegado esse tempo ceifa-se o arroz á faca, e leva-se á eira, onde homens e mulheres pizam as espigas, separando-se depois a palha do grão que se descasca no pilão (almofariz de madeira).

Ha arroz branco, encarnado e preto. Este é o mais raro, e chama-se cafrinho. Do branco ha uma qualidade que se chama arroz de horta (*quero*) cultivado nas montanhas, que é o mais caro, mas o melhor.

Não nos occuparemos das outras culturas, porque nos parece bastante o que dissemos para dar idéa do atrazo agricola em que se acha este povo.

As fructas e legumes que ha em Timor são cultivadas pelos habitantes de Dilly ou pelos das montanhas proximas, mas em tão pequena quantidade, que não vale a pena deter-nos a fallar d'ellas.

O cereal geralmente cultivado e de que se alimenta quasi toda a população é o milho, e tem havido annos de tão grande abundancia que se exportaram carregamentos d'elle para a Australia.

O trigo que vae degenerando, e que não é já bastante para o pequeno consumo dos forasteiros que habitam Dilly, é cultivado nos reinos do interior quasi do mesmo modo que o milho. A producção de arroz é apenas sufficiente para o consumo, e ha muitas vezes necessidade de importar este cereal.

A producção de artigos coloniaes de que poderia provir tamanha riqueza a esta ilha e tamanha importancia a Portugal, limita-se apenas á producção do café, cultivado em pequena quantidade em alguns reinos ao poente de Dilly.

É nossa opinião que d'esta cultura depende o futuro da colonia; mas pelo modo por que as cousas caminham, pelo modo por que se governa aquelle paiz, os progressos serão lentos e a receita da colonia, que poderia crescer rapidamente com o augmento d'aquella cultura, se acaso se adoptasse systema identico ao do general Van den Bosch, introduzido em Java, não terá senão pequeno augmento, e em nada influirá nas finanças da possessão.

A creação de gados mais adiantada está do que a agricultura; não que se tenha tratado do apuramento das raças, mas porque a creação de bufalos, cavallos e carneiros se faz em larga escala.

Os bufalos constituem por assim dizer toda a riqueza dos timores, e mais rico é o que maior numero de cabeças possue. A exportação d'estes animaes não tomou grande desenvolvimento, pela rasão de que Java e Celebes, que maior commercio sustentam com Timor, abundam em bufalos. E muito maior a exportação de gado cavallar, tendo chegado a exportar-se n'um anno mais de novecentas cabeças.

Gosam de mui boa reputação os cavallos de Timor pela rijeza de musculos, pela ligeireza com que trepam rochedos escarpados e montanhas alcantiladas, e pela sobriedade em que rivalisam com o homem de Timor. Para dizer tudo, os cavallos d'esta ilha sustentam-se dias consecutivos de folhas seccas, passam mesmo um dia inteiro sem comer, e nem por isso o seu vigor afrouxa. A abundancia de cavallos é pasmosa. As campinas, as encostas das montanhas, as margens dos ribeiros, vêem-se cobertas d'estes animaes.

O boi, introduzido em Timor não sabemos quando, não se generalisou como era de esperar em paiz onde o bufalo superabunda. Só no reino de Claco ha algumas manadas, e em Dilly duas apenas e pouco numerosas.

São de pequena corpulencia estes bois, e da mesma raça dos de Java, onde são utilisados para sustento da população europea. Em Timor não são utilisados, nem para a lavoura nem para a alimentação. A creação de carneiros não tem progredido, e só nos reinos de leste, e em nenhuns outros se vêem rebanhos d'elles, que não tendo lã, mas pello, servem apenas para a alimentação dos forasteiros de Dilly.

A raça caprina não tem propagado em Timor, e raro é o rebanho de cabras que se vê em toda a ilha. Um ou outro individuo possue algumas, de que não tira utilidade, pois nem o leite aproveita, preferindo o de bufala, que tem sabor pouco agradavel para os europeus.

A raça suina, similhante, ou a mesma da China, tem-se diffundido consideravelmente em Timor, mas não se vêem manadas d'estes animaes como dos outros gados. Não ha timor que possua grande numero de cabeças da raça suina; mas é rara a familia que não tenha um ou mais porcos. A exportação d'elles é pequena, mas faz-se grande consumo no paiz.

Resta-nos fallar de outro producto da industria agricola, a cera, de que se exporta grande quantidade.

Este producto bem como a creação de gados pouco trabalho custa ao timor. A cera é extrahida dos favos de abelhas silvestres, que o timor não cria, mas todos os annos destroe. Aos cumes dos rochedos e das mais altas arvores vão os timores colher os favos, afugentando as abelhas com o fumo de hervas e madeiras d'elles conhecidas, e extrahem a cera para a levar ao mercado de Dilly em pequenos rolos, a que se chama *bucos*. Comprada ali pelos negociantes, depois de limpa, é exportada em *batas,* isto é, em volumes da fórma dos tachos em que é manipulada,

De outros productos da industria agricola, taes como tabaco, hortaliças, fructas, não nos occuparemos, porque a sua
quantidade é insignificantissima, e o mesmo faremos a respeito de madeiras, porque em Timor as arvores não são cultivadas. É a natureza só e unicamente que as propaga e as faz
crescer. O homem derruba-as quando carece de madeira para
a choupana, ou de a vender ao mercador de Dilly.

O mesmo sandalo de que tão grande commercio se fez, e
de que ainda hoje se faz algum, não é cultivado. A natureza
prodiga com o timor faz voar a semente, fecunda-la na terra
onde cae, torna-la em arvore frondosa, que o homem abate
para a vender aos pedaços ao negociante de Dilly, que exporta a madeira aromatica, de que os chinas fazem lindas
obras de talha.

Tendo dito o bastante para fazer conhecer o estado da industria agricola em Timor, passaremos no seguinte capitulo
a occupar-nos da industria fabril e do commercio.

CAPITULO IV

Se a industria agricola, em que a natureza toma uma grande parte do trabalho, corre com atrazo entre os timores, a fabril muito mais atrazada está. Sendo tão limitadas as necessidades d'aquelles insulares, os productos fabris devem necessariamente ser poucos e grosseiros. Pannos de algodão de uma só côr, de seda e algodão com riscas de varias côres, toscas panellas, tachos e bilhas de barro, eis os productos da industria fabril em Timor, e eis todos os que são necessarios para satisfazer as limitadissimas necessidades dos seus habitantes.

A fabricação dos pannos é feita pelas mulheres em toscos teares de bambú, e a belleza de alguns d'aquelles artefactos, a maneira por que as côres estão combinadas, e a sua duração, mostram-nos que os timores não são destituidos de habilidade, e que bem dirigidos por fabricantes europeus poderiam competir com os habitantes de Java no fabrico de certos productos.

Não está mais adiantado o commercio do que a industria, e se exceptuarmos Dilly, póde dizer-se que em Timor não ha commercio, mas simples troca. Quando o habitante do interior da ilha precisa de armas e polvora para as suas guerras, de manilhas de marfim para adorno, de pannos de algodão de côres vivas para tornar vistoso o seu traje, e o habitante do litoral lhe offerece estes objectos pelos productos da industria agricola, como: milho, arroz, batatas, trigo, café, bufalos, porcos, cavallos, carneiros e gallinhas, debatem-se as condições e conclue-se o mercado.

A moeda é desconhecida do indigena do interior, e se alguma vez a recebe em troca de artigos é para a converter em manilhas, ou em luas [1]; moeda como valor representativo de todas as cousas, como agente da circulação não sabe o timor o que seja.

Em taes condições não póde haver commercio. Tambem só em Dilly, Batagudé e alguns outros portos se fazem transacções commerciaes em pequena escala. Só n'estes pontos gira a moeda, e aqui mesmo, a faca e o parão fazem as suas vezes.

O commercio e navegação para Timor, como para todas as possessões, é regulado pelo decreto de 5 de junho de 1844, modificado pelo de 23 de junho de 1847. Segundo estes decretos, só o porto de Dilly, na ilha de Timor, está aberto aos navios estrangeiros, e só podem ser ali importados, em embarcação portugueza, os seguintes generos, sendo de producção portugueza: polvora, sal, sabão, rapé e todas as qualidades de tabaco em pó, zuartes, chitas azues, aguardente de vinho, vinagre de vinho, vinho, podendo porém admittir-se vinhos estrangeiros sendo levados em caixas, ou outros volumes que não contenham menos de vinte e quatro garrafas de meia canada (medida de Lisboa), ou quarenta e oito de quartilho, pagando por cada meia canada em moeda provincial a quantia correspondente a 300 réis em moeda de prata de Portugal, cobre ou bronze e em moeda portugueza.

[1] Chama-se luas, os circulos de oiro ou prata que os timores penduram ao pescoço como signal de haverem cortado cabeças dos inimigos.

Nunca estes decretos vigoraram em Timor, porque seria o mesmo do que aniquilar o pouco commercio que ha com as possessões hollandezas e australianas que abastecem Timor.

Este pequeno commercio é feito quasi exclusivamente por uma companhia de que o governo é accionista por mais de um terço, pelos poucos chinas estabelecidos em Dilly e por alguns empregados publicos casados no paiz.

Os principaes artigos de commercio são aguardente, a que se chama canipa, polvora e armas, facas e parões, manilhas de marfim, opio e tecidos de algodão. Os paraus makassares levam a Dilly estes objectos, e recebem em troca cera, café e sandalo. Alguns navios da Australia levam de Timor cavallos e milho, que pagam a dinheiro, e algumas escunas hollandezas carregam bufalos para Amboina e Banda, e dão em troca aguardente, polvora e armas. Com Portugal nenhumas transacções se fazem.

Faltam-nos os dados estatisticos sobre o movimento commercial de Timor, necessarios para bem avaliar este assumpto importantissimo, e fazer as considerações que elle demanda; porém temos bastantes, graças à boa vontade que encontrámos nos differentes ministros da marinha que se téem succedido n'aquella pasta, e nos empregados da secretaria do ultramar, para conhecer a importancia commercial da possessão e para ajuizarmos das forças productivas do paiz.

Eis alguns mappas de importação e exportação relativos a differentes annos com designação da quantidade, qualidade e valor dos artigos.

Mappa dos artigos importados pela alfandega de Dilly no anno de 1858 e valor da importação

		Rupias
1:421	Armas de fogo...........................	15:631
24:696	Libras de polvora	11:756,80
564½	Frasqueiras de canipa..................	6:209,50

	Rupias
9:558 Cates de assucar em pó	3:000,09
18 Balças de assucar em pedra......................	216
79 Frasqueiras de genebra	800
32 Duzias de garrafas de Champagne..................	554
19½ Duzias de garrafas de vinho da Madeira	309
100 Duzias de garrafas de brandy	1:315,66
35½ Duzias de garrafas de vinho de Rheno............	427,50
88½ Duzias de garrafas de vinho clarete (Bordeaux)......	892
204½ Duzias de garrafas de cerveja	1:570,85
78 Duzias de garrafas de cheribrandy	900,75
486 Cates de carne secca.....................	314,25
9 Presuntos...........................	78
1 Barril de carne salgada	20
17 Bolas de opio..........................	1:200
1:603 Cates de chumbo........................	463,15
94 Duzias de facas e garfos......................	304,90
199 Duzias de copos de agua	549,75
372½ Duzias de pratos........................	930
10 Barris de vinho de Lisboa	900
1:260 Pares de marfim (manilhas)	1:260
2:070 Maços de pello........................	493,20
1:625 Cates de ferro.........................	218,50
43 Duzias de facas americanas	86
18 Sacos de chumbo de caça	84,50
71 Cates de arame	128
12 Duzias de garrafas de lavander	61,50
12 Duzias de garrafas de azeite de oliveira	445,25
40½ Caixas de chá	1:247
47½ Resmas de papel	171,75
8 Couros preparados	61
69 Chailes.............................	460,25
21 Chaleiras de ferro..........................	108
27 Barris de manteiga	409
12 Chapéus de castor........................	70
27 Bonets	30,50
33 Coletes	135
26½ Duzias de navalhas.......................	41,50
96 Espelhos	180,25
20 Chapéus de palha	96
1:050 Machados..........................	722,15
97 Bacias de louça.........................	99
50 Casacos............................	1:156
73½ Libras de linha	136,25
3 Duzias de camisas.........................	65,50

Rupias

4 Peças de hollanda crua	76
19 Duzias de garrafas de licor	337,50
194 Espadas	389
122 Queijos	316,36
19 Pares de pulseiras	63,50
270 Cates de breu	106
30 Barris vasios	180
5 Picos de bolacha	122,35
2 Peças de artilheria	156
10 Jogos de bandejas	78
37 Duzias de vidros de agua de Colonia	112,50
69 Bandejas	94
15 Panellas de ferro	65
50 Cates de cominhos	55
33:750 Parões	12:314,15
70 Cates de cravo	60
150 Cates de pimenta	50
299 Pares de sapatos	554,50
73³/₄ Barris de facas flamengas	6:438,30
7:567 Porcelanas (chicaras)	840,92
874 Peças de zuarte	7:393
207 Peças de chita	1:438,75
138 Sombreiros de panno	284,50
451 Peças de fazenda branca de algodão	2:208,50
1:961 Corjas de differentes fazendas de algodão (gosto malaio)	18:637,05
11 Peças de elefante encarnado	523
4 Peças de alpaca	162
5:104 Cates de arroz	306,24
53 Caixas de sabão	217
183 Cates de latria	143,90
17 Caixas de charutos	266
4 Serviços de chá	94
21 Latas de tinta	191
10 Peças de renda	135
53 Duzias de colhéres	148
155 Libras de retroz	1:584,05
886 Cates de missanga	884
4 Frasqueiras de oleo	108
126 Sombreiros de papel	109,50
73 Jogos de tachos pequenos	189,50
59 Peças de guingão	666
16 Tachos grandes	311
14 Caixas	199

Rupias

8 Sellins	142,50
6 Picos de farinha	124,25
1:470 Pedreneiras	45,30
4 Relogios	95,40
4 Ferros de engommar.................	50
54 Duzias de pares de meias............	288,75
36 Lampiões	45
15 Redeas	70,50
19:000 Agulhas	84,25
127 Cates de pregos..................	50,80
8 Pistolas	82,25
48 Gravatas........................	42,25
Differentes artigos...................	7:551,39

Sommam os valores de importação 124:030,56

Mappa dos artigos exportados pela alfandega de Dilly no anno de 1858

Rupias

48:816 Cates de cera	41:393,60
941:859 Cates de milho	26:920,57
566 Cates de couros	40,48
42:846 Cates de trigo	2:159,53
3 Cates de casca de tartaruga	15
6 Picos de arroz com casca	12
57 Cavallos	1:827
4:183 Cates de cebolas	230,60
30:883 Cates de batatas..............	968,83
26 Vaccas	600
413 Picos de sandalo.................	5:625,92
16:261 Cates de café	3:655,36

Sommam os valores da exportação 83:548,89

N. B. O pico tem 100 cates ou 133 arrateis.

Mappa dos generos importados pela alfandega de Dilly e valor de importação no anno de 1859

Rupias

65 Caixas de chá....................	1:590
84 Carteiras de folha de Flandres	112,20
57½ Barricas de facas flamengas........	4:296,57
23 Peças de seda	615
85 Pares de chinellas.................	122
259 Peças de chita...................	2:138,25

	Rupias
15 Peças de guingão	158
360 Peças de zuarte...........................	3:493
4:379 Cates de assucar	1:201,40
751 Frasqueiras de canipa	8:261
33 Tachos grandes............................	170
4:500 Porcelanas e pratos grossos	244,52
10 Chailes...................................	120
155 Libras de retroz	1:355,25
26:373 Parões grandes.........................	7:042,73
48 Jogos de tachos pequenos	223
18½ Duzias de camisolas	243,80
1:023 Pares de marfim (manilhas)	1:052,10
34:000 Agulhas	77,25
2 Peças de merino	60
40 Barris de cerveja..........................	567
125½ Duzias de garrafas de cerveja	1:002,84
8:000 Parões pequenos	240
642 Machados................................	291
1 Barril de genebra	37
32 Frasqueiras de genebra	160
149 Queijos..................................	175,74
5:000 Tábuas	450
48 Duzias de garrafas de vinho do Porto	771,38
28:395 Libras de polvora......................	19:876,50
1:593 Armas de fogo..........................	17:523
16 Paineis...................................	52
42:705 Cates de arroz	2:508,24
42 Duzias de facas e garfos...................	406
440½ Duzias da chavenas......................	221,7g
226 Duzias de pratos finos	494,50
1:873 Cates de chumbo.......................	436,50
30 Peças de elefante encarnado	343
81 Duzias de garrafas de brandy	1:116,25
9 Barris de brandy...........................	684
24 Duzias de lenços brancos..................	145
74 Cates de missanga	119,05
5:066 Cates de ferro	648,24
3:250 Charutos	131,50
20 Peças de caça	122,50
16 Jardas de panno preto da Europa	112
4:000 Tijolos	80
46 Presuntos	337,25
3 Barris de vinho de Lisboa..................	240
40 Bolas de opio	2:000

	Rupias
90 Picos de batatas...	60,60
7½ Duzias de garrafas de licor	135
77 Duzias de garrafas de clarete (Bordeaux)	672,50
6 Canapés	149
1 Peça de linho	82.50
243 Cates de cominhos	140
1 Peça de panno encarnado da Europa	97
6 Chapéus de senhora	140
196 Duzias de carrinhos de linha	154,50
105 Cates de linha ordinaria	111,75
41½ Duzias de meias	166,25
108 Cates de arame	112
16 Gons	150
2 Peças de duraque	60
9 Calças de panno preto	89,50
15 Peças de sarja branca	129
155 Pares de sapatos	272,50
8 Peças de alpaca	356.25
18 Duzias de camisas	421
16 Córtes de vestidos	204
155 Espadas	164.50
490½ Peças de varas fazendas de algodão (gosto malaio)..	12:294,57
1:834½ Duzias de lenços de cór	7:164,74
249 Peças de fazenda branca de algodão	1:440
13 Caixas de sardinhas	844,72
11 Casacos de alpaca	80
2 Picos de coltá	100
1 Grosa de latas de salmão	186,25
40 Duzias de garrafas de genebra	405,25
1 Caixa de figos passados	129,25
3 Barris de manteiga	56
36 Gravatas	40
17 Latas de tinta	140,50
34 Chaleiras	68
200 Maços de panchões	100
28 Jarros	66
5 Duzias de garrafas de lavander	62
19 Caixas de sabão	50
61 Peças de renda	63,50
4 Duzias de garrafas de vinho do Rheno	54
6 Ferros de engommar	62
Differentes artigos	2:745,66
Sommam os valores da importação	114:185,87

Mappa dos generos exportados pela alfandega de Dilly no anno de 1859

	Rupias
45:436 Cates de cera..............................	49:649,60
628:867 Cates de milho...........................	12:677,34
942 Cavallos....................................	23:972
605 Cates de cebolas............................	23,22
12 Cadeiras.......................................	30
10:668 Cates de arroz com casca..................	320,04
250 Cates de coiros...............................	22,50
50 Picos de feijão frade..........................	150
30:785 Cates de trigo.............................	1:113,05
31:431 Cates de café.............................	7:390,36
41:530 Cates de batatas..........................	1:205,45
82:399 Cates de sandalo..........................	9:990,23
3 Cates de casca de tartaruga.....................	18
Sommam os valores da exportação	106:561,79

N. B. O pico tem 100 cates ou 133 arrateis.

Mappa dos generos importados pela alfandega de Dilly no anno de 1860 e valor da importação

	Rupias
1:207 Peças de zuartes...........................	9:121,25
7:668 Pares de marfim	7:020,70
66 Duzias de pares de meias......................	264,50
930 Ardosias....................................	480
5 Peças de cotim................................	100
4 Casacas.......................................	122
1 Realejo.......................................	150
1 bomba..	200
5 Relogios......................................	238
63¹/₄ Barris de facas flamengas	5:048,80
162 Libras de retroz	1:446,75
15:655 Porcelanas (tigelas) e pratos grossos......	675,90
6094¹/₂ Corjas de differentes fazendas de algodão...	14:643,95
351 Peças de fazenda branca de algodão	2:328
1:144 Corjas de lenços de algodão de cores........	17:653,45
150 Panellas de ferro............................	301
144 Libras de linha	237,50
419 Pares de chinelas............................	676,45
179 Caixas de sabão.............................	523,50
99 Caixas de chá	1:158,50
36 Peças de sarja	402

	Rupias
53 Caixas...	323,50
233 Enfiadas de coral falso......................	112
136 Peças de guingão	1:089
1:160 Cates de missanga	926
185 ½ Duzias de pratos...........................	279,35
9 ½ Duzias de garrafas de lavander...............	102,50
29:267 Cates de arroz	1:905,53
12:113 Cates de assucar em pó....................	3:382
650 ½ Frasqueiras de canipa	5:204
38 Peças de caça	143
266 Bules pequenos	167
52 Duzias de copos de agua	114,75
20 Duzias de copos de vinho......................	50
15:000 Charutos..................................	549
22 Jardas de panno azul da Europa................	170
54 ½ Duzias de facas e garfos....................	378,25
3:320 Maços de pello.............................	357
1 Balança..	100
11 Sellins	404
57 ½ Resmas de papel.............................	135,12
330 Peças de chitas	2:192
1:392 Armas de jogo..............................	12:528
11 ½ Duzias de camisas...........................	277
40 Sombreiros de seda............................	131
308 Pares de sapatos	611
78 Casacos	413,50
74 Presuntos.....................................	308,90
5 Caixas de rendas...............................	145,70
13 Peças de alpaca...............................	392,50
62 Duzias de garrafas de vinho do Porto..........	803,25
20 Duzias de garrafas de Champagne	271
4 Caixas de fita de seda.........................	109
107 ½ Duzias de garrafas de agua de Colonia.......	358
27 Latas de bolacha..............................	86
8 Candieiros de augmento	108
100 Queijos......................................	184
17 Sacos de chumbo de caça.......................	115
55 Peças de musselina............................	228,50
20 Correntes	103,50
144 Duzias de garrafas de brandy.................	1:260
9 Barris de brandy...............................	855
60 Chapéus de senhora	231
183 Espadas	288,50
12 ²/₂ Caixas de sardinhas	437

	Rupias
132 Latas de espoletas...............................	· 103
154 Paineis	475
49:500 Agulhas.....................................	80,50
5:680 Fuzis...	90,40
100 Sombreiros de panninho.........................	229
44 Anneis...	213
11 Côrtes de vestidos de seda.......................	256
40 Tachos grandes	436
39:000 Pedreneiras..................................	138
31 Bolas de opio....................................	1:910
47 Chapéus redondos	110
66 Boiões...	222,90
25½ Duzias de lenços brancos.......................	72,50
176 Jogos de tachos pequenos.......................	1:158,50
62 Duzias de colhéres...............................	206,40
96 Duzias de garrafas de cerveja....................	483
7 Peças de brim	204
35 Couros preparados...............................	245,75
1 Serafina	150
9:465 Libras de polvora	5:679
34 Duzias de garrafas de clarete (Bordeaux)..........	326
113 Pyramides de assucar	344,95
53 Frasqueiras de genebra...........................	693
72 Duzias de garrafas de licor......................	728,60
1:185 Machados	580
21 Peças de seda....................................	612,20
31 Barris de manteiga	622,50
2½ Duzias de cadeiras	193,40
15 Peças de elefante vermelho	162
34 Livros em branco	133,50
215 Canivetes.......................................	126,50
Miudezas	2:124
Sommam os valores da importação........	130:501,20

Mappa dos generos exportados pela alfandega de Dilly no anno de 1860

	Rupias
16:350 Cates de cera	69:525
175:133 Cates de milho.............................	4:175,52
6:986 Cates de trigo	354,80
32 Bufalos	340
311 Cates de arroz	18,66
38:032 Cates de café	10:329,68

	Rupias
367 Cavallos	9:403
16:566 Cates de porcos	2:153,50
12 Cates de casca de tartaruga	90
13 Picos de couro	100,96
80 Cates de alhos	4,80
10:000 Canudos (cigarros)	50
5:897 Cates de arroz com casca	147,42
2:699 Cates de cebolas	137,71
28:811 Cates de batatas	937,34
227:889 Cates de sandalo	19:867,76
Sommam as valores da importação	117:636,16

N. B. O pico tem 100 cates ou 133 arrateis.

Vê-se d'estes mappas que as transacções commerciaes no anno de 1858 subiram ao valor de **207:579,45 rupias**, ou réis **66:425$624**; no anno de 1859 ao de **220:747,66 rupias**, ou **70:639$251** réis; no anno de 1860 ao de **248:137,36 rupias**, ou **79:403$955** réis.

Valores insignificantes são estes para uma possessão habitada por cem mil habitantes, e para paiz tão adequado a variadissimas culturas.

Mas não obstante ser de pouco valor o movimento commercial da possessão, se o augmento fosse ainda assim progressivo poderiamos nutrir esperanças, como parecem indica-lo os mappas, que acabâmos de ver, de que n'um futuro mais ou menos proximo o commercio tomaria proporções avultadas; mas é o que não acontece.

Os mappas da exportação relativos aos annos civis de 1862, 1863, 1864 e 1865, mostram-nos tambem, é verdade, um augmento constante na exportação; mas se os compararmos aos dos annos de 1858, 1859 e 1860 veremos que não tem havido augmento, mas antes diminuição.

Provincia de Timor
Mappa dos artigos exportados de producção do paiz em 1862

Qualidade	Quantidades			Valor	Direitos	
	Pelo peso		Pelo numero		Exportação 5 por cento	Addicionaes
	Picos	Cate				
Café..............	1:612	88	–	48:448,52	2:422,42	–
Feijão	1	63	–	4,12	0,20	–
Amendoim	2	–	–	12	0,60	–
Trigo..............	1	15	–	8,05	0,40	–
Assafrão	11	62	–	17,42	0,87	–
Batatas...........	524	63	–	1:503,28	75,16	–
Cebolas...........	30	29	–	163,96	8,19	–
Sal...............	1	–	–	3	0,15	–
Tamarindo	3	93	–	7,88	0,39	–
Cera.............¹	56:390	85	–	2:819,54	309,36	–
Tartaruga.........	–	12	–	115	5,75	–
Tabaco...........	–	42	–	15	0,75	–
Bicho de mar	23	–	–	495	24,75	–
Chifres de bufalo ...	4	44	–	12,40	0,61	–
Couros de bufalo....	15	69	–	90,45	4,52	–
Porcos...........	28	76	–	446,15	22,30	–
Carne secca de bufalo	2	44	–	12,40	0,61	–
Sandalo...........	160	73	–	1:730,19	86,50	–
Raiz de sandalo	20	82	–	104,10	5,20	–
Carneiros.........	–	–	30	73	3,70	–
Cavallos..........	–	–	106	2:280	114	106
Bufalos	–	–	64	703	35,15	32
Total.........	–	–	–	59:746,67	3:155,61	138

¹ Ha necessariamente um erro n'este algarismo. Nunca Timor exportou similhante quantidade de cera, nem 56:390 picos podiam valer 2:819 rupias, porquanto o preço do pico de cera regula, termo medio, por 100 rupias.

Mappa dos artigos exportados, de producção do paiz, em 1863					

Qualidade	Quantidades			Valor	Direitos	
	Pelo peso		Pelo numero		Exportação 5 por cento	Addicionaes
	Picos	Cates				
Café..............	1:537	30	–	51:526,53	2:576,38	–
Café com casca.....	21	99	–	329,45	16,47	–
Assafrão	38	75	–	56.75	4,83	–
Batatas...........	353	4	–	1:155,38	57,76	–
Cebolas...........	42	53	–	114,31	5,71	–
Cera..............	309	36	–	35:948,65	1:797,43	–
Tartaruga.........	–	34	–	151	7,55	–
Chifres de bufalo ...	–	93	–	8,77	0,43	–
Couros de bufalo....	5	94	–	101,30	5,06	–
Porcos............	16	55	–	144,84	7,24	–
Carne secca de bufalo	–	93	–	8,77	0,43	–
Sandalo...........	190	60	–	1:842,98	92,11	–
Carneiros..........	–	–	30	85,21	4,26	–
Cavallos..........	–	–	304	4:305	215,25	304
Bufalos	–	–	177	3:345,50	167,47	88,50
Total..........	–	–	–	99:776,44	4:988,76	392,50

Mappa dos artigos exportados, de producção do paiz, em 1864					
	Quantidades				Direitos	
Qualidade	Pelo peso		Pelo numero	Valor	Exportação 5 por cento	Addi- cionaes
	Picos	Cates				
Café..............	1:875	70	–	63:279,15	3:163,95	932,18
Café com casca.....	10	24	–	204,80	10,24	–
Milho.............	11	46	–	25,76	1,88	–
Batatas...........	474	38	–	1:507,14	78,36	–
Cebolas...........	3	25	–	13	0,65	–
Cera.............	216	58	–	48:975,45	1:448,77	–
Chifres de bufalo ...	–	50	–	6	0,30	–
Couros de bufalo....	3	–	–	21	1,05	–
Porcos...........	23	65	–	354,90	17,74	–
Carne secca de bufalo	–	50	–	6	0,30	–
Sandalo..........	118	9	–	1:192,12	59,60	–
Raiz de sandalo	86	74	–	260.22	13,01	–
Vaccas...........	–	–	4	400	40	2
Carneiros.........	–	–	37	61	3,05	–
Cavallos..........	–	–	181	6:078	303,90	181
Bufalos	–	–	278	5:190	259,50	139
Total.........	–	–	–	107:712,42	5:393,59	1:254,18

Mappa dos artigos exportados, de producção do paiz, em 1865

Qualidades	Quantidades			Valor	Direitos	
	Pelo peso		Pelo numero		Exportação 5 por cento	Addicionaes
	Pesos	Cemo				
Café...............	2:380	43	-	78:495,16	3:944,75	1:183,44
Café com casca.....	4	8	–	88,88	4,44	–
Milho.............	821	42	–	2:056,64	102,83	–
Cebolas...........	43	50	–	143,50	6,17	–
Cera..............	464	26	–	47:460.10	1:373	–
Tartaruga.........	–	5	–	16,50	0,88	–
Couros de bufalo....	5	17	–	36,19	1,80	–
Porcos............	18	38	–	396	19,80	–
Sandalo...........	485	91	–	2:858,40	144.92	–
Vaccas...........	–	–	24	536	46,80	12
Cavallos..........	–	–	3	90	4,50	3
Bufalos	–	–	334	7:091	354,85	167
Total	–	–	–	119:248.37	5:962.38	1:365,44

A exportação em 1862 foi, como se vê, quasi metade da de 1859 e 1860, e menor que a de 1858, havendo por conseguinte diminuição em vez de augmento nos annos decorridos desde 1858 a 1862. D'este anno em diante ha augmento, tendo duplicado os valores de exportação no anno de 1865 em relação ao de 1862; mas se compararmos este ultimo anno ao de 1860, acharemos um augmento apenas de 1:612 rupias. Pequeno progresso em cinco annos.

Os mappas da exportação relativos aos annos economicos de 1859-1860, 1860-1861, 1861-1862 e 1865-1866, confirmam ainda o que acabâmos de dizer.

Eis os mappas:

Provincia de Timor
Mappa dos generos exportados no anno economico de 1859—1860

| Qualidades | Quantidades | | | Valor |
| | Peso | | Numero | |
	Picos	Cates		
Café limpo	428	10	–	10:425,53
Milho......................	7:387	30	–	15:277,19
Trigo......................	201	54	–	835,98
Batatas	303	99	–	960,62
Arroz	3	11	–	18,66
Cebolas....................	12	63	–	61,92
Cera.......................	632	65	–	73:006,55
Tartaruga	–	12	–	90
Couros	4	–	–	42
Porcos.....................	116	30	–	1:511,90
Sandalo....................	2:127	24	–	18:743
Cadeiras...................	–	–	12	30
Cavallos	–	–	625	17:694
Bufalos	–	–	32	440
Somma	–	–	–	139:137,35

Mappa dos generos exportados no anno economico de 1860—1861

Qualidades	Quantidades			Valor
	Peso		Numero	
	Picos	Catos		
Café limpo	425	10	–	12:018,71
Café com casca	20	68	–	434,28
Milho	669	19	–	1:628,50
Trigo	53	34	–	291,60
Batatas	429	21	–	1:365,03
Arroz com casca	58	95	–	147,42
Cebolas	41	10	–	157,57
Alhos	–	80	–	4,80
Cera	381	63	–	50:524,94
Tartaruga	–	23	–	186
Couros	11	4	–	97,68
Chifres	–	64	–	7,20
Porcos	136	25	–	1:771,25
Sandalo	1:946	29	–	18:628,48
Surrões timores (pannos)	–	–	100	100
Mesa	–	–	1	50
Carro	–	–	1	102
Canudos (cigarros embrulhados em folha de bananeira)	–	–	10.000	50
Cavallos	–	–	149	4:163
Bufalos	–	–	54	540
Somma	–	–	–	92:262,46

Mappa dos generos exportados no anno economico de 1861—1862			
Qualidades	**Quantidades**		**Valor**
	Peso	**Numero**	
	Piros ,	Cabs		
Café limpo	586	60	–	21:648,32
Café com casca..............	56	42	–	1:308,40
Feijão	1	65	–	4,12
Batatas	503	76	–	1:610.02
Cebolas	5	25	–	35
Cera	361	–	–	52:251,50
Couros	1	–	–	12
Bicho de mar	7	–	–	175
Carne secca	28	52	–	587,31
Porcos....................	48	76	–	446,15
Tartaruga	–	14	–	145
Tabaco	–	42	–	15
Sandalo....................	202	23	–	2:470,95
Carneiros	–	–	30	75
Cavallos	–	–	42	1:260
Bufalos	–	–	89	1:198
Somma	–	–	–	82:935,77

23

Mappa dos generos exportados no anno economico de 1865—1866

Qualidades	Quantidades			Valor
	Peso		Numero	
	Picos	Catæ		
Café limpo	2:491	80	–	87:195,54
Milho	821	42	–	2:056,64
Feijão	5	90	–	14,75
Trigo.......................	11	49	–	55,43
Ratatas	494	18	–	1:213,54
Arroz com casca	320	4	–	974
Cebolas.....................	45	69	–	244,54
Cera	634	33	–	26:703,31
Chifres de bufalo............	1	–	–	12
Couros	7	17	–	56,19
Porcos......................	18	38	–	396
Sandalo.....................	359	46	–	3:595,54
Carneiros	–	–	25	62,50
Vaccas	–	–	4	136
Cavallos	–	–.	50	1:320
Bufalos	–	–	526	10:835
Somma	–	–	–	131:870,91

A exportação de 1865-1866 foi de 134:870 rupias, quando a de 1859-1860 tinha sido de 139:262 rupias, havendo portanto diminuição n'este periodo de sete annos.

Os mappas que acabámos de ver, mostram-nos que de todos os artigos exportados, os que mais avultam são a cera, o café, o milho, os bufalos e os cavallos. A cera não alcançou augmento sensivel, pois se no anno de 1865-1866 a exportação foi de 634 picos, quasi o duplo do anno anterior, no anno de 1859-1860 havia sido de 632 picos. A cera, como se sabe, é extrahida dos favos das abelhas selvagens, e a sua abundancia, ou diminuição, não dependendo do homem, mas exclusivamente da natureza, este artigo não está sujeito ás leis economicas, parecendo-nos que se poderá calcular a exportação da cera uns annos por outros em 450 picos.

A cultura do café tem augmentado muito n'estes ultimos annos, e se continuar no progresso, que até agora tem tido, poderá o commercio d'este artigo tomar grandes proporções.

O augmento da cultura tem sido constante, havendo quintuplicado a exportação nos cinco annos que decorrem de 1860 a 1865, pois sendo a exportação n'aquelle anno de 463 picos, em 1865 era já de 2:380.

Estes algarismos são animadores e mostram evidentemente que nos calculos que adiante fazemos não somos exagerados, suppondo que a producção poderá chegar a 30:000 picos.

Se a producção quintuplicou em cinco annos só pela iniciativa particular, podemos confiar de certo em que ella terá o mesmo augmento, ou maior, quando o governo adoptar um conjuncto de medidas tendentes ao seu desenvolvimento; e sendo assim dentro de poucos annos a producção de café poderá ser de 10:000 picos, isto é o quintuplo da de 1865.

A exportação do milho, que em 1858 foi de 9:418 picos, diminuiu successivamente a ponto de não se exportar um só

pico nos annos de 1862 e 1863, havendo em 1864 uma exportação de 11 picos, e em 1865 de 821. A grande exportação de
1858 e 1859, que tanto promettia, fez-se para a Australia;
mas desde que aquelle mercado se fornece d'este cereal n'outra parte, a exportação de milho de Timor acabou.

A exportação de cavallos tomou grandes proporções no anno de 1859, em que se exportaram 942; mas depois foi diminuindo successivamente até ao anno de 1865, em que se
exportaram só 3.

É attribuida esta diminuição á concorrencia feita por outras
ilhas, principalmente Sumbawa e Rotte, cujos cavallos são mais
corpulentos, mais vigorosos e mais vivos que os de Timor,
d'onde se exportaram bons cavallos nos primeiros annos, mas
d'onde mais tarde saíram todos os que appareceram á venda,
o que lhes fez perder a reputação, deixando por isso de ser
procurados.

O sandalo era o artigo que mais avultava na exportação de
Timor, aquelle sobre o qual se faziam transacções commerciaes de maior valia, e o que mais procurado era pelas suas
qualidades.

Póde mesmo dizer-se que foi o commercio de sandalo o que
attrahiu a Timor toda a navegação.

N'essas epochas o sandalo tinha alto preço no mercado da
China, e os lucros que produzia este ramo de commercio eram
avultados. Desde os primeiros tempos do descobrimento até
aos nossos dias o commercio de sandalo correu muito activo e
florescente; mas n'estes ultimos annos a descoberta do sandalo
de outros paizes fez baixar consideravelmente o preço do de Timor, e hoje está tão baixo, que não paga quasi as despezas do
transporte do interior aos portos de mar. Assim, a exportação
decresceu successivamente, e hoje figura nos mappas por uma
somma insignificante.

O commercio dos bufalos data de mui poucos annos, mas n'este curto periodo desenvolveu-se bastante. Até ao anno de 1859 não se exportaram bufalos de Timor, apesar de os haver no paiz em grandissima abundancia. No anno de 1860 exportaram-se os primeiros bufalos em numero de 32, augmentando nos seguintes annos até o anno de 1865–1866, em que se exportaram 526 no valor de 10:835 rupias, a mais importante verba depois da do café e cera, a primeira das quaes foi de 87:195 rupias e a segunda de 26:703. O commercio de bufalos póde vir a ser importantissimo; e estes animaes que em Timor são na maior parte inuteis, poderão constituir um ramo de riqueza sendo aproveitados para exportação.

O commercio de Timor, como acabámos de ver, nem se desenvolve progressivamente, nem definha tambem.

Se cresce durante um certo periodo, nos annos immediatos diminue, illudindo todos os calculos, e parecendo que obedece antes ao acaso, do que ás leis economicas que regulam estes assumptos.

Mas estas oscillações, estes augmentos e diminuições rapidas, este retrocesso, quando se esperava progresso, esta incerteza, que os mappas da importação e exportação nos mostram, é-nos indicado, aindaque de um modo indirecto, mas mais sensivelmente pelos mappas do rendimento da alfandega de Dilly.

Desde o anno de 1830 até 1837 ha diminuição no rendimento; mas no anno de 1838 longe de diminuir augmenta quasi ao quadruplo do do anno anterior, e cresce successivamente até 1841, em que attinge a somma de 21:598 rupias.

Faltam-nos dados estatisticos relativos aos annos que decorrem desde 1841 até 1851: mas possuimos os relativos aos doze annos seguintes, que conduzem ao mesmo resultado. Quando parecia que o rendimento devia continuar em progresso, vemol-o dez annos depois baixar a 7:774 rupias, somma inferior á do rendimento de 1830, e descer ainda nos dois annos immediatos. Em 1854-1855 duplica em relação ao anno anterior, estaciona no anno seguinte, diminue nos dois immediatos e duplica em 1858-1859, em que attinge a somma de 24:350 rupias. Mas em vez de continuar n'este augmento, vemos diminuir o rendimento nos annos seguintes, e no 1.º semestre de 1866 figura no mappa pela somma de 6:609 rupias, o que póde indicar-nos que n'este anno a alfandega renderá menos do que em 1858-1859.

Eis os mappas:

Mappa do rendimento da alfandega de Dilly nos annos abaixo mencionados

Annos	Rendimento Rupias	Annos	Rendimento Rupias
1830............	9:559	1851-1852.......	7:774
1831............	4:179	1852-1853.......	6:670
1832............	4:914	1853-1854.......	6:934
1833............	1:836	1854-1855.......	12:979
1834............	3:854	1855-1856.......	12:188
1835............	3:569	1856-1857.......	9:703
1836............	4:809	1857-1858.......	11:047
1837............	3:957	1858-1859.......	24:350
1838............	11:804	1859-1860.......	22:851
1839............	13:701	1860-1861.......	16:042
1840............	14:467	1861-1862.......	15:638
1841............	21:598	1862-1863.......	22:893

Mappa dos valores de importação e exportação e do rendimento da alfandega de Dilly no 1.º semestre de 1866

Mezes	Valores				Direitos							
	Importação	Exportação	Baldea-ções	Total	Importação	Expor-tação	Baldea-ções	Addicionaes	Anco-ragem	Armaze-nagem	Pharol	Total
Janeiro...	—	—	—	—	—	—	—	—	—	—	—	—
Fevereiro.	6:006,90	1:476,80	—	7:543,70	361,61	73,81	—	2,60	—	—	—	438,05
Março	10:934,25	8:522,79	—	19:457,04	614,43	532,17	—	427,45	—	12.	1,50	1:627,75
Abril	5:497	306,92	147	5:950,92	303,87	110,84	5,88	227,60	—	28,05	3	685,24
Maio	3:533,85	5:591,07	—	9:124,92	237,23	288,55	—	328,40	8,40	5,10	3,50	868,98
Junho ...	17:132,10	7:933,35	—	25:065,45	1:322,11	421,46	—	1:110,37	75,78	52,66	7	2:989,08
Somma das totalidades				67:142,03								6:609,10

Fazendo-se quasi todo o commercio da possessão pelo porto de Dilly, e tendo as receitas das casas fiscaes relação intima com o commercio, parece podermos deduzir, que elle não augmenta, e que a riqueza publica se conserva estacionaria em vez de seguir a lei do progresso.

O pequeno commercio é feito na maxima parte por paraus makassares. Algumas escunas hollandezas, alguns navios da Australia, e alguns balieiros frequentam tambem o porto de Dilly, e ha poucos annos os vapores hollandezes da linha das Molucas seguem todos os mezes escala por aquelle porto. O numero total de navios que frequentam Dilly póde calcular-se, termo medio, de cincoenta a sessenta em cada anno.

Como acabámos de ver, o commercio de Timor é insignificante, não porque encontre obstaculos ao seu desenvolvimento em leis restrictivas, em monopolios e privilegios, e em rigores fiscaes, mas porque não tem alimento. O commercio por mais facilidades que se lhe procurem, não póde passar alem dos limites, que marcam a producção e o consumo. Assim em Timor, apesar da pauta ser simples e liberal, e de não se porem peias ao commercio, mas antes se lhe darem todas as facilidades, não toma incremento.

Eis a pauta em vigor:

Tabella pela qual se regulam os direitos da alfandega de Dilly

As fazendas importadas pagam 6 por cento *ad valorem*, exceptuando-se os seguintes artigos:

	Rupias
Polvora, por 100 libras paga	6,00
Espingardas novas	1,50
Espingardas usadas	1,00
Clavinas superiores, sendo de um cano	3,00
Clavinas superiores, de dois canos	6,00
Frasqueiras de canipa, por cada uma	0,50
Canipa em picos, por cada um	1,50

Direitos de exportação

Todos os generos de exportação do paiz pagam 5 por cento *ad valorem*:

Todo o dinheiro. joias, oiro e prata. paga 7 por cento.

Direitos de reexportação

Direitos de reexportação a rasão de 2 por cento, baldeação a 4 por cento, e deposito de polvora 2½ por cento.

Impostos ou direitos addicionaes pagos pelos consumidores

	Rupias
Por cada arma de um cano	1,50
Por cada arma de dois canos	3
Polvora, por 100 libras	10
Canipa { cada frasqueira	1
{ em barris por cada pico	3

Opio, 10 por cento *ad valorem*.

Vinhos, licores e mais bebidas espirituosas, 3 por cento *ad valorem*.

	Rupias
Cavallos, por cada um	1
Bufalos, por cada um	0,50

Despezas do porto

Ancoragem, 4 réis fracos por pico.—Pilotagem, 5 rupias por mastro.
—Guarda de bordo, ¼ de rupia por dia.—Aguada ½ rupia por pipa.
—Pharol, sendo navio de tres mastros 2½ rupias; de 2 mastros, 1½ rupia.—Parau, ½ rupia.

Emolumentos dos empregados da alfandega, 7 por cento sobre a importancia dos direitos que se cobrarem. sendo 5 por cento para o director e 2 por cento para o escrivão. Ao official do peso, 20 réis fracos o pico.—Desembaraço da alfandega 3,50 rupias.—Passe da secretaria, 3 rupias.

Nos cincoenta a sessenta navios, que frequentam annualmente o porto de Dilly, não se vê um só com bandeira portugueza. Hollandezes e inglezes e algum balieiro dos Estados Unidos, são os unicos que demandam os portos da ilha, já para commerciar, já para refrescar.

A grande questão em Timor não é pois commercial, mas agricola. Todos os esforços se devem encaminhar ao desenvolvimento da agricultura, porquanto o estado miseravel do commercio provém da falta de producção. Logoque haja artigos que exportar, o commercio progredirá, tomando proporções em harmonia com a abundancia de productos. Se estes forem em grande quantidade e variados, veremos o porto de Dilly coalhado não de paraus makassares, mas de navios das possessões hollandezas e das nações da Europa, e o grande movimento commercial trará a necessidade do estabelecimento de casas de commercio e de armazens. A povoação, que ora apresenta um aspecto miseravel, transformar-se-ha, e bons edificios substituirão as choupanas que existem. A população augmentará, novas necessidades farão nascer as industrias, e a civilisação inundará de sua luz aquelle paiz até hoje mergulhado nas trevas da *barbaria*.

Mas para dar aquelle desenvolvimento á agricultura carece-se de empregar meios differentes dos que se empregam na Europa para o mesmo fim. Aqui a iniciativa individual póde realisar todos os melhoramentos uma vez que os governos, em vez de a entorpecerem, a auxiliem ou a deixem entregue a si. Alem a iniciativa individual não realisará o mais pequeno progresso. Aquelles povos entregues a si trabalharão apenas o bastante para não morrerem de fome; e como para isto basta estender a mão e colher o fructo da arvore, que a natureza plantou, ou excavar a terra para extrahir das suas entranhas o nutriente tuberculo, e procurar a corrente para mitigar a séde, a isto se limitará todo o seu trabalho, e não é assim que um povo progride.

Ao governo compete pois dirigir aquelles insulares, e procurando vencer a indolencia de que são dotados, deve constrange-los ao trabalho. É esta a obrigação dos que tomam a tarefa de civilisar povos barbaros, como nós a tomámos, assenhoriando-nos de Timor.

É só o intuito civilisador que justifica a occupação, e é tempo de começar a obra que delineámos ha trezentos annos, que tantos são os que contámos de dominação em Timor, sem ter feito dar um passo na estrada dos progressos humanos áquelle povo, que tem direito aos desvelos da nação, que se lhe impoz como arbitra dos seus destinos.

A primeira necessidade da colonia é, como dissemos, o desenvolvimento da agricultura; mas como se ha de promover o seu desenvolvimento? Uma vez que pela iniciativa individual nada poderá conseguir-se, vejamos de que meios se servirá o governo para chegar ao fim que se propõe.

Nem todos os paizes são apropriados a todas as culturas, e entre os que se acham situados na mesma zona nem todos fornecem os mesmos productos.

A maior parte dos generos coloniaes podem ser cultivados em Timor, mas ha alguns cuja cultura seria inconveniente por não se darem no paiz todas as condições que se requerem.

A introducção de novas culturas é difficil quasi sempre, emquanto que melhorar e desenvolver as que existem é facil.

Em Timor ha uma cultura que progride, e a que mais conviria applicar todos os meios para o seu rapido desenvolvimento. É esta cultura a do café, cuja producção augmentou muito nos ultimos annos. A exportação d'este artigo, que em 1859 foi apenas de 314 picos (cerca de 20:680 kilogrammas), elevou-se em 1862 a 1:612 picos, em 1863 descia a 1:536, em 1864 era já de 1:875, e em 1865 de 2:380 ou 159:270 kilogrammas proximamente.

Mas para fazer progredir rapidamente esta cultura, para a generalisar aos reinos do centro e de leste, e para por meio d'ella resolver a questão financeira, carece-se de empregar meios e systema diversos dos seguidos até agora.

D'esse systema nos occuparemos depois de examinarmos o orçamento da receita e despeza, que nos mostrará a impossibilidade de augmentar a receita e a de diminuir a despeza, sendo consequencia de um tal estado de cousas a adopção de systema que dê em resultado augmento de riqueza e portanto de rendimento para o thesouro.

CAPITULO V

Antes de descermos á analyse do orçamento será conveniente dar suscinta idéa da administração civil, judicial e militar de Timor.

Até o anno de 1844 esta possessão fazia parte da capitania general dos Estados da India, e era governada por um delegado do vice-rei com a denominação de governador e capitão geral das ilhas de Solor e Timor.

Reunia esta auctoridade na sua mão as attribuições civis e militares; mas estas attribuições não estavam bem definidas, o que dava logar ao arbitrio por parte dos governadores.

O poder judicial era exercido por um ouvidor nomeado pelo governo de Goa, ou pelo governador de Timor, quando n'aquelle Estado não havia quem quizesse o cargo. A fazenda publica era administrada por um adjunto, composto do governador, do contador e do thesoureiro.

Desde 1836 em diante devia o codigo administrativo, com as modificações ordenadas em varios decretos e portarias, reger a possessão; mas o codigo era letra morta em Timor, aonde se seguiam antigas praticas conjunctamente com as prescripções da moderna legislação.

Por decreto de 20 de setembro de 1844, Macau e Timor

foram separados dos Estados da India formando uma provincia ultramarina, que devia reger-se administrativamente pelo decreto de 7 de dezembro de 1836, explicado pelo de 28 de setembro de 1838, e na parte fiscal pelo decreto de 16 de janeiro de 1837.

Esta importante determinação em nada alterou, porém, o systema administrativo de Timor, e a consequencia mais notavel d'aquelle decreto foi o corresponder-se o governador de Timor com o de Macau, em vez de o fazer com o de Goa.

Poucos annos tinham decorrido, e Timor era declarado governo independente por decreto de 30 de outubro de 1850; e o que ha de mais notavel n'este decreto é que a independencia d'aquelle governo devia durar só emquanto o governador então nomeado exercesse o cargo. Não eram pois as circumstancias do paiz que determinavam a descentralisação, mas sim as qualidades do governador.

Em virtude d'aquelle decreto foi organisado em Timor um conselho de governo composto, segundo a lei, do governador presidente, do juiz, do superior da missão, do chefe da força armada e de dois indigenas, á falta de dois membros da junta geral, que não existia em Timor.

Para administrar a fazenda organisou-se uma junta de fazenda composta do governador presidente, do juiz vogal, do escrivão de fazenda, do thesoureiro e do delegado do procurador da corôa e fazenda, regida pela legislação de 1796.

Não era passado um anno, e Timor tornava a ser dependencia de Macau. O conselho de governo foi dissolvido, e a junta de fazenda substituida por um adjunto composto do governador, do escrivão de fazenda e do thesoureiro, sendo mais tarde augmentado o numero de seus vogaes pela entrada do juiz e do delegado.

Da annexação de Timor a Macau não se tiraram os resultados, que se esperavam, e todas as esperanças se voltaram outra vez para a India, que sendo paiz de mais recursos protegeria mais efficazmente Timor. O decreto de 25 de setembro de 1856 desannexou Timor de Macau, e annexou-o a Goa.

Em vez da correspondencia do governo da possessão ser dirigida a Macau foi-o a Goa. O decreto referido nenhum outro effeito produziu.

Da annexação á India tiraram-se os mesmos resultados que da annexação a Macau, isto é, Timor continuou na mesma miseria, sentiu-se a mesma falta do pessoal, a mesma deficiencia de força publica para sustentar a auctoridade; e achando-se as finanças de Goa em pouco satisfactorio estado, a metropole teve de acudir a Timor com uma subvenção para satisfazer os encargos.

Desvanecidas todas as esperanças, e desenganada a metropole de que nem a annexação a Goa, nem a Macau salvava Timor, adoptou-se um outro expediente. Em vez da annexação recorreu-se á descentralisação. Timor foi declarado governo independente por decreto de 17 de setembro de 1863, confirmado pela carta de lei de 28 de junho de 1864, e em virtude d'esta lei a administração de Timor foi organisada á similhança da das outras provincias ultramarinas. Formou-se conselho de governo e junta de fazenda, e creou-se uma comarca para a qual se nomeou um juiz de direito e um delegado.

O estado de cousas porém não melhorou com estas medidas, continuando a colonia na mesma miseria em que se achava antes; e como as despezas crescessem consideravelmente, tornou-se necessario augmentar a subvenção. Os sacrificios da metropole iam pois crescendo sem esperanças infelizmente de melhor futuro para a provincia.

É que o remedio não consistia simplesmente na descentralisação, como não estava nas annexações. O remedio estava na mudança de systema administrativo e economico, e foi d'isso que não se curou.

Pouco mais de dois annos se haviam passado e já o decreto de 26 de novembro de 1866 dava nova organisação á administração da colonia, tornando Timor dependencia do governo de Macau. Desesperando da descentralisação confia-se ainda na annexação, e espera-se outra vez de Macau o remedio para os males de Timor. Se mais uma vez a espectativa dos poderes publicos for illudida, como estamos convencidos de que o será, talvez então se recorra ao unico meio efficaz para fazer sair Timor da miseria, isto é, a um systema de culturas adaptado ás circumstancias, em que se acha o povo de Timor.

Segundo o decreto de 26 de novembro de 1866 a possessão de Timor é governada por um governador subalterno do de Macau, tendo as attribuições dos governadores civis e dos commandantes das divisões militares. Onze commandantes de districtos, em que foi dividida a possessão no anno de 1860, reunindo attribuições civis e militares, dão execução ás ordens do governador, sem comtudo se ingerirem na administração interna dos reinos, que são governados independentemente pelos reis, com quem o commandante do districto deve entender-se para executar o que lhe é ordenado pelo governo central.

Uma secretaria dirigida por um secretario dá expediente aos negocios e prepara a correspondencia com os commandantes de districto, com as differentes repartições publicas, e com os governos superiores da provincia e da metrópole.

Um adjunto da fazenda composto dos individuos já mencionados administra as finanças. Este serviço é feito por uma repartição de contabilidade dirigida pelo escrivão, e por uma de thesouraria dirigida pelo thesoureiro.

A alfandega é dirigida pelo escrivão do adjunto, o escripturario serve de escrivão, e de thesoureiro o mesmo do adjunto.

O serviço de saude é feito por um cirurgião de 2.ª classe, que exerce a clinica e dirige o hospital, estabelecido n'um barracão em 1860, e em 1863 no edificio, que para aquelle fim se construiu junto á raiz das montanhas, que cercam Dilly, no sitio denominado Lahane, um pouco alem da nova residencia dos governadores. Ha na possessão um pharmaceutico e um enfermeiro mór.

A força armada de Timor foi composta até 1818 dos companhias irregulares chamadas de moradores, as quaes não tinham quadro fixo, e nem podiam ter, porque todo o habitante livre de Dilly e todo o liberto pertence a uma das tres companhias denominadas de *Moradores*, de *Bidau* e de *Sica*. Identica instituição existia em Lifão, quando esta praça foi capital da possessão. Estas companhias não recebem paga, nem mantimento, nem vestuario e só armamento; fazem a guarnição da praça, diligencias ao interior, e são chamadas a formar parte dos arraiaes em tempo de guerra.

Em 1818, em consequencia dos successos de Atapupo, foi organisado em Goa um batalhão chamado *defensor de Timor,* e mandado para guarnecer a possessão. As baixas e as mortes diminuiram depressa este corpo, que com a denominação de batalhão estava reduzido em 1850 á força de uma companhia.

Em consequencia das difficuldades de recrutamento e por economia o conselheiro Lopes de Lima dissolveu o batalhão e organisou uma bateria que subsistiu até ao tempo do governador Macedo, o qual julgou dever reorganisar o *batalhão defensor* e dissolver a bateria.

O batalhão era composto do seguinte modo: official superior commandante, 1; ajudante, 1; sargento ajudante, 1; quartel mestre, 1; porta-bandeira, 1; cabo de cornetas, 1; capitães, 4; tenentes, 4; alferes, 4; primeiros sargentos, 4;

furrieis, 4; cabos, 16; anspeçadas, 16; corneteiros, 4; soldados, 240; total 302.

Em 1860, por portaria do governador, foi determinado que
á primeira companhia do batalhão, formada de soldados europeus, fosse reunida uma força de artilheria composta de 1
primeiro sargento, 1 segundo, 2 cabos, 2 anspeçadas e 10
soldados.

Pelo decreto de 17 de setembro de 1863 elevou-se o numero de praças do batalhão a 400, porém nunca se completou aquelle numero, como não se havia completado quando a sua força era menor.

O decreto de 26 de novembro de 1866, que restringiu todos os quadros, restringiu tambem o do batalhão, dando-lhe
a seguinte composição:

Estado maior ..	Major.................... 1	3
	Alferes ajudante........... 1	
	Cirurgião................ 1	
Estado menor..	Sargento ajudante.......... 1	3
	Sargento quartel mestre..... 1	
	Cabo de corneteiros........ 1	
Quadro de uma companhia ..	Capitão.................. 1	63
	Tenente.................. 1	
	Alferes.................. 1	
	Primeiro sargento.......... 1	
	Segundo sargento.......... 1	
	Furriel.................. 1	
	Cabos.................. 6	
	Tambor.................. 1	
	Soldados................ 50	

2.ª, 3.ª e 4.ª companhias de igual força.
Total do batalhão—258.

Alem d'esta força ha as tres companhias de moradores a
que já nos referimos, e que por portaria do governador, da-

tada do 1.º de abril de 1860, formaram um batalhão, dando-se o commando d'elle a um official de linha, sem que por isso aquella força deixasse de ser irregular como convem, porquanto nas guerras de Timor a tropa de linha poucos serviços póde prestar.

Para trepar montanhas escabrosissimas, atacar povoações situadas sobre penhascos, combater inimigos invisiveis, marchar por veredas em que não cabe senão um homem de frente, as forças irregulares indigenas são mais proprias do que a tropa regular, que, fardada como a da Europa, carregada com a mochila, e obrigada a guardar a formatura, não póde combater com vantagem contra os timores.

Segundo o decreto já citado de 26 de novembro de 1866 Timor faz parte do districto judicial de Nova Goa e forma um julgado, em que a justiça é exercida por um juiz, um delegado e um escrivão.

A legislação civil e criminal deve vigorar em Timor, e por ella se dirige o juiz nos seus julgamentos, mas tropeça a cada passo nos estylos *timores*. Assim os habitantes dos reinos que de direito devem estar sujeitos a nossas leis, estão de facto fóra da sua acção, e muitos crimes por elles commettidos ficam impunes, e muitos de seus actos, que constituem delicto, não podem ser castigados, porque entre aquelles insulares esses actos são usos innocentes.

Tendo dado succinta idéa da nossa administração em Timor apresentaremos em seguida o orçamento com as alterações do decreto de 26 de novembro de 1866, que melhor nos fará ver o mechanismo administrativo, e nos revelará o estado financeiro da possessão, estado que, quanto a nós, só poderá melhorar-se adoptando systema identico ao que os hollandezes preferiram em relação á ilha de Java.

CAPITULO VI

Para darmos idéa do systema de administração por que se rege Timor foi-nos preciso descrever ligeiramente os differentes ramos de serviço publico, abstendo-nos do detido exame que o assumpto pedia, porque reservámos esse trabalho para quando tratassemos do orçamento da despeza, que nos fará conhecer o systema de administração em todos os seus pormenores.

Pareceu-nos porèm que não deviamos tratar do orçamento da despeza sem ter lançado uma volver de olhos ao da receita, e é isso o que vamos fazer.

Nem o plano, que propomos, poderia ser devidamente avaliado se não se conhecesse este orçamento.

Examinaremos separadamente cada uma das verbas de receita, e faremos sobre ellas as considerações que o assumpto nos suggerir.

E d'este exame resultará a convicção de que o rendimento publico de Timor, por maiores esforços que se empreguem, por maior rigor que haja da parte do fisco, pouco poderá exceder a somma em que tem sido calculado durante os ultimos annos, indicando-nos este facto, que no paiz não ha materia tributavel, e que é preciso creal-a, se quizermos remediar o estado deploravel da fazenda publica.

As medidas que ha a tomar para resolver a questão financeira de Timor deverão ser, na nossa opinião, todas conducentes ao rapido desenvolvimento da agricultura, e não a restringir quadros para diminuir a despeza, nem a aggravar o imposto para augmentar a receita, a qual para o anno de 1866–1867 foi calculada como vamos ver:

Tabella da receita calculada para o anno economico de 1866—1867

	Rupias		Réis
Impostos directos			
Fintas dos reinos vassallos	2:803		
Fintas dos chinas.	156		
Multas e condemnações.	700		
Dizimos.	108		
Papel sellado	100		
Direitos de mercê e sêllo.	50		
Contribuição de registro	200		
Imposto de escravos.	250	4:367	1:397$410
Impostos indirectos			
Alfandegas	19:101	19:101	6:112$320
Proprios e rendimentos diversos			
Desconto para pagamento de dividas dos funccionarios á fazenda	4:851		
Outros creditos a cobrar	1:500		
Renda das varzeas nacionaes . .	149		
Correio.	200		
Monte pio.	400		
Licenças para casas de venda. .	260		
Botica e desconto ás praças . . .	3:000		
Dividendo da companhia commercial e agricola	417		
Diversos rendimentos	100	10:877	3:480$640
Total		34:345	10:990$400

Produzem as receitas de Timor, como se vê, 34:345 rupias, somma insignificante, attendendo ao numero de habitantes da possessão e á feracidade do solo; e aindaque a receita tenha crescido, poucas esperanças poderemos nutrir de que suba muito alem da somma referida, se continuarmos no systema seguido até hoje com relação á administração.

Se compararmos a receita de 1866–1867 com a de vinte annos atrás, veremos que tem havido um augmento de mais do triplo; mas este augumento não é progressivo, dando-se no total da receita a mesma irregularidade que fizemos notar quanto ao rendimento das alfandegas nos dois mappas que apresentámos. Em 1846–1847 a receita total foi apenas de 10:625 rupias, mas só o rendimento das alfandegas tinha sido cinco annos antes, em 1841, de 22:841 rupias, o que mostra que os rendimentos publicos diminuiram no praso dos cinco annos decorridos de 1841 a 1846.

Não alimentámos pois esperanças de augmento, porque não cremos no desenvolvimento progressivo da riqueza publica. Suppomol-a estacionaria, e não ha rasão para que cresça, quando nada havemos feito para a fomentar. O povo, já o dissemos, acha-se quasi no mesmo estado em que o encontraram os primeiros missionaries, e aonde o trabalho é pouco, e a previdencia quasi nulla, é inquestionavel que a riqueza não póde crescer.

Analysaremos em separado as verbas da receita.

As que mais avultam são o rendimento das alfandegas, a finta dos reinos, e a de multas e condemnações, que tem a natureza de transitoria.

Occupemo-nos da finta. Como em outra parte d'este livro dissemos, a finta remonta aos primeiros tempos do descobrimento. Quando qualquer rei se fazia christão, ou quando pela força das armas era obrigado a tornar-se vassallo de Portugal, impunham-se-lhe certos encargos, taes como auxiliar o governo com o contingente de guerra logoque lhe fosse pedido, e concorrer para as despezas do estabelecimento portuguez com a somma em especie que o vigario superior, ou o visitador, ou o capitão mór lhe arbitrava. Não se attendia para a fixação d'aquella somma, nem á riqueza do reino, nem á sua população, porque não havia os mais pequenos dados sobre uma e outra cousa. Acontecia por isso que reinos mui pequenos e pobres supportavam maior encargo do que outros muito maiores e mais ricos.

Esta contribuição chamava-se *finta*, e era recebida pelo governo em especie. Havia reinos que a pagavam em sandalo, outros em oiro, outros em milho ou arroz, e outros em pannos chamados de ração, e que são destinados ao uso dos timores.

Como se vê da nota que no logar competente publicámos, até á data em que a finta foi abolida por Moniz de Macedo, produzia para mais de 14:000 picos de differentes generos, o que equivalia a mais de 14:000 rupias, segundo o preço marcado no referido documento. Esta somma, que seria ainda hoje importante attendendo á estreiteza do orçamento, teria quasi triplicado se os reinos pagassem hoje aquelle imposto em picos de milho, que calculado ao preço regular de 2,50 rupias, produziria 35:852 rupias.

Mas, segundo o documento, havia reinos que pagavam em cera e sandalo; e é provavel que alguns pagassem em arroz. Ora sendo o preço medio do pico da cera 100 rupias, o do sandalo 12, e o do arroz 10, por pequeno que fosse o numero de picos d'estes generos, a somma total do valor das fintas poderia elevar-se a perto de 50:000 rupias.

Pagariam porém os reinos os valores que a nota nos indica? Duvidâmol-o, e nem seria outro o motivo por que Moniz de Macedo aboliu a finta. Que os reinos a pagassem nos primeiros annos em que lhe foi lançada, é possivel, porque o enthusiasmo religioso, ou o receio de vencidos podem muito; mas que continuassem o pagamento nos annos posteriores, não nos parece possivel, a menos que o paiz não estivesse mais prospero do que hoje, o que não admittimos.

No estado actual as forças productivas do paiz não comportam o tributo directo que o documento alludido nos indica, que é já de si consideravel, e que o seria muito mais se se mencionassem as propinas que a titulo de *gasto, canceira e cabeça de finta* o povo é obrigado a pagar.

Já em outra parte dissemos como era feita a distribuição da *finta*, e não será necessario repetil-o para explicar o que é o *gasto, canceira e cabeça de finta*. Os officiaes encarregados da cobrança demoram-se nas aldeias até arrecadarem o tributo, e durante esse tempo fazem as maiores exigencias a titulo de *gasto*. Exigem arroz, gallinhas e porcos para alimento, e cera para alumiar-se, que na verdade não é senão para venderem, e o povo paga muitas vezes para o *gasto* valor igual ao da finta.

Cobrada esta é conduzida á aldeia do rei, e o povo tem de pagar a *canceira*, isto é, a jornada aos officiaes, que conduzem a finta; e a *canceira* é arbitrada pelos officiaes, que bem se pagam do serviço. Alem d'este onus tem ainda o povo de pagar ao chefe de aldeia, e todas as aldeias ao rei uma somma arbitraria a titulo de *cabeça de finta*. Estes tres encargos são quasi sempre superiores á finta, e por aqui se poderá ajuizar qual a somma que o povo seria obrigado a pagar antes da reducção d'aquelle imposto.

A *finta* foi substituida no tempo do governador Moniz de Macedo por um tributo de capitação de pardau por cabeça, ao qual succedeu o mesmo que á finta, isto é, não foi pago;

e convencido o governo da impossibilidade da cobrança, aboliu-o, substituindo-o pela *finta*. D'esta vez, porém, na fixação attendeu-se, aindaque mal, á riqueza e população dos reinos e assim a finta foi fixada em 4:000 picos de mantimento.

Não obstante a reducção, os reinos não foram pontuaes no pagamento, e nova reducção teve ainda este imposto, sendo fixado em 2:803 rupias, devendo os reinos á fazenda cerca de 60:000 rupias, que será difficil senão impossivel cobrar.

A *finta,* como já dissemos, provoca vexações, arbitrariedades e desordens, que seria de necessidade acabar, pela abolição d'este imposto, com o que a fazenda pouco perderia, e os povos muito lucrariam.

Proseguindo na analyse dos impostos, temos 156 rupias, provenientes de *finta* dos chinas. Ignorâmos a epocha em que foi estabelecido este tributo, que não é mais do que a capitação lançada sobre os chinas, e que, como todos os tributos d'esta natureza, é injusto pela desigualdade com que pesa sobre os contribuintes. Tanto paga o china que vive na abundancia, como o desgraçado que vive na miseria. Este imposto, que produz somma tão insignificante, poderia ser abolido, substituindo-o pela contribuição pessoal lançada sobre os habitantes de Dilly, que de certo produziria quantia muito superior.

A estreiteza da verba proveniente da finta dos chinas mostra-nos quanto é limitado o seu numero. Em Java e n'outras ilhas da Oceania a emigração chineza tem sido de grande vantagem, e não menos o seria em Timor, aonde aquella raça trabalhadora e sóbria, iniciada já nos commodos e confortos da civilisação, modificaria sensivelmente os costumes ferozes da raça indigena, e crearia as artes, desenvolveria a agricultura, e alargaria o commercio, que se acha no estado que acabámos de descrever.

Promover pois a emigração chineza para Timor seria, na nossa opinião, uma medida de resultados vantajosissimos para aquella colonia habitada por um povo embrutecido e inimigo do trabalho, para o qual a suprema felicidade é o ocio.

Os poucos chinas, que ha em Timor, empregam-se quasi exclusivamente no commercio, e difficilmente desamparam o paiz, aonde tanta facilidade encontram para se enlaçarem com as mulheres indigenas, creando assim a familia, que os prende á patria adoptiva.

Os outros impostos directos produzem insignificantissimas quantias, e pouco se nos offerece dizer a tal respeito.

As multas e condemnações formam um imposto de sua natureza transitorio, e não havendo lei que as regule, o governador multa os reinos a seu arbitrio, e impõe-lhes condemnações, quando entende dever castigar d'aquelle modo faltas commettidas pelos chefes, ou rebelliões dos povos contra o governo.

O dizimo é um imposto que recáe unicamente sobre os habitantes de Dilly cultivadores de arroz. Remonta aos primeiros tempos do estabelecimento da praça em Dilly, e tem continuado a cobrar-se, porque ainda não houve lei ou decreto que o abolisse.

A sua arrecadação é trabalhosa, e recaindo o imposto sobre o producto bruto, é injusto e pesadissimo. Os officiaes de moradores são encarregados da cobrança do dizimo, para o que se estabelecem nas varzeas e tomam nota do arroz que os proprietarios colhem, exigindo o dizimo da colheita antes do grão sair da eira. Um empregado de fazenda assiste á cobrança, e responde pela arrecadação.

Por aqui se póde ver quanta producção não escapará ao imposto, e basta ver a verba do orçamento, que corresponde a 36 picos, calculando o *nelle* a 3 rupias, para se conhecer que a cobrança é mal feita. As varzeas de Dilly produzem, em annos regulares numero muito superior a 360 picos.

O imposto de papel sellado e dos direitos de mercê e sêllo, foi lançado em virtude da lei que regula no reino, e que não excluiu as possessões ultramarinas d'aquelle encargo.

A contribuição de registo determinada pela lei de 30 de junho de 1860 substituiu a siza, que era o imposto lançado sobre a propriedade, quando mudava de dono. A contribuição de registo é paga unicamente pelos habitantes de Dilly, e a sua estreiteza indica-nos claramente o pouco movimento que ali tem a propriedade.

Figura na receita a verba de 250 rupias proveniente do imposto dos escravos, que foi creado pela lei de 28 de agosto de 1858. Este imposto, como muitos outros, recáe unicamente sobre os proprietarios de escravos residentes em Dilly.

Nos reinos, como já fizemos ver, existe a escravidão; e ali não só foram isentos do tributo os senhores de escravos, como não se applicou a lei do registo. Nos reinos não ha leis que restrinjam a escravidão, e quando nas outras colonias este facto vergonhoso, que herdámos de outras eras, tiver desapparecido, subsistirá ainda em Timor, porque nada se lhe oppõe. O decreto de 14 de dezembro de 1854 chamado do registo dos escravos, e a lei de 24 de julho de 1856 chamada dos filhos de mulher escrava, não tiveram applicação nos reinos, e são estas as barreiras que a escravidão encontra ao seu desenvolvimento.

A do registo, sujeitando todos os escravos ao registo, formou a estatistica da geração escrava actual, e determinando que todo o escravo importado por terra, que por mar oppõe-se-lhe os tratados, passe á condição de liberto, com a obrigação de servir dez annos o seu senhor, limitou a escravidão á geração actual. Mas os nascimentos perpetuam-n'a, e para o evitar elaborou-se a lei dos filhos de mulher escrava, que determina que todo o filho de mulher escrava nascido depois da publicação da lei seja declarado livre.

E como coroamento d'esta grande obra humanitaria, devida em grande parte á iniciativa do sr. marquez de Sá, publicou-se o decreto de 29 de abril de 1858, que determina a abolição da escravidão em todas as possessões, vinte annos depois de publicada aquella lei, sendo indemnisados os senhores dos escravos então existentes.

D'este modo a escravidão deve extinguir-se n'um determinado praso de tempo. Não podendo renovar-se pela importação, e não podendo perpetuar-se pelos nascimentos, este facto monstruoso tem necessariamente de acabar, independentemente do decreto de 1858.

Mas acabará lenta e gradualmente sem os abalos, sem os perigos e sem os sacrificios da emancipação immediata. Os exemplos de outros paizes, que com um traço de penna acabaram com a escravidão nas suas colonias, ensinava-nos a ser cautelosos, e as leis já citadas são uma prova de que soubemos evitar as desgraças que affligiram as Antilhas inglezas, a Reunião, e outros paizes, quando a escravidão foi ali abolida. Mas a nossa sabia legislação não satisfaz todos os espiritos, e trata-se mui seriamente da emancipação immediata. Somos adversarios da escravidão, mas receiámos que a medida que se pretende tomar produza uma terrivel crise economica, e que as indemnisações a pagar aggravem as nossas já tão aggravadas finanças, sem colhermos os resultados que esperam os defensores da abolição immediata.

É nossa opinião que o estado miseravel, em que se acham

as nossas colonias, não é devido á escravidão, mas sim ao errado systema administrativo que temos seguido, e á falta de
meios para os muitos melhoramentos publicos de que tanto
se carece. A escravidão é um mal, um facto vergonhoso que
é preciso acabar, mas deixarmos o preto livre e entregue a
si sem o constrangermos ao trabalho, que escusado é dizel-o
deve ser remunerado, póde perder as colonias em vez de as
salvar. É preciso convencermo-nos de que a liberdade póde
ser fatal a um povo quando não está em circumstancias de
a apreciar. A liberdade dada aos pretos longe de os civilisar
incitando-os ao trabalho, lança-os na miseria, alimentando a
ociosidade, a que por natureza tão inclinados são.

Não sendo o nosso proposito tratar da escravidão, assumpto tão discutido e tão estudado e que em principio ninguem
póde defender, limitaremos aqui as nossas considerações, ficando bem claro que somos contra a escravidão, que desejá-
mos vêl-a extincta, mas que nos parece que é prudente abo-
lil-a lentamente, e que abolida ella devemos regular o trabalho nas nossas colonias tornando-o obrigatorio.

Passemos agora a occupar-nos dos impostos indirectos e
de outros rendimentos especiaes.

A alfandega principal de Timor é a de Dilly, e a verba
descripta no respectivo capitulo do orçamento provém quasi
exclusivamente d'esta alfandega. As de Batugadé e Okussi
rendem quantias insignificantes, que comtudo poderiam augmentar, principalmente a de Okussi, se houvesse melhor fis-
calisação. A de Batugadé é dirigida pelo commandante do
presidio, servindo de escrivão o ajudante; a de Okussi é dirigida pelo rei, ao qual se arbitrou uma percentagem; mas elle
fixa a seu bel prazer os direitos, paga-se como lhe parece,
e manda ao thesouro o que a sua consciencia lhe aconselha.

Para remediar aquelle mal seria preciso mandar para

Okussi dois empregados; mas nem o orçamento o auctorisa, nem ha quem por pequeníssima retribuição e desacompanhado de força armada, vá estabelecer-se entre um povo turbulento e desconfiado. Acabar com a alfandega parecerá a alguem de conveniencia, mas os chefes de Okussi continuariam a cobrar direitos, e as pequenas sommas que agora mandam para o thesouro seriam cobradas em seu proveito.

Existiram em Timor outras alfandegas, taes como a de Cutubaba, de Lamessane e de Metinaro, que renderam nos annos de 1830 a 1841. as pequeníssimas quantias que constam da tabella que damos em seguida. Estas alfandegas foram supprimidas, e os portos fechados ao commercio estrangeiro, com o que lucrou o thesouro, porque aquellas casas fiscaes não serviam senão para á sombra d'ellas se fazer contrabando.

Tabella do rendimento das alfandegas de Cutubaba, Lamessane e Metinaro

Annos	Alfandegas		
	Cutubaba Rupias	Lamessane Rupias	Metinaro Rupias
1830......................	–	192	–
1831......................	–	–	–
1832......................	–	–	80
1833......................	–	–	–
1834......................	–	88	–
1835......................	–	200	93
1836......................	–	–	–
1837......................	–	131	20
1838......................	100	–	244
1839......................	50	75	170
1840......................	132,50	215	–
1841......................	278	100	194

Como se vê o rendimento d'estas alfandegas não chegava sequer para pagar os pequenos vencimentos dos funccionarios que as dirigiam, e era de necessidade acabar com ellas; mas para que o commercio não padeça, permitte-se aos patrões de paraus commerciar n'aquelles portos, devendo os barcos trazer a bordo um empregado, e virem a Dilly fazer o pagamento dos direitos.

Não repetiremos aqui o que dissemos n'outro capitulo ácerca das pautas, as quaes apesar de bastante favoraveis ao commercio seria preciso abaixar ainda, visto terem os hollandezes declarado Cupang e Atapupo portos francos, como já o eram Makassar e todos os das Molucas.

Tornar Dilly porto franco seria talvez de conveniencia, mas no estado em que se acham as cousas em Timor julgâmol-o imprudente, porque a verba de maior importancia no orçamento da receita provém d'aquella fonte, e estancada ella nenhum outro rendimento a substituirá

Adoptado porém systema administrativo e financeiro diverso do que temos seguido, quando as riquezas do solo de Timor se tenham desenvolvido, quando os reinos vassallos pagarem a devida parte da producção do café, como indicaremos, então será occasião de acabar com os direitos de entrada e saida, que não são mais do que peias ao commercio, o qual precisa de toda a liberdade para se desenvolver.

Quanto aos proprios e rendimentos diversos, são tão insignificantes as verbas provenientes d'esta origem, têem algumas natureza tão transitoria, e confiamos tão pouco no seu augmento, que nos parece escusado deter-nos sobre tal assumpto.

Diremos só quanto ao rendimento das varzeas, que seria mais conveniente alienar aquelles terrenos, do que ser o Estado cultivador como o tem sido alguns annos por não haver quem os arrende.

Resta-nos fallar da verba de 417 rupias, que figura no orçamento, como proveniente do dividendo da companhia commercial e agricola, da qual o governo é accionista por um terço. Já dissemos como esta companhia foi organisada, e qual o seu fim, e agora acrescentaremos outras noticias que julgámos indispensaveis.

A companhia reduz-se a uma associação para comprar generos de importação e vendel-os com lucro no paiz; e sendo assim, parece-nos que o governo se amesquinha em similhante parceria. Foi por isso, que, quando governámos a possessão, introduzimos nos estatutos um artigo para que a companhia applicasse parte do seu capital a uma empreza agricola, parecendo-nos, que d'este modo a sociedade concorreria mais poderosamente para o desenvolvimento da riqueza publica. Infelizmente circumstancias occorreram, que não permittiram a realisação d'aquelle pensamento, e a companhia continuou fazendo o mesmo que qualquer china, que é comprar generos e vendel-os a retalho na loja, que para isso tem aberta em Dilly.

Este pequeno commercio, que nos ultimos tres annos parece ter dado limitado lucro, como o indica o dividendo de 417 rupias, pertencente ao capital de 6:930, havia dado no anno de 1862, 18 por cento; mas para se chegar a este resultado foi preciso não pagar dividendos durante alguns annos, accumulando os lucros ao capital social, a fim de o completar, poisque tinha havido direcções, que pagavam dividendos á custa do capital.

O balanço da companhia commercial, que apresentámos referido ao anno de 1859 dará mais cabal conhecimento da pouca importancia da companhia.

25

Balanço dado ao cofre e armazem da companhia de commercio e navegação de Timor em 31 de dezembro de 1859

	Rupias		Rupias
Existente em moeda no cofre..................	10:658,20	Importancia do capital da companhia em 308 acções no valor de 50 rupias cada uma............	15:400,00
Em fazendas no armazem.................	7:439,44	Pagamento a fazer ao chinz Boliam, negociante em Makassar......	4:000,10
Em uma letra de credito.................	940,00		
Em dividas certas por cobrar.............	3:558,00		
Somma.........	21:195,64		
Abatida a somma de rupias..........	19:400,00		
O lucro da companhia n'este anno é de rupias........	1:795,64		19:400,00

Distribuição do dividendo feito na fórma determinada pelos estatutos em vigor

	Rupias		Rupias
Lucro n'este anno tiradas todas as despezas sem excepção...........	1:795,64	De 5 por cento sobre o lucro para augmento do capital.........	
Abate-se pelo que se deu do dividendo aos accionistas, os 2 por cento a cada membro da direcção, e 5 por cento para augmento do capital	1:731,99	De 2 por cento a cada um dos 5 membros da direcção sobre o restante do lucro, abatida a quantia de 86,28 que vão augmentar-se ao capital......	86,28
		Dividendo de 9,57 por cento aos accionistas sobre 15:400 rupias.........	163,93
			1:573,78
		Somma........	1:731,99
Resta mais a favor da companhia feito o dividendo.......	1,63		

Saldo que fica para o giro do anno de 1860, como se vê dos respectivos livros

	Rupias
Em moeda em cofre........	8:990,49
Em fazendas pelo preço da factura.......	7:439,44
Em uma letra de credito........	940,00
Em dividas certas........	2:558,00
	19:487,93
Abate-se o pagamento a fazer ao negociante Boliam......	4:000,00
Liquido........	13:487,93

Existe mais em dividas a quantia de 2:311 rupias, que não se toma como capital pela grande incerteza de cobrança.

Em vista do que deixâmos dito, parece-nos, que se a companhia continuar a empregar-se, como até aqui, na venda de algodões, armas, polvora, bebidas e viveres a retalho, o governo deve liquidar, applicando a somma que lhe resultar da liquidação a algum dos muitos melhoramentos publicos, de que a colonia carece, ou a uma plantação de café, que sirva de estimulo a outras plantações.

Por modesta que seja esta empreza agricola, hão de tirar-se d'ella resultados muito mais vantajosos do que de uma casa de venda, a que está reduzida a companhia, o que não era de certo o fim que tinha em vista o seu instituidor, o conselheiro Lopes de Lima.

O exame que acabâmos de fazer de todas as verbas de receita, deve convencer-nos da impossibilidade de solver o *deficit* por meio do augmento do imposto. Nem os tributos que existem podem soffrer augmento, nem ha materia tributavel para lhe lançar novas imposições.

Os dois tributos de maior importancia, a finta e o rendimento das alfandegas não podem produzir muito mais do que a somma em que estão calculados, e os outros offerecem tão pequena margem que mesmo duplicados nada influiriam na questão.

Aindaque a finta tenha sido taxada em tempos antigos na quantia de 14:000 rupias, é impossivel fintar hoje os reinos n'aquella somma, e é mesmo difficil cobrar 2:803 em que está fixada, como o prova a divida de 60:000 rupias de fintas atrazadas. É preciso pois abandonar a idéa de augmental-a.

O rendimento das alfandegas poderia produzir mais alguma cousa, se se organisasse um posto fiscal em Batugadé e outro em Okussi; mas o augmento seria apenas de algumas mil rupias, somma insignificante para o orçamento de Timor.

Resta-nos pois um outro meio para resolver a questão, e é cortar pela despeza até a igualar à receita.

Faremos por isso a analyse de todas as verbas, e proporemos as reducções que nos parecerem possiveis.

Como remate do exame que acabâmos de fazer damos em seguida a nota da receita da possessão desde o anno de 1835 até 1861, e aindaque não possamos servir-nos d'estes dados para o nosso objecto, por isso que a receita local não está separada do subsidio dado pela metropole, comtudo servem elles para provar o que já dissemos, que a receita ora cresce, ora diminue, como que ao acaso, havendo diminuição quando se esperava augmento consideravel.

Receita da fazenda publica de Timor

Annos	Receita	Annos	Receita	Annos	Receita
1835-1836	20:740,77	1844-1845	54:264,03	1853-1854	28:236,85
1836-1837	23:840,94	1845-1846	40:832,01	1854-1855	34:482,09
1837-1838	30:112,92	1846-1847	32:758,04	1855-1856	32:271,47
1838-1839	72:119,15	1847-1848	26:585,49	1856-1857	34:153,02
1839-1840	45:801,13	1848-1849	18:867,01	1857-1858	48:421,16
1840-1841	73:594,00	1849-1850	22:112,02	1858-1859	60:358,04
1841-1842	66:473,02	1850-1851	34:501,00	1859-1860	71:250,18
1842-1843	45:141,00	1851-1852	51:706,66	1860-1861	82:937,27
1843-1844	47:813,04	1852-1853	50:061,65	1861-1862	123:663,97

CAPITULO VII

Nas considerações que temos de fazer sobre a despeza publica de Timor, tomaremos para base do nosso exame as tabellas ou orçamento de 1866-1867 ultimamente publicadas, attendendo ás modificações do decreto de 26 de novembro, que deu nova organisação aos differentes ramos de serviço publico.

Segundo aquelle orçamento, a despeza total sommava réis 57:643$725, baixando a 45:008$364 réis, em consequencia do decreto já citado, que fez consideraveis reducções na força armada, serviço de justiça, de administração e outros. A economia foi portanto de 12:643$361 réis, e o *deficit* que era de 46:653$325 réis, ficou reduzido a 34:017$964 réis, o que ainda indica uma situação mui grave, a que é preciso occorrer, procurando outros meios de resolver o problema, porque pelos seguidos até hoje não tem sido possivel dar-lhe solução.

Pretender pelas economias equilibrar a receita com a despeza, temol-o por impossivel, como por impossivel temos tambem augmentar a receita até ao ponto de a igualar á despeza.

A analyse, em que vamos entrar dos differentes capitulos de despeza, mostrar-nos-ha a impossibilidade do primeiro expediente, assim como já nos mostrou a do segundo a analyse que fizemos do orçamento da receita.

Decompõe-se a despeza de 45:008$364 réis, do seguinte modo:

Capitulo 1.º—Governo e administração geral 10:282$705
Capitulo 2.º—Administração de fazenda.... 1:122$000
Capitulo 3.º—Administração de justiça..... 870$400
Capitulo 4.º—Administração ecclesiastica... 920$000
Capitulo 5.º—Administração militar....... 22:816$759
Capitulo 6.º—Administração de marinha... 1:392$720
Capitulo 7.º—Encargos geraes.......... 714$500
Capitulo 8.º—Despezas diversas......... 6:889$280

A classificação da despeza mostra-nos que todos os encargos de administração nos seus variados ramos pesam sobre a colonia, não havendo distincção entre as despezas do Estado e as coloniaes como acontece por exemplo em França. N'aquella nação as colonias supportam só as despezas dos serviços locaes, figurando no orçamento do Estado avultadissima verba para despezas chamadas de soberania, que se elevam para todas as colonias francezas á enorme somma de 27.497:563 francos ou 4.949:561$340 réis.

Por aquelle systema o *deficit*, que apresentam os orçamentos coloniaes é apenas de 2.223:500 francos ou 400:230$000 réis, somma com que o Estado subsidia as possessões da Guyana, Senegal, Goréa, estabelecimentos da Costa de Oiro e Gabão, Saint-Pierre e Miquelon, Santa Maria de Madagascar, Mayotte e dependencias, estabelecimentos francezes de Tahiti e Nova Caledonia.

Se o mesmo systema fosse seguido em Portugal, o *deficit*, que no ultimo orçamento figura com a somma de 280:512$419 réis, desappareceria quasi inteiramente, e a esperança sobre o futuro das colonias renasceria talvez, em logar de se extinguir como actualmente succede.

Assim descentralisação e despezas de soberania a cargo do Estado seriam bastantes para resolver a questão do *deficit* colonial, e o feio quadro, que ora nos apresentam os orçamentos das possessões ultramarinas, ficaria substituido por um quadro bastante lisonjeiro.

Mas seria isto resolver immediatamente a questão colonial? Não de certo, porque n'este systema não haveria senão uma deslocação de despeza. Em vez da subvenção de 280:512$419 réis ser applicada para pagar o *deficit* colonial, esta somma pagaria as despezas de administração superior.

O resultado para a metropole seria o mesmo, mas para as colonias este methodo seria util em resultados immediatos.

Aos melhoramentos publicos tão escassamente dotados poderiam as colonias applicar sommas avultadas, e ao desenvolvimento da agricultura, a que nos actuaes orçamentos não se destina verba alguma, poderiam ser applicadas algumas verbas, que tão grandes vantagens dariam de futuro.

Parece-nos, pois, que o systema seguido pela França é mais vantajoso que o nosso, sem querermos com isto dizer que da sua adopção dependa exclusivamente a prosperidade das nossas colonias. Para que estas melhorem é preciso, segundo nos parece, adoptar systema de administração diverso do que temos seguido, e despender ainda avultadas quantias, mas com methodo, e só depois de bem estudadas as necessidades das diversas possessões. Ninguem colhe sem semear, e nós que não temos sequer arroteado o terreno, em que havemos de lançar a semente, menos podemos colher. O que temos feito tem sido quasi perdido, porque a semente que espalhámos caiu sobre terra inculta, e por isso não fructificou.

E em Timor talvez, mais do que em nenhuma outra possessão, assim succedeu. Os melhores desejos da parte dos governos e das auctoridades locaes, leis excellentes, disposições acertadas, auxilios pecuniarios, tudo saiu baldado para fazer prosperar a colonia, a qual se acha no estado que já descrevemos.

Mas de que procederá o mal? É nossa opinião que procede das falsas idéas, que vogam em Portugal, idéas que arrastam os governos a dotar povos rudes, ignorantes, e quasi selvagens de leis politicas, economicas, civis e criminaes, que aquelles povos nem comprehendem, nem apreciam, nem lhes são favoraveis.

Mas entremos na analyse do orçamento da despeza, que nos fará conhecer qual a maneira por que administrámos a possessão, e quaes os defeitos do nosso systema.

A verba do 1.º capitulo decompõe-se do seguinte modo:
Governador, pessoal e material da secretaria.... 1:822$000
Instrucção publica........................: .... 632$000
Saude publica........................... 2:779$840
Obras publicas .... 5:048$865

A despeza de 1:822$000 réis é applicada ao pagamento do ordenado do governador na importancia de 1:600$000 réis, da gratificação ao secretario e amanuense, o que suppõe terem estes funccionarios ordenados por outros empregos, sendo de crer que serão dois militares, que vencem pelo batalhão.

N'este artigo a reducção é impossivel. Por pequeno que seja o expediente de uma secretaria não póde ser feito por menos de dois empregados, e duvidámos até que a administração superior de uma possessão como Timor possa ser dirigida por tão pequeno pessoal.

A verba de 632$000 réis, já tão acanhada para satisfazer ás necessidades da instrucção em Timor, é despendida quasi na totalidade com o subsidio a dois alumnos que estudam na India, e a dois que estudam em Lisboa, restando apenas réis 200$000 para pagar um professor, que dirige a escola de instrucção primaria em Dilly, e 16$000 réis para material.

Ensina-se n'esta escola a doutrina christã, leitura, escripta e as quatro operações de inteiros, achando-nos n'este ramo de administração mais atrazados do que estavamos no seculo xvii, porque então havia em Larantuca um collegio onde se ensinava a ler, escrever, contar e latim.

Uma unica escola em Timor é insufficiente para derramar a instrucção entre aquelle povo, e em vez de despendermos contos de réis com a força armada, melhor seria que empregassemos parte d'aquella somma em instruir os habitantes de Timor.

Dirigindo nós a administração da colonia propozemos a fundação de um collegio para os filhos dos principaes chefes indigenas, aonde se ensinasse a instrucção primaria, 1.º e 2.º grau, e ainda hoje estamos convencidos de que d'esta instituição se colheriam excellentes resultados. Vejamos o que acontece na actualidade relativamente á instrucção dos filhos dos chefes indigenas, para sabermos o que temos de fazer.

Grande parte dos reis de Timor mandam seus filhos menores para Dilly, a fim de frequentarem a escola, e entregam as creanças ao cuidado de algum dos moradores, ou dos empregados publicos da cidade. Estes para se pagarem das despezas que fazem com a alimentação das creanças obrigam-nas ao serviço da domesticidade, e a educação que recebem os futuros chefes do povo de Timor é a de creados de cavallariça, de mesa ou de pastores. Como queremos então ter chefes civilisados? É impossivel. E é da maior vantagem que os reis de Timor conheçam a nossa civilisação, pois será essa a maneira de adoçar os costumes d'aquelle povo barbaro.

No projecto, que apresentámos, impunha-se como obrigação a todo o rei que de futuro quizesse a confirmação, a frequencia com aproveitamento no collegio, e seria este o meio de collocar á testa dos reinos homens que não fossem estranhos aos nossos usos e á nossa civilisação.

Para que a despeza da sustentação das creanças não ficasse inteiramente a cargo do governo, determinava-se que todo o chefe que tivesse filhos no collegio concorresse com uma modica somma para o custeamento; e seria isto mais economico para os chefes do que o dispendio que ora fazem com presentes aos protectores de seus filhos.

Alem d'este collegio parece-nos que deveria haver uma escola primaria em Batugadé e outra em Manatuto, como houve quando governámos Timor.

Pelo que deixámos dito vê-se claramente, que n'este ramo de serviço longe de se poderem fazer economias, ha necessidade absoluta de augmentar a despeza.

Descreve-se em seguida no orçamento a verba de réis 2:779$240 para a saude publica, objecto importantissimo em todos os paizes, e muito principalmente nos que são insalubres.

N'um clima mortifero todos os sacrificios são poucos para ter bem organisado o serviço de saude. As economias n'este ramo traduzem-se em despezas pela mortalidade do pessoal administrativo e pelo mau serviço que fazem funccionarios doentes.

Segundo o decreto de 26 de novembro de 1866, compõe-se o pessoal de saude de Timor de um cirurgião de 2.ª classe com o vencimento de 744$000 réis, de um pharmaceutico de 2.ª classe com o vencimento de 624$000 réis, e de um enfermeiro mór com o vencimento de 240$000 réis.

Parece-nos mui pequeno quadro para o serviço de saude

em tão vasta possessão, e sel-o-ha mesmo em Dilly, aonde ha um hospital, civil e militar, cujo movimento, no trimestre de outubro a dezembro de 1860, foi o seguinte: entrados 77, fallecidos 1, curados 58, existentes em 31 de dezembro, 18.

São frequentes as epidemias em Timor, principalmente a de bexigas que despovoa aldeias inteiras; e não havendo na possessão mais do que um facultativo ninguem poderá levar os soccorros medicos ás victimas do flagello, porque não devo desamparar-se o hospital de Dilly.

A necessidade de mais dois facultativos é pois manifesta, devendo portanto o quadro de saude ser composto do seguinte modo: cirurgião de primeira classe, chefe de saude, 1; cirurgiões de segunda classe, 2; pharmaceutico, 1; enfermeiro mór 1; enfermeiro 1.

O cirurgião chefe deve ser necessariamente filho das escolas do reino, e ter tido pratica no reino ou nas colonias, os outros filhos da escola de Goa. A despeza augmentaria, mas a saude publica lucraria muito. E se não se encontram no paiz cirurgiões, que queiram ir para Timor com as vantagens que a lei lhes dá, augmentem-se-lhes os ordenados e apparecerão; e se ainda assim não os houver, contratem-se no estrangeiro, que se encontrarão de certo.

No serviço de saude vê-se portanto que as economias são impossiveis, e se ha reformas a fazer é para despender mais.

Passemos ao ramo de obras publicas, para o que o orçamento applica a verba de 5:048$865 réis, somma insufficiente para o muito que ha a emprehender n'aquella desgraçada possessão.

No decreto de 26 de novembro não figura um só empregado de obras publicas, mas nós suppomos que o decreto não extinguiu este serviço, e que apenas supprimiu o logar de director. D'este modo o pessoal de obras publicas deve compor-se de um mestre de obras com o vencimento annual de 153$600 réis, de tres olheiros com o vencimento annual de 26$240 réis cada um, e de um escripturario com o vencimento de 38$400 réis.

Este pessoal é sufficiente para as obras que até aqui têem sido feitas, e que se reduzem a construcções de pequena importancia, e á abertura de pequenos lanços de estradas em planicie; mas logoque se tentem os grandes melhoramentos, de que se carece, como desseccamentos de terrenos pantanosos, abertura de estradas nas montanhas, construcções de algumas pontes, e a de uma fortaleza, o pessoal é incompetente e precisa-se de um director technico.

A somma de 4:736$000 réis annuaes, que o orçamento destina para jornaes, rações e materiaes, parece-nos sufficiente para qualquer das obras que actualmente podem emprehender-se, e que se reduzem, como já dissemos, a construcções de pequena importancia, mas é insignificantissima para as que deixámos indicadas e que julgámos de necessidade.

Seria nosso desejo que n'este capitulo figurasse uma verba para o pessoal empregado nas culturas, e para despezas com este ramo de serviço, que muito conviria organisar em Timor.

É nossa opinião que o futuro da colonia depende da organisação d'este ramo de administração publica, convindo introduzir em Timor systema similhante ao que os hollandezes adoptaram nas suas possesões, e do qual colheram excellentes resultados.

Pelo que temos dito ácerca de cada uma das verbas que formam o capitulo 1.º vê se que a despeza, longe de poder ser reduzida, carece de ser augmentada, consistindo a economia em gastar em certos serviços, a fim de mais tarde se auferirem vantagens reaes.

Continuemos na analyse de outros capitulos, e vejamos as alterações que poderiam ser n'elles introduzidas.

A verba de 1:122$400 réis é applicada á administração da fazenda, gerida por uma delegação da junta de fazenda de Macau. Esta delegação compõe-se do governador, do juiz, do escrivão do adjunto, do delegado do procurador da corôa, e de um thesoureiro. O governador não póde ordenar despeza alguma sem o voto do adjunto.

A cobrança e arrecadação dos tributos e o pagamento das despezas estão a cargo de duas repartições, uma de contabilidade dirigida pelo escrivão, que pelo novo decreto tem de ordenado annual 500$000 réis, e outra de thesouraria, dirigida pelo thesoureiro com o ordenado de 200$000 réis.

Um escripturario com o ordenado de 240$000 réis e um porteiro com o de 19$200 réis auxiliam o escrivão.

Um fiel com o ordenado annual de 48$000 réis auxilia o thesoureiro; mas afigura-se-nos que a falta de um escripturario n'esta repartição se fará sentir.

Segundo o decreto já citado, a alfandega é dirigida pelo escrivão do adjunto, que recebe por esta accumulação 5 por cento sobre os direitos. O escripturario do adjunto exerce o logar de escrivão da alfandega, e por esta accumulação recebe 2 por cento sobre os direitos de entrada e saida. Um porteiro com o ordenado annual de 19$200 réis e quatro guardas com o vencimento tambem annual de 24$000 réis completam o pessoal aduaneiro, que é sufficiente para o serviço da alfandega de Dilly, unica para a qual tanto o decreto de 26 de novembro como o orçamento fixam quadro.

O capitulo 3.º é relativo á administração da justiça, cuja despeza importa na somma de 870$400 réis, destinada a satisfazer o ordenado de 500$000 réis a um juiz, de 180$000 réis a um delegado, de 38$400 réis a um escrivão, e de

24$000 réis a um official de diligencias, segundo o decreto de 26 de novembro, e ainda á despeza de 128$000 réis com o sustento dos presos, como se vê no ultimo orçamento.

O serviço judiciario em Timor, que era dirigido, como já dissemos, por um ouvidor, passou depois a ser dirigido por um juiz nomeado pela relação de Goa e confirmado pelo governador. Este juiz tinha a alçada dos de Damão e Diu, aos quaes pelo decreto de 19 de dezembro de 1854 se deu a de julzes de direito. Das sentenças do tribunal de primeira instancia de Timor, havia recurso para a relação de Goa, que julgava em segunda instancia. O juiz de Timor não era togado, e recebia 320$000 réis annuaes. Dando-se-lhe alçada em toda a possessão, não a tinha de facto senão em Dilly e Batugadé, e por isso o movimento do contencioso judicial era pequeno. Em 17 de abril de 1860 os processos pendentes n'aquelle juizo não passavam de 17.

O decreto de 17 de setembro de 1863 creou em Timor uma comarca, sendo nomeado para ella um juiz de direito com o ordenado annual de 1:000$000 réis. A jurisdicção do juiz não podia porém ser alargada, porque os reinos de Timor regem-se pelos seus costumes, e o movimento do contencioso continuou tão pequeno, que por decreto de 1.º de dezembro de 1866 se supprimiu a comarca de Timor, reduzindo-a a um julgado, em que o juiz tem a alçada dos juizes de Damão e Diu. As funcções do ministerio publico são exercidas por um delegado mal retribuido e sem as precisas habilitações.

É nossa opinião que a organisação judiciaria de Timor deveria ser especial, e adaptada ás circumstancias do paiz. A uniformidade n'estes assumptos é quasi sempre prejudicial. É preciso attender na applicação da justiça aos usos e costumes dos povos, e é sempre conveniente transigir com elles até onde o permittem os principios da moral e da justiça.

Assim parece-nos que seria acertada a creação de um tribunal, e presidido pelo governador e em que entrassem dois chefes indigenas, para julgar os naturaes de Timor em ultima instancia por delictos e crimes menos graves, tendo em attenção os usos e costumes timores. D'este tribunal haveria recurso para Goa, quando fosse interposto por alguma das partes.

A creação d'este tribunal, ou de outro identico não seria cousa nova, pois existem instituições similhantes em muitas das colonias de nações mais adiantadas do que Portugal.

Passemos á administração ecclesiastica, que tão descurada tem sido, e que o decreto de 26 de novembro ainda não attendeu. Segundo este decreto o ministerio ecclesiastico é exercido por tres padres, tendo de ordenado o superior da missão e o missionario da Europa 320$000 réis, e o da India 220$000 réis.

Para o trabalho a que se dão os actuaes missionarios o numero de tres é sufficiente; mas para o que devem fazer, para dirigir as christandades e converter á nossa santa religião os milhares de pagãos, que habitam a ilha, são poucos tres. A catechese é um grande meio de civilisação, e em Timor, aonde nos falta e faltará a força para dominarmos aquelle povo, devemos servir-nos da palavra para fazer as conquistas, que a espada não póde fazer. Pela catechese fundámos a colonia, e pela catechese devemos sustental-a.

Mas é preciso não nos illudirmos suppondo que o povo de Timor é christão. Não o é. A generalidade dos habitantes da ilha é gentilica, pratica o feitichismo, e mesmo os que receberam a agua baptismal não conhecem os mais simples preceitos da nossa religião, e não seguem nenhuma das praticas do culto.

Os tres missionarios, até quando como bons obreiros percorressem a ilha em todas as direcções, não poderiam acudir ás necessidades espirituaes de uma população de cem mil almas. E se isto é assim, o que acontecerá, se elles se fixarem em determinados logares, sem curarem das ovelhas, que vivem desgarradas á distancia de meia legua?

No interesse da religião e no da nossa soberania o pessoal ecclesiastico em Timor deve ser augmentado, parecendo-nos, que se carece de oito missionarios para acudir ás necessidades d'aquelles povos. Mas por grande que seja a vontade dos poderes publicos, ficará impotente para realisar o bem, se não houver obreiros de tão santa obra. Para isto cremos que haveria um remedio, mas é tão contrario á torrente da opinião, que quasi não nos atrevemos a dizel-o: o remedio seria talvez a creação de ordens monasticas destinadas ás missões longinquas. Os seminarios de missões são tambem um meio, porém menos efficaz do que o outro, que tem produzido optimos resultados em França. Ali não faltam missionarios, que á custa da propria vida, vão plantar a cruz entre povos barbaros, e estes missionarios são pela maior parte das ordens monasticas.

Desde os primeiros tempos do descobrimento, a ilha de Timor fez parte do bispado de Malaca, cuja séde, segundo a concordata ultimamente celebrada com a Santa Sé, poderá ser Singapura. A cidade de Malaca foi a séde do bispado, até que os hollandezes nos expulsaram d'ali, passando então a residir em Larantuka, ou em Timor o prelado da diocese. Actualmente está vago o bispado, e é governado, segundo a bulla de delegação pelo arcebispo primaz de Goa, o qual nomeia um vigario geral para reger o bispado.

Passemos a analysar o capitulo de administração militar, no qual se despendem 22:701$759 réis, isto é, metade do

orçamento da despeza, sem inda assim termos segura a nossa dominação.

Segundo o decreto, tantas vezes citado, a guarnição de Timor compõe-se de um batalhão, cujo quadro descrevemos n'um dos capitulos antecedentes. A despeza que faz é de réis 12:985$110; mas se lhe juntarmos, como não podemos deixar de o fazer, a despeza de 1:106$784 réis, proveniente de 48 réis diarios para pão aos europeus e da ração de arroz ás praças indigenas, na importancia de 1:102$400 réis, calculando a 10 rupias o pico de arroz e 1 cate por dia a cada praça, 398$400 de gratificação e forragens ao commandante, réis 480$000 aos quatro capitães, 60$000 réis ao ajudante, a despeza com o batalhão eleva-se a 16:132$694 réis. Não incluimos n'esta verba a somma para entretenimento de instrumentos bellicos, que figura no orçamento, e que ficará a cargo do thesouro.

Com a força chamada de moradores despende o thesouro 238$080 réis para pagamento de insignificantes soldos e forragens a um tenente coronel commandante (official de linha), a tres commandantes de companhias, e a um commandante de auxiliares.

Para presidios e fortes applica o orçamento 357$600 réis, para commandos de districtos 5:794$625 réis, para officiaes reformados 293$760 réis, o que eleva o total da despeza militar á somma já indicada, pois não podemos crer que o decreto de 26 de novembro tenha em vista supprimir os commandos de districtos ou provel-os em officiaes do batalhão.

Tendo pois por subsistentes as disposições do orçamento, vamos propor algumas economias no ramo de administração militar.

O batalhão com quatro companhias parece-nos de mais para guarnecer Dilly, Batugadé, Maubara, Manatuto, e pouco para a occupação de toda a ilha. Demais o recrutamento para tres companhias indigenas é impossivel, porque os reinos não o fornecem, e Dilly não póde dal-o. Reduziriamos portanto a guarnição de Timor a duas fortes companhias de 100 praças cada uma. A primeira seria composta de europeus, a segunda de cafres, indios e timores. Esta força é sufficiente para defender Dilly, dar um destacamento para Batugadé, outro para Maubara e outro para Manatuto, que são actualmente os pontos de mais importancia.

Com esta força despender-se-ia a somma de 11:761$570 réis, tendo as companhias o seguinte quadro e os vencimentos marcados no decreto de 26 de novembro de 1866.

Quadro de uma companhia ..

Capitão	1
Tenente	1
Alferes	2
Primeiro sargento	1
Segundos sargentos	2
Furriel	1
Cabos	10
Corneteiros	2
Soldados	80

100

2.ª Companhia de igual força 100

Total 200

D'este modo teriamos uma economia de 4:370$724 réis, que se não é consideravel em relação ao *deficit*, é importante comparada ao que gasta actualmente o batalhão. A economia seria de quasi um quinto da despeza que se faz com o serviço militar.

Pelo que respeita ao batalhão de moradores elevariamos um pouco os soldos dos commandantes das companhias, e dariamos pret ás praças quando estivessem em serviço fóra de Dilly, alliviando os povos da obrigação de as sustentar, no que se commettem muitos abusos.

Seria conveniente tornar effectiva a organisação das guardas dos districtos, a fim de que esta força e o batalhão de moradores venham a ser o nucleo dos arraiaes destinados a combater as rebelliões. A força da 1.ª linha deve ser unicamente destinada á guarda dos pontos fortificados, e não deve empenhar-se nas guerras do interior, para não faltar no momento critico em que os revoltosos, vencedores dos nossos arraiaes, pretendam atacar a capital.

Limitando aqui as nossas considerações ácerca do ramo de administração militar, passemos ao capitulo 6.º, administração da marinha, com o que se despende a somma de réis 1:392$720.

O pessoal d'este serviço compõe-se: de um capitão de porto, a quem não se fixa ordenado no decreto de 26 de novembro, e apenas uma gratificação de 96$000 réis annuaes, devendo portanto entender-se que este cargo é exercido por um official do batalhão, de um patrão mór, com o ordenado de réis 66$000 annuaes, de sucões ou mestres, e de remadores sem quadro fixo e sem vencimento determinado.

Com os sucões e remadoros despende-se a somma de réis 163$200, e para despezas extraordinarias, que suppomos deverem ser despezas com o material, applica o orçamento réis 1:147$520.

Nenhuma das nossas possessões tem marinha colonial propriamente dita. O exercito naval é um só, e destina-se igualmente ao serviço no continente e nas provincias ultramarinas, algumas dos quaes têem estação permanente de um ou mais navios de guerra, cujas despezas são pagas pelos cofres do ministerio da marinha. Timor não tem estação, e raras vezes ali apparece um navio de guerra. Ultimamente tem sido mais frequentes as visitas d'estes navios, mas isso não basta para o serviço que a nossa marinha tem de desempenhar n'aquellas paragens. Timor pela sua posição, pelo seu insulamento, pela consideração de se achar na vizinhança das florescentes colonias hollandezas deveria ser estação de um vapor de guerra, o qual prestaria importantissimos serviços ao paiz, já fazendo respeitar a nossa soberania, já concorrendo com os hollandezes no louvavel empenho de espurgar de piratas aquelles mares, já fazendo reconhecimentos e explorações.

Um navio de guerra em Timor substituiria de certo modo a força que nos falta na guarnição de terra, e economisaria á possessão as despezas que faz com os barquinhos do Estado, que para pouco servem.

Não temos noticia official dos barcos que possue o governo de Timor, mas é de crer que as cousas se achem no mesmo estado em que estavam ha quatro annos. Havia então dois barcos de coberta de menor lotação que os hiates, duas lanchas e uma balieira, e eram tão maus aquelles barcos que nenhum d'elles fazia viagem para algum ponto da ilha sem que na volta precisasse de concertar o fundo. D'este modo a viagem custava cara, e aos individuos embarcados custava muitos sustos pelo perigo que corriam de ver sossobrar o barco, que mettia agua por todas as costuras.

E para fazer pequenos concertos e construir lanchões havia-se estabelecido em Dilly um chamado arsenal de que era inspector um militar, o qual tinha debaixo das suas ordens alguns carpinteiros que as obras publicas lhe cediam, os suções e os remadores. Este arsenal occupava uma pequena area junto á praia, e ali se havia construido uma miseravel barraca e dois telheiros, onde se guardavam os escaleres, algumas barricas de alcatrão, alguma madeira, vélas esfarrapadas, algumas braças de cabo e corrente, fio e alguma velha ferragem.

O nome de arsenal era pomposo de mais para a modestia do estabelecimento; mas em Timor não é isto para estranhar, pois chama-se ali praça a uma povoação apenas cercada em partes de um parapeito de terra, *palacio do governo* a uma barraca coberta de folha, e *rei* a um chefe de algumas aldeias.

Do que deixámos dito vê-se que o serviço de marinha não corresponde ás necessidades, e que é preciso attender de outro modo a este objecto. A possessão deve consignar no seu orçamento apenas as despezas a fazer com os ordenados das auctoridades maritimas locaes, e com os salarios dos remadores dos escaleres de serviço do governo.

A verba annual de 3:500 rupias parece-nos demasiada para concertos de escaleres, que são as unicas obras que podem fazer-se em Dilly, e por isso reduziriamos aquella verba.

Vem por ultimo no orçamento descripta a somma de réis 714$000 para encargos geraes, e a de 6:889$280 réis para despezas diversas, a respeito do que diremos apenas algumas palavras quanto á verba de 3:500 rupias ou 1:120$000 réis, destinada ao sustento dos fondús.

Os fondús são indios inglezes que tendo-se revoltado contra o governo das Indias, se acolheram ao nosso territorio e ali se estabeleceram. Na guerra de Satary prestaram-nos serviços combatendo ao nosso lado. Quando em 1857 rebentou a famosa sublevação nas Indias contra os inglezes, os fondús sairam do nosso territorio e foram juntar-se aos rebeldes. Perseguidos pelas tropas inglezas e pelas nossas, tiveram de entregar-se, e depozeram as armas perante as forças portuguezas. Foram presos na praça da Aguada, e por um accordo entre o governador geral conde de Torres Novas e as auctoridades inglezas foram desterrados para Timor.

Entregar os fondús aos inglezes n'aquella occasião era o

mesmo, que entregal-os á morte, e por humanidade o conde de Torres Novas mandou-os para Timor.

Os fondús são portanto subditos inglezes degradados em Timor, onde sem fazerem serviços ao Estado, senão em casos muito extraordinarios, despendem todos os annos 1:120$000 réis. Durante os oito annos de residencia em Timor, tem aquella tribu indiana despendido a somma de 8:960$000 réis sem nenhuma compensação.

Quanta maior utilidade não se tiraria da applicação d'esta somma ao incremento da cultura do café?!

Parece-nos que é tempo de vir a um accordo com os inglezes para que admittam no seu territorio aquelles fanaticos indianos, que nem se enlaçam com a raça timora, nem de nenhum modo querem dar-se á lavoura, serviço em que poderiam ser uteis á possessão.

Tendo concluido a analyse de todas as verbas da despeza, vejamos quaes as conclusões que podemos tirar.

Se existe um ou outro serviço, em que podem fazer-se economias, como na administração militar, que admittiria reducções na importancia de 4:370$724 réis, outros serviços ha, como o ecclesiastico, obras publicas e instrucção publica, em que é urgente despender mais; e portanto o *deficit* se não crescesse tambem não poderia diminuir.

Ora, tendo visto que a receita não póde augmentar, e que a despeza não póde diminuir, segue-se que fica a descoberto um *deficit* de 34:017$964 réis, que é proximamente o triplo da receita.

Situação similhante é insustentavel, e estando provado que pelos methodos seguidos até hoje as cousas não podem melhorar, aconselha a boa rasão que se ensaiem outros expedientes.

A nós não se nos offerece outro melhor do que o que vamos indicar: mas como é de suppor que haja meios mais perfeitos, conducentes ao mesmo resultado, pediriamos aos homens competentes, que os apresentassem para salvar a possessão de Timor e a reputação de Portugal, como povo colonisador, compromettida ali pelas falsas idéas de uns, pela inhabilidade de outros, pela indolencia d'estes, pela incuria d'aquelles e pela falta de liberdade de acção das auctoridades locaes.

É grande e nobre a nossa missão em Timor, porque o é sempre a obra da colonisação; mas por ser grande e nobre, não deve ser uma empreza ruinosa. Ha sempre na colonisação um fim de utilidade não só humanitario, mas tambem e particularmente para a nação que a emprehende. Quando os portuguezes em epochas remotas se lançaram á descoberta de novos paizes, não o fizeram por espirito de louca aventura, mas por necessidade de expansão, e com um fim de utilidade immediata.

E qual é o fim que nos propomos em Timor? Civilisar aquelle povo? Mas que meios empregamos para isso? Tirar recursos d'aquelle paiz? Tem-nos sido encargo, e sel-o-ha por muito tempo se seguirmos o mesmo caminho. Estabelecer n'aquellas paragens a nossa influencia? Mas onde estão os vasos de guerra para a sustentar? Pretenderemos acaso possuir n'aquelles mares um ponto de observação e refugio para as nossas esquadras? Mas onde estão ellas? Quereremos nós a posse d'aquelle paiz, a fim de derivar para elle o excesso de população do continente? Mas se ella escasseia aqui?! Qual é pois o nosso fim, ou qual deve ser?

Trazer ao gremio da civilisação um povo mergulhado nas trevas do obscurantismo, concorrer para os progressos da humanidade, fazendo valer as riquezas naturaes com que Deus dotou aquelle povo e que a ninguem utilisam, porque o trabalho do homem não as fecundou.

Este é o grande fim da colonisação, obra grandiosa, manifestação das faculdades de expansão dos povos, e por meio da qual a familia expulsa do Paraizo multiplicando-se, vae lentamente povoando o mundo, convertendo os desertos em povoados, arroteando a terra, e fundando nações.

É d'esta obra encarada do seu ponto de vista mais elevado e da parte que Portugal tomou n'ella, que vamos occupar-nos no seguinte capitulo.

CAPITULO VIII

A colonisação é o complemento, a consequencia da emigração, facto que importa sempre uma necessidade social, e que se não tem por fim o estabelecimento dos emigrantes em determinados logares, não passa de uma aventura esteril. A emigração é o meio, a colonisação o fim; mas dos mais elevados, e a que a humanidade mais deve, porque é ella a exploração, o povoamento e o arroteamento do globo.

A historia da colonisação é a historia da humanidade. Seguil-a desde o seu começo, é seguir a humanidade desde a sua origem. A primeira cidade das planicies da Mesopotamia, os primeiros estabelecimentos das raças aryanas fóra das planuras da Asia central, e as primeiras culturas dos valles da India e das margens do mar Caspio não foram senão obra de colonos.

E se da epocha legendaria passarmos á historica, vemos Tiro e Sidonia fundarem colonias, que se tornaram cidades celebres, as quaes por sua vez deram origem a outras cidades em logares até ali ermos ou habitados por povos selvagens. Os gregos e carthaginezes herdaram dos phenicios o genio maritimo e colonisador, e mais tarde os romanos aprenderam dos gregos a colonisação. Mas entre estes dois povos, tão differentes na civilisação, nas tendencias e no regimen, a colonisação apresenta caracter mui diverso. A colonia grega conservando relações de amisade e de familia com a mãe patria, administra-se independente d'ella, e desde o seu começo constitue-se em estado. A colonia romana essa fica na dependencia da metropole, e o seu fim é todo politico, emquanto o da grega é primeiro que tudo commercial. Para segurar no dominio de Roma uma provincia conquistada, estabeleciam-se colonias de legionarios, as quaes multiplicando-se pela familia e empregadas na agricultura e nas artes, concorreram em grande parte para a formação de algumas das nações modernas. Outras vezes para libertar a capital de uma parte perigosa de sua população distribuiam-se terras publicas, despojo da victoria, ou mesmo dos particulares, confiscadas ao vencido, a certo numero de familias para se estabelecerem n'ellas.

As invasões dos barbaros são ainda emigrações em grande escala, tendo por fim não a colonisação, como a praticavam os antigos, mas uma colonisação violenta e confusa operada pela espada, pelo incendio e pela expoliação. Dos steppes da Asia e das florestas germanicas precipita-se aquella torrente de homens sobre o occidente da Europa, e deixando na sua passagem um rasto de sangue e de cinzas, toma posse dos differentes paizes e estabelece n'elles novas sociedades. É a colonisação, mas barbara, e que longe de fazer caminhar a civilisação a retarda por alguns seculos.

Á invasão dos barbaros segue-se largo periodo de trabalho de organisação local, que não permitte emprezas de colonisação, e só no seculo ix a emigração dinamarqueza para a Groelandia, e depois o estabelecimento dos portuguezes ao longo da costa de Africa tomam o caracter de verdadeira colonisação.

Mas os primeiros descobrimentos dos portuguezes na Africa são apenas o inicio dos altos commettimentos em que Portugal vae lançar-se.

Apertado entre o mar e a Hespanha, a qual aindaque dividida em varios reinos formava já um só povo, Portugal devia inevitavelmente arrojar-se sobre os mares para na luta com os elementos, e nos trabalhos de colonisação envidar a actividade e as forças que não podia empregar contra a Hespanha.

Assim emquanto outros povos se dilaceram, empenhando-se na conquista, emquanto se opera na Europa o difficilimo trabalho da constituição das nacionalidades, Portugal, que acaba de affirmar a sua, e que a nada mais póde aspirar pelo lado oriental, vendo o oceano limitar-lhe o espaço, transpõe a barreira, e só pára quando já não existem mares que explore.

O infante D. Henrique dá o primeiro impulso a esta obra grandiosa, a que D. Manuel põe o remate abrindo o caminho das Indias, e operando uma revolução completa nas condições economicas da Europa.

Nos fins do seculo xv e no xvi Portugal occupa um logar eminente entre as nações maritimas, e com as esquadras estende o seu dominio a todas as partes do mundo conhecido. Na Africa domina uma parte do norte, e na costa occidental possue vastos estabelecimentos. Passando alem do cabo estabelece uma rede de postos pela costa oriental, que o liga com o imperio das Indias.

Ali o seu poder estende-se desde Ormuz até á China, e de lá voltando para o sul chega á Malasia. E não é tudo. No mundo descoberto por Christovão Colombo funda Portugal uma colonia, que mais tarde se transformará n'um poderoso imperio independente da mãe patria.

Na verdade nenhum povo levou ainda mais longe o genio dos descobrimentos e das aventuras do que o povo portuguez. Pela barra do Tejo saiam uns após outros os poderosos galeões, que assoberbavam todos os mares, e esta pequena orla de terra no occidente da peninsula hispanica dictava a lei na Africa, na Asia e na America, e senhora de vasto commercio com povos tão differentes arrogava-se o direito de excluir d'elle todas as nações.

A politica desconfiada da Europa estava em harmonia com aquelle systema, que inevitavelmente devia trazer a guerra. E assim foi. O caminho para as Indias que Vasco da Gama traçára com os seus galeões não estava fechado aos outros povos, que depressa, armando esquadras, se encontraram comnosco no oriente, disputando-nos o exclusivo do commercio, que nos arrogavamos. Travou-se então temerosa luta, e nós perdemos grande parte do dominio, que haviamos conquistado com tamanho valor.

Mas era tão grande o nosso imperio colonial, tinham sido tantos os descobrimentos, e tantas as conquistas, que apesar de termos perdido na luta com os hollandezes quasi todo o imperio do oriente, e por incuria e abandono muitos pontos na Africa, e por erros e pela força das cousas as vastas possessões da America... apesar de tudo, ainda assim achamo-nos hoje de posse de vastos dominios coloniaes, que melhor aproveitados nos dariam grande importancia maritima.

Em extensão territorial possuimos ainda nas differentes partes do mundo 100.000:000 de hectares habitados por 3.000:000 de almas, o que nos colloca em terceiro logar com relação ao territorio ultramarino, e em quinto relativamente á sua população.

As nossas possessões são na Africa occidental as ilhas de Cabo Verde e a Guiné, as ilhas de S. Thomé e Principe,

S. João Baptista de Ajudá, e a provincia de Angola; na costa oriental Moçambique; na Asia os estados da India (capital Goa), Damão e Diu; na China, Macau, e na Oceania, Timor.

O antigo systema colonial, isto é, o exclusivismo do commercio, foi substituido pelo regimen de liberdade, e de ha muito que todas as nossas possessões estão abertas ao commercio estrangeiro. Esta é a regra, que admitte comtudo algumas excepções com o fim de favorecer a bandeira nacional.

Mas não foi só nas relações externas das colonias que as idéas liberaes substituiram o exclusivismo e a desconfiança que ali imperavam; foi tambem nas relações internas, na fórma de governo, e em todos os ramos de administração.

Quando a antiga ordem de cousas baqueava no continente debaixo dos golpes da revolução, nas colonias não podiam ficar de pé instituições analogas, e justo era que o absolutismo com todo o seu cortejo de males e vexames caisse tambem. Mas na substituição devia attender-se ao estado social dos povos para lhes dar a liberdade que podessem apreciar. Não se procedeu assim, e a exageração do espirito liberal levou-nos a dotar as colonias com as leis politicas e economicas que desfructavamos na Europa. E ao passo que lhes davamos tanta liberdade faziamol-as em tudo dependentes da metropole, querendo assim alliar a liberdade com a maxima centralisação.

D'este modo as colonias possuindo instituições, que muitas d'ellas não appreciam, direitos que não comprehendem, liberdades de que não sabem fazer uso, fóros e garantias para que não estão preparadas, vêem-se por outro lado tolhidas na acção, privadas de iniciativa e inhabilitadas para poderem applicar os seus recursos aos melhoramentos, de que mais carecem.

As colonias, habitadas na maior parte por povos senão de

todo selvagens, pelo menos barbaros, viram-se um dia inves-
tidas no goso das liberdades patrias. A carta constitucional,
que nos custou a conquistar seculos de luta e rios de sangue;
a carta, para obter a qual muitos cidadãos subiram ao pati-
bulo, outros se homisiaram, e não poucos morreram nas mas-
morras, foi n'um bello dia de generosidade dada de presente
aos indios, aos malaios e aos pretos, que a aceitaram, como
aceitariam o governo autocratico. Depois, entendeu-se que o
codigo administrativo, o codigo criminal, o commercial e a
legislação civil, deviam ser postos em vigor nas colonias,
como se para isso estivessem preparadas!

E ao passo que se concedia tanta liberdade áquelles povos, cerceavam-se as attribuições das auctoridades locaes e
não se alargavam as das juntas ou camaras que têem de ge-
rir os negocios do povo, dependendo tudo do ministerio da
marinha, que exerce poderes dictatoriaes sobre as colonias.

Só o governo da metropole tem o direito de fixar quadros,
determinar a despeza, e classifica-la, como só elle tem o direito de impor tributos: e d'este systema nasce necessariamente a obrigação para a metropole de dar subsidios.

Quando a receita é inferior à despeza que a colonia deve
satisfazer, porque não tem direito de a diminuir, o *deficit* tem
necessariamente de ser preenchido pela metropole, e assim
acontece. D'este modo Portugal tem que despender com as
suas colonias segundo o orçamento de 1866–1867 a somma
de 287:554$394 réis, que se divide do seguinte modo:

Para Cabo Verde...................... 61:671$000
Para S. Thomé e Principe .... 15:661$007
Para Angola .... 121:471$800
Para Moçambique...................... 56:186$607
Para Timor .... 32:863$900

Como se vê, de todas as possessões portuguezas só a India apresenta excesso de receita, na importancia de 3:521$083 réis, e Macau na de 56:298$312 réis, todas as mais estão em *deficit*, e todas ellas, á excepção das duas já mencionadas, vivem nas mais deploraveis condições. Nem a agricultura, nem a industria prosperam, nem o commercio toma incremento. Faltam em todas estradas carrossaveis para o transporte barato dos productos, caes para o embarque e desembarque, edificios para certos estabelecimentos. Não ha vida local, e não ha segurança, estando a vida e fazenda dos cidadãos á mercê do primeiro chefe indigena que se lembra de a aggredir. A população européa não cresce, e em muitas colonias não ha mesmo cidadãos aptos para os cargos municipaes, que se tem creado.

O *deficit* é um grande mal sem duvida, a que é preciso attender para que a situação não se torne calamitosa; mas o *deficit* não nos assusta tanto como o estado que acabâmos de descrever, que não é consequencia d'elle, e que o orçamento só por si não nos mostra.

O *deficit* das colonias francezas seria de mais 27.000:000 de francos se todas as despezas de administração estivessem, como entre nós, a cargo dos governos locaes, e comtudo algumas das colonias francezas estão n'um subido grau de prosperidade, e poucas haverá em que o estado social e os melhoramentos materiaes se achem tão atrazados como nas nossas.

O *deficit* desappareceria pois dos orçamentos coloniaes se as despezas de soberania fossem incluidas no orçamento geral; mas este facto não influiria poderosamente nas condições das colonias se não se adoptasse systema de administração diverso do que até agora se seguiu.

É lenta, vagarosa a marcha da civilisação, e nenhum povo

passou ainda de salto do estado de *barbarie* ao de liberdade e progresso. Quantas transformações sociaes não se operaram em todas as nações da Europa desde a invasão dos barbaros até aos nossos dias? Que tempo não decorreu desde que o municipio, unica instituição que se salvou do grande naufragio do imperio romano, emprehendeu a luta contra o feudalismo até que obteve a carta de foral? E que seculos não foram precisos para que o foral se convertesse em constituição pela qual o povo governa com o rei? E se estas transformações politicas se operaram tão lentamente, as sociaes não se succederam mais rapidas. Foram precisos seculos para que a escravidão se extinguisse e passassemos á servidão da gleba. Periodo não menos largo para que esta acabasse e cada um dispozesse da sua pessoa. Depois, que lutas e quanto tempo para que os privilegios, os monopolios, as corporações de artes e officios, a anaduva e os mil vexames a que o povo estava sujeito fossem abolidos para entrarmos na quadra da liberdade?! E algumas d'aquellas instituições tinham sua rasão de ser, porque eram uma necessidade d'aquelles tempos calamitosos.

A mesma escravidão foi já um passo dado para melhores idéas. O vencido encontrava ainda no vencedor um despota que lhe tirava a liberdade; mas não encontrava já um carrasco que lhe arrancasse â vida.

Ora se todas estas transformações se operaram na Europa lenta e pausadamente, se a liberdade e a igualdade foram traduzidas nas leis, só quando os povos estavam aptos para as receberem, por que rasão nas colonias havia de succeder o contrario? Pois porque o habitante d'aquelles paizes è homem de côr, estará por isso apto para passar de um estado social imperfeitissimo, em que o direito è a força, em que nem a vida, nem a propriedade tôem garantias, em que cada qual

faz justiça por suas proprias mãos, para o de liberdade e
do progresso?

Não comprehendemos certa philanthropia e certas idéas
humanitarias. Cada povo deve ter adequadas instituições; e
ao estado quasi selvagem, em que se acham os habitantes de
Africa e Timor, não podem convir de modo algum as nossas
leis, brandas e suaves, e as nossas instituições, que suppõem
uma certa civilisação.

Bem liberal é a Inglaterra e só gosam do *self government*
as colonias, em que a população é na maior parte composta
de europeus, e nunca as instituições inglezas foram dadas a
povos primitivos.

Causaria espanto na Gran-Bretanha se alguem se lembrasse
de pedir as liberdades patrias para os habitantes da Nova
Zelandia, ou para os pretos da Costa do Natal.

Os mesmos indios, que se acham em certo grau de adiantamento, a esses mesmos a Inglaterra não applica a sua legislação.

Mas vejamos o que faz a Hollanda, paiz que melhor nos
póde servir de exemplo em questões coloniaes, porque é
nação de terceira ordem.

A Hollanda entendeu, e entendeu bem, que a sua missão
entre os povos atrazados, que havia sujeitado ao seu dominio
era civilisadora; mas que este nobre empenho não excluia a
idéa de utilidade, e tratou de tirar recursos das suas possessões.

A Inglaterra, a França e todas as grandes potencias podem
ter colonias com o fim politico, como acontece com Gibraltar,
Malta e Aden, onde as esquadras inglezas acham abrigo e d'onde podem observar o inimigo em caso de guerra. Podem ter
colonias com o fim unicamente civilisador, porque as sommas
que gastam com ellas são compensadas em importancia e

27

gloria. Podem ainda ter possessões para derivar para ellas o excesso de população, que na mãe patria pereceria á mingua, ou se levantaria temerosa pedindo pão ou trabalho. Porém nações pequenas como Portugal, em que a população não superabunda, que não armando fortes esquadras não carecem de pontos de observação e refugio, que não tendo as suas finanças em bom estado não devem por amor da gloria arruinal-as com estabelecimentos longinquos, essas precisam de colher vantagens reaes das suas colonias, para que a sua occupação não seja uma aventura esteril; precisam exploral-as sem que por isso opprimam os seus habitantes. A exploração não exclue a idéa civilisadora.

A Hollanda explora Java, e o povo javanez gosa de commodidades, de segurança individual, e de prospéridade, que nunca desfructaria sob os soberanos indigenas. A administração hollandeza por um systema habilmente combinado soube derramar a abundancia no paiz, e como consequencia vê correr para os cofres publicos sommas enormes.

A situação de Java antes da implantação d'aquelle novo systema era assustadora, e mr. Money pinta-a com tintas mais negras, do que as cores com que se descrevem as nossas colonias. As palavras do auctor do livro intitulado *Como se governa uma colonia* são as seguintes: miseria, crimes, descontentamento entre os indigenas, estagnação dos negocios, irritação geral nos europeus, divida enorme, *deficit* annual, diminuição do commercio e do imposto em relação ao numero de habitantes, antipathia entre os europeus e os indigenas. —E este estado transforma-se, pelo novo systema, em abundancia, diminuição de crimes, actividade de negocios, extincção da divida, excesso de receita, augmento prodigioso do commercio, e boa harmonia entre os indigenas e os europeus.

Deixemos fallar os algarismos, cuja linguagem é muito mais eloquente.

Os rendimentos publicos, que eram antes da introducção do novo systema de 24.000:000 de florins (2.500:000 esterlinos) elevaram-se em 25 annos a 115.000:000 (9.500:000 esterlinos). O *deficit* desappareceu, e houve um excesso de receita liquido de 45.000:000 de florins (3.750:000 esterlinos).

A media das importações elevou-se de 1.660:000 a mais de 5.000:000 esterlinos, e a das exportações de proximamente 2.000:000 a mais de 8.500:000 esterlinos.

O numero dos crimes e dos processos diminuiu, a ponto que os tribunaes locaes só tiveram de funccionar trinta dias no anno.

A população elevou-se de proximamente 6.000:000 de almas, pagando 2.000:000 esterlinos de imposto, ou 6 shillings 8 pences por cabeça, a 11.500:000, pagando 9.500:000 esterlinos ou 16 shillings 6 pences por cabeça.

Maravilhosos resultados de um systema que se baseia nas seguintes condições:

1.ª Lucro para o cultivador, a fim de lhe fazer aceitar de boa vontade a innovação.

2.ª Lucro para o emprehendedor, a fim de provocar a concorrencia da industria particular.

3.ª Percepção de tantos por cento em favor dos empregados do governo, a fim de estimular o seu zêlo e a sua actividade.

4.ª Accrescimo de recursos do contribuinte, e portanto augmento da somma do imposto e facilidade do pagamento.

Por esta simples enunciação das bases em que assenta o systema, se vê que tendo-se em vista salvar a situação financeira não se desattendeu o interesse dos povos. Procurou-se augmentar a receita publica, mas enriquecendo os particulares: não se pediram ao povo novos tributos, não se aggravaram os que já existiam, mas incitou-se uma população indolente a trabalhar, e o trabalho traduziu-se, como era natural, em confortos, em commodidades e em abundancia.

Para ver com mais particularidade qual é o systema que operou em Java as transformações, de que acabámos de dar noticia, e se poder avaliar melhor o que propomos para Timor, juntámos a esta parte do livro a traducção do relatorio sobre o systema de culturas pelo general Ven Den Bosh, e que devemos á boa vontade de mr. Umbgrove, director das culturas de Java, o qual nos ministrou todos os esclarecimentos quando residimos em Batavia.

Antes de indicarmos qual o systema que se deve adoptar em Timor relativamente á cultura do café, parece-nos conveniente dar alguns pormenores, que extrahimos do livro de mr. Money, sobre a mesma cultura em Java, segundo o antigo e o novo systema.

Antigo systema

Os habitantes das aldeias das montanhas eram obrigados a plantar certo numero de arvores, que regulava por mil plantas por cada familia. No fim de cinco annos fazia-se a avaliação da producção, e dois quintos d'ella deviam ser entregues ao governo nos armazens do litoral para tal fim estabelecidos.

Se a aldeia deixava de fazer entrega dos dois quintos da producção, tinha de pagar em numerario pelo preço corrente de Java a quantidade de café, que, em virtude da lei, era obrigada a entregar gratuitamente ao governo como imposto. O preço regulava termo medio por 25 florins o pico.

Das tres quintas partes restantes podia o cultivador dispor, como entendesse; porém o governo desejando ser o unico possuidor do café de primeira qualidade, comprommettia-se a pagar pelo preço corrente de Java todo o que fosse levado aos armazens, depois de descascado e limpo. A certeza da venda não animou porém os cultivadores a levarem o producto aos depositos do governo, aonde alem da parte que representava o tributo, nenhum outro café appareceu senão o produzido pelas povoações proximas do litoral.

A difficuldade do transporte explica este facto. As despezas e o trabalho, a que era obrigado o cultivador das montanhas para levar o genero ao litoral, faziam com que o vendesse por baixo preço aos especuladores, que lh'o compravam no logar da producção.

Até 1830 a maior parte do café era trocado por um terço, ou por metade do seu peso em sal, o que dava lucros fabulosos aos especuladores, e lançava na miseria os cultivadores de café.

O sal constituia o monopolio do governo, que o vendia nos armazens situados no litoral a rasão de 8 florins por pico. Os especuladores compravam ali o sal e transportavam-o ás montanhas, onde o trocavam por duas ou tres vezes o seu peso em café; ora valendo este 20 ou 25 florins o pico, os especuladores não davam mais que o valor de 8 florins pelo de 60, e por muito difficeis que fossem as communicações, é claro, que 52 florins podiam pagar bem o transporte do sal e o do café, e deixar ainda um lucro de muitos centos por cento.

Mas as aldeias das montanhas não só vendiam a especuladores particulares os tres quintos da colheita, que lhes pertenciam, senão até os dois quintos pertencentes ao governo, e que deixavam de ser entregues nos armazens pela difficuldade do transporte. Assim aquellas aldeias pagavam uma pequena parte do imposto a dinheiro, ficando a outra em divida e augmentando todos os annos.

Emquanto estas aldeias lutavam assim com a miseria, prosperavam as que ficavam proximas dos armazens, vistoque o preço por que vendiam os tres quintos da colheita era um preço remunerador, e por isso cultivavam o café com o maior. esmero.

Pelo que acabámos de notar vê-se que o governo não dispunha senão de pequena parte do café produzido em Java, sendo a outra objecto do trafico de especuladores, a quem pouco importava que o genero fosse bem ou mal preparado, e de bôa ou má qualidade. Nos mercados da Europa appareceu pois grande quantidade de café de Java mal descascado, mal limpo e de pessima qualidade, o que desacreditou o genero, vendo-se o governo obrigado a vender o seu café de excellente qualidade por um preço muito baixo.

Outra consequencia d'este estado foi o descurarem muitas aldeias das montanhas uma cultura que só lhes dava perda.

Os inglezes durante a sua administração aboliram a lei, que obrigava os cultivadores de café a pagarem ao governo os dois quintos da colheita, e d'ahi resultou serem desamparadas as plantações de café, e substituidas por culturas, cujos productos eram vendidos no paiz, para obter dinheiro e satisfazer o imposto territorial que se havia creado.

Na volta dos hollandezes foi estabelecido o antigo systema com applauso das aldeias do litoral, que, dando ao governo os dois quintos da colheita e vendendo-lhe os tres quintos a 25 florins, recebiam, termo medio, por cada pico de café da totalidade da colheita 15 florins. Assim n'estas aldeias aquelle genero de cultura, que lhes rendia bom lucro com pouco trabalho e sem nenhum desembolso, tomou grande incremento.

Nas aldeias das montanhas a renovação do antigo systema foi porém mui desfavoravelmente acolhida. A difficuldade do transporte tornava quasi impossivel a entrega ao governo dos dois quintos da colheita nos armazens do litoral, e por outro lado o preço baixo por que o café era vendido aos especuladores particulares fazia com que os cultivadores não tivessem meios de pagar a importancia dos dois quintos a que eram obrigados.

Situação similhante não podia deixar de merecer a attenção do general Ven Den Bosh, o qual, introduzindo em Java um novo systema de cultura para a canna de assucar, adoptou a respeito do café acertadas medidas, tendentes a assegurar aos cultivadores, não um lucro miseravel, mas um beneficio importante. Para isto dispensou-os dos gastos de transporte, collocando assim em igualdade de circumstancias tanto os habitantes das aldeias do litoral como os das aldeias das montanhas. Reunindo nas mãos do governo a totalidade do café produzido nas terras da corôa, conseguiu que o café fosse bem limpo, bem descascado e de primeira qualidade, o que lhe assegurou na Europa a reputação que havia perdido.

Como complemento d'estas medidas mandou construir estradas que atravessassem os districtos montanhosos, proprios para a cultura do café, assim como armazens nas proximidades de cada plantação importante.

As aldeias das montanhas foram obrigadas a plantar nos cerros incultos a rasão de 600 arvores por familia, e a conservarem viveiros para poderem ter sempre completo o numero determinado de arvores em cada plantação.

Tanto as plantações como os viveiros ficaram debaixo da inspecção de empregados europeus, obrigados a visitas mensaes, para ver se os cultivadores se empregavam com cuidado n'esta cultura.

Estes empregados (fiscaes do governo) tinham tambem a seu cargo os armazens, aonde não se aceitava o café, que não fosse bem descascado e bem limpo.

Benefício dos cultivadores

O preço do café fixou-se em 12 florins o pico. Não foi um preço arbitrario, mas baseado nas seguintes considerações. A entrega de dois quintos da colheita, por titulo gratuito, e dos tres quintos a rasão de 25 florins o pico, importava para o cultivador a venda da totalidade da colheita a 15 florins o pico.

Ora d'estes 15 florins deduziam-se 3 como representando os gastos do transporte desde o logar de procedencia até aos armazens do litoral, gastos de que o cultivador ficava alliviado, e d'este modo fixou-se o preço do café em 12 florins o pico, preço por que era pago ao cultivador nos armazens estabelecidos mesmo no centro das aldeias.

Cada chefe de familia era obrigado, como vimos, a cultivar 600 arvores e a entregar o producto ao governo, e produzindo 200 arvores, têrmo medio, um pico, cada familia colhia por consequencia tres picos, os quaes vendidos a 12 florins davam a cada familia 36 florins, isto é, o equivalente de seis mezes de salario segundo o preço regular da mão de obra em Java. Suppondo que uma aldeia continha 100 familias recebia por anno 3:600 florins, ou 300 libras esterlinas.

Comparemos agora o estado em que se achava a cultura do café antes da introducção do novo systema com aquelle em que se achava alguns annos depois.

Na epocha em que o general Ven Den Bosh realisou a mudança de systema, a província de Preanger produzia, pouco mais ou menos, 30:000 picos de café, e o resto da ilha 220:000.

Os dois quintos d'este ultimo algarismo ou 88:000, que o governo arrecadava por um, ou por outro modo, eram de boa qualidade, assim como os 30:000 picos de Preanger, o que fazia um total de 118:000 picos de bom café, valendo ao preço de 25 florins o pico 3.000:000 de florins. Os tres quintos restantes da colheita ou 132:000 picos de café mal descascado e mal limpo não valendo mais que 20 florins o pico davam um total de 2.500:000 florins.

A totalidade do café produzido em Java, podia pois ser avaliada em 5.500:000 florins, ou 500:000 esterlinos.

Em 1856, o Preanger comquanto não estivesse sujeito ao systema do general Ven Den Bosh, tinha participado dos progressos realisados pelos districtos vizinhos, de sorte que a producção do café n'aquella provincia tinha-se elevado de 30:000 picos a 242:554. No resto da ilha as terras da corôa davam ao governo 840:310 picos, fazendo assim um total de 1.082:864 picos de café de qualidade superior, vendidos na Hollanda a rasão de 34,76 florins o pico, somma que, feita a deducção do frete e dos gastos de venda, deixava ao governo 24,45 por pico.

D'este modo o valor bruto do café produzido em Java em 1854 excedia 37.000:000 de florins, ou 3.000:000 esterlinos, e o seu valor liquido passava de 30.000:000 de florins, ou 2.333:333 esterlinos. Assim em 1854 a quantidade de café produzido em Java era quatro vezes mais avultada, e o seu valor seis vezes maior que antes da introducção do novo systema.

Tendo dado idéa do systema de culturas de Java, passemos agora a occupar-nos de Timor.

A applicação das mesmas leis, instituições, ou systemas a paizes que se acham em differentes condições è em nossa opinião um erro, e não aconselhariamos nunca a introducção pura e simples do systema do general Ven Den Bosh na ilha de Timor.

Seria preciso para o aconselharmos, que estivessemos persuadidos de que o estado de adiantamento, e as condições sociaes dos povos de Java e de Timor eram identicas; mas não o suppomos.

Aindaque as palavras de mr. Money, já citadas, nos revelem nas colonias hollandezas condições sociaes mui desgraçadas, circumstancias mui desfavoraveis, e grande miseria, não podemos comtudo comparar a Africa e Timor á formosa Java. Nem o estado social, nem a importancia politica e economica de umas e de outras colonias admitte comparação.

O povo javanez não era estranho ás idéas da civilisação oriental, as artes e as letras, decaidas sob a dominação mahometana, haviam tocado certo grau de desenvolvimento na epocha dos imperadores hindús; a sociedade tinha uma organisação politica e social, regida pelos preceitos invariaveis do *adat*, e os habitantes de Java professavam geralmente a religião mahometana. Em uma palavra o povo javanez não era um povo selvagem, nem de todo barbaro.

Na Africa e em Timor o povo é rude, feroz, e quasi selvagem. Se não vive nos bosques, vagueando de monte em monte e de valle em valle a procurar a caça, vive n'um estado de bruteza mui proximo da barbarie.

Artes nunca as cultivou, e as letras são-lhe inteiramente desconhecidas. Religião nenhuma segue a maior parte dos habitantes e os que professam a christã, não a comprehendem.

Não queremos tão pouco estabelecer comparações entre a importancia de Java e as nossas colonias, nem quanto á feracidade do solo, nem quanto á população, poisque só a ilha de Java alimenta hoje para mais de 12.000:000 de habitantes; mas sem as collocarmos no mesmo nivel, parece-nos que podemos, como os hollandezes, adoptar um systema que nos leve direitos ao fim que nos propomos, e que elles igualmente tiveram em mente.

As colonias hollandezas achavam-se, pelo que respeita ás finanças, no estado das nossas, ou peior ainda, porque aquellas, alem do *deficit* annual, supportavam o peso de uma grande divida, emquanto as nossas não supportam encargos de divida alguma. E o que fez a Hollanda? Seduzida pela belleza dos principios liberaes, dotou porventura as colonias com as liberdades patrias, julgando que por este modo as salvava? Fechou acaso os seus cofres e disse-lhes: Com a vossa receita satisfazei a despeza? Procurou por meio de reducções impossiveis saldar o *deficit?* Não, nada d'isso fez, porque qualquer dos arbitrios seria um erro.

A Hollanda entendeu que devia tirar toda a utilidade das suas colonias, e procurou um systema que desse em resultado o augmento dos rendimentos publicos, fazendo crescer ao mesmo tempo a riqueza particular. E como a riqueza particular é o resultado do trabalho, entendeu que promovel-o e dirigil-o, equivalia a resolver o problema. Mas um povo indolente, e que ama o ocio como um dos maiores prazeres, não se presta facilmente a augmentar a somma de trabalho social, sem ser constrangido, e a Hollanda não recuou diante d'esta difficuldade. Mas sendo ineficazes os meios indirectos, a intervenção do governo na economia social tornou-se necessaria. O governo interveiu, exigindo certo numero de dias de trabalho de cada *desá,* em vez de exigir d'ella o *landrenten* (imposto sobre o solo).

Os principios economicos foram violados, não ha duvida, mas os resultados praticos do systema sairam taes, que fazem esquecer a violação. E depois, os principios da sciencia economica não se podem applicar indistinctamente a todos os povos; é preciso attender ao estado de adiantamento social, aos usos e costumes, para que o principio, fecundo em determinadas circumstancias, em outras se não converta em origem de resultados fataes.

O systema de culturas não produziria os beneficios que vimos, se atacasse as instituições javanezas, e um dos seus merecimentos principaes é ter-se adaptado aos usos e costumes, e não ferir nenhuma instituição do povo de Java, ou algum dos preceitos do *adat*.

Estudaram-se com muito cuidado as instituições javanezas, o estado social do povo, os seus usos e costumes, e só depois é que se organisou o systema de modo que podesse funccionar com todas as rodas do mechanismo indigena.

O europeu dirige, superintende, fiscalisa e aconselha; mas não fica em contacto immediato com o povo, que só executa as ordens transmittidas pelos seus chefes naturaes.

Eis o segredo da politica hollandeza nas suas colonias, politica de que tem colhido resultados excellentes, e por meio da qual governa 12.000:000 de habitantes sem a pompa da força armada e sem a multidão de empregados, que outro systema necessariamente havia de pedir.

Ha residencias em Java contendo 1.000:000 de habitantes, aonde não apparece um soldado, aonde um residente e meia duzia de empregados dirigem os negocios publicos, e conservam a ordem apenas auxiliados pela policia indigena.

Em Timor não existe organisada, como em Java, nem a *tjatja*, nem a *desá;* mas existe a familia patriarchal, e a aldeia, que poderiam adequar-se como ellas ao nosso fim. Não existem tão distinctamente separadas as duas classes de possuidores de terras e de dependentes ou colonos, e não vigora o *adat*, pelo qual o soberano tem jus a dois quintos do producto, ou aos serviços pessoaes equivalentes. Mas se em Timor a organisação social não é a mesma, existe outra que nos permittiria estabelecer, não um systema como o hollandez, mas uma organisação que desse resultados uteis.

' Ao *adat* dos timores corresponde o que elles chamam *estylos*, que não são mais do que os usos e costumes que seguem invariavelmente. Qualquer systema que não offenda os estylos timores, será bem recebido, e se pelo contrario os ferir encontrará repugnancias invenciveis.

É conforme aos *estylos* que a terra pertence ao rei de Portugal, e que o governo tem o direito de exigir a finta e os serviços pessoaes. Sobre estes direitos e obrigações é que nós fundariamos o systema de que vamos tratar.

Já mostrámos o que era a finta, os vexames que provocava, as desordens que promovia, e o que produzia. Escusado é repetir portanto o que ficou dito. '

Os serviços pessoaes que o governo póde exigir são pesado encargo para os reinos, que o supportam periodicamente, porque é raro o anno em que não se lhes pedem 200 ou 300 trabalhadores, que são empregados nas obras publicas de Dilly. Estes trabalhadores não recebem paga, nem mantimento, e servem regularmente dois mezes.

Alem d'isso fornecem os reinos trabalhadores effectivos chamados auxiliares, applicados a differentes serviços da Praça. Estes auxiliares recebem só uma ração de milho, e servem um anno, dois e tres, segundo lhes é ordenado pelos respectivos chefes.

Afóra estes encargos, são ainda os reinos obrigados aos serviços pessoaes determinados pelos commandantes dos districtos.

Todos estes encargos seriam abolidos, pedindo em compensação outros, que temos por menos pesados, e que dentro de poucos annos fariam crescer consideravelmente a receita publica, que não póde augmentar senão por meios indirectos, isto é, creando materia tributavel. Para isto procederiamos do seguinte modo:

Os reinos apropriados á cultura do café seriam isentos do pagamento da finta e dos serviços pessoaes, e em compensação pagariam ao governo o quinto da colheita. Mas para interessar os chefes no progresso da cultura receberiam por cada pico de café produzido no seu reino 50 centesimos de rupia, e para excitar o zèlo dos empregados n'este ramo de serviço por cada pico de producção dar-lhes-ia 20 centesimos.

Nos reinos em que não se cultivasse o café ficariam ps habitantes isentos da finta e dos serviços pessoaes, mas em compensação pagariam ao governo o decimo da producção do arroz.

Já se vê que este systema se parece mais com o seguido em Java até 1830, do que com o do general Ven Den Bosh, e não se deprehenda por isto, que preferimos o systema antigo ao moderno. Seria preciso fechar os olhos á evidencia dos factos, e desprezar a linguagem dos algarismos, para não darmos a preferencia ao systema do general Ven Den Bosh.

Mas as circumstancias especiaes de Timor, o atrazo dos habitantes, a falta absoluta de estradas, e a consideração de que o systema do general Ven Den Bosh é mais complicado, do que o seguido até então, e demanda por isso mais habil e numeroso pessoal, leva-nos a antepor o antigo systema com modificações, em nossa opinião bastante importantes, como é facil de ver.

Em primeiro logar, em vez de pedirmos dois quintos da colheita para o Estado, pedimos apenas um, e em vez de exigirmos que o café seja entregue nos armazens do litoral, o que importava um onus, exigimos que seja entregue pelos reis na cabeça do districto, ficando o cultivador obrigado a depositar o café na aldeia principal do reino, para o que não tem de fazer longas jornadas.

Para realisar o systema, que propomos, seria creada em Dilly uma repartição de culturas, a fim de centralisar o serviço, no qual seriam empregados seis funccionarios, directores das culturas nos onze districtos em que se divide a provincia. Estes funccionarios seriam auxiliados pelos chefes indigenas, aos quaes competiria a distribuição do trabalho, ficando responsaveis pela ausencia dos trabalhadores das plantações, e pela incuria no cultivo.

Decretado este systema, os empregados do governo deveriam: fazer o recenseamento das familias de cada aldeia: escolher os terrenos apropriados á cultura do café; dividil-os em pequenos lotes, distribuidos proporcionalmente pelas familias; fazer arrotear os terrenos; preparar proximo da aldeia principal de cada reino um viveiro de plantas, para o que levariam sementes fornecidas pelo governo; determinar que cada familia, passados seis mezes, transplante dos viveiros para os terrenos de antemão preparados seiscentas arvores, tornando os chefes indigenas responsaveis por esse trabalho.

No fim do anno os funccionarios visitariam outra vez todas as plantações; e onde houvesse falta de arvores as fariam logo preencher, de modo que cada familia conservasse sempre seiscentas arvores; e para que houvesse plantas novas para substituir as que morressem nas plantações, seriam renovados os viveiros.

Feitas assim as plantações o serviço dos empregados do governo limitar-se-ia ás visitas periodicas de inspecção, para verem se as aldeias cuidavam as culturas.

No fim de quatro annos as arvores teriam tomado bastante desenvolvimento para se fazer a primeira colheita, e antes d'ella os empregados contariam o numero de arvores de cada plantação nas differentes aldeias, para exigirem o quinto da producção.

Póde calcular-se, termo medio, por cada duzentas arvores
1 pico de café. D'este modo os empregados do governo sa-
beriam a quantidade de café com que cada reino deveria
contribuir.

O quinto seria entregue pelos cultivadores ao rei, e este o
enviaria ao commandante do districto. Os reis ficariam responsaveis pelo pagamento d'este tributo, assim como pelo
de 20 centesimos por cada pico de producção, devido ao
empregado do governo.

Vejamos agora os lucros que o governo, os reis, os funccionarios e cada uma das familias empregadas na cultura do
café colheriam d'este novo systema.

Cada familia póde cultivar, sem prejuizo da sua horta de
milho, ou da varzea de arroz, seiscentas arvores de café. Produzindo cada duzentas arvores 1 pico, termo medio, cada familia apanharia por conseguinte 3 picos. Calculando o preço
medio do pico de café com casca a 15 rupias, cada familia faz
uma colheita do valor de 45 rupias, das quaes, subtrahindo o
quinto para o governo, 50 centesimos, ou meia rupia por pico
para o rei, e 20 centesimos para o empregado do governo, o
que sobe ao total de 11 rupias e 10 centesimos, ficaria reduzida a colheita de cada familia ao valor de 33 rupias e 90 centesimos, igual a 105848 réis de moeda portugueza, e equivalente a 339 dias de salario do cultivador em Timor.

Suppondo que uma aldeia se compõe de cem familias, receberá cada anno o valor de 33:900 rupias, ou 1:084$800
réis, retribuição vantajosa, attendendo a que o salario em Timor regula por 32 réis, que as familias que cultivam o café
podem cultivar ao mesmo tempo as searas para a sua subsistencia, ou outros generos de producção do paiz, e que são
dispensadas dos serviços pessoaes a que estavam obrigadas.

28

Calculemos o lucro dos reis e dos funccionarios, e logo veremos o do governo.

Para produzir 1:000 picos de café são precisas 200:000 arvores, que empregarão trezentas e trinta e tres familias. A maior parte dos reinos de Timor téem de certo maior numero de familias; mas suppomos que são só trezentas trinta e tres as que se empregam no cultivo do café em trinta reinos. Produzindo aquelle numero de familias 1:000 picos, o rei terá 500 rupias, lucro fabuloso para os pobrissimos reis de Timor, alguns dos quaes possuem apenas o necessario para subsistir, habitando miseraveis barracas, e vivendo sem nenhum conforto.

Podemos, pois, calcular que a maior parte dos reis receberão, termo medio, 500 rupias annuaes.

Calculemos agora a producção de café em toda a colonia para sabermos qual seria o lucro dos directores das culturas e o do governo.

A exportação de café no ultimo anno de 1865—1866 foi de 2:400 picos, o que suppõe uma producção de 3:600 picos, por isso que o café com casca perde um terço do peso depois de limpo. Ora a producção do café exportado de Dilly é toda e exclusivamente dos dois reinos de Maubara e Liquiçá e de algumas aldeias circumvizinhas, e se aquelles dois reinos e aldeias produzem essa quantidade, não ha rasão para suppor, que outros reinos, iguaes em extensão e em população, e tão apropriados á cultura do café como elles, não produzam quantidade igual.

Pela força dos contingentes de guerra, pela importancia da finta, e por informações tão exactas quanto possivel, podemos assegurar que dos quarenta e nove reinos sujeitos ao nosso dominio, trinta são tão importantes como Liquiçá e Maubara, e, portanto, suppondo a producção de 1:000 picos em cada um d'estes reinos, no que ficámos áquem da verdade, parece-nos que podemos calcular a producção em 30:000 picos.

Nos dezenove reinos restantes figuram os menos apropriados á cultura do café, os que se acham de facto independentes do governo portuguez, e alguns extremamente pequenos, que pouco podem influir nos calculos da producção.

Cabendo aos empregados do governo 20 centesimos por cada pico de producção, se esta for de 30:000 picos pertencer-lhes-hão 6:000 rupias, que divididas por seis (tantos são os inspectores), pertencerá a cada um 1:000 rupias, as quaes juntas aos ordenados, que devem ser pingues, constituem retribuição vantajosa.

Vejamos agora o lucro do governo. Dos 30:000 picos pertencem-lhe 6:000, o quinto, e calculando o preço do pico de café a 15 rupias, o valor da totalidade do imposto subirá a 90:000 rupias, das quaes subtrahiremos 3 rupias em pico ou 18:000, para representar os gastos de transporte das cabeças de districto aos pontos de embarque. O lucro liquido para o governo fica pois reduzido a 72:000 rupias, o que, n'um orçamento cuja receita é actualmente de 34:345 rupias, e cuja despeza é de 137:044, parece importantissimo.

Mas ha mais a considerar que a producção de 30:000 picos daria uma exportação de 20:000 picos, os quaes vendidos a 30 rupias o pico fariam entrar no paiz valores na importancia de 600:000 rupias. O movimento commercial da possessão, que não excede actualmente a somma de 80:000$000 réis elevar-se-ia consideravelmente, e os negocios que ora se fazem em escala insignificante tomariam grandes proporções.

A questão orçamental ficaria resolvida, e á pobreza e miseria em que jaz a colonia, succederiam a abundancia e as commodidades. Então seria possivel emprehender a con-

strucção dos estabelecimentos de que o paiz carece, e a
de estradas nas montanhas para substituir as veredas cheias
de precipicios, que hoje existem. Timor mudaria de aspecto,
e de colonia miseravel, que ora é, tornar-se-ia uma das possessões mais importantes de Portugal, e de insalubre far-se-ia
saudavel, porque a civilisação muda a face da terra.

Dos cerrados bosques da Germania a civilisação fez surgir
muitas das mais lindas cidades da Allemanha; dos pantanos
do Tamisa ergueu Londres, convertendo Lutecia insalubre
na Paris actual cheia de encantos. Mesmo no extremo oriente
os terrenos alagadiços e mortiferos de Jakatra transformaram-
se ao sopro da civilisação n'uma das mais bellas cidades do
mundo, Batavia.

Mas a cultura do café não progrediria isoladamente, todas
as outras industrias a acompanhariam nos seus progressos, e
com a abundancia e a prosperidade, a população, que hoje se
conserva estacionaria ou diminue, obedeceria á lei geral do
progresso e augmentaria.

A actividade do commercio chamaria ali a população bran-
ca, e esta incutiria parte do seu vigor á raça indigena, trans-
formando as condições da possessão.

É o que já aconteceu n'outras colonias hoje prosperas e fe-
lizes, e d'antes tanto ou mais miseraveis do que Timor, onde
os seus 100:000 habitantes produzem o insignificante valor
de alguns centos de mil rupias, quando poderiam produzir o
de milhões de rupias.

A Guadeloupe, que não conta muito maior população do
que a nossa possessão de Timor, pois n'um dos ultimos re-
censeamentos apenas tinha 138:501 habitantes, exportava no
anno de 1862 o valor de 18.579:225 francos e importava
22.800:209 francos, emquanto o movimento commercial de
Timor não passa alem de 80:000$000 réis.

Toda a questão de Timor reside pois no trabalho, e uma vez que o interesse individual não incita o povo concorrendo por sua parte para os progressos da humanidade, uma vez que entregue a uma condemnavel indolencia esterilisa as riquezas que Deus lhe repartiu, compete ao governo, como tutor d'elle, intervir na economia social, regulando o trabalho, e empregando os meios de levar aquellas terras que a mão do homem ainda não fecundou, a produzirem os valiosos productos a que são apropriadas.

O systema que propomos, que só pausadamente se poderá realisar, e que apresentará difficuldades, parece-nos que resolverá em parte o problema; mas quando este ou outro systema similhante não seja adoptado, seria talvez conveniente ensaiar a formação de uma companhia, a que não seriamos oppostos, comtantoque não se lhe concedesse a soberania de Timor, estabelecendo-se rigorosas prescripções para ella dar garantias aos habitantes.

Querendo a exploração da colonia, não queremos que os naturaes sejam explorados em proveito de um individuo, ou de uma sociedade.

Possam as noticias e esclarecimentos que acabámos de dar concorrer para a solução dos negocios de Timor, porque não foi outro o fim que nos propozemos escrevendo este livro.

DOCUMENTOS

RESUMO

DO

RELATORIO SOBRE O NOVO SYSTEMA DE CULTURAS

PELO COMMISSARIO GERAL VEN DEN BOSH

DATADO DE 24 DE JANEIRO DE 1834

———

Costumes e instituições

Estudando os antigos usos e costumes do povo de Java, encontra-se logo a instituição patriarchal da *tjatja*.

Chama-se *tjatja* a familia, que não se compõe sómente dos membros d'ella propriamente, mas tambem dos individuos que, não tendo habitação propria, vivem nas mesmas terras ligados á pessoa do chefe. O seu numero é mais, ou menos restricto segundo a extensão das *sarrahs* (campos regadios proprios para a cultura do arroz) que couberam em partilha ao cabeça da *tjatja*, e que são cultivadas pelos seus dependentes, os quaes arrecadam um quinhão de metade ou dois quintos da colheita, segundo a maior ou menor fertilidade do solo.

Em harmonia com esta instituição toda e qualquer obrigação, imposto, anaduva, ou trabalho publico recáe sobre o solo e não sobre a pessoa.

O soberano tem o direito de exigir a taxa do quinto dos rendimentos das terras de uma *tjatja*, ou serviços pessoaes equivalentes á taxa.

Os serviços são feitos pelos dependentes da *tjatja*, e em compensação ficam isentos, no todo ou em parte, da renda devida ao chefe.

Esta instituição existe por toda a parte em Java; o nome do chefe da familia é geralmente *sikep*, que significa obreiro. Esta palavra designa especialmente aquelle que é encarregado pelo soberano de qualquer trabalho pessoal publico, ou particular, poisque aindaque o trabalho seja feito pelos dependentes, só o chefe é responsavel.

Nos Preangers a *tjatja* compõe-se em regra de vinte e dois individuos.

Não téem rasão os que pensam que o javanez não tem a menor idéa do direito de propriedade sobre as terras. Segundo suas idéas, o direito que o soberano exerce sobre os terrenos cultivados limita-se á percepção de uma taxa, ou *quantum* da colheita, que lhe reverte segundo o *adat* (costumes), ou pelo onus imposto ao possuidor do terreno como equivalente da taxa, ou de um serviço publico.

De resto as terras passam de mãos entre os membros da familia, vendem-se, arrendam-se, tudo segundo o *adat;* e estes costumes estão em vigor pelo menos em toda a parte em que os europeus não destruiram as instituições locaes.

Antigo systema de culturas

Sob o governo da companhia cada *tjatja* devia cultivar e ter sempre completas umas tantas mil arvores de café, e colher os fructos, que depois de seccos eram transportados e entregues nos armazens. Tudo isto carecia de sessenta dias de trabalho durante o anno.

Em compensação a *tjatja* disfructava livremente do rendimento das suas *sarrahs*, feita a deducção, bem entendido, do decimo devido aos regentes.

A media das *sarrahs* que uma *tjatja* possue nos Preangers póde ser avaliada n'uma extensão de 2:000 toezas quadradas (285 decametros pouco mais ou menos). O valor do rendimento d'estes terrenos póde ser calculado em 75 florins, e o lucro havido da isenção da taxa do quinto vinha a ser 15 florins.

Por outra parte a colheita annual de mil cafeeiros, sendo

avaliada em 2¹/₂ picos, a *tjatja* recebia ainda uma somma de 13 ou 14 florins como retribuição; de sorte que cada *tjatja* dando sessenta dias de trabalho disfructava um salario de 20 ou 25 *cens* por dia, e isto n'um paiz em que o salario do operario é inferior á metade d'esta somma.

Tal é a economia do systema de cultura chamada forçada, baseado, como acabámos de demonstrar, nas instituições do paiz, que dão ao soberano o direito de exigir o pagamento do imposto sobre quaesquer productos, havendo a notar uma differença, e é que os principes indigenas recebiam os productos como imposto sómente, emquanto o governo hollandez, renunciando o direito que tinha como soberano ao quinto do rendimento das *sarrahs,* paga ainda os productos que recebe em troca d'esta immunidade por uma somma igual ao valor da mesma immunidade.

Landrentes (taxa sobre os productos do solo)

O systema do *landrenten* introduzido pelos inglezes prescrevia o pagamento de ¹/₂, ²/₅ ou ¹/₃ do rendimento das *sarrahs,* e do ¹/₃ da colheita das *tjatjas.*

O pagamento da taxa devia ser feito em dinheiro, pelo menos era subentendido, aindaque o contribuinte tivesse a faculdade de o pagar em especie. Os recebedores indigenas foram encarregados da cobrança e remunerados com 8 por cento do total da taxa.

Já mencionámos o costume muito geral do proprietario das *sarrahs* ceder a cultura a outro, mediante a metade, ou ²/₅ da colheita, constituindo o resto a parte do cultivador.

Esta taxa tornava, pois, illusoria a posse de um terreno maior do que o que podia ser cultivado pelo proprietario.

Culturas desde 1816 até 1830

O preço elevado do café em 1817 e 1823 chamou a attenção do governo sobre a cultura d'este artigo, adoptando-se varias medidas tendentes a animar e alargar esta cultura, que sob o governo britannico tinha diminuido consideravelmente.

Confiava-se em que o estimulo do interesse proprio bastaria para convidar os indigenas a esta cultura, e acreditou-se, que se conseguiria o resultado, assegurando-lhes o fructo do seu trabalho, depois de paga a taxa dos dois quintos da colheita do café. Mas viu-se depressa, que estas medidas não alcançavam por modo algum o fim que se tinha em mente, porquanto não eram adequadas ao estado economico e social do povo de Java.

Todas as terras em Java são communaes, divididas entre as *desás* (communas), e possuidas em commum pelos habitantes. Em toda a parte occidental chamada *Sunda* encontra-se a posse privada e hereditaria das *sarrahs;* as *tjatjas* são sempre communaes, e o mesmo facto existe em algumas partes de leste. Estas terras communaes consistem em campos cultivados, em pastagens e em bosques.

Não ha senão os terrenos, que circumdam as habitações, que podem reputar-se como propriedade particular, e esta mesma com excepções.

As terras apropriadas á cultura do café são os terrenos arborisados, muito elevados, situados em regra a grandes distancias das *desás,* as quaes se encontram quasi sempre em terrenos baixos e abundantes de aguas.

Por isso o javanez, que desejasse plantar café em grande escala, ver-se-ia na necessidade de deixar a sua casa para ir viver nas montanhas. Mas ali ser-lhe-ia preciso abater as arvores e arrotear o terreno para o adequar a uma cultura, que não lhe daria fructo senão d'ahi a quatro annos. Similhante empreza excede as forças individuaes do javanez. A plantação do café exige o trabalho collectivo d'uma *desá,* e para o conseguir, a intervenção do governo torna-se absolutamente necessaria. Sem essa intervenção, uma empreza, que pede o trabalho consecutivo de alguns annos sem recompensa immediata, é cousa imaginaria. Assim não ha exemplo de plantação de café feita sem o concurso da auctoridade, e a cultura não se desenvolveu senão depois das providencias da grande commissão de 1816, pelas quaes o javanez foi obrigado a plantar.

A idéa de deixar o javanez, depois de pagar a taxa, dispor livremente do resto da colheita, adaptava-se mal a um estado social, em que o homem não tem mesmo a faculdade de dispor livremente da sua pessoa.

Para nos convencermos d'esta verdade não basta senão inquirir de que modo se faz a cultura do café, e como a colheita passa das mãos do productor para as do negociante, que o exporta.

Impondo-se aos habitantes de uma *desá* a obrigação de plantar e de cultivar uma quantidade de cafeseiros, deve-se ter cuidado em observar as regras seguintes:

Começa-se pelo recenseamento do numero de familias de uma *desá*. A terra é dividida em lotes proporcionados ao numero de familias, de sorte que cada um fique encarregado de cultivar no seu quinhão cem a duzentas arvores.

Os empregados do governo escolhem o terreno para a plantação, e ordenam aos chefes indigenas a execução dos trabalhos necessarios, vigiando que sufficiente numero de trabalhadores se empregue regularmente nos trabalhos e que a plantação se faça a tempo. O cuidado de conduzir os homens ao trabalho deixa-se aos chefes indigenas, que regulam a tarefa segundo o *adat*, isto é, algumas vezes mui despoticamente.

Entre os habitantes de uma *desá* ha alguns isentos de direito de toda a tarefa, mas as isenções de favor são numerosas.

Alem da plantação do café ainda ha a construcção de estradas e pontes, a conservação dos aqueductos e outros serviços, de sorte que o numero de pessoas disponiveis para a cultura do café é de ordinario limitado. A grande distancia a que pela maior parte os cafeseiros são situados, exige que os trabalhadores das plantações sejam regularmente substituidos por outros.

A divisão do trabalho entre as pessoas sujeitas á corvéa, sendo exclusivamente das attribuições dos chefes, e praticando-se grande arbitrariedade n'ella, não admira que os ha-

bitantes de uma *desá* não tomem parte nos trabalhos cada um
por seu turno durante igual numero de dias, e que o onus
não pese proporcionalmente sobre cada um.

As mulheres e as creanças tomam parte nos trabalhos da
apanha, á excepção d'aquellas que o *adat* isenta.

Finda a colheita vem a questão de saber como ha de ser
feita a distribuição entre os habitantes? É claro que se torna
impossivel fazel-a equitativamente, isto é, na proporção exacta da parte de cada um nos trabalhos.

Entre um povo, cujo desenvolvimento moral e intellectual
está ainda mui atrazado, seria tentativa inutil o querer tomar
medidas tendentes a dar a cada um a parte que lhe corresponde dos productos de um trabalho como o que acabámos
de descrever. A influencia do pequeno numero de empregados, disseminados entre milhares de indigenas, nada poderia
conseguir, de sorte que os habitantes deixam os chefes dispor
a seu prazer da colheita.

N'este estado viu-se surgir uma classe de atravessadores,
pela maior parte chinezes, ou arabes, que compravam aos
chefes o producto da colheita, fazendo-lhes adiantamentos,
geralmente em mercadorias, e que se encarregavam de pagar
ao governo o imposto.

Os javanezes, sem exceptuar os chefes, são altamente descuidados e prodigos; os objectos e o dinheiro que os chefes
recebiam adiantado custava-lhes grossa usura, de sorte que
na occasião da entrega do café o saldo em seu favor reduzia-
se quasi sempre a uma somma pequenissima, a qual, para
maior desgraça, era dividida arbitrariamente entre a população.

E como ninguem podia dizer ao certo a parte que lhe pertencia da colheita, todos se contentavam com o que se lhes
dava, e a cultura do café era na opinião de muitos uma tarefa
como os outros serviços publicos não remunerados.

Eram os revendedores chinezes e arabes que d'ella tiravam
quasi exclusivamente o lucro, ficando parte minima nas mãos
dos chefes, emquanto o cultivador não tinha senão os encargos.

O inquerito, que precedeu a resolução de 8 de agosto de

1832 [1] provou que o javanez nunca recebêra mais de 6 florins em cobre por um pico de café, e por excepção n'um só districto, sendo 2 florins o preço pelo qual lh'o pagavam em quasi todos os sitios, e em alguns chegando mesmo a não receber cousa alguma.

A applicação de theorias abstractas a uma sociedade, cujas relações economicas são regidas por leis, que não se examinaram previamente, é sempre um erro e ha de produzir resultados funestos. Tinha-se garantido ao javanez, depois de pago o imposto, a livre disposição do fructo do seu trabalho, mas na realidade via-se elle forçado a plantar o café para ver passar de suas mãos para as de impostores, que se enriqueciam à sua custa, o lucro que lhe pertencia.

O systema de culturas fundado sobre o *adat*, como existe nos Praengers, é muito mais vantajoso na pratica.

Ali cada *desá* em apresentando certo numero de individuos para os trabalhos da plantação fica isenta do pagamento da taxa sobre os productos do solo. Cada habitante póde por consequencia deixar cultivar a sua terra por outro individuo, cedendo-lhe a parte, que em outras circumstancias caberia, ao governo, e occupar-se da conservação dos seus cafeseiros, ou subtrahir-se a esse trabalho, pagando como indemnisação a sobredita parte da colheita, que, não havendo a cultura do café, deveria ser destinada ao pagamento da taxa.

Este acordo accommoda-se perfeitamente com a instituição das *tjatjás*, poisque os chefes de familia encarregam os seus *mimongs*, ou dependentes do trabalho com os cafeseiros.

N'este regimen as regencias dos Preangers têem produzido só ellas á sua parte mais ao governo do que todas as outras reunidas, e nunca ali houve a lamentar desordens, ou violencias, gosando os habitantes de maior commodidade do que os habitantes das outras partes de Java.

[1] Pela resolução de 8 de agosto de 1832 foi determinado que de então para o futuro todo o café produzido em Java seria entregue ao governo. A resolução de 22 de março de 1834 fixou o preço a 12 florins o pico.

O facto de augmentar de anno para anno a cultura do café em Java parecia provar, que ella estava em harmonia com o interesse e a vontade dos javanezes, quando realmente era a causa do descontentamento geral, que teria rebentado mais tarde, ou mais cedo, se não se lhe acudisse com ó remedio.

A elevação no preço e os esforços do governo para animar a fabricação do assucar levantaram-na um pouco do estado de abatimento em que tinha caido.

O assucar exportado em 1828 foi de 26:000 picos, e já em 1829 subiu a 55:000 picos.

Aindaque a canna se cultivava desde tempos mui remotos em Java, não poderiam sustentar-se emprezas para a fabricação do assucar sem a seria intervenção do governo, porquanto o preço era algumas vezes inferior aos gastos da producção.

Tinha-se ensaiado a cultura do anil aqui e ali; mas o marechal Dandels tinha-a prohibido.

Tentou-se outra vez em 1828, porém, adoptando na sua preparação novos methodos. Graças ás medidas tomadas pelo Burggrave Du Bus esta cultura havia dado ao commercio em 1828 uma exportação de 17:000 arrateis, e de 46:000 em 1829.

Mas sendo os gastos de producção consideraveis, o baixo preço e o impulso dado a esta industria n'outros paizes, em que achava melhores condições, arruinaram todos os estabelecimentos existentes na ilha.

Desde 1820 a 1830 tinham-se ensaiado outras culturas, mas em tão pequena escala, que não é possivel formar juizo seguro ácerca d'ellas. Nenhum dos ensaios forneceu productos para a exportação, e sem a intervenção directa do governo ninguem acreditava que essas culturas podessem produzir bom resultado.

Um bem meditado projecto de colonisação, que a opinião publica acolheu favoravelmente por ver n'elle os meios proprios para estender a cultura de productos que os mercados da Europa reclamavam, foi apresentado ao governo, mas julgado impraticavel, foi posto de parte.

O preço dos generos coloniaes, particularmente os de Java, estava então muito baixo. Os valores exportados do archipelago Indico em 1828 não se elevaram acima de 13.695:210 florins, figurando Java com 10.000:000 sómente. Em 1829 os valores exportados eram de 11.955:672 florins, e Java repretava 8.000:000 apenas.

Se considerarmos que a ilha de Java tinha de pagar pelo seu consumo um valor de importações pelo menos igual ao dos artigos que exportava para a Europa, e que tinha de pagar ainda o juro e amortisação do capital emprestado por sua conta, convencer-nos-hemos de que era preciso primeiro do que tudo desenvolver a industria e o commercio por meio de medidas efficazes, mais em harmonia com o estado social do povo de Java. Todas as que até então se tinham adoptado haviam saído inuteis.

Novo systema de culturas

As instituições economicas do povo de Java em relação á agricultura fundam-se na posse communal de todas as terras, que constituem a propriedade de uma *desá*. Mas nem todos os habitantes desfructam os mesmos direitos, por isso que a posse é o privilegio de uma classe. Os individuos d'ella repartem entre si as terras, variando os quinhões segundo a posição e a riqueza de cada um. Os outros habitantes são excluidos de toda e qualquer parte na propriedade, formando uma classe subordinada á dos possuidores das terras, a qual cultiva uma parte com a obrigação de lhes dar metade da colheita, ou arrecadal-a toda, uma vez que se obrigue a fazer os serviços publicos ou outros trabalhos, que pertençam aos possuidores de terras. N'estas relações entre os possuidores do solo e seus dependentes, reconhece-se facilmente o typo das instituições patriarchaes, proprias dos povos do oriente, cujos vestigios se encontram por toda a parte.

Em muitas partes do archipelago estas instituições conservaram o seu antigo vigor. O governo ali compõe-se dos delegados dos chefes de familia, sem os quaes nenhuma medida póde ser tomada, e em caso de divergencia de opiniões não é a maioria, mas o combate que decide.

Aindaque em Java os principes tenham obtido pelo auxilio da religião de Mahomet, de que foram elles os propagandistas, auctoridade mais ou menos absoluta, comtudo as instituições das *tjatjds* e os costumes patriarchaes dos povos são por elles respeitados.

O soberano era considerado como proprietario do solo, e tanto que lhe reconheciam o direito de levantar tributos sobre os productos de todas as terras cultivadas, ou de exigir em troca serviços pessoaes.

Este tributo e os serviços regulados pelo uso, eram o quinto da colheita e sessenta e seis dias de trabalho durante o anno.

Um systema de culturas com probabilidades de bom resultado deve portanto firmar-se n'estes usos hereditarios, e accommodar-se ás idéas de um povo que aborrece tudo que é innovação, principalmente se traz comsigo o acrescimo de trabalho.

Por consequencia adoptou-se como principio:

Que uma *desá* que cede o quinto das *sarrahs* para a cultura dos productos destinados ao mercado da Europa, exigindo trabalho igual ao que seria preciso para a cultura do arroz, ficará isenta do pagamento do *landrenten* (taxa sobre os productos do solo).

Que a *desá* receberá como retribuição o excesso do valor dos productos sobre a somma do que deveria pagar em *landrenten*.

Que ficarão á conta do governo as colheitas infelizes, exceptuando o caso em que se prove que a causa deve ser attribuida á negligencia dos cultivadores.

Mas não se trata sómente de fazer cultivar as terras com o fim de obter productos para os mercados da Europa; a maior parte d'elles devem ser preparados nas fabricas antes de se tornarem artigos de exportação. Uma empreza demanda capitaes e conhecimentos, que o javanez não possue, e não se tirará resultado d'ella sem o concurso da industria e dos capitaes europeus ou chinezes.

Em muitos casos, como por exemplo na cultura da canna e na fabricação do assucar, é preciso, a fim de não sobrecarregar demasiado a população, fazer a divisão do trabalho, assignando a uma parte o trabalho do campo, a outra a colheita, a esta o transporte da canna para a fabrica, e áquella o serviço na fabrica, quando o fabricante não tenha contratado o numero sufficiente de trabalhadores.

Como o javanez prefere trabalhar debaixo da direcção dos proprios chefes, adoptou-se o principio de que a vigilancia dos empregados europeus se limitaria a fiscalisar a execução dos trabalhos.

Aindaque as circumstancias locaes e os diversos usos tornem necessarias modificações nos principios que acabámos de expor, será preciso primeiro do que tudo observar fielmente a regra de que o emprego de um quinto das terras para a cultura dos productos destinados ao mercado da Europa, isenta os habitantes do pagamento da taxa chamada *landrenten*, e que o trabalhador desempenha o seu encargo, logoque a planta chega á maturação; poisque a colheita, assim como tudo o mais, não faz parte do encargo, que deve effectuar-se por outros meios.

Aonde as cousas devem ser tratadas por outro modo, proceder-se-ha da maneira seguinte:

Começar-se-ha por delimitar a porção do terreno, que constitue o quinto das terras que uma *desá* possue em *sarrah's*. Nos sitios em que os terrenos regadios faltam, escolher-se-hão terras elevadas onde se possam fazer canaes.

Como o trabalho de um só homem seja bastante para cultivar um *bohor* (extensão de 70 decametros quadrados proximamente), quatro homens serão destinados para cada *bohor*, e trabalharão cada um por sua vez, rendendo-se todos os oito dias, ou todos os mezes a arbitrio dos habitantes. Os trabalhos serão dirigidos por *mandors* (sub-chefes) chinezes, debaixo da superintendencia dos chefes indigenas.

Chegada a epocha da colheita esta se fará do mesmo modo, de sorte que, a quarta parte sómente das pessoas designadas para esse trabalho, tomem parte n'elle.

Para o transporte da canna seguir-se-ha a mesma regra com a excepção dos animaes de carga e dos carros serem fornecidos pelo fabricante.

Todas as pessoas que tomarem parte n'estes trabalhos ficarão isentas do pagamento do *landrenten*.

O trabalho das fabricas será feito de preferencia por trabalhadores livres. No caso em que o fabricante não possa obter o numero preciso, proceder-se-ha como para os trabalhos anteriores. Os que forem chamados para estas occupações têem direito a uma ração diaria de arroz e de sal, pela rasão de que esta especie de trabalho exige mais discernimento e mais esforços, do que as outras.

Conclusão

Apparentemente o fim que se tinha presente, introduzindo o systema de que tratâmos, foi dar ao governo a faculdade de dispor do trabalho de alguns centos de mil pessoas, garantindo ao trabalhador um lucro maior do que o que obtinha n'outro tempo pela mesma quantidade de trabalho, ou então um lucro igual por menos trabalho.

Achando-se ligado ao systema o interesse dos empregados e dos chefes indigenas, aos quaes é dada uma parte nos lucros, o exito do systema não póde ser duvidoso, com o auxilio de uma boa direcção por parte dos residentes.

O que falta ainda n'esta occasião são emprehendedores habeis, que unam aos conhecimentos precisos qualidades de caracter, que dêem garantias de que tratarão os indigenas com brandura e mansidão, porque de contrario nada se fará.

É preciso, primeiro que tudo, que o governo empregue todos os esforços para que o javanez esteja contente e viva feliz. Tem direito a estes cuidados paternaes, porque pelo seu caracter suave e pelo pouco desenvolvimento da intelligencia é mui sujeito a ser facilmente illudido. Não devem tolerar-se os especuladores, que se aproveitam d'estas circumstancias; e mais vale sentir falta de productos, do que obtel-os com prejuizo da população, para com a qual temos deveres sagrados a cumprir.

Com as favoraveis condições, que se offerecem aos que quizerem tomar sobre si novas emprezas, não faltarão concorrentes. Adiantamentos necessarios e construcção de vastos estabelecimentos, um solo dos mais ferteis, um clima variado, o preço do salario mais baixo do que em qualquer outra parte do mundo, a venda segura por preços rasoaveis, são vantagens que poucas vezes se apresentam.

A falta de conhecimentos agricolas entre a maior parte dos empregados, e a falta de energia de outros, oppoz no começo grande obstaculo ao bom exito das emprezas, mas presentemente póde dizer-se que esse mal não existe.

Aonde os negocios téem sido guiados com zêlo, com brandura, e com juizo pelos residentes, as emprezas deram bom exito.

N'este particular o governo será severo. O empregado que não se inspirar de suas idéas, e que não estiver firmemente resolvido a bem servir, deverá procurar outro modo de vida.

É preciso moderar os empregados que por excesso de zêlo queiram fazer supportar ao javanez encargos superiores ás suas forças, porque não convem abusar d'ellas.

É prejudicial a exageração. Caminhando com passo firme e moderado, ha a certeza de obtermos grandes resultados, porque são grandes as forças productivas de Java.

Orçamento apresentado por Antonio Coelho Guerreiro, governador nomeado em 1701, computo dos soldos e ordenados annuaes destinados para as guarnições das ilhas de Timor e Solor

Estado maior

Governador	10:000
Bispo de Malaca	3:333
Tenente general	2:500
Capitão mór do campo	1:250
Engenheiro	1:000
Feitor	1:200
Ouvidor	365
Escrivão da feitoria	250
Escrivão dá matricula	300
Cirurgião	400
Barbeiro	150
Tambor mór	90
Guarnição	**20:838**
Sargento mór	800
11 Capitães, a 300 xarafins	3:300
12 Alferes, a 180	2:160
4 Ajudantes, a 240	960
12 Sargentos, a 150	1:800
560 Soldados, a 120	67:200
2 Condestaveis, a 140	280
60 Artilheiros, a 110	6:600
12 Embandeirados, a 100	1:200
11 Pagens, 60	660
21 Tambores, a 65	1:560
Somma	**107:358**

Tambem é preciso que haja em Timor um hospital de religiosas de S. João de Deus com a mesma consideração que tem em Moçambique para sua prestação, vestuario e botica.

DOCUMENTO N.º 2

Mappa da divisão dos districtos de Timor

Nomes dos reinos	Numero dos districtos	Nome da cabeça do districto
Motahel.........................		
Ulmera		
Hera		
Caimau	1.º	Cidade de Dilly.
Dailór		
Failacôr........................		
Lacló...........................		
Laicore.........................		
Manatuto........................		
Laclubar	2.º	Manatuto.
Funar		
Laleia..........................		
Cairuhi.........................		
Vemasse		
Fatumartó.......................	3.º	Vemasse.
Veninale		
Faturó..........................		
Sarau...........................	4.º	Lautem.
Matarufa		
Bibiluto........................		
Vequeque		
Luca	5.º	Vequeque.
Laculuta, Dilor.................		
Bibissuço, Barique..............		

Nomes dos reinos	Numero dos districtos	Nome da cabeça do districto
Dotic		
Allas		
Manufai	6.º	Allas.
Raimean		
Suay, Camenasse		
Samóro		
Bibissuço, Claco		
Foulão	7.º	Bibissuço.
Tutuluro		
Turiscaen		
Alessabe		
Diribate		
Leimean	8.º	Cailaco.
Mahubo		
Cailaco		
Boihau		
Hermera		
Maubara	9.º	Maubara.
Liquiçá		
Cutubaba		
Saniri		
Balibó	10.º	Batugadé.
Cová		
Occussi	11.º	Occussi.
Ambeno		

NOTA DO AUCTOR

Frei Lucas de Santa Catharina, na sua *Historia de S. Domingos*, livro 4.º, capitulo 5.º, pagina 672, diz o seguinte: «Perdida Malaca em janeiro de 1640, ficaram todos os reis do Sultão destemidos e afoutos contra o nome portuguez, que não houve algum que deixasse de levantar a mão, fazendo ostentação de a mostrar já solta e a provar vingada».

Este trecho, que nos foi preciso transcrever a pag. 22 e 23 para authenticar a narração dos successos que pelo anno de 1641 occorreram em Larantuka, contém um erro historico, e é preciso rectifica-lo.

A tomada de Malaca não succedeu, como diz o chronista, em janeiro de 1640, mas sim a 14 de janeiro de 1641, como o attestam differentes auctores dignos de todo o credito.

Citaremos algumas.

«... e a 12 de agosto de 1640 lhe pozerão cerco, na fórma que aqui referimos.»

Padre Simão de Queiroz. *Historia da vida do veneravel Simão Pedro de Basto*. Livro 3.º, capitulo 19.º, pag. 369.

«... chegou a Goa a nova, por via de Cochim, que Malaca se perdêra a 14 de janeiro d'este anno de 1641, depois de durar o sitio cinco mezes e meio.»

Conde de Ericeira, *Portugal restaurado*, Livro 5.º, titulo 1.º, pag. 306.

«... e no mesmo (anno de 1640) pozeram sitio apertadissimo por mar e terra a Malaca, e a vieram a render depois de seis mezes, em os primeiros dias de janeiro de 1641.»

João Ribeiro, *Fatalidade historica da ilha de Ceilão.* Livro 3.º, capitulo 9.º

Ignacio Barbosa Machado, *Fastos politicos e militares da antiga e nova Lusitania,* põe a perda de Malaca no dia 14 de janeiro de 1641, pag. 162.

Não póde ficar duvida de que a data da quéda de Malaca foi a de 14 de janeiro de 1641 e não de 1640, e poderiamos citar ainda outros auctores, como Raynal, na sua *Historia philosophica e politica dos estabelecimentos e do commercio dos europeus nas duas Indias,* para confirmar aquella verdade.

Frei Lucas de Santa Catharina confundiria naturalmente o anno em que começou o cerco com a data em que Malaca se rendeu, facto a respeito do qual frei Fernando da Soledade, na *Historia serafica e chronologica* .... Titulo 3.º, livro 17.º, capitulo 27.º, n.º 1380, diz ... «o mez e anno d'esta desgraça, não queremos que se veja em nossas memorias».

ERRATAS

Pag.	Lin.	Erros	Emendas
4	14	e inicia-los...........	e inicia-las
22	21	janeiro de 1640.......	14 de janeiro de 1641.
62	27	o de Samoro e Claco,..	os de Samoro e de Claco,
70	15	cerca de dezeseis mil..	cerca de quinze mil
89	21	e e moficio...........	e em officio
115	4	e supposto...........	o supposto
117	5	23 de janeiro de 1819..	23 de fevereiro de 1819
»	25	que lhe valeram	que lhe valeu
167	8	Em 1848............	Em 1838
308	11	pelo sul e e por.......	pelo sul; e por
326	2	finadot em	finado tem
399	4	tribunal, e presidido...	tribunal presidido